普通高等教育"十三五"规划教材
全国高等医药院校规划教材

卫生法学
（第2版）

张 静　赵 敏　主编

清华大学出版社
北京

内 容 简 介

本书是一本着重向读者阐述卫生法学基础理论与我国基本卫生法律制度的教材。

本教材主要内容包括卫生法学基础知识、卫生法的制定与实施、卫生法律责任与救济、传染病防治法律制度、突发公共卫生事件应急法律制度、国境卫生检疫法律制度、血液管理法律制度、公共卫生法律制度、职业病防治法律制度、精神卫生法律制度、食品安全法律制度、药品管理法律制度、化妆品与医疗美容法律制度、医疗器械管理法律制度、医疗机构管理法律制度、卫生技术人员管理法律制度、中医药法律制度、医疗纠纷预防和处理法律制度、妇幼卫生与计划生育法律制度、互联网医疗法律制度、人体医学研究法律制度以及与医学新技术相关的法律制度。

本教材理论联系实际，论述简明扼要，每章最后附有1~3个案例，便于教师教，学生学。本教材具有较强的学术性、系统性、实用性和新颖性。

版权所有，侵权必究。举报：010-62782989，beiqinquan@tup.tsinghua.edu.cn。

图书在版编目（CIP）数据

卫生法学/张静，赵敏主编．—2版．—北京：清华大学出版社，2020.1（2023.12重印）
普通高等教育"十三五"规划教材．全国高等医药院校规划教材
　ISBN 978-7-302-53634-5

Ⅰ．①卫… Ⅱ．①张…②赵… Ⅲ．①卫生法－法的理论－中国－医药院校－教材 Ⅳ．①D922.161

中国版本图书馆CIP数据核字（2019）第173900号

责任编辑： 罗　健
封面设计： 戴国印
责任校对： 刘玉霞
责任印制： 沈　露

出版发行：清华大学出版社
网　　址：https://www.tup.com.cn,https://www.wqxuetang.com
地　　址：北京清华大学学研大厦A座　　邮　编：100084
社 总 机：010-83470000　　邮　购：010-62786544
投稿与读者服务：010-62776969, c-service@tup.tsinghua.edu.cn
质量反馈：010-62772015, zhiliang@tup.tsinghua.edu.cn

印 装 者：三河市天利华印刷装订有限公司
经　　销：全国新华书店
开　　本：185mm×260mm　　印　张：26.25　　字　数：590千字
版　　次：2014年10月第1版　2020年3月第2版　　印　次：2023年12月第12次印刷
定　　价：59.80元

产品编号：075947-01

编委会名单

主　编

张　静（上海中医药大学）　　　　赵　敏（湖北中医药大学）

副主编

宋晓亭（同济大学）　　　　　　　肖卫华（南华大学）
汪丽青（山东工商学院）　　　　　刘炫麟（中国政法大学）

编　委（以姓氏笔画为序）

于佳佳（上海交通大学）　　　　　任元鹏（南京医科大学）
刘建利（东南大学）　　　　　　　刘炫麟（中国政法大学）
杨彤丹（上海政法学院）　　　　　李晓堰（昆明医科大学）
李润生（北京中医药大学）　　　　肖卫华（南华大学）
辛佳锶（滨州医学院）　　　　　　汪丽青（山东工商学院）
宋晓亭（同济大学）　　　　　　　张　静（上海中医药大学）
张洪松（四川大学）　　　　　　　陈绍辉（江西师范大学）
岳远雷（湖北中医药大学）　　　　赵　敏（湖北中医药大学）
段晓鹏（河南中医药大学）　　　　姚　军（复旦大学）
蒋海洪（上海健康医学院）　　　　谢宜静（内蒙古医科大学）
翟方明（广东医科大学）

编写秘书

石国景（上海市联合律师事务所）　史　蕾（上海市捷华律师事务所）

前言

健康是人类共同的愿望，是自然人承载幸福生活和从事社会活动的重要基础。生命健康权是每个人最基本的人身权益。

随着社会的发展和科学技术的进步，人民的生活质量有了很大程度的提高，人们对健康的认识也不断成熟。"健康不仅仅是没有疾病或病痛，而是一种身体的、精神的、社会的和道德的良好状态。"

然而，我国卫生健康领域依然面临着严峻的挑战。人们每时每刻呼吸的空气中可能带有雾霾，饮用水可能不够清洁，食品有时存在安全隐患，治疗疾病的药品以次充好的现象时有发生，一些严重的传染病也不时地影响着人们的生命健康。在医疗活动中，医患关系紧张更是伤害了医务人员对患者救死扶伤的工作热情，同时也增加了患者为追求健康和挽救生命所付出的物质和精神代价。医疗事故鉴定的二元化现状，医疗损害举证责任的不同处理，更是使得医患双方乃至卫生行政部门工作人员、律师、司法人员在处理相关纠纷时争论不休。在这种情况下，人们常常感到焦躁不安，期待政府及有关部门建立和完善相关法律、法规，以维护公民的生命健康。

卫生法学是以维护公民生命健康权为宗旨的专门法学，是医学、药学、生物学、卫生学等与法学相互结合的交叉学科，也是一门近年来发展迅速、内容繁多、体系复杂、学术观点众说纷纭的新兴学科。

卫生法学肩负着维护人体健康的重要使命，我国高等医药院校已普遍开设卫生法学课程。多年的教学实践证明，学习卫生法学对于拓宽医学生的知识面，增强其法律意识，培养其法律思维能力，提高其综合素质，使其在今后的工作岗位上更好地维护公民的生命健康权利，维护其在未来的从业活动中的合法权益，都有着极为重要的意义。

2014年，上海中医药大学、湖北中医药大学教师联合全国多所医学院校、综合性院校教师共同编写了本书第1版。本书第1版出版后，受到全国医药院校师生欢迎，被全国多所医药院校选为教材，多次重印，还被评为上海中医药大学优秀教材。

随着社会的发展、新兴医疗模式的出现以及新法律、法规的出台，卫生法学也应当与时俱进。应大家要求，我们重新组织了中国政法大学、复旦大学、上海交通大学、同济大学、四川大学、东南大学、南京医科大学、江西师范大学、南华大学、山东工商学院、上海政法学院、上海健康医学院、北京中医药大学、昆明医科大学、河南中医药大学、内蒙古医科大学、广东医科大学、滨州医学院等高校从事卫生法学教学与研究的教师编写本书，以供高等医药院校研究生、本科生及专科生使用。同时，本教材也可作为医疗机构工作人员、卫生行政管理人员及社会大众了解我国基本卫生法律、法规的参考书籍。

本教材着重阐述我国卫生法学的基本知识及其重要理论。涉及理论争议的，一般采用通说。在编写风格上，力求语言简练，观点明确。

本教材的主要内容包括卫生法学基础知识和我国重要的卫生法律制度。教材中有关互联网医疗法律制度、医疗美容法律制度、人体医学研究法律制度、与医学新技术相关的法律制度（如变性手术及其引起的法律问题）、医疗纠纷预防和处理法律制度、中医药法律制度、药品管理法律制度等内容反映了编委们对我国卫生法学理论与实践的最新思考。

对于学界尚存争议的部分理论，编委们进行了反复的沟通、修改和完善，力求教材内容客观真实，理论准确。

本教材每章最后附有1~3个案例。所选案例通过典型事件反映卫生法学难点，案例真实、客观、全面。设计案例思考题时，重在引发学生思考和学习兴趣，帮助学生了解和掌握我国的卫生法律，学会依法分析问题、解决问题的方法，提高法律思维能力。

本教材由赵敏、张静提出基本框架及大纲，编委们相互交叉审稿，提出修改意见后，又进行了多次修改，稿件完成后，由张静整理、定稿。

2019年12月28日国家出台了《中华人民共和国基本医疗卫生与健康促进法》，本教材及时增加了该法的有关内容。

在本教材编写过程中，编委们参考和引用了国内外众多同行的卫生法学论著、文章等资料，在此一并表示衷心感谢。我们尤其要感谢责任编辑罗健先生，为本教材语言文字表达的严谨、质量的提升花费了大量宝贵的时间，给我们提出了很好的建议和意见。

尽管我们力求完美，尽力完善，但本书能否成为一本好的教材，还有待于读者检验。

由于能力有限，书中难免存在不足，还望广大读者不吝赐教，以便今后修改完善。

张　静
2020年4月

目 录

第一章　绪论 ··· 1
　第一节　卫生法学概述 ··· 1
　　一、卫生法学的概念 ··· 1
　　二、卫生和法律的含义及其关系 ··· 1
　　三、卫生法学的研究对象 ··· 3
　　四、卫生法学的特征 ··· 3
　第二节　卫生法学与相关学科的关系 ··· 4
　　一、卫生法学与法学 ··· 4
　　二、卫生法学与医学 ··· 4
　　三、卫生法学与医学伦理学 ·· 5
　　四、卫生法学与医学社会学 ·· 5
　　五、卫生法学与卫生管理学 ·· 5
　　六、卫生法学与卫生经济学 ·· 6
　　七、卫生法学与卫生政策学 ·· 6
　　八、卫生法学与法医学 ·· 6
　　九、卫生法学与医事法学 ··· 7
　第三节　学习卫生法学的意义与方法 ··· 7
　　一、学习卫生法学的意义 ··· 7
　　二、学习卫生法学的方法 ··· 8
　复习思考题 ·· 8
　案例思考题 ·· 9

第二章　卫生法基础 ·· 10
　第一节　卫生法的概念和调整对象 ·· 10
　　一、卫生法的概念 ·· 10
　　二、卫生法的调整对象 ·· 10
　第二节　卫生法的特征和基本原则 ·· 11
　　一、卫生法的特征 ·· 11
　　二、卫生法的基本原则 ·· 13
　第三节　卫生法的渊源和效力等级 ·· 14
　　一、卫生法的渊源 ·· 14
　　二、卫生法的主要内容 ·· 17

　　　　三、卫生法的效力等级 18
　第四节　卫生法律关系 19
　　　　一、卫生法律关系的概念和特征 19
　　　　二、卫生法律关系的构成要素 20
　　　　三、卫生法律关系的产生、变更和消灭 21
　第五节　我国卫生法的发展简史 22
　　　　一、中国古代的卫生法 22
　　　　二、中国近代的卫生法 23
　　　　三、中国当代的卫生法 24
　复习思考题 25
　案例思考题 25

第三章　卫生法的制定与实施 27
　第一节　卫生法的制定 27
　　　　一、卫生法制定的概念 27
　　　　二、卫生法制定的依据 27
　　　　三、卫生法制定的原则 28
　　　　四、卫生法制定的程序 29
　第二节　卫生法的实施 30
　　　　一、卫生法实施的概念 30
　　　　二、卫生法的适用 30
　　　　三、卫生法遵守 32
　第三节　卫生行政执法 32
　　　　一、卫生行政执法的概念和特征 32
　　　　二、卫生行政执法主体 33
　　　　三、卫生行政执法的方式 35
　　　　四、卫生行政执法效力 37
　复习思考题 38
　案例思考题 38

第四章　卫生法律责任与救济 40
　第一节　法律责任 40
　　　　一、法律责任概述 40
　　　　二、法律责任的种类 40
　第二节　卫生法律责任 41
　　　　一、卫生法律责任的概念和特点 41
　　　　二、卫生法律责任的种类 42

第三节 卫生法律救济 ··· 44
一、卫生法律救济的概念 ··· 44
二、卫生行政复议法律制度 ··· 45
三、卫生行政诉讼法律制度 ··· 48
四、卫生行政赔偿法律制度 ··· 52
五、卫生民事诉讼法律制度 ··· 56
六、卫生刑事诉讼法律制度 ··· 62
复习思考题 ··· 64
案例思考题 ··· 65

第五章 传染病防治法律制度 ··· 66
第一节 概述 ··· 66
一、传染病防治的概念及法定传染病分类管理 ··· 66
二、传染病防治的立法 ··· 67
第二节 传染病的预防与控制 ··· 67
一、传染病的预防 ··· 67
二、传染病的控制 ··· 69
第三节 传染病医疗救治 ··· 71
一、加强和完善传染病医疗救治服务网络建设 ··· 71
二、医疗机构医疗救治的方式和程序 ··· 72
第四节 性病、艾滋病防治的法律规定 ··· 72
一、性病防治的法律规定 ··· 72
二、艾滋病防治的法律规定 ··· 74
第五节 传染病防治监督管理 ··· 75
一、监督管理的范围 ··· 75
二、监督内容及方法 ··· 75
第六节 法律责任 ··· 77
一、行政责任 ··· 77
二、民事责任 ··· 78
三、刑事责任 ··· 78
复习思考题 ··· 79
案例思考题 ··· 79

第六章 突发公共卫生事件应急法律制度 ··· 80
第一节 概述 ··· 80
一、突发公共卫生事件 ··· 80
二、突发公共卫生事件法律体系 ··· 80

三、国内外突发公共卫生事件举例 81
　　四、突发公共卫生事件的处理方针与原则 83
　　五、突发公共卫生事件的分类与分级 83
　　六、突发公共卫生事件的应急组织体系及其职责 84
第二节　突发公共卫生事件预防与应急准备 84
　　一、突发公共卫生事件应急预案 84
　　二、突发公共卫生事件预防控制体系 85
第三节　突发公共卫生事件的报告与信息发布 86
　　一、突发公共卫生事件的报告 86
　　二、突发公共卫生事件的通报 87
　　三、突发公共卫生事件信息发布 87
　　四、突发公共卫生事件的举报 87
第四节　突发公共卫生事件的处理 88
　　一、启动应急预案 88
　　二、调查与处理 88
第五节　突发公共卫生事件的法律责任 89
　　一、行政责任 89
　　二、刑事责任 91
复习思考题 91
案例思考题 91

第七章　国境卫生检疫法律制度 93
第一节　概述 93
　　一、国境卫生检疫法的概念 93
　　二、国境卫生检疫的立法 93
　　三、国境卫生检疫的对象和检疫的传染病 93
第二节　卫生检疫 94
　　一、入出境检疫管理 94
　　二、疫情通报 96
第三节　传染病监测 96
　　一、传染病监测概述 96
　　二、传染病监测的主要措施 97
第四节　卫生监督与卫生处理 98
　　一、卫生监督 98
　　二、卫生要求 98
　　三、卫生处理 99

第五节　出入境检验、检疫应急处理·· 100
　　　　一、国境口岸突发公共卫生事件概述·· 100
　　　　二、应急准备·· 100
　　　　三、报告与通报··· 100
　　　　四、应急处理·· 101
　　第六节　法律责任··· 101
　　　　一、行政责任·· 101
　　　　二、刑事责任·· 102
　　复习思考题··· 102
　　案例思考题··· 102

第八章　血液管理法律制度··· 104
　　第一节　概述·· 104
　　　　一、血液管理法的概念·· 104
　　　　二、我国血液管理法律的发展·· 104
　　第二节　无偿献血制度·· 104
　　　　一、无偿献血的概念·· 104
　　　　二、无偿献血的主体·· 105
　　　　三、无偿献血工作的组织和领导·· 105
　　第三节　血站管理··· 105
　　　　一、血站的概念··· 105
　　　　二、血站的设置··· 105
　　　　三、血站的执业许可·· 106
　　　　四、血站的职责··· 107
　　　　五、血站的采供血管理··· 107
　　第四节　临床用血管理·· 108
　　　　一、临床用血的概念·· 108
　　　　二、临床用血管理概述··· 108
　　　　三、临床用血技术规范··· 109
　　　　四、临时采集血液的管理··· 110
　　　　五、公民临床用血费用的规定··· 110
　　第五节　血液制品管理·· 110
　　　　一、血液制品的概念·· 110
　　　　二、原料血浆的管理·· 110
　　　　三、血液制品生产经营管理·· 111
　　第六节　法律责任··· 112
　　　　一、行政责任·· 112

二、民事责任···113
　　三、刑事责任···113
  复习思考题···113
  案例思考题···114

第九章　公共卫生法律制度···115
第一节　学校卫生管理法律制度···115
　　一、学校卫生管理及其立法概述···115
　　二、学校卫生工作主要内容··116
　　三、学校卫生工作监督制度··117
　　四、法律责任···117
第二节　放射卫生法律制度···118
　　一、放射卫生及其立法概述··118
　　二、我国放射卫生管理的主要制度··119
　　三、放射卫生防护监督制度··121
　　四、法律责任···122
第三节　公共场所卫生法律制度···122
　　一、公共场所及其卫生立法概述···122
　　二、公共场所卫生的基本要求···124
　　三、我国公共场所卫生管理的主要制度···125
　　四、公共场所卫生监督制度··125
　　五、法律责任···126
第四节　生活饮用水卫生法律制度···127
　　一、生活饮用水及其立法概述···127
　　二、生活饮用水的基本卫生要求···128
　　三、生活饮用水的卫生管理制度···128
　　四、生活饮用水卫生监督制度···129
　　五、法律责任···129
  复习思考题···130
  案例思考题···130

第十章　职业病防治法律制度···132
第一节　概述··132
　　一、职业病的概念··132
　　二、职业病防治的立法···132
　　三、职业病防治工作的方针、原则··133

第二节 职业病防治基本制度 ……………………………………………………………… 133
　　一、职业病前期预防制度 …………………………………………………………… 133
　　二、劳动过程中的防护与管理制度 ………………………………………………… 135
　　三、职业病的诊断制度 ……………………………………………………………… 136
　　四、职业病鉴定制度 ………………………………………………………………… 137
第三节 劳动者的职业卫生权利及其保障 ……………………………………………… 137
　　一、劳动者的职业卫生权利 ………………………………………………………… 137
　　二、职业病病人的待遇保障 ………………………………………………………… 139
第四节 职业病防治的监督 ……………………………………………………………… 139
　　一、职业卫生监督管理机构 ………………………………………………………… 139
　　二、职业卫生监督执法措施 ………………………………………………………… 140
　　三、法律责任 ………………………………………………………………………… 140
复习思考题 …………………………………………………………………………………… 141
案例思考题 …………………………………………………………………………………… 142

第十一章 精神卫生法律制度 ………………………………………………………… 143
第一节 概述 ……………………………………………………………………………… 143
　　一、精神卫生法的概念 ……………………………………………………………… 143
　　二、精神卫生和精神障碍的概念 …………………………………………………… 143
　　三、精神卫生立法 …………………………………………………………………… 143
第二节 精神障碍的预防 ………………………………………………………………… 144
　　一、精神障碍的预防原则 …………………………………………………………… 144
　　二、心理健康促进和精神障碍预防 ………………………………………………… 144
第三节 精神障碍的诊断与治疗 ………………………………………………………… 146
　　一、精神障碍的诊断 ………………………………………………………………… 146
　　二、精神障碍患者住院治疗决定权 ………………………………………………… 147
　　三、鉴定程序 ………………………………………………………………………… 147
　　四、住院治疗 ………………………………………………………………………… 148
　　五、精神障碍患者的出院 …………………………………………………………… 149
　　六、家庭、社会基层组织职责 ……………………………………………………… 150
第四节 精神障碍的康复 ………………………………………………………………… 150
　　一、精神障碍康复的概念 …………………………………………………………… 150
　　二、社区康复的概念 ………………………………………………………………… 151
　　三、社区康复措施 …………………………………………………………………… 151
第五节 精神障碍患者的权利与保障 …………………………………………………… 151
　　一、精神障碍患者的权利 …………………………………………………………… 151

二、精神障碍患者的保障 ·················· 152
第六节　法律责任 ························· 154
　　一、行政责任 ···························· 154
　　二、民事责任 ···························· 156
　　三、刑事责任 ···························· 156
复习思考题 ······························· 156
案例思考题 ······························· 156

第十二章　食品安全法律制度 ············· 158
第一节　概述 ····························· 158
　　一、食品安全法概述 ······················ 158
　　二、我国食品安全立法 ···················· 158
　　三、食品安全法的调整范围 ················ 159
第二节　食品安全风险监测和评估制度 ········ 159
　　一、食品安全风险监测制度 ················ 160
　　二、食品安全风险评估制度 ················ 161
第三节　食品安全标准制度 ·················· 162
　　一、食品安全标准的概念 ·················· 162
　　二、食品安全标准的内容 ·················· 162
　　三、食品安全标准的类型 ·················· 162
第四节　食品生产经营制度 ·················· 163
　　一、食品生产经营者义务 ·················· 163
　　二、与食品生产经营有关的许可制度 ········ 165
　　三、食品安全全程追溯制度 ················ 165
　　四、"三新"产品安全评估许可制度 ········· 165
　　五、食品安全生产管理制度 ················ 165
　　六、证照审查制度 ························ 166
　　七、食品召回制度 ························ 166
　　八、食品标识制度 ························ 166
　　九、食品广告制度 ························ 167
　　十、特殊食品管理制度 ···················· 167
第五节　食品检验制度 ······················ 168
　　一、食品检验的概念 ······················ 168
　　二、食品检验基本制度 ···················· 168
　　三、食品检验的方式 ······················ 169
第六节　食品进出口制度 ···················· 169
　　一、食品进口法律制度 ···················· 169

二、食品出口法律制度 …………………………………………………………………… 171
第七节　食品安全事故处置 ………………………………………………………………… 171
　　一、食品安全事故的概念及分级 ………………………………………………………… 171
　　二、食品安全事故应急预案的制定 ……………………………………………………… 171
　　三、食品安全事故报告和通报制度 ……………………………………………………… 172
　　四、食品安全事故应急措施 ……………………………………………………………… 172
　　五、食品安全事故调查 …………………………………………………………………… 172
第八节　食品安全监督管理 ………………………………………………………………… 173
　　一、监管重点 ……………………………………………………………………………… 173
　　二、监管措施 ……………………………………………………………………………… 173
　　三、信息发布 ……………………………………………………………………………… 174
　　四、责任约谈制度 ………………………………………………………………………… 174
第九节　法律责任 …………………………………………………………………………… 175
　　一、行政责任 ……………………………………………………………………………… 175
　　二、民事责任 ……………………………………………………………………………… 175
　　三、刑事责任 ……………………………………………………………………………… 175
复习思考题 …………………………………………………………………………………… 175
案例思考题 …………………………………………………………………………………… 176

第十三章　药品管理法律制度 …………………………………………………………… 177
第一节　概述 ………………………………………………………………………………… 177
　　一、药品与药品管理 ……………………………………………………………………… 177
　　二、药品的分类 …………………………………………………………………………… 178
　　三、药品的标准 …………………………………………………………………………… 180
第二节　药品的研制与注册 ………………………………………………………………… 181
　　一、药品的研制 …………………………………………………………………………… 181
　　二、药品的注册 …………………………………………………………………………… 182
　　三、药品上市许可持有人制度 …………………………………………………………… 183
第三节　药品的生产与流通 ………………………………………………………………… 184
　　一、药品生产许可 ………………………………………………………………………… 184
　　二、药品经营许可 ………………………………………………………………………… 185
　　三、药品的运输与储存 …………………………………………………………………… 186
　　四、医疗机构的制剂配制 ………………………………………………………………… 189
第四节　药品的全程信息追溯及药物警戒 ………………………………………………… 189
　　一、药品信息追溯制度及其主要内容 …………………………………………………… 190
　　二、药品全程信息可追溯制度的责任主体 ……………………………………………… 190
　　三、药品上市许可持有人对药品上市后的跟踪信息 …………………………………… 190

　　　　四、药品安全信息公布的基本原则 191

　第五节　执业药师与处方调配 191
　　　　一、执业药师 191
　　　　二、执业药师的职责 192
　　　　三、执业药师的义务 192
　　　　四、处方的调配 192

　第六节　药品的标签、说明书与广告 193
　　　　一、药品的名称 193
　　　　二、药品的标签 194
　　　　三、药品的说明书 195
　　　　四、药品的广告 196

　第七节　法律责任 198
　　　　一、行政责任 198
　　　　二、民事责任 203
　　　　三、刑事责任 204
　复习思考题 204
　案例思考题 204

第十四章　化妆品与医疗美容法律制度 206
　第一节　化妆品卫生法律制度 206
　　　　一、概述 206
　　　　二、化妆品管理立法 207
　　　　三、化妆品的基本安全要求 208
　　　　四、化妆品监督管理机构 208
　　　　五、化妆品生产的卫生监督 208
　　　　六、化妆品经营的卫生监督 209
　　　　七、法律责任 210

　第二节　医疗美容法律制度 211
　　　　一、概述 211
　　　　二、医疗美容的监督管理 213
　　　　三、美容医疗机构的设置 213
　　　　四、医疗美容从业人员资格 214
　　　　五、有关医疗美容服务的执业规则 215
　复习思考题 215
　案例思考题 216

第十五章　医疗器械管理法律制度 217
　第一节　概述 217

  一、医疗器械概述 ... 217
  二、医疗器械监督管理部门与技术支撑机构 ... 218
  三、医疗器械全程监管立法 ... 218
  四、医疗器械飞行检查 ... 219
 第二节 医疗器械上市前管理 ... 219
  一、医疗器械分类管理 ... 219
  二、医疗器械技术评价 ... 220
  三、医疗器械产品注册与备案 ... 221
  四、医疗器械生产管理 ... 223
 第三节 医疗器械上市后管理 ... 224
  一、医疗器械经营管理 ... 224
  二、医疗器械使用管理 ... 225
  三、医疗器械不良事件监测与再评价 ... 226
  四、医疗器械召回管理 ... 226
 第四节 法律责任 ... 227
  一、行政责任 ... 227
  二、民事责任 ... 228
  三、刑事责任 ... 228
 复习思考题 ... 229
 案例思考题 ... 229

第十六章 医疗机构管理法律制度 ... 231
 第一节 医疗机构概述 ... 231
  一、医疗机构的概念、类型及规模 ... 231
  二、医疗机构管理立法 ... 232
  三、医疗机构的设置规划与审批 ... 233
  四、医疗机构执业登记和校验 ... 234
  五、医疗机构的主要义务 ... 235
  六、医疗机构的监督管理 ... 237
  七、法律责任 ... 237
 第二节 医院管理 ... 239
  一、医院概念及类型 ... 239
  二、医院的主要职责 ... 240
  三、医院的管理制度 ... 240
 第三节 急救医疗机构管理 ... 241
  一、概念 ... 241
  二、开设 ... 241

三、管理 ··· 241
第四节　社区卫生服务机构管理 ··· 242
　　一、概念 ··· 242
　　二、开设 ··· 242
　　三、管理 ··· 243
第五节　中外合资、合作医疗机构 ·· 243
　　一、概念 ··· 243
　　二、开设 ··· 244
　　三、管理 ··· 244
复习思考题 ··· 245
案例思考题 ··· 245

第十七章　卫生技术人员管理法律制度 ··· 246
第一节　概述 ·· 246
　　一、卫生技术人员的概念 ··· 246
　　二、卫生技术人员的分类 ··· 246
　　三、卫生技术人员管理立法 ·· 247
第二节　执业医师管理法律制度 ··· 247
　　一、执业医师的概念 ·· 247
　　二、医师资格考试和注册 ··· 248
　　三、医师执业的权利、义务及保护 ·· 251
　　四、医师的执业规则 ·· 251
　　五、医师考核和培训 ·· 252
　　六、法律责任 ··· 253
第三节　乡村医生管理法律制度 ··· 254
　　一、乡村医生的概念 ·· 254
　　二、乡村医生的执业注册 ··· 254
　　三、乡村医生的权利和义务 ·· 256
　　四、乡村医生的执业规则 ··· 256
　　五、乡村医生的培训与考核 ·· 257
　　六、法律责任 ··· 257
第四节　执业药师管理法律制度 ··· 258
　　一、执业药师的概念 ·· 258
　　二、执业药师资格考试 ··· 259
　　三、执业药师注册 ··· 260
　　四、法律责任 ··· 261
第五节　护士管理法律制度 ··· 262

一、护士的概念 262
　　二、护士执业考试 262
　　三、护士执业注册 263
　　四、护士执业权利与义务 265
　　五、法律责任 265
复习思考题 266
案例思考题 266

第十八章　中医药法律制度 268
第一节　概述 268
　　一、中医药的概念 268
　　二、中医药立法概况 268
　　三、发展中医药事业的方针和基本原则 268
　　四、中医药管理体制 269
　　五、发展中医药事业的保障措施 269
第二节　中医药服务 270
　　一、中医医疗机构 270
　　二、中医从业人员 272
　　三、中医药在公共卫生工作中的作用 273
　　四、中医医疗服务监管 273
第三节　中药保护与发展 274
　　一、中药的研发与注册管理 274
　　二、中药材生产管理 275
　　三、中药经营管理 277
　　四、医疗机构配制中药制剂管理 277
　　五、中药品种保护 278
第四节　中医药人才培养 278
　　一、中医药教育遵循的原则 278
　　二、中医药院校教育 279
　　三、中医药师承教育 279
　　四、中医药专业技术人员的培养、培训 279
　　五、中医药继续教育 280
第五节　中医药科学研究 280
　　一、国家鼓励中医药科学研究 280
　　二、整理、研究、利用中医药古典文献 281
　　三、科学技术创新体系、评价体系和管理体制 281
　　四、加强重大项目科学研究 281

第六节 中医药传承与文化传播 ... 282
一、遴选中医药学术传承项目和传承人 ... 282
二、保护中医药传统知识 ... 282
三、加强中医药文化宣传 ... 283
四、发展和规范中医养生保健服务 ... 283

第七节 法律责任 ... 283
一、行政责任 ... 283
二、民事责任 ... 284
三、刑事责任 ... 284

复习思考题 ... 285
案例思考题 ... 285

第十九章 医疗纠纷预防和处理法律制度 ... 286

第一节 概述 ... 286
一、医疗纠纷相关概念 ... 286
二、医疗纠纷处理的立法 ... 288

第二节 医疗损害责任 ... 289
一、医疗损害责任的概念及构成要件 ... 289
二、医疗损害责任的类型 ... 290
三、医疗损害责任的归责原则 ... 291
四、医疗损害责任的免责事由 ... 292
五、医疗损害的赔偿 ... 294

第三节 医疗纠纷中的鉴定 ... 295
一、医疗损害鉴定 ... 295
二、医疗事故技术鉴定 ... 295
三、医疗过错司法鉴定 ... 298
四、医疗事故技术鉴定与医疗过错司法鉴定的比较 ... 299
五、构建统一的医疗损害鉴定制度 ... 299
六、医疗损害专门性问题鉴定 ... 300
七、鉴定意见内容的统一与质证 ... 301

第四节 医疗纠纷的预防和处理 ... 302
一、医疗纠纷的预防 ... 302
二、发生医疗纠纷后的告知 ... 304
三、病历资料和现场实物封存制度 ... 304
四、尸检及尸体处理制度 ... 305
五、医疗纠纷的处理途径 ... 306

第五节 法律责任 308
一、行政责任 308
二、民事责任 310
三、刑事责任 310
复习思考题 310
案例思考题 311

第二十章 妇幼卫生与计划生育法律制度 312
第一节 妇幼卫生法律制度 312
一、概述 312
二、母婴保健管理立法 312
三、母婴保健机构的法律规定 313
四、婚前保健和孕产期保健的法律规定 313
五、母婴保健医学技术鉴定 314
六、法律责任 315
第二节 人口与计划生育法律制度 315
一、概述 315
二、生育权利和义务 316
三、流动人口计划生育管理 316
四、计划生育技术服务 317
五、法律责任 317
第三节 疫苗管理法律制度 318
一、概述 318
二、疫苗生产、流通制度 319
三、预防接种制度 320
四、接种单位的管理制度 320
五、儿童预防接种证制度 321
六、预防接种异常反应的处理 321
七、监督管理 322
八、保障措施 322
九、法律责任 323
复习思考题 325
案例思考题 326

第二十一章 互联网医疗法律制度 327
第一节 互联网医疗概述 327
一、互联网医疗的概念和类型 327

二、互联网医疗的特征 ... 327
三、互联网医疗的立法现状 ... 328
四、互联网医疗的法律规制 ... 328
第二节 互联网医院 ... 329
一、互联网医院的概念和类型 ... 329
二、互联网医院的特征 ... 330
三、互联网医院的设置要求 ... 330
四、互联网医院的法律责任分担 ... 331
第三节 互联网诊疗 ... 331
一、互联网诊疗概述 ... 331
二、互联网诊疗活动的设置要求 ... 332
三、互联网诊疗的法律责任分担 ... 332
第四节 远程医疗 ... 332
一、远程医疗的概念和类型 ... 332
二、远程医疗的特征 ... 333
三、远程医疗的准入条件 ... 334
四、远程医疗服务的流程要求 ... 334
五、远程医疗的法律责任分担 ... 335
第五节 互联网药品 ... 336
一、互联网药品的概念 ... 336
二、互联网药品交易服务的类型 ... 336
三、互联网药品的立法沿革和现状 ... 337
四、互联网药品的法律规制 ... 337
第六节 健康医疗大数据 ... 338
一、健康医疗大数据的概念 ... 338
二、健康医疗大数据的特征 ... 339
三、健康医疗大数据的实践及立法现状 ... 339
四、健康医疗大数据的法律规制 ... 340
复习思考题 ... 341
案例思考题 ... 341

第二十二章 人体医学研究法律制度 ... 343
第一节 人体医学研究概述 ... 343
一、人体医学研究的概念 ... 343
二、人体医学研究的当事人 ... 344
三、人体医学研究的立法 ... 344
第二节 知情同意与伦理审查 ... 345

一、知情同意 ……………………………………………………………………………… 345
　　二、伦理审查 ……………………………………………………………………………… 347
　第三节　药物临床试验管理 …………………………………………………………………… 349
　　一、药物临床试验的概念 ………………………………………………………………… 349
　　二、药物临床试验的监管 ………………………………………………………………… 349
　　三、药物临床试验相关人员的职责 ……………………………………………………… 350
　　四、药物临床试验的记录与报告 ………………………………………………………… 351
　第四节　医疗器械临床试验管理 ……………………………………………………………… 352
　　一、医疗器械临床试验的概念 …………………………………………………………… 352
　　二、医疗器械临床试验的监管 …………………………………………………………… 352
　　三、医疗器械临床试验相关人员的职责 ………………………………………………… 352
　第五节　医疗技术临床试验管理 ……………………………………………………………… 352
　　一、医疗技术临床试验的概念 …………………………………………………………… 352
　　二、医疗技术临床试验许可 ……………………………………………………………… 353
　　三、医疗技术临床试验管理 ……………………………………………………………… 353
　第六节　法律责任 ……………………………………………………………………………… 354
　　一、行政责任 ……………………………………………………………………………… 354
　　二、民事责任 ……………………………………………………………………………… 355
　　三、刑事责任 ……………………………………………………………………………… 355
　复习思考题 ……………………………………………………………………………………… 355
　案例思考题 ……………………………………………………………………………………… 355

第二十三章　与医学新技术相关的法律制度 ……………………………………………………… 357
　第一节　人工生殖 ……………………………………………………………………………… 357
　　一、人工生殖概述 ………………………………………………………………………… 357
　　二、人工生殖引起的法律问题 …………………………………………………………… 358
　　三、人工生殖的立法 ……………………………………………………………………… 361
　第二节　变性手术 ……………………………………………………………………………… 364
　　一、变性手术概述 ………………………………………………………………………… 364
　　二、变性手术引起的法律问题 …………………………………………………………… 365
　　三、我国变性手术的立法现状 …………………………………………………………… 367
　第三节　基因工程 ……………………………………………………………………………… 369
　　一、基因工程概述 ………………………………………………………………………… 369
　　二、基因工程引起的法律问题 …………………………………………………………… 371
　　三、基因工程的立法 ……………………………………………………………………… 372
　第四节　器官移植 ……………………………………………………………………………… 373
　　一、器官移植概述 ………………………………………………………………………… 373

二、器官移植的法律问题 374
　　三、器官移植的立法 376
　　四、《人体器官移植条例》的主要内容 377
　　五、《中国人体器官分配与共享基本原则和核心政策》的主要内容 378
　第五节　脑死亡 379
　　一、脑死亡概述 379
　　二、脑死亡的立法 380
　第六节　安乐死 382
　　一、安乐死概述 382
　　二、安乐死法律地位的争论 383
　　三、安乐死的立法 384
　复习思考题 386
　案例思考题 386

参考文献 388
附录一　2018 年与卫生法相关的主要国家管理机构名称变革情况说明 390
附录二　2013 年与卫生法相关的主要国家管理机构名称变革情况说明 392
编后说明 396

第一章　绪　论

第一节　卫生法学概述

一、卫生法学的概念

卫生法学是研究与卫生法相关的各种社会现象及其发展规律的学科，属于社会科学。

卫生法学是一门新兴的交叉学科，许多观点众说纷纭，不少问题还有待于广泛深入的研究和探讨。随着社会政治、经济、文化和科学技术的发展以及公民法律意识的提高，卫生法学越来越受到社会的关注和重视，卫生法学的学科体系也会不断成熟和发展。

二、卫生和法律的含义及其关系

（一）卫生的含义

卫生的含义，在古代是指"养生"和"护卫生命"。如今，卫生的概念被泛指为：为增进人体健康，预防疾病，改善和创造合乎生理要求的生产环境、生活条件所采取的个人和社会措施。

因此，卫生的含义主要包括以下几个方面：

1. 卫生是一种增进健康的行为措施

增进健康的行为措施包括个人与社会两种行为措施。个人行为措施主要是指个人应该有良好的卫生习惯和卫生行为，个人的卫生习惯和卫生行为决定个人的健康状况。社会行为措施是指国家采取有利于人体健康、防治疾病的措施，以提高公民的生命质量，改善公民的生活环境。

无论个人行为措施还是社会行为措施，都不能仅从合乎生理的要求考虑，还必须考虑心理和社会因素对健康的影响。

2. 卫生是一项重要的社会事业

民众的健康素质和卫生发展水平是衡量一个国家文明程度的重要标志。一方面，社会离不开卫生，因为卫生可以增进人体健康，保护社会生产力；另一方面，卫生也离不开社会，因为卫生受到社会政治、经济、科技、文化、教育等方面的制约，卫生事业需要全社会的共同参与。随着国民经济的发展，国家应当逐步增加卫生事业的经费投入，同时，国家还应调动全社会力量,支持卫生事业的发展。

发展医疗卫生与健康事业,保障公民享有基本医疗卫生服务,提高公民健康水平,推进健康中国建设既是《中华人民共和国基本医疗卫生与健康促进法》(以下简称《基本医疗卫生与健康促进法》)的规定,也是国家、社会、公民的共同责任。

3. 卫生已发展成为具有科学内涵的知识体系

作为一种行为措施,卫生应当建立在科学基础之上。卫生学科群和知识体系不仅包括硬科学学科和知识,而且包括软科学学科和知识。卫生学科群和知识体系的出现,使卫生教育得到发展,有利于提高人民群众的卫生知识水平,也使卫生决策更加科学化。

(二)法律的含义

法律是由国家制定或认可的,并由国家强制力保证实施的行为规范体系。其含义主要包括以下几个方面:

1. 法律是由国家制定或认可的社会规范

国家制定法律是指国家立法机关根据立法程序制定、颁布规范性文件的活动。国家认可法律是指根据其需要,统治阶级通过国家机关确认社会上早已存在的风俗习惯、道德规范、宗教信条以及国际条约和国际惯例,并赋予它法律效力。

2. 法律是规定人们权利和义务的社会规范

作为调整人们行为的社会规范,法律的主要内容是规定人们的权利和义务,明确地告诉人们可以做什么,必须做什么,禁止做什么,以此来维护统治阶级的社会关系和社会秩序,实现统治目的。

3. 法律是由国家强制力保证实施的社会规范

国家强制力是指国家的军队、警察、法院和监狱等机关依法使用强制手段保证法律在现实社会中实施,使法律在其效力范围内具有普遍的约束力。

(三)卫生与法律的关系

1. 卫生的发展促进了卫生法律、法规的产生和发展

医学和生命科学的发展为相关立法提供了科学依据。如《中华人民共和国母婴保健法》(以下简称《母婴保健法》)关于提出终止妊娠医学意见情形的规定等,就是以医学、遗传学和其他生命科学原理为依据制定的。现代医学的发展对一些传统的法律部门也提出了新的问题。例如人工授精、试管婴儿、变性手术、器官移植等,对婚姻、家庭、继承等方面的法律提出了新的挑战;死亡的传统判定标准也面临新的冲击。

2. 法律为卫生发展提供重要保障

首先,法律决定了卫生发展的方向,保证国家卫生战略的实施,调整卫生领域中的各种社会关系,为卫生发展提供一个良好的社会条件。

其次,通过法律规定卫生机构的设置、组织原则、权限、职能和活动方式等,保证国家对卫生事业的有效管理，从而形成有利于卫生发展的运行机制。

再次，通过法律可以控制医源性疾病和医疗损害，以及医学技术滥用带来的社会危害，防止现代医学在造福人类的同时给人类带来危害和灾难。

最后，卫生事业既是人命关天的高科技专业活动，又是关系政治安定的社会事务，卫生事业时刻离不开法律的规范。卫生法学研究必须强调法学理论与实践同医学理论与实践的有机结合和相互协调。

三、卫生法学的研究对象

卫生法学的研究对象是指一切与卫生法律相关的社会现象及其发展规律。卫生法学主要研究卫生法的产生与发展规律；研究卫生法的调整对象、特征、基本原则，卫生法律体系，卫生法学与相关学科的关系；研究卫生法的制定和实施；研究如何运用卫生法学理论来解决我国卫生改革和医学发展中产生的新的卫生法律问题；研究外国卫生法学理论、立法和司法实践。

四、卫生法学的特征

（一）时代性

卫生法学与国家社会经济和科学技术的发展紧密相关。卫生法学应当关注市场经济条件下的医疗、预防、保健体系的建立和规范，应当协调分配卫生人力、卫生经费、卫生设施等资源，创造一个有利于人类健康的公共生存环境，确保卫生事业改革和发展顺利进行。现代医学技术的发展、高新医疗仪器设备的应用、互联网及远程医疗以及对传染病的预防和突发公共卫生事件的应急处理等，都会产生法律问题，这些问题的提出和解决都体现了卫生法学的时代性。

（二）交叉性

卫生法学是生物学、医学、卫生学、药物学等自然科学和法学相互结合的产物，因此，卫生法学具有法学与医学、卫生学等学科相互依存、相互渗透的交叉学科特征。

（三）社会性

健康是自然人的基本权利。通过大力发展医药卫生事业，使人民获得可能的最高水平的健康，以保障社会经济的可持续发展，促进社会的进步已成为国际社会的共识。建立卫生法学学科的一个重要目的，就是要向全社会宣传卫生法律知识，增强民众的卫生法治观念，推进卫生事业全面走上法治轨道，提高国民的健康素质，促进社会经济的发展，这体现了卫生法学的社会性。

（四）科学性

卫生法律规范中的许多内容是由卫生技术规范和卫生标准构成的。依据医学等自然科学的基本原理和研究成果制定卫生法律规范，是卫生法区别于其他法律规范的一个显著特点。为保护人体健康，必须将科学的工作方法、程序、卫生标准确定下来，使之成为必须遵守的卫生技术法规，这体现了卫生法学的科学性。

（五）综合性

有效地保护人体健康是一个具体而又复杂的社会系统工程。卫生法学只有将法学、伦理学、社会学、心理学、管理学等学科的有关内容融合进来，才能实现维护人体健康的根本宗旨。同时，卫生法调整社会关系的手段是多样的，它不仅涉及行政管理法律、法规和民事法律、法规，甚至出现需要承担刑事责任的情形时还涉及刑事法律、法规。因此，卫生法学不仅涵盖了法学基础理论，而且还与行政法学、民法学、刑法学等密切相关，具有众多学科相互融通的综合性。

（六）实践性

卫生法学是一门实践性很强的理论性学科。只有将卫生法学同我国卫生事业的改革与发展紧密结合，在借鉴国外有益经验的基础上，不断总结我国自己的经验、教训，才能使卫生法学在实践中不断发展，才能发挥卫生法学学科的重要作用。

第二节 卫生法学与相关学科的关系

一、卫生法学与法学

法学是以法和法律这一特定的社会现象及其发展规律为研究对象的学科，而卫生法学是以卫生法律相关的社会现象及其发展规律为研究对象的学科，因此，卫生法学是法学的一门分支学科。卫生法学应当在法学基础理论的指导下开拓、发展医药卫生领域的法律研究，而法学体系则因卫生法学的产生与发展而得以丰富和发展。需要指出的是，法学对卫生法学的指导始终处于主导地位，因此我们学习和研究卫生法学，首先应该掌握法学基础理论知识。

二、卫生法学与医学

医学是研究人类生命过程以及防治疾病的科学。医学作为知识体系，其本身并不具有阶级性，而法学是有阶级性的。卫生法学和医学的使命都是为了保护人体的健康。医学科学的发展对传统的法律部门提出了新的问题和挑战，促进了许多卫生法律、法规的产生；医学知识和研究成果被运用到卫生立法过程中，使得卫生法的内容更加科学化。

三、卫生法学与医学伦理学

医学伦理学是研究医学道德的一门学科。卫生法律规范和医德都是调整人们行为的准则，两者的使命是相同的，都是为了维护社会医疗秩序和公民的健康利益，二者相互渗透，互为补充，相辅相成，但是二者在表现形式、调整的范围、实施手段上又存在以下区别：

（1）表现形式不同。医学伦理学所体现的医德，一般是不成文的，而卫生法是拥有立法权的国家机关依照法定程序制定的，一般是成文的。特别是对于涉及刑法的罪与非罪问题，法无明文规定不为罪。

（2）调整的范围不同。医学伦理的调整范围要比卫生法宽，凡是卫生法所禁止的行为，也是医学伦理所谴责的行为。

（3）卫生法的实施是以国家强制力为后盾的，通过国家强制力来制止一切违法损害人体健康的行为，而医学伦理主要是依靠社会舆论、内心信念和传统习惯来维护人类健康。

四、卫生法学与医学社会学

医学社会学是研究人类健康、疾病与社会因素相互关系的学科。卫生法学和医学社会学都是具有自然科学和社会科学双重属性的交叉学科，它们的目的都是为了增进人民的社会福利和健康水平，但是二者又有以下不同：

卫生法学以研究卫生法律为内容，用以规范卫生机构及其医务人员的行为，明确相关权利和义务及违反卫生法律规范应承担的法律后果；医学社会学是运用社会学的原则和分析方法指导卫生机构及其医务人员的医疗实践，从而达到建立良好的医患关系，为卫生机构有序管理和医疗水平的提高寻找科学依据的目的。

五、卫生法学与卫生管理学

卫生管理学是研究卫生管理工作中普遍应用的基本管理理论、知识和方法的一门学科。卫生管理的方法有多种，法律方法仅是其中的一种。卫生管理中的法律方法是指运用卫生立法、司法和卫生普法教育等手段，规范和监督卫生组织及其成员的行为，以使卫生管理目标得以顺利实现，即卫生法制管理。卫生法律、法规是卫生管理工作的活动准则，是实施卫生管理工作的具体依据。卫生管理工作中的法律方法具有强制性，一方面表现为对人们行为的约束，另一方面表现为对违反卫生法的人进行制裁。

六、卫生法学与卫生经济学

卫生经济学是研究卫生服务、人民健康和经济发展之间辩证关系的一门学科。随着科学技术和社会经济的发展，卫生事业在国民经济中所占的比重不断增大。卫生事业的发展不仅吸纳了大量的社会经济资源和社会劳动力，而且也给社会提供了相当规模的卫生服务。卫生法学和卫生经济学的共同之处在于，合理配置卫生资源，提高公民的健康水平，促进社会生产力和经济的发展。

卫生法学与卫生经济学的区别在于：卫生经济学是通过对卫生事业进行经济分析，运用经济手段进行卫生管理。卫生经济学主要研究卫生事业在国民经济发展中的地位和作用、社会经济发展与卫生事业发展的关系、卫生事业的经济性质、医疗卫生技术的经济合理性、卫生费用的理论、医疗保健制度的经济合理性等。卫生法学则将卫生事业在国民经济发展中的地位、性质和卫生需求以及卫生经济管理中行之有效的方法、手段、制度，通过卫生立法予以确认和干预，并成为社会全体成员共同遵守的行为规范，以维护国家医疗卫生管理秩序，保证和促进卫生事业的发展。

七、卫生法学与卫生政策学

卫生政策是国家在一定的历史时期内，为实现一定的卫生目的和任务而制定的行为准则。卫生法和卫生政策都是建立在一定的经济基础之上的上层建筑，二者在本质上是一致的，都体现了广大人民群众的意志和利益，都具有规范性，是调整社会关系的行为准则。二者的联系主要表现在：国家卫生政策是卫生法的灵魂和依据，卫生法的制定要体现国家政策的内容；卫生法是实现国家卫生政策的工具，是卫生政策的具体化、条文化、规范化、法律化。

卫生法和卫生政策又存在以下区别：

（1）卫生法体现国家意志，具有普遍约束力；卫生政策的贯彻靠宣传教育，靠深入细致的思想工作。

（2）卫生法通过法律条文等规范性文件形式表现出来，明确规定人们的权利和义务；卫生政策则通过决议、决定、纲要等形式表现出来，其内容比较原则和概括。

（3）卫生法调整的范围比较具体；卫生政策调整的社会关系更广泛、更全面。

（4）卫生法比卫生政策有更大的稳定性；卫生政策则有较强的时效性，随着形势的发展而变化。

八、卫生法学与法医学

法医学是应用医学理论和技术，研究并解决司法工作中有关人身伤亡和涉及法律的各种医学问题的学科。卫生法学主要运用法学理论来研究和解决医学实践中的有关法律问题。

卫生法学与法医学的关系极为密切。法医学是应司法实践的需要而产生的，为法律服务，其任务是为揭露犯罪事实真相提供科学证据，为正确处理纠纷提供科学证据，鉴定医疗行为，帮助医疗机构提高医疗服务质量。卫生法学是应医学需要而产生的，为医学服务，其任务是保障人体健康，维护卫生法律关系参加者的合法权益，促进医疗卫生事业的健康发展。

九、卫生法学与医事法学

卫生法学的内涵或外延比医事法学更为宽广，不仅包括对医事活动相关法律问题的研究，还包括对食品、环境、饮用水等公共卫生领域法律问题以及其他一切与人体健康有关的法律问题的研究，医事法学仅是卫生法学的一个重要组成部分。

第三节 学习卫生法学的意义与方法

一、学习卫生法学的意义

（一）依法治国，建设社会主义法治国家的需要

党和政府明确提出要依法治国，建设社会主义法治国家。卫生事业是社会主义事业的重要组成部分，依法管理卫生事业是实现依法治国，建设社会主义法治国家的重要内容。在卫生领域，要加强卫生法制教育，不断提高卫生工作人员的法制观念和法律意识。

（二）发展卫生事业，提高卫生工作人员综合素质的需要

随着社会物质生活水平的提高、公民权利意识的增强，医药卫生行业的纠纷及诉讼案件日益增多。卫生技术人员和医学生学习卫生法学，既可以拓展自己的知识结构，拓宽自己的治学领域，了解与自己从事的事业密切相关的卫生法律、法规，又可以帮助自己明确医药卫生工作中的权利和义务，对增强自己的卫生法律意识，正确履行岗位职责，提高综合素质具有极为重要的意义。

（三）提高卫生执法水平的需要

卫生行政执法是政府管理卫生事业的一个重要方面，卫生执法水平的高低，不仅关系到社会公共卫生状况、人民的生活质量，而且还关系到规范社会市场经济秩序、促进经济发展的问题。

提高卫生执法水平，必须要有一支高素质的卫生行政执法队伍。高素质的卫生行政执

法队伍必须既要有丰富的卫生专业知识，又要熟悉自己执法范围的卫生法律、法规。学习、研究卫生法学有助于卫生执法人员依法进行卫生行政管理，提高卫生执法水平。

（四）维护公民健康权利的需要

学习卫生法学知识，有助于公民树立卫生法制观念，在自己的健康权利受到侵害时正确运用法律武器来维护自己的合法权益；同时，在工作和日常生活中，依法遵守公共卫生法律、法规，规范自己的卫生行为，提高遵守卫生法律规范的自觉性，从而维护公民的生命健康权益。

二、学习卫生法学的方法

（一）理论联系实际的方法

理论与实践相结合是卫生法学研究的基本方法。卫生法学是一门应用理论学科，具有很强的实践性。因此，学习卫生法学，既要了解其基本知识、理论和相关学科知识，还要了解我国卫生事业的发展动态，了解和领会党和国家领导人关于卫生工作的重要文献和讲话。要密切结合我国卫生体制改革和卫生法制建设的实践进行思考和探索，使卫生法理论在实践中不断得到检验和发展。学习卫生法学要同个人的思想和专业工作结合起来，增强卫生法律意识，规范自己的卫生技术行为和管理活动，从而更好地为增进人民健康服务。

（二）历史考察的方法

卫生法是人类社会发展到一定历史阶段的产物。它同社会经济有着密切的联系，并受政治、文化、宗教等社会意识形态的影响。

学习卫生法学，一定要坚持历史考察的方法，将卫生法律现象及卫生法律关系的研究同一定的社会经济关系、意识形态以及医药卫生的发展联系起来，深入研究卫生法律产生和发展的基础，探求其产生、发展的根源和条件。

（三）比较分析的方法

运用比较分析的方法研究问题，是发现真理、发展真理的有效途径。比较分析的方法包括纵向比较和横向比较两种。纵向比较即上述历史考察的方法。横向比较方法，是对世界各国的卫生法律制度和国际卫生立法的情况综合分析，既要借鉴国外有益的经验，又要从我国国情出发，加以取舍和改造，形成具有中国特色的社会主义卫生法学。

复习思考题

1. 什么是卫生法学？
2. 简述卫生与法律的关系。

3. 试述卫生法学与医学伦理学的关系。
4. 试述卫生法学与法医学的关系。
5. 卫生法学的研究对象是什么？
6. 对医学专业的学生来说，学习卫生法学有什么意义？
7. 卫生法学的学习方法主要有哪几种？

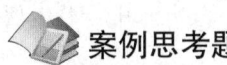

案例思考题

案例一

20世纪90年代，北京一位医学博士，面对被氨水烧伤眼睛的患者，在没有角膜来源的紧急情况下，未经死者家属同意，于夜深人静时进入医院太平间，摘取了一名死者的眼角膜并移植到两名患者身上，使两位眼看就要失明的患者重见光明。死者在火化前接受整容时，被发现眼球缺失。于是，责任医生被公安机关拘留，后被检察院批准逮捕。

案例讨论
1. 该医学博士的行为是否构成犯罪？
2. 该医学博士应负什么责任？
3. 相关法律是怎么规定的？
4. 对于本案，医学伦理学与卫生法学的观点有何不同？
5. 如果案件发生在今天，该医学博士是否构成犯罪？为什么？

案例二

刘某经批准取得了某市野生动植物保护管理站颁发的动物驯养繁殖许可证，许可证载明养殖种类为果子狸。某年12月14日，刘某从外县购进果子狸种苗31只，共花费50900元。次年1月8日，当地省疾病预防与控制中心对市场上采集的果子狸进行检测，发现果子狸粪便中含有大量的冠状病毒，与人类身上相关的病毒有高度的同源性，存在野生动物传播严重急性呼吸综合征（severe acute respiratory syndrome，SARS）的可能性。于是，省卫生厅、林业厅等部门联合下发了一份内部文件，要求对果子狸饲养场所进行严格的监督管理。次年1月19日，县林业局、卫生局、卫生防疫站及当地乡政府在没有出具任何法律文书的情况下，对刘某驯养的31只果子狸进行了宰杀和销毁处理。为此，刘某将联合执法的县卫生局、林业局等四被告上法庭，要求四被告赔偿经济损失5万余元。

案例讨论
1. 县林业局、卫生局、卫生防疫站及当地乡政府对刘某的处理是否符合法律规定？
2. 刘某的诉讼请求能否得到法律支持？
3. 请提出你对本案分析的法律依据。

（上海中医药大学　张静）

第二章 卫生法基础

第一节 卫生法的概念和调整对象

一、卫生法的概念

卫生法是由国家制定或认可,并由国家强制力保证实施的,旨在保护人体健康的法律规范的总称。

卫生法有狭义和广义之分。狭义的卫生法,仅指由全国人民代表大会及其常务委员会制定、颁布的卫生法律,即卫生基本法律或基本法以外的卫生法律。我国目前尚未制定统一的卫生基本法律。现有的14部卫生法律是由全国人民代表大会常务委员会制定、颁布的法律,是基本法以外的卫生法律。广义的卫生法除包括狭义的卫生法外,还包括《中华人民共和国宪法》(以下简称《宪法》)和其他部门法中有关卫生内容的规定及其他国家机关依照法定程序制定、颁布的卫生法规、卫生规章和卫生条例等。

二、卫生法的调整对象

卫生法的调整对象是指卫生法在规范与人体生命健康相关的活动中所形成的纵横交错的各种社会关系。

(一)生命健康权益保障关系

卫生法以保障公民生命健康为根本目标,凡是在与人体生命健康相关的各种活动中所形成的社会关系,都是卫生法的调整对象。例如,对公民生命健康权益的法律保护、特殊人群的生命健康权益法律保护、公民的生育权、公民无偿献血及捐献自己身体和器官的权利等,都是卫生法的调整对象。

(二)卫生民事法律关系

在医药卫生活动中,医药卫生保健服务者与民事主体之间形成的社会关系,如医患关系、医药卫生产品责任关系等,这类法律关系是平等民事主体之间的民事法律关系。

(三)卫生刑事法律关系

制定卫生法的根本目的是保护公众生命健康,因此,对于在医疗卫生活动中严重损害公众生命健康的行为，卫生法规定了责任人应承担相应的刑事责任。对此，《中华人民共和国刑法》规定了危害公共卫生罪，相关卫生法律如《中华人民共和国传染病防治法》（以下简称《传染病防治法》）、《中华人民共和国药品管理法》（以下简称《药品管理法》）、《中华人民共和国食品安全法》（以下简称《食品安全法》）、《中华人民共和国执业医师法》（以下简称《执业医师法》）、《中华人民共和国基本医疗卫生与健康促进法》（以下简称《基本医疗卫生与健康促进法》）等也对严重损害公众生命健康的犯罪行为作了专门规定。

（四）卫生行政管理关系

卫生法调整的卫生行政管理关系，指国家对各种医药卫生机构的设置与管理，如国家对医疗机构设置实行的区域卫生规划；国家对医药卫生人力资源的配置与管理，如医师、药师、护士等各级各类卫生技术人员的配置与管理；国家对各种医药市场的合理布局与设置，如国家对血液与血液制品的管理、对药品生产经营的管理、对大型医用设备、对医药产业的发展、卫生信息以及实验动物等方面的规划、配置与监督管理；对与人体生命健康相关的产品的生产、销售设置的市场准入制度和市场监督制度；政府在应对突发公共卫生事件的应急管理中所需的卫生人力、物力、财力等资源的合理配置与储备管理等。

（五）国际卫生法律关系

我国加入世界贸易组织（World Trade Organization，WTO）和世界卫生组织（World Health Organization，WHO），向国际社会作出的承诺涉及大量的有关人体生命健康的卫生事项。我国参加或认可的国际条约和国际惯例，也是我国卫生法的渊源之一，因此，国际条约和国际惯例中有关卫生方面的内容，除我国声明保留外，均属于我国政府、相关组织或公民应当遵循的法则。我国在参与国际卫生活动中形成的社会关系就是国际卫生法律关系，它也是卫生法的调整对象。

（六）现代医学科学技术发展形成的新型社会关系

人工生殖、基因工程和无性生殖、互联网医疗等科学技术的发展为人们保护、创造和改造生命提供了条件，但现代医学科学技术是把双刃剑，其发展会形成新型的社会关系，这是其他一般法律所无法解决的，只能由卫生法来调整。

第二节 卫生法的特征和基本原则

一、卫生法的特征

卫生法作为我国社会主义法律体系中一个重要组成部分，它除了具有一般法律规范所具有的基本特征外，还具有其自身的特征，主要表现在以下几个方面：

(一) 内容具有广泛性

生命和健康是现代人参与社会活动、改造社会、愉快生存和生活的必要条件。人们日常生活、工作、学习、娱乐以及衣食住行等各方面的环境和条件，无不对人的生命健康造成影响。人们居住地内外环境的卫生状况、饮食质量和饮食习惯、娱乐活动、公共场所内外环境的卫生状况、患病后的就医环境和条件以及国家整体的防病治病和卫生事业发展水平等，都可能对人们的生命健康造成影响，都应受到卫生法律的调整与规范。

(二) 与自然科学紧密相关

卫生法的许多内容是依据现代医学、药学、生物学、公共卫生学等学科的基本原理及研究成果制定的，是这些学科研究成果在卫生法领域的具体体现。可以说，现代医学科学技术的发展推动着卫生法的发展，使卫生法不断臻于完善和进步。同时，现代医学科学技术在探索生命奥秘和维护人类生命健康的过程中，充满着难以预料的风险，需要一定的法律规范加以调整。脱离医学、生物学等自然科学而制定的卫生法，必然是没有科学依据的法律；同样，没有卫生法的保护，现代医学科学技术也不可能顺利发展。

(三) 融入大量技术规范

技术规范又称操作规程，是人们在同客观事物打交道时所必须遵循的行为规则。技术规范反映自然法则，规范人与自然的关系，是人类和自然做斗争的经验总结。几千年来，人类在预防、治疗疾病过程中，逐渐总结出来的防病治病的办法和操作规程，就是技术规范。国家通过一定程序将这些技术规范加以法律化，这些规范是构成卫生法的重要内容。

(四) 吸收大量道德规范

在维护人体生命健康的医药卫生保健活动中，不可避免地会触及公民的隐私权、名誉权、身体权等。在执业中，医药卫生技术人员对公民的这些权益的尊重和保护，是职业道德规范的要求。卫生工作人员的职业道德规范已经越来越多地被许多卫生法律规范所吸收。

如前所述，现代医学科学技术是一把双刃剑，在保护人体生命健康，为人类带来福音的同时，也可能会带来许多负面影响，为了避免医学、生物科学技术无序发展产生危害，卫生法必须吸收道德规范，对这些活动予以必要的限制和规范。

(五) 采用多种调节手段

有效保护公民健康权利是一项十分复杂而又非常具体的社会工程。它不仅涉及人们在劳动、学习中的卫生条件和居住环境，而且涉及对疾病的治疗、预防和控制；它不仅关系到优生优育和社会保健事业的发展，而且关系到公民自身健康权利与其他基本权利的实现；它不仅要处理因卫生问题而产生的许多复杂的法律关系，而且要解决一系列卫生质量中的技术和物质保障问题。这就决定了卫生法必须采用多种调节手段来解决这些问题。

(六)反映社会共同需求

疾病的流行没有地域、国界和人群的限制,对人类而言,防病治病的措施、方法和手段是普遍适用的。在人类文明不断发展的今天,健康问题越来越受到关注,全世界都在寻找人人享有卫生保健的有效途径,卫生立法就是一种非常重要的保障措施。世界各国的卫生立法都反映了一些具有共性的规律。同时,各国的卫生立法工作都注意加强国际合作和交流,以便更好地相互借鉴,使本国的卫生法制建设不断完善。

二、卫生法的基本原则

卫生法的基本原则是指贯穿于各种卫生法律规范中,对调整卫生法律关系具有普遍指导意义的准则。我国卫生法包含以下几项基本原则:

(一)保护公民生命健康权益

保护公民生命健康权益,是我国卫生法的首要宗旨和根本目的,也是卫生法首要的基本原则。在制定和实施卫生法的过程中,必须时刻将保护公民生命健康权益放在首位。首先,卫生法律规范应当完整、准确地体现对人体生命健康权益的保护;其次,在医疗卫生活动中,必须严格遵守卫生法律、法规,确保医药产品和医药保健技术服务的质量;最后,在执法活动中,各级政府、医药卫生行政部门和司法机关应当以维护公众生命健康为中心,维护国家的公共卫生管理秩序,依法制裁危害人体生命健康的不法活动。

(二)公益性原则

国家发展医疗卫生与健康事业,保障公民享有基本医疗卫生服务,提高公民健康水平。国家法律明确规定医疗卫生与健康事业应当坚持以人民为中心,为人民健康服务。医疗卫生事业应当坚持公益性原则。中华人民共和国公民依法享有从国家和社会获得基本医疗卫生服务的权利。国家建立基本医疗卫生制度,建立健全医疗卫生服务体系,目的就是为了保护和实现公民获得基本医疗卫生服务的权利。

(三)预防为主

预防为主是我国卫生工作的基本方针和政策,也是卫生法必须遵循的基本原则。卫生工作应当坚持"预防为主,综合治理"的基本方针。只有重视预防工作,加大医疗卫生基本设施建设力度,彻底改变不良卫生习惯,严格把住生产、工作、学习、生活等环节的医疗卫生质量关,才能控制和减少疾病,真正实现维护人民生命健康的根本目的。

(四)依靠科技进步

依靠科技进步的原则是指在防病、治病活动中,要高度重视科学技术的作用,大力开展医学科学研究，提高医学技术水平。实践证明，卫生事业的发展、健康目标的实现有赖于科学技术的发展。

（五）中西医协调发展

中西医协调发展原则是指要正确处理中医学和西医学的关系，对疾病的诊疗护理，不但要认真学习现代医学技术，努力提高医学水平，还必须进一步继承和发展祖国传统医学，运用现代科技手段对传统医学加以研究、整理、挖掘，从而使中医、西医两个不同理论体系的医学互相取长补短、协调发展。

（六）动员全社会参与

人的生命健康，既来自于对疾病的有效治疗，也来自于对疾病的预防与控制。而良好的生活习惯和卫生习惯，强健的体魄，对疾病的相关知识的了解与早期发现和预防等，都有赖于每个人的参与和重视。因此，卫生法的贯彻实施，有赖于全社会的广泛参与，有赖于每个人的自觉遵守。

（七）国家卫生监督

国家卫生监督原则是指卫生行政机关或授权的职能部门，对其管辖范围内的有关单位和个人执行卫生法律、法规的情况予以监察督导。实行国家卫生监督原则，必须把专业监督、社会监督与群众监督紧密结合起来，严格依法办事。

（八）患者权利自主

患者权利自主原则是指患者有权对自己的生命健康权利作出合乎理性的选择。自20世纪70年代以来，患者权利的保护正受到越来越多国家的重视，荷兰、丹麦、美国等国甚至制定了专门的患者权利保护的相关法律。在我国，维护患者权利、尊重患者自主权利也是卫生法的基本原则之一。

第三节　卫生法的渊源和效力等级

一、卫生法的渊源

卫生法的渊源是指卫生法的各种具体表现形式。

我国卫生法的渊源主要有以下几种：《宪法》、卫生法律、卫生行政法规、卫生部门规章、地方性卫生法规、卫生自治条例与单行条例、特别行政区有关卫生事务的法律规定、国际卫生条约等。

（一）《宪法》

《宪法》是我国的根本大法，是由全国人民代表大会（简称全国人大）依照法定的程序制定的。《宪法》中规定的有关医药卫生保障的基本制度和法律赋予公民的基本生命健康权利等内容就属于广义的卫生法的内容。

《宪法》关于卫生事项的主要内容有：

《宪法》第21条第1款规定："国家发展医疗卫生事业，发展现代医药和我国传统医药，鼓励和支持农村集体经济组织、国家企业事业组织和街道组织举办各种医疗卫生设施，开展群众性的卫生活动，保护人民健康。"正是依据这一高度概括和原则性的规定，国家制定了一系列维护人民健康的卫生法律、法规。

《宪法》第25条规定："国家推行计划生育，使人口的增长同经济和社会发展计划相适应"；第26条规定："国家保护和改善生活环境和生态环境，防治污染和其他公害"；第45条第1款规定："中华人民共和国公民在年老、疾病或者丧失劳动能力的情况下，有从国家和社会获得物质帮助的权利。国家发展为公民享受这些权利所需要的社会保险、社会救济和医疗卫生事业。"

《宪法》的这些规定，在整个卫生法律体系中具有至高无上的地位，是其他卫生法律、法规的立法依据。

（二）卫生法律

卫生法律是仅次于《宪法》的卫生法的主要渊源。它是由全国人民代表大会及其常务委员会制定的卫生规范性文件。卫生法律分为卫生基本法律和基本法律以外的卫生法律。

卫生基本法律是由全国人民代表大会制定的有关卫生的法律规范性文件。迄今为止，我国还没有统一的卫生基本法律。

全国人民代表大会常务委员会制定的卫生规范性文件被称为基本法以外的卫生法律，故现行的卫生法律都属于基本法以外的卫生法律，主要有《传染病防治法》、《食品安全法》、《药品管理法》、《中华人民共和国职业病防治法》（以下简称《职业病防治法》）、《执业医师法》、《中华人民共和国献血法》（以下简称《献血法》）、《中华人民共和国红十字会法》（以下简称《红十字会法》）、《母婴保健法》、《中华人民共和国人口与计划生育法》（以下简称《人口与计划生育法》）、《中华人民共和国国境卫生检疫法》（以下简称《国境卫生检疫法》）、《中华人民共和国精神卫生法》（以下简称《精神卫生法》）、《中华人民共和国中医药法》（以下简称《中医药法》）、《中华人民共和国疫苗管理法》（以下简称《疫苗管理法》）、《基本医疗卫生与健康促进法》14部。

此外，由全国人民代表大会及其常务委员会制定的其他部门法中有关医疗卫生、维护人民健康的规定或条款，如《刑法》规定的在医疗卫生、维护人民健康方面所禁止的行为以及对实施了这些行为造成严重社会危害的行为人的刑罚，《中华人民共和国婚姻法》（以下简称《婚姻法》）规定的禁止结婚的条件，《民法总则》规定的对公民健康权的保护等，都是我国广义上的卫生法律的组成部分。

（三）卫生行政法规

卫生行政法规是由最高国家行政机关——国务院根据《宪法》和卫生法律制定的卫生规范性法律文件，也是我国卫生法的最主要渊源。

在我国目前已经颁布的卫生行政法规中，有的是以国务院名义直接发布的，如《医疗事故处理条例》；有的是经国务院授权批准，以国家医药卫生行政部门名义发布的。例如《突发公共卫生事件应急条例》《艾滋病防治条例》《医疗机构管理条例》《血液制品管理条例》等。卫生行政法规既是卫生法的渊源之一，也是下级卫生行政部门制定各种卫生行政管理规章的依据。

（四）卫生部门规章

卫生部门规章是指国务院卫生行政部门制定的卫生规范性法律文件，是卫生法律和卫生行政法规的补充，也是卫生法的渊源之一。由于国务院各部门职能的不断调整，作为卫生法渊源之一的卫生部门规章，已经不仅仅局限于卫生行政部门制定、修改和发布的规范性法律文件，还应包括国务院有关承担医药卫生管理职能的其他部门如国家药品监督管理局、国家中医药管理局等制定、修改和发布的规范性法律文件。

（五）地方性卫生法规

地方性卫生法规，是指省、自治区、直辖市及省会所在地的市和经国务院批准的较大的市的各级人民代表大会及其常务委员会，根据国家授权或为贯彻执行国家法律，结合当地实际情况，依法制定和批准的有关医疗卫生工作的规范性文件。地方性卫生法规在推进本地区卫生事业发展，为全国性卫生立法积累经验等方面具有十分重要的意义。

（六）卫生自治条例与单行条例

卫生自治条例与单行条例，是由民族自治地区的人民代表大会根据《宪法》《中华人民共和国地方各级人民代表大会和地方各级人民政府组织法》《中华人民共和国民族区域自治法》的规定，依照当地民族的政治、经济和文化的特点，在其职权范围内制定、修改和发布的卫生规范性法律文件。

（七）特别行政区有关卫生事务的规范性法律文件

中国香港和澳门特别行政区政府制定的有关卫生事务的规范性法律文件是我国"一国两制"政治构想在卫生法律上的体现，是我国卫生法不可缺少的渊源之一。

（八）卫生标准和技术规程

卫生法具有技术控制和法律控制的双重属性。卫生技术性规范和操作规程一经法律、法规确认，就成为我国卫生法律体系中的一个重要组成部分。卫生标准和技术规程可分为国家和地方两级。前者由国家卫生行政部门制定颁布，后者由地方政府的卫生行政部门制定颁布。这些卫生标准、规范和规程的法律效力在具体实施过程中的地位相当重要。如《传染病防治法》《食品安全法》《药品管理法》等卫生法律的相应条款将国家饮用水标准、食品卫生标准、营养标准、《中华人民共和国药典》（以下简称《中国药典》）和药品标准、工艺规程、炮制规范等作为有关单位和个人应遵守的行为准则和标准，从而成为执法部门进行卫生管理、监督、监测和执法的依据。

（九）国际卫生条约

国际卫生条约是指我国同外国缔结的双边或多边卫生条约、协定和其他具有条约、协定性质的国际卫生法律文件以及我国加入的有关国际组织制定的卫生公约。

国际卫生条约虽不属于我国国内法的范畴，但其一旦生效，除我国声明保留的条款外，对我国就产生约束力，是我国卫生法的渊源之一，如《国际卫生条例》《麻醉品单一公约》《精神药品公约》等。

二、卫生法的主要内容

我国卫生法的主要内容大致包含以下几个方面：

（一）医疗卫生机构及组织管理

包括医疗机构、卫生监督及疾病控制机构、血站、医学会及医学协会、红十字会等机构管理的法律规定，如《医疗机构管理条例》《血站管理办法》《红十字会法》等。

（二）医疗卫生技术人员管理

包括执业医师、药师、卫生监督人员、其他卫生技术人员管理等法律规定，如《执业医师法》《卫生监督员管理办法》《中医医术确有专长人员医师资格考核注册管理暂行办法》等。

（三）生命健康权益保护

包括医疗事故处理、人口与计划生育、医疗保障、初级卫生保健等相关法律、法规，如《人口与计划生育法》《医疗事故处理条例》《计划生育技术服务管理条例》等。

（四）特殊人群健康保护

包括母婴保健、精神疾病患者、未成年人、残疾人、老年人等健康权益保障的法律规定，如《母婴保健法》《中华人民共和国残疾人保障法》《中华人民共和国未成年人保护法》《中华人民共和国老年人权益保障法》《精神疾病司法鉴定暂行规定》等。

（五）健康相关产品的卫生管理监督

包括食品卫生、药品管理、血液及血液制品管理、化妆品管理、保健用品管理、医疗器械器材和生物材料管理等法律规定，如《食品安全法》《药品管理法》《献血法》《血液制品管理条例》《化妆品卫生监督条例》《健康相关产品国家卫生监督抽检规定》《放射性同位素与射线装置安全和防护条例》等。

（六）疾病预防与控制

包括传染病防治、国境卫生检疫、职业病防治、地方病防治、性病及艾滋病防治、结核病防治等法律规定，如《传染病防治法》《国境卫生检疫法》《职业病防治法》《艾滋病防治条例》《性病防治管理办法》《结核病防治管理办法》《传染性非典型肺炎防治管理办法》《职业病诊断与鉴定管理办法》《精神卫生法》等。

（七）公共卫生管理

包括突发公共卫生事件应急处理、学校卫生监督、放射卫生防护监督、公共场所卫生监督、生活饮用水监督管理等法律规定，如《突发公共卫生事件应急条例》《学校卫生工作条例》《放射性同位素与射线装置放射防护条例》《公共场所卫生管理条例》《生活饮用水卫生监督管理办法》等。

（八）环境污染防治

包括大气污染防治、水污染防治、环境噪声污染防治、固体废物污染防治、医疗废物管理等法律规定，如《中华人民共和国大气污染防治法》（以下简称《大气污染防治法》）、《中华人民共和国水污染防治法》（以下简称《水污染防治法》）、《中华人民共和国环境噪声污染防治法》、《中华人民共和国固体废物污染环境防治法》（以下简称《固体废物污染环境防治法》）、《医疗废物管理条例》等。

（九）中医药与民族医药管理

包括中医医疗机构管理、中药管理、民族医药管理、气功医疗管理等法律规定，如《中医药法》《中医诊所备案管理暂行办法》《医疗气功管理暂行规定》等。

三、卫生法的效力等级

卫生法的效力等级是指为了解决卫生法律适用过程中法律之间的冲突和矛盾，根据各卫生法制定的主体、程序、时间、适用范围等因素不同，以确定其在法律效力上的地位。

划分卫生法的效力等级应当遵循的一般规则和特殊规则：

(一) 一般规则

《宪法》具有最高的法律效力,一切卫生法律、卫生行政法规、地方性卫生法规、卫生自治条例与单行条例、卫生部门规章等都不得与《宪法》相抵触。

根据效力等级,《宪法》位于最高层,以下依次是卫生法律、卫生行政法规、地方性卫生法规和卫生部门规章等。卫生法律的效力高于卫生行政法规、地方性卫生法规和卫生部门规章;卫生行政法规的效力高于地方性卫生法规、卫生部门规章。地方性卫生法规的效力高于本级和下级地方政府卫生部门规章。省、自治区、直辖市人民政府制定的卫生部门规章的效力高于本行政区域内较大市的人民政府制定的卫生部门规章。卫生自治条例与单行条例只在本民族自治地方范围内适用。

(二) 特殊规则

1. 特别法优于一般法

同一机关制定的卫生法律、卫生行政法规、地方性卫生法规、卫生自治条例与单行条例、卫生部门规章和地方政府卫生部门规章中,特别规定与一般规定不一致的,适用特别规定。

2. 新法优于旧法

同一机关制定的卫生法律、卫生行政法规、地方性卫生法规、卫生自治条例与单行条例、卫生部门规章和地方政府卫生部门规章中,新的规定与旧的规定不一致的,适用新的规定。

3. 其他情形

卫生法律之间对同一事项的新的一般规定与旧的特别规定不一致,不能确定如何适用时,由全国人民代表大会常务委员会裁决。

卫生行政法规之间对同一事项的新的一般规定与旧的特别规定不一致,不能确定如何适用时,由国务院裁决。

地方性卫生法规、卫生部门规章之间不一致时,由有关机关依照规定的权限作出裁决。

第四节 卫生法律关系

一、卫生法律关系的概念和特征

(一) 卫生法律关系的概念

卫生法律关系是指由卫生法所调整的国家机关、企事业单位、其他社会团体与公民之间、法人之间在医疗卫生监督管理活动和医疗卫生预防保健服务过程中所形成的各种权利和义务关系。

（二）卫生法律关系的特征

卫生法律关系具有以下特征：
1. 卫生法律关系是以卫生法律规范为前提而形成的社会关系；
2. 卫生法律关系是以卫生法律规范所规定的权利与义务为纽带而形成的社会关系；
3. 卫生法律关系是以国家强制力作为保障手段的社会关系；
4. 卫生法律关系是在卫生管理和医疗卫生预防保健服务过程中，基于维护人体健康而形成的法律关系；
5. 卫生法律关系是一种纵横交错的法律关系。

二、卫生法律关系的构成要素

卫生法律关系由主体、客体和内容三个要素构成。

（一）卫生法律关系的主体

卫生法律关系的主体是指卫生法律关系的参加者，即在卫生法律关系中享有权利和承担义务的当事人。

我国卫生法律关系的主体包括卫生行政机关、法人、非法人组织和自然人。

1. 卫生行政机关

卫生行政机关作为特别法人中的机关法人，是卫生法律关系的主体，主要是作为纵向卫生法律关系的一方当事人，即行政管理人。该主体主要有各级卫生行政部门、各级药政监督管理部门、卫生检疫部门、劳动与社会保障管理部门等。

2. 法人

主要包括营利法人、非营利法人和特别法人（除卫生行政机关外）。

法人主体既可以成为纵向卫生法律关系的一方当事人，即行政相对人，也可以成为横向卫生法律关系的主体。例如各类食品生产企业和经营企业、各级各类医疗机构等既是纵向卫生法律关系的主体，也是其与食品消费者、患者之间的横向卫生法律关系的权利主体或者义务主体。

3. 非法人组织

非法人组织是不具有法人资格，但是能够依法以自己的名义从事民事活动的组织。非法人组织包括个人独资企业、合伙企业、不具有法人资格的专业服务机构等。比如个人独资的民营医院、实行备案制的中医诊所等。

4. 自然人

自然人，包括中国公民、外国公民和无国籍人。

自然人既可以是纵向卫生法律关系中的主体，也可以是横向卫生法律关系的主体，如个体食品经营者和个体开业医生，一方面是行政相对人，另一方面是经营者和服务者。

（二）卫生法律关系的内容

卫生法律关系的内容包括卫生法律关系的主体依法享有的权利和应当承担的义务。

卫生法律关系主体的权利受国家卫生法律的保护。当义务人拒不履行义务或不依法履行义务时，权利人可以依法请求司法机关或医疗卫生行政部门采取必要的强制措施，以保障其权利得以实现；当权利人的权利受到加害方的侵害时，受害人可以依法请求司法机关或医疗卫生行政部门给予法律保护，依法追究对方的行政责任、民事责任、刑事责任。

卫生法律关系中的权利与义务，往往是相互对立、相互联系的。当事人一方享有的权利，必然是另一方负有的义务，并且权利和义务往往是同时产生、变更和消灭的。

（三）卫生法律关系的客体

卫生法律关系的客体是指卫生法律关系主体权利和义务共同指向的对象。它是联系卫生法律关系主体间权利和义务的纽带，是卫生法律关系不可缺少的构成要素。

卫生法律关系的客体主要有以下几种表现形式：

（1）以物的形式出现的客体有食品、药品、化妆品、保健用品、医疗器械、生物制品、生活饮用水、中药材等。

（2）以行为的形式出现的客体有医药保健服务、疾病防治、公共卫生监督管理、健康相关产品的生产和经营、突发事件应急管理等。

（3）以智力成果的形式出现的客体有医药知识产权，如医疗卫生科学技术发明、专利、学术著作等。这是卫生法律关系主体从事智力活动所取得的医药卫生科技成果。

（4）以人身利益形式出现的客体有公民的生命健康权益、特殊人群生命健康权益，包括婴儿和尸体以及人体器官等。

以人身利益的形式出现的客体即公民的生命健康权益是卫生法律关系的最重要、最基本的客体。

三、卫生法律关系的产生、变更和消灭

（一）卫生法律关系的产生、变更和消灭的概念

卫生法律关系的产生是指卫生法律关系主体间确立和形成了卫生权利与义务关系；卫生法律关系的变更是指卫生法律关系的主体、内容或客体发生了变化；卫生法律关系的消灭是指卫生法律关系主体间的权利与义务关系完全终止。

引起卫生法律关系产生、变更和消灭的条件：一是法律规范；二是法律事实。在法理学上，一定的法律规范是一定的法律关系产生、变更和消灭的前提，一定的法律事实是一

定的法律关系产生、变更和消灭的根据。即法律规范为人们的行为设定了一定的模式，使法律关系当事人享有权利和承担义务具有可能性，但仅有这种可能性是不够的，因为它并不能必然引起法律关系的产生、变更和消灭，只有同时具备一定的法律事实，法律上所规定的权利、义务关系才能体现为实际的权利、义务关系。

（二）卫生法律事实

引起卫生法律关系产生、变更和消灭的关键因素是卫生法律事实。

根据卫生法律事实是否与当事人的意志有关，卫生法律事实可以分为卫生法律事件和卫生法律行为。

卫生法律事件是指与人的意志无关，不是由当事人的行为引起的，能够引起卫生法律关系产生、变更、消灭的客观事实。卫生法律事件分为两种：一种是自然事件，如地震、水灾等；另一种是社会事件，如战争、突发公共卫生事件，人的出生、死亡，国家有关医药卫生政策的调整等。卫生法律行为是指与人的意志有关，由当事人的作为或不作为引起的，能够引起卫生法律关系产生、变更、消灭的客观事实。例如，患者到医院挂号就诊的行为，导致医患双方医疗服务法律关系形成的客观事实，诊疗行为完成后，卫生法律关系自行消灭。如果在医疗活动中产生了医疗纠纷，医疗服务法律关系就可能变更为违约法律关系和侵权法律关系。如果经协调医疗纠纷得以妥善解决，该卫生法律关系就此消灭。

第五节　我国卫生法的发展简史

一、中国古代的卫生法

我国古代卫生法的产生，最早可追溯到殷商时代。在环境卫生方面，《韩非子·内储说上》记载，"殷之法，刑弃灰于街者。"其意为在街上倾倒生活垃圾者，将受刑法处罚。在饮用水卫生方面，《周易》中有类似护井公约的记载。对防病除害，《春秋》中就有"国人逐瘈狗"的记载，表明了当时国人对狂犬病危害性的认识。

周代建立了我国最早的医事管理制度、病历书写制度和死亡报告制度，对个人卫生、环境卫生、预防保健等方面也作出了规定。春秋战国时期，随着医学发展，卫生法也较之前有一定的发展。

《秦律》在医疗卫生方面规定了医疗机构的设置要求；在预防传染病方面，规定要将麻风病患者送往政府所设立的疠迁所实行隔离；禁止杀婴、堕胎。

《汉律》开始对医、药分别设官进行管理，建立了军医制度。

《唐律》也有涉及医药卫生的规定。如因拿药、针灸出错、卖药不实、贩卖毒药等发生争执和诉讼时，由掌管百姓的官吏和掌管医官的官吏共同商量决断。禁止庸医行医治病；学医者没有经过考试和修习一定的医学课程不能实施医疗行为，对医师3年大考一次，合格者方能行医。《唐律》规定医生不能欺诈病人，"诸医违方诈疗疾病而取得财物者，以盗论。""诸合和御药误不如本方及封题者，医绞。"在卫生保健方面，规定禁止同姓者结婚，"同姓为婚者，各徒3年"。此外，《唐律》还对官方征用医师的考试和录用、医校的设置等作了规定。

《宋刑统》中有大量关于医政管理、药品管理、食品管理、公共卫生、军医制度、狱医制度以及医疗事故处理等方面的规定。北宋的《市易法》规定了药品交易由政府控制。官药局实施轮值制度，保证昼夜供药，并对药品的检验制度和特殊情况的免费供药制度作了规定。1076年，北宋政府设立的"熟药所"是世界上最早的国家药局。宋代的《太平惠民和剂局方》是世界上最早的药局协定处方汇编。《安剂法》规定了医务人员的人数及升降标准，被称为我国最早的医院管理条例。宋代法律严惩庸医，规定庸医伤人致死依法绳之；凡利用医疗诈取财物者，以匪盗论处。法医宋慈所著的《洗冤集录》成为死伤断狱的法典，为后世法医著作的蓝本。在公共卫生方面，《宋刑统》规定了对患有狂犬病的牲畜一律杀死，"若狂犬不杀者，笞四十"。

元代的《元典章》规定免除医户差役及赋税；政府禁售剧毒药品和堕胎药；禁止假医游街货药；医师医死人必须酌情定罪等。

明代《大明会典》规定医家要世代行医，不许妄行变动；太医院的医师必须是经过考试录用的医家子弟；对合和御药错误、使用毒药杀人、庸医杀人应予处罚。从明代开始，有了记录详细、项目完整、层次固定的病案格式。

清王朝在《清朝通典》中对太医院的职责和医师的升、补、告、退等作了具体规定。对庸医和失职人员，《新清律》规定了具体明确的认定标准和处刑方式。在传染病方面，清政府对天花等疾病的防治发布命令，政府还设有"种痘局"对天花进行预防管理。据《清史稿》记载，"京师民有痘者，令移居出城，杜传染。"

二、中国近代的卫生法

（一）太平天国时期的卫生法

太平天国时期推行公医制度。规定无论是战斗人员或非战斗人员，一律享受免费医疗，并创办了我国历史上由国人建造的第一所医院。《资政新篇》提倡"兴医院以济疾苦"，严格挑选医师，"必考取数场然后聘用"，以免庸医误人、害命。《太平条规》《刑律诸条禁》对医院制度、医疗免费、公共卫生等方面作了规定。在公共卫生方面，要求城市每天打扫街道，农村须洒扫街渠，保持清洁。明令禁抽鸦片、酗酒，禁止蓄婢、嫖娼，严禁溺婴，保护妇女和儿童健康等。

（二）中华民国时期的卫生法

中华民国政府设卫生部负责全国医疗卫生工作，制定了卫生行政大纲和涉及卫生行政、防疫、公共卫生、医政、药政、食品卫生和医学教育等方面的一系列法规，如《传染病预防条例》《医师暂行条例》《助产士条例》《公立医院设置条例》《管理成药条例》《饮食品制造场所卫生管理条例》，发布了《解剖规则》，卫生管理制度日趋完备。

（三）新民主主义革命时期的卫生法

新民主主义革命时期，中华苏维埃共和国临时中央政府颁布《卫生运动纲要》《卫生防疫条例》《暂行传染病预防条例》等。抗日战争时期颁布的《关于开展卫生保健工作的决议》《陕甘宁防疫委员会组织条例》《陕甘宁边区医师管理条例》《护理工作条例》《伤病员住院规则》等，为各抗日根据地政权在异常艰难的条件下维护军民身体健康提供了法律保障。解放战争时期制定了《连队卫生工作条例》和《战时卫生勤务条例》等规范性文件，对保障军民健康，取得革命胜利发挥了重要作用。

三、中国当代的卫生法

中华人民共和国成立后，卫生立法工作经历了曲折的发展过程。

（一）起步时期

1949—1956年，是新中国卫生立法的起步阶段。《中华人民共和国政治协商会议共同纲领》规定"提倡国民体育，推广卫生医药事业，保护母亲、婴儿和儿童的健康"；为解决麻醉药品毒害问题，国家发布了《关于严禁鸦片烟毒的通令》及《管理麻醉药品暂行条例》；为控制传染病，发布了《防止霍乱流行的联合指示》《种痘暂行办法》《交通检疫暂行办法》；在食品卫生方面，颁布《清凉饮料食品管理暂行办法》；为加强对医疗机构及其人员的管理，制定了《医院诊所管理暂行条例》《医师暂行条例》等；1952年，第二届全国卫生工作会议提出了卫生工作面向工农兵、预防为主、团结中西医和卫生工作与群众运动相结合的四大方针，卫生部颁布了《传染病管理办法》《工业企业设计暂行卫生标准》等。

（二）初步发展时期

1957—1965年，我国的卫生立法进入了初步发展阶段。1957年12月通过了《中华人民共和国国境卫生检疫条例》；从20世纪60年代开始，我国实行食品卫生监督制度，先后制定食品卫生标准和管理办法，颁布《食品卫生管理试行条例》；1963年，经国务院批准，由卫生部、化学工业部、商业部联合颁发《关于加强药政管理的若干规定》，对药品的生产、供应、使用及进出口的监督管理作了规定。这一时期，国务院发布了31件卫生法规，卫生部制定发布了上百件法规和规范性文件，使我国医药卫生事业从行政管理、技术管理逐步向法制管理发展。

（三）停滞时期

1966—1976年为"十年动乱"时期，我国卫生立法基本处于停滞状态，虽然如此，赤脚医生与合作医疗制度在当时农村广泛实行，对解决当时农村缺医少药问题起了非常积极的作用。

（四）恢复确立与逐步完善时期

1978年后，卫生立法工作重新被提上议事日程。1982年《宪法》对发展国家医疗卫生事业，保护人民健康作了明文规定。1985年卫生部成立医疗立法调研起草小组。1988年卫生部组建政策法规司，负责卫生立法计划的编制、卫生法律和法规的调研、协助各司局的法规起草工作。1989年卫生部组建卫生监督司，加强全国卫生监督工作的宏观调控和综合管理，而后，该司调整成立了卫生法制与监督司。1991年卫生部在《卫生事业第八个五年计划及2000年规划设想》中指出要加强卫生法制建设，"八五"期间，要建立一批重要的卫生法规，到2000年初步形成相对完整、配套的卫生法制体系，把卫生工作和卫生事业发展建设纳入法制管理的轨道。随后，逐步制定了以公共卫生、与健康相关产品、卫生机构和专业人员的监督管理为主要内容的卫生法律、法规和与之相配套的各类卫生标准。

目前，由全国人民代表大会常务委员会通过的卫生法律有《基本医疗卫生与健康促进法》《传染病防治法》《食品安全法》《药品管理法》《职业病防治法》《执业医师法》《献血法》《红十字会法》《母婴保健法》《人口与计划生育法》《国境卫生检疫法》《精神卫生法》《中医药法》《疫苗管理法》14部；国务院制定发布或批准发布的卫生行政法规有30多部；卫生部制定发布的卫生规章及其他规范性文件有千余件；此外，各省、自治区、直辖市也结合当地实际制定了一大批地方性卫生法规或规章，初步形成了具有中国特色的社会主义卫生法律体系。

复习思考题

1. 什么是卫生法？
2. 卫生法的基本原则、调整对象、主要特征是什么？
3. 卫生法有哪些渊源？其主要内容有哪些？
4. 什么是卫生法的效力等级？
5. 构成卫生法律关系的要素是什么？

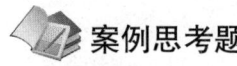
案例思考题

案例一

李某，女，22岁，怀孕9个多月，2007年11月20日，因"受凉后出现咳嗽，咳黄痰，伴咯血并发热10天，呼吸困难1周，端坐呼吸三天"，到北京市某中西医诊所就诊，接诊护士当时发现病人病情很重，立即劝其到大医院就诊。

2007年11月21日14时50分，李某在"丈夫"肖某的陪同下来到北京某医院呼吸内科就诊，初步诊断为重症肺炎、心功能不全、孕36周。

李某入院后，由于病情危重，随时可能危及母子生命，医生建议马上实施剖宫产终止妊娠，以挽救母子生命。

但陪同"家属"肖某不同意，他签字称："拒绝剖宫产生孩子，后果自负。"医生反复劝说其在手术同意书上签字，肖某最终也没有在事关两条生命的手术单上签字。

最终，因抢救无效，李某及腹中胎儿双亡。

案例讨论

1. 肖某签字拒绝手术，医院能否为李某实施手术？为什么？
2. 肖某签字拒绝手术，医院如果实施手术，李某仍然死亡，责任应当由谁来承担？为什么？
3. 该医院诊疗过程是否存在过错？
4. 该医院的诊疗行为与患者死亡是否存在因果关系？
5. 该事件是否构成医疗事故？
6. 极端个例是否说明法律不健全？
7. 过错责任应当由谁承担？
8. 卫生法是如何规定的？

案例二

清晨，某临产孕妇被转送至暨南大学附属第一医院进行抢救。此前，该产妇被广州某医院诊断为"无胎心"，并怀疑有胎盘低置。医生检查发现：胎心微弱，产妇下体一直在少量流血，但产妇痛感不明显。医生分析认为产妇已有胎盘早剥症状，如不尽快手术，可能导致胎儿宫内缺氧窒息死亡，并引发母体大出血，造成"一尸两命"的严重后果。但产妇此时坚决表示："要自己生，不要手术。"医生反复说明情况严重，产妇始终没有"松口"。医院相关负责人出面解释，其丈夫同意手术，并在手术知情同意书上签字。但产妇本人仍坚决拒绝签字，甚至在手术台上大喊"要自己生"。眼看再不手术，产妇就有性命之虞，医院在征得其家人同意，并由医院相关负责人签字同意的情况下，行使医生处置权，强行为其进行剖宫产，挽救了产妇生命。遗憾的是，由于延误手术时机，宝宝一出生就出现重度窒息症状，出生数小时后不幸夭亡。产妇也出现了心力衰竭症状，经医院抢救，挽救了产妇的生命。

案例讨论

1. 暨南大学附属第一医院的做法是否符合法律规定？
2. 当医学建议与患者本人意见不一致时，应当如何处置？为什么？

（上海中医药大学　张静）

第三章　卫生法的制定与实施

第一节　卫生法的制定

一、卫生法制定的概念

卫生法制定又称卫生立法，有广义和狭义之分。广义上的卫生法制定，是指享有卫生立法权的国家机关按照法定的权限和程序，运用立法技术，创制、修改、废止、认可和解释规范性卫生法律文件的专门活动。狭义上的卫生法制定，专指全国人民代表大会及其常务委员会制定卫生法律的立法活动。

卫生立法作为国家机关的专门活动，不同于其他活动，具有以下特点：①主体的法定性。卫生立法是国家的一项专门活动，只能依据《宪法》和《中华人民共和国立法法》（以下简称《立法法》）的规定由拥有卫生立法权的国家机关进行。②职权的法定性。享有卫生立法权的国家机关只能在其法定的权限范围内进行与其职权相适应的卫生立法活动。③程序的法定性。卫生立法活动必须按照法定程序进行，通过科学民主程序保障卫生立法的质量。④技术的综合性。卫生立法不仅包括制定新的规范性卫生法律文件的活动，还包括修改、废止、认可和解释规范性卫生法律文件等活动，是一项专业性较强和技术性较高的活动。

二、卫生法制定的依据

（一）《宪法》是卫生法制定的法律依据

《宪法》是国家的根本大法，具有最高法律效力，是普通法的立法依据。《宪法》中有关国家发展医疗卫生事业，发展现代医药和我国传统医药，保护人民健康和建立社会保障制度，国家尊重和保障人权的规定是卫生立法的渊源和依据。

（二）保护人民健康是卫生法制定的思想依据

以保障人民健康为根本任务的卫生立法，在其表现形式及其调整对象上，都必须坚持保护人民健康这一指导思想，贯彻这一宗旨，全面提升中华民族健康素质。

（三）医药卫生科学是卫生法制定的科学依据

以保障生命健康权益为宗旨的卫生法，其立法在遵循法律科学规律的基础上，还必须遵循生命健康规律，即必须把医学、卫生学、药学、生命科学等科学成果作为卫生立法的科学依据，遵循人与自然、社会、经济相协调的规律，把握健康领域发展规律，坚持预防为主、防治结合、中西医并重的原则，转变服务模式，构建整合型医疗卫生服务体系。

（四）社会生活条件是卫生法制定的现实依据

法的内容是由一定的社会物质生活条件决定的，所以卫生立法必须着眼于我国现实的物质生活条件，满足人民群众不断增长的健康需求，实现经济和社会可持续发展的目的。

（五）卫生政策是卫生法制定的指导依据

卫生立法以卫生政策为指导，要体现国家卫生政策的精神和内容，把在实践中行之有效的卫生政策、卫生措施上升为国家意志，使之定型化、制度化、法律化。

三、卫生法制定的原则

（一）遵循《宪法》的原则

《宪法》是人民意志和利益的集中体现，只有坚持和维护《宪法》原则，才能使卫生立法工作坚持正确的政治方向，反映人民群众医药卫生方面的愿望和要求，以保障和实现《宪法》所确定的公民的健康权益。

（二）依照法定的权限和程序的原则

卫生立法活动应当遵循法定权限和法定程序，从国家的整体利益出发，维护社会主义法制的统一和尊严。

（三）坚持民主立法的原则

卫生立法应当体现人民的意志，发扬社会主义民主，坚持公开立法，使人民通过多种途径参与立法活动。这样有利于加强卫生立法的民主性、科学性，也有利于卫生法在现实生活中的实现。

（四）从实际出发的原则

卫生立法必须从我国基本国情出发，正确认识和充分考虑我国社会经济基础、生产力水平、各地的卫生条件、人员素质等实际情况，科学、合理地规定公民、法人和其他组织相关的卫生权利和卫生义务，规定国家和各级人民政府在保障、促进、实现公民健康权益工作中应承担的基本责任。卫生法律规范应当明确、具体，具有针对性和可执行性。

（五）健康促进原则

卫生立法应当体现健康促进原则，卫生立法目的主要是为了完善健康促进工作，组织实施健康促进的规划和行动，推进全民健身。《基本医疗卫生与健康促进法》中的建立健康教育制度，将健康教育纳入国民教育体系，保障公民获得健康教育的权利，提高公民的健康素养，建立健康知识和技能核心信息发布制度，普及健康科学知识，向公众提供科学、准确的健康信息，都是健康促进原则的具体体现。

四、卫生法制定的程序

卫生法制定的程序是指享有卫生立法权的国家机关制定卫生法所必须遵循的步骤和过程。卫生法律、卫生法规、卫生规章的制定机关根据其法定程序来制定规范性卫生法律文件。

（一）卫生法律的制定程序

1. 卫生法律案的提出

全国人民代表大会及其常务委员会行使国家卫生立法权。全国人民代表大会主席团及其常务委员会、国务院、中央军事委员会、最高人民法院、最高人民检察院、全国人民代表大会各专门委员会、一个代表团或者30名以上的代表联名可以向全国人民代表大会提出卫生法律案。全国人民代表大会常务委员会委员长会议、各专门委员会、常委会组成人员10人以上联名可以向全国人民代表大会常务委员会提出卫生法律案。

2. 卫生法律案的审议

列入全国人民代表大会会议议程的卫生法律案，大会全体会议听取提案人的说明后，由各代表团进行审议。列入全国人民代表大会常务委员会会议议程的卫生法律案，应通过全国人民代表大会常务委员会会议审议。因存在较大分歧意见搁置审议满两年的，或者因暂不付表决经过两年未再次列入全国人民代表大会常务委员会会议议程审议的，该法律案终止审议。

3. 卫生法律案的表决

卫生法律案经全国人民代表大会常务委员会会议审议修改后，形成卫生法律草案表决稿，可交付表决。由全国人民代表大会常务委员会全体组成人员的过半数通过。

4. 卫生法律的公布

全国人民代表大会或全国人民代表大会常务委员会通过的卫生法律以主席令的形式予以公布。表决通过的卫生法律未经公布，不发生法律效力。

（二）卫生行政法规的制定程序

1. 报请立项

国务院卫生行政部门根据社会发展状况，认为需要制定行政法规的，应当于国务院编制年度立法工作计划前，向国务院报请立项。

2. 法规草案

起草工作由国务院组织，由国务院卫生行政部门等具体承担起草任务。起草过程中可以采取座谈会、论证会、听证会等多种形式广泛听取意见。卫生行政法规草案应当向社会公布，征求意见。

3. 草案审查

卫生行政法规起草工作完成后，起草单位应当将草案及其说明、各方面对草案主要问题的不同意见和其他有关资料送国务院法制机构进行审查。国务院法制机构向国务院提出审查报告和草案修改稿，审查报告应当对草案主要问题作出说明。

4. 决定和公布

行政法规草案由国务院常务会议审议，或者由国务院审批。国务院法制机构应当根据国务院对行政法规草案的审议意见，对行政法规草案进行修改，形成草案修改稿，报请总理签署国务院令公布施行。

第二节　卫生法的实施

一、卫生法实施的概念

卫生法的实施是指卫生法律规范在社会生活中贯彻和实现的活动，是行为人按照卫生法律文件所规定的行为模式调整具体卫生关系中行为活动方式的过程。它包括卫生法的适用和卫生法的遵守两种基本方式，具体可以分为卫生执法、卫生司法、卫生守法和卫生法律监督四个方面。

二、卫生法的适用

（一）卫生法的适用的概念和特点

卫生法的适用是指卫生法的实施机关依据法定职权和法定程序将卫生法律规范运用于具体的人和事的专门活动。广义上，它包括卫生行政部门、法定授权组织和受委托的执法组织的卫生行政执法活动和司法机关的卫生司法活动。狭义上，它仅指司法机关依据卫生法处理卫生违法及犯罪行为的司法活动，如人民法院对医疗损害责任案件进行审判，检察机关对涉及食品安全犯罪案件提起刑事诉讼。

卫生法的适用具有以下特点：①职权法定性。适用卫生法的国家机关和授权组织必须根据法定职权或授权实施卫生法，没有法定职权或授权，任何组织和个人都不能适用卫生法。②程序法定性。执法人员必须按照行政执法程序和司法程序实施卫生法。③科学技术性。卫生法的适用，既要符合一般法律规范的要求，也要符合卫生技术规范和卫生科学原理的要求。④裁决权威性。卫生法的适用是享有执法权的国家机关和授权组织以国家名义并依靠国家强制力所进行的专门活动。因此，它所作出的裁决具有权威性，非依法定程序不得擅自修改，相对人也不得违抗。⑤形式特定性。卫生法适用的过程、事实、依据和结果一般要以特定的法律文书形式表示出来，如医疗机构执业许可证、行政处罚决定书、判决书等。

（二）卫生法适用的基本原则

卫生法适用的基本原则是指在卫生法适用过程中必须遵循的基本准则。它包括：

1. 法治原则

法治原则是指在卫生法适用过程中，要严格依法行政、执法、监督。具体表现为以证据为基础，以事实为依据，以法律为准绳。

2. 平等原则

平等原则是指全体公民，不论民族、种族、性别、职业、出身等，在适用卫生法上一律平等，司法机关要秉公执法、公正司法。这一原则不仅适用于公民个人，也适用于法人和非法人组织。

3. 合法原则

合法原则是指卫生执法机关和司法机关适用卫生法既要符合实体法的规定，也要符合程序法的规定；既要内容合法，也要形式合法。严格禁止滥用自由裁量权，损害公民个人和社会组织的合法权益。

4. 责任原则

责任原则是指适用卫生法的国家机关和授权组织及其工作人员在执法过程中侵犯公民、法人和非法人组织的合法权益，要承担相应的法律责任。司法机关及其卫生行政机关对错误的裁判、决定要依法予以变更或者撤销，对造成的人身和财产损失要承担行政赔偿和刑事赔偿的责任。

（三）卫生法的适用范围

卫生法的适用范围，即卫生法的效力范围，是指卫生法在时间上、空间上和对人所产生的法律约束力，即所谓时间效力、空间效力、对人效力。

1. 时间效力

时间效力是指卫生法生效、失效的时间以及有无溯及力。如《中医药法》第63条规定："本法自2017年7月1日起施行。"即该法自2017年7月1日起生效。《食品安全法》第104条规定："本法自2009年6月1日起施行。《中华人民共和国食品卫生法》同时废止。"即《食品安全法》于2009年6月1日生效，《食品卫生法》同时失效。溯及力指新法对其实施前的事项和行为是否适用，如果适用就有溯及力，反之就没有溯及力。

2. 空间效力

空间效力是指卫生法在哪些地域有效力，即卫生法在什么地方具有法律拘束力。一般来说，不同机关制定的卫生法，在制定机关权限管辖地域范围内具有法律效力。例如，全国人民代表大会常务委员会制定的《执业医师法》在全国范围内有效；深圳市人民代表大会常务委员会制定的《深圳经济特区医疗条例》在深圳经济特区范围内具有法律效力。

3. 对人效力

对人效力是指卫生法对哪些人有法律约束力。一般来说，凡在我国领域范围内的行为人，一律适用我国卫生法，不享有卫生特权或者豁免权。对于居住在国外的我国公民，依照我国卫生法及《国际卫生条例》或者有关国际条约、双边协议的规定，适用我国卫生法的，也受我国卫生法的约束。

三、卫生法遵守

（一）卫生法遵守的概念

卫生法遵守是指国家机关、社会组织和公民个人依照卫生法的规定从事各种卫生活动。依法治国要求卫生法一经制定和生效，必须付诸实施并得到普遍遵守。

（二）卫生法遵守的主体、范围和内容

1. 卫生法遵守的主体

卫生法遵守的主体包括一切国家机关、武装力量、各政党、社会组织和公民个人，也包括在中国领域内活动的国际组织、外国组织、外国公民和无国籍人。

2. 卫生法遵守的范围

卫生法遵守的范围包括《宪法》、卫生法律、卫生行政法规、地方性卫生法规、国际卫生条约等规范性卫生法律文件，也包括有关国家机关依法作出的、具有法律效力的非规范性法律文件，如卫生行政处罚决定书、判决书。

3. 卫生法遵守的内容

卫生法遵守的内容包括卫生法的适用机关及其执法人员依法履行职责和行使职权，也包括社会组织和公民个人等行为人依法享有卫生权利和履行卫生义务。

第三节 卫生行政执法

一、卫生行政执法的概念和特征

卫生行政执法，简称卫生执法，是指有关国家行政机关、法定授权组织、受托执法组

织适用卫生法，实施的影响公民、法人、非法人组织的卫生权利和卫生义务的具体行政行为，实现国家卫生管理的专门活动。卫生执法的特征有：

1. 执法主体的特定性

卫生执法主体只能是法定的有关国家行政机关和法律、法规、规章授权的组织和行政主体委托的组织。

2. 执法行为的职责性

卫生执法是卫生执法主体代表国家进行卫生管理的活动，根据依法行政的要求，以落实行政执法责任为核心，以卫生执法行为合法、规范、高效为基本要求，履行执行卫生法的职责的活动。

3. 执法对象的具体性

卫生执法行为针对的对象是具体的、特定的公民以及法人和非法人组织。具体的公民、法人和非法人组织称为卫生行政相对人。

4. 执法依据的法定性

卫生执法主体作出具体行政行为的过程，实际上也是适用卫生法的过程。卫生执法人员实施具体的卫生行政行为，必须严格依据相关卫生法律、法规、规章规定的要求。

5. 执法意志的主动性

在卫生执法中，执法主体依据法定的职权和程序与相对人之间所形成的卫生行政法律关系是主动的，不以相对人的意志为转移，无须征得相对人的同意。

6. 执法行为的强制性

卫生执法行为是以国家名义确定相对人某种权利或义务，剥夺、限制其某种权利，是国家意志的体现，具有国家强制性。

7. 执法过程的程序性

卫生执法程序规定了实施卫生执法活动的方法、步骤和过程，它是卫生执法有效的构成要件之一，任何卫生执法人员必须严格按照程序的规定实施相关的执法行为。

8. 执法成本的效率性

在卫生执法活动中，卫生执法主体要依照法定程序和法定时限，以尽可能低的成本取得尽可能大的效益，获得最大的执法效果。

9. 执法内容的技术性

卫生执法的对象往往从事专业技术较强的工作，在卫生执法活动中要求遵循卫生技术规范，要求卫生执法人员具有相应的卫生技术能力，才能完成卫生执法工作。

二、卫生行政执法主体

（一）卫生行政执法主体的概念

卫生行政执法主体，是指依法设立并享有国家卫生执法权，以自己的名义实施卫生执法活动并独立承担由此引起的法律责任的行为人。根据执法主体资格取得的法律依据不同，执法主体可以分为职权性执法主体和授权性执法主体。

职权性执法主体是根据《宪法》和行政组织法的规定，在机关依法成立时就取得行政主体资格并同时拥有相应卫生行政职权的行政组织。职权性执法主体只能是享有相关卫生管理职权的国家行政机关，包括各级人民政府及其相关职能部门以及县级以上地方政府的派出机关。授权性执法主体是指根据《宪法》和行政组织法以外的单行法律、法规、规章的授权而获得卫生执法资格的社会组织。

（二）我国卫生行政执法主体的主要类别

1. 各级人民政府

中央人民政府和地方各级人民政府是权力机关的执行机关，执行权力机关制定的法律、决议和决定，领导、组织、管理、协调、监督各项行政事务，包括卫生健康及其相关的行政事务和卫生行政执法工作。如《食品安全法》第6条第1款规定："县级以上地方人民政府对本行政区域的食品安全监督管理工作负责，统一领导、组织、协调本行政区域的食品安全监督管理工作以及食品安全突发事件应对工作，建立健全食品安全全程监督管理工作机制和信息共享机制。"

2. 卫生行政部门

卫生行政部门包括国家卫生健康委员会和地方各级卫生健康委员会，其执法职责主要是：监督管理公共卫生、医疗服务，开展药品使用监测工作，进行临床综合评价和短缺药品预警，组织开展食品安全检验和风险监测评估，监督指导医疗机构评审评价，负责计划生育管理、服务和人口监测以及职业安全健康监督管理，查处卫生违法行为，承担卫生行政复议、卫生行政应诉等工作。

3. 市场监督管理部门

国家市场监督管理总局和地方各级市场监管部门的职责之一是负责食品安全监督管理，包括食品经营主体登记注册、信息公示，实施食品生产、流通、消费全过程的监督检查、风险监测、隐患排查，实施不安全食品召回制度，实施特殊食品注册、备案和监督管理，实施食品认证认可和合格评定监督管理制度，组织查处食品安全违法案件等。食用农产品从种植、养殖环节到进入批发、零售市场或者生产企业加工前的质量安全和动植物疾病防控、畜禽屠宰环节、生鲜乳收购环节质量安全的监督管理由农业农村部负责。

4. 药品监督管理部门

药品监督管理部门包括国家药品监督管理局、省级药品监督管理局和市县市场监管部门，其执法职责主要是：负责药品、化妆品、医疗器械的注册并实施监督管理，组织开展药品不良反应、医疗器械不良事件和化妆品不良反应的监测、评价和处置工作。国家药品监督管理局负责药品、医疗器械、化妆品研制环节的许可、检查和处罚工作；省级药品监督管理局负责药品、医疗器械、化妆品生产环节的许可、检查和处罚，以及药品批发许可、零售连锁总部许可、互联网销售第三方平台备案及检查和处罚工作；市县两级市场监管部门负责药品零售、医疗器械经营许可、检查和处罚,以及化妆品经营和药品、医疗器械使用环节质量的检查和处罚工作。

5. 医疗保障部门

医疗保障部门包括国家医疗保障局和地方各级医疗保障部门,其执法职责主要是:实施医疗保险、生育保险、医疗救助等医疗保障,监督管理相关医疗保障基金的使用,监督实施药品和医用耗材的招标采购,监督管理纳入医保范围内的医疗机构相关服务行为和医疗费用,依法查处医疗保障领域违法、违规行为。

6. 中医药管理部门

中医药管理部门包括国家中医药管理局和地方各级中医药管理部门,其执法职责主要是:负责中医医疗、预防、保健、康复及临床用药等的监督管理和各类中医医疗、保健等机构管理规范和技术标准的监督执行以及民族医医疗机构管理规范和技术标准的监督执行,监督并指导中医医疗广告的审查,规范中医医疗服务秩序,查处中医医疗违法案件。

7. 国境卫生检验检疫机关

依法设在各国境口岸的出入境检验检疫机关,由海关总署管理,负责对出入境人员、运输工具、行李、货物等进行卫生检疫检验、传染病监测与卫生处理等工作。

8. 生态环境部门

生态环境部门包括国务院生态环境部和地方各级生态环境部门,负责生态环境卫生监管,对医疗废物、放射卫生、核与辐射安全、生态环境污染防治等进行卫生执法。

9. 法定授权组织

法定授权组织是指卫生法律、法规、规章规定把某些卫生行政职权授予非行政机关的组织行使,使该组织取得特定的卫生行政管理的主体资格,即以自己的名义独立地依法行使特定的卫生行政职权的能力。卫生执法授权组织包括三类:其一是社会组织,如医学会;其二是事业单位,如职业卫生技术服务机构;其三是有关技术检验、鉴定机构,如药品检验所、食品检验机构。

10. 受托执法组织

卫生行政执法主体在其职权范围内,依法将某项行政职权委托给非行政机关行使,该机关在委托的权限范围内以委托机关的名义进行卫生行政执法,其法律后果由委托机关承担,这称之为委托执法,该机关称之为受托执法组织。《中华人民共和国行政处罚法》规定,行政机关依照法律、法规或者规章的规定,可以在其法定权限内委托符合规定条件的组织实施行政处罚。

三、卫生行政执法的方式

(一)卫生行政许可

卫生行政许可是指卫生执法主体根据公民、法人或者其他组织的申请,经依法审查,准予其从事特定卫生活动的行为。实质上，这是赋予行政相对方从事某种卫生活动的法律资格或法律权利的一种具体行政行为。卫生行政部门颁发卫生行政许可证件，包括许可证、执业证、资格证，以及其他合格证书、批准文件、证明文件等，取得卫生行政许可证件的方式可以划分为五类：普通许可、特许、认可、核准、登记。如医疗机构设置审批、执业登记；医师执业注册；母婴保健技术服务机构执业许可、服务人员资格许可；护士执业注册；职业病诊断机构审批；职业健康检查机构审批；放射诊疗许可；职业病诊断医师资格审批；大型医用设备配置审批；药品经营许可证；餐饮服务许可证；健康相关产品生产能力审核；放射工作人员证。

（二）卫生行政确认

卫生行政确认是指卫生执法主体对行政相对人的法律地位、法律关系或有关法律事实进行甄别，给予确定、认可、证明并加以宣告的具体行政行为。如从业人员健康合格证；新药品及进口药品鉴定；医疗器械质量鉴定；医疗机构等级评审；出生医学证明；死亡医学证明；医疗事故技术鉴定意见。

（三）卫生行政指导

卫生行政指导是指卫生执法主体在其所管辖的事务范围内，通过非强制性手段，指导、劝告、建议相对人自觉遵守卫生法律、法规、规章或政策，以有效地实现一定的行政目的，不直接产生法律效果的行为。主要形式有辅导告知、建议提示、警示告诫、整改约谈、督促回访。

（四）卫生监督检查

行政监督检查是指卫生行政执法主体依法对行政相对人遵守卫生法律、法规和规章的情况进行督促检查。检查的具体内容主要是公民、法人、非法人组织是否依法正当行使卫生权利和履行卫生义务。其方法包括抽查、调查、审查、勘验、检验、监测、检测、登记、统计等。

（五）卫生行政给付

卫生行政给付是指卫生行政执法主体依法对特定的相对人支付与卫生健康有关的物质利益或与物质利益有关的权益的行政行为，如抚恤金、基本医疗保险金、大病医疗保险金、医疗救助金、预防接种经费。《突发公共卫生事件应急条例》第9条规定："县级以上各级人民政府及其卫生行政主管部门，应当对参加突发事件应急处理的医疗卫生人员，给予适当补助和保健津贴；对因参与应急处理工作致病、致残、死亡的人员，按照国家有关规定，给予相应的补助和抚恤。"

（六）卫生行政裁决

卫生行政裁决是行政司法的一项重要内容，是指卫生行政机关依照法律、法规授权，对平等主体之间发生的与卫生行政管理活动相关的特定民事纠纷进行审查并作出裁决的具体行政行为。如两个以上申请人向同一核准机关申请相同的医疗机构名称的裁决,两个以上已经核准登记的医疗机构名称争议的裁决。

(七)卫生行政处罚

卫生行政处罚是指卫生行政执法机关依法对公民、法人或者其他组织违反卫生行政管理法律规范但尚未构成犯罪的行为给予惩戒性制裁的行政行为。如责令医师暂停执业,吊销医师执业证,责令医疗机构停业整顿。

(八)卫生行政强制

卫生行政强制是指卫生执法主体对已经危害或者可能危害人们健康和公共卫生的行为、物品、场所或不法者采取紧急、临时、强制的预防、控制措施的行政行为,包括查封、隔离、留验、取缔、销毁等。如传染病防治中的强制消毒处理、临时控制措施;交通卫生检疫措施;突发公共卫生事件现场等的控制措施;医疗废物管理中的临时控制措施。

(九)卫生行政合同

卫生行政合同是指卫生执法主体为了行使卫生行政职能,实现某一管理目的,依照法律和政策,通过协商的方式与公民、法人或非法人组织,在意思表示一致的基础上所达成的协议。如医疗保障部门与医疗机构签订的基本医疗保险定点医疗机构医疗服务协议,卫生行政部门与基层医疗机构签订的公共卫生服务协议。

四、卫生行政执法效力

卫生行政执法效力是指正式作出的卫生执法行为所产生的法律约束力。

(一)卫生行政执法的有效条件

1. 主体合法

主体合法指实施卫生行政行为的执法主体必须具有执法主体资格,能以自己的名义独立承担法律责任。同时,该执法主体的执法人员应具有相应的合法身份。

2. 职权合法

职权合法指卫生行政执法主体必须在法定的职权范围内实施执法行为,越权或无法定职权的执法行为无效。

3. 内容合法

内容合法指卫生行政执法行为涉及的权利、义务,均应符合法律、法规、规章的规定和社会公共利益,且执法内容明确、适当、公正、合理。

4. 程序合法

程序合法指卫生行政执法行为必须依照相关法定程序作出，且形式合法。

（二）卫生行政执法效力的表现

1. 公定力

公定力是指卫生行政执法行为一经成立，就具有被推定为合法并要求所有行政相对人予以尊重和执行的一种法律效力。这种对卫生执法行为的合法推定，是以公权力的合法性为前提的，也是维护社会公共利益，保障国家卫生行政管理的稳定性和权威性所必需的。

2. 确定力

确定力是指卫生行政执法行为一经作出，便是国家意志的体现，具有不得任意改变的效力。除非卫生行政执法主体自行撤销、变更该行为，或者由行政复议机关、人民法院、其他有权监督机关通过法定程序，撤销或者变更该行为。

3. 拘束力

拘束力是指卫生行政执法行为一经作出，无论对卫生行政管理相对人、其他公民和组织，还是卫生行政执法主体自身，都形成法律约束力。

4. 执行力

执行力是指卫生行政执法主体依法采取一定手段，保证卫生行政执法内容能够完全实现的效力。如果行政相对人不履行，卫生行政执法主体就可以依法强制执行或申请人民法院强制执行。

复习思考题

1. 概念解释：卫生立法、卫生法的适用、卫生行政执法、卫生行政许可、卫生行政给付。
2. 简述卫生政策与卫生立法的关系。
3. 简述卫生法的适用规则。
4. 简述卫生执法的有效条件。

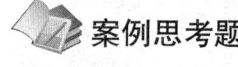

案例思考题

案例一

罗某有医师执业证书，执业地点为某县人民医院，他经常在家中为病人看病和治疗，未办理医疗机构执业许可证。卫生行政部门根据《执业医师法》第 39 条的规定作出处罚：①立即停止诊疗活动；②罚款 5 万元；③没收药品。

案例讨论

1. 颁发医师执业证书属于何类卫生行政行为？为什么？
2. "立即停止诊疗活动；罚款 5 万元；没收药品"分别属于何种卫生行政行为？为什么？

案例二

周某系某医院院长，利用职务便利，在为医院购买红花针注射液、奥扎格雷注射液、奥拉西坦注射液等多种药品时，多次收受药品销售员李某、刘某等人回扣总计107万元。一审法院以受贿罪判处周某有期徒刑11年6个月，没收赃款107万元并上缴国库。市卫生行政部门作出吊销周某的医师执业证书的决定，并撤销周某院长职务，开除公职。

案例讨论

1. "一审法院以受贿罪判处周某有期徒刑11年6个月"是否属于卫生行政执法行为？为什么？

2. "市卫生行政部门作出吊销周某的医师执业证书的决定，并撤销周某院长职务，开除公职。"这属于何种卫生行政执法行为？为什么？

（南华大学　肖卫华）

第四章 卫生法律责任与救济

第一节 法律责任

一、法律责任概述

（一）法律责任的概念与特点

法律责任是指因行为人违反法定或意定的义务，依法应承担的对其不利的法律后果。其特点包括因果性、法律性、保护性、相对性、负利益性、强制性和可复合性。

（二）承担法律责任的前提

责任人承担法律责任，在法律上必须至少满足以下前提条件：

1. 法律依据

行为人或责任人承担的法律后果，应由法律规范性文件明确规定。

2. 事实依据

主要包括：①行为人实施了违反法定或意定的义务的行为，该行为包括作为或不作为两种方式；②该行为属于法律规范性文件所确定的应当承担法律责任的情形。

二、法律责任的种类

法律责任可被分为民事责任、行政责任和刑事责任三种。

（一）民事责任

民事责任是指民事法律关系主体（行为人）因不履行民事法律义务，损害对方主体的合法权益，而由责任人依照民事法律规范所承受的对其不利的法律后果。包括：①违约责任；②侵权责任；③其他民事责任（如返还因不当得利所获的财物，因对方无因管理而依法应支付其合理费用等）。

（二）行政责任

行政责任，即行政法律关系主体因实施了违反行政法律规范的义务，依照行政法律规范的规定应当承担的法律责任，包括行政处罚和行政处分两种。

(三) 刑事责任

刑事责任是《刑法》规定的，因行为人实施犯罪行为而产生，并由司法机关依法确定的刑事法律后果。

其特征为：①（只能）由《刑法》明文规定；②因行为人实施犯罪行为而产生；③由刑事案件控方（检察院或自诉人）依法追究而启动；④由司法机关强制犯罪者负担。

第二节　卫生法律责任

一、卫生法律责任的概念和特点

卫生法律责任是指卫生法律关系主体由于违反卫生法律规范规定的义务或约定义务所应承担的带有强制性的法律后果。

卫生法律责任主要有以下特点：

（一）卫生法律责任是违反卫生法律规范的后果

卫生法律责任是违反卫生法律规范后行为人所应承担的法律后果。卫生违法是指法律关系主体实施的一切违反卫生法律规范的行为。卫生违法必须符合以下四个条件：

1. 行为人在客观方面实施了违反卫生法律、法规的行为

这种行为必须是客观存在的，而且违反了卫生法律、法规和规章的规定。它可以分为两种基本表现形式：一是不作为，即消极地不实施卫生法要求的行为；二是作为，即积极地实施卫生法所禁止的行为。

2. 具有一定的社会危害性

这种危害性包括两种情况：一是卫生违法行为已经给法律保护的社会关系和社会秩序造成了实际的损害结果；二是虽然尚未造成实际的损害，但已经使卫生法所保护的社会关系和社会秩序处于某种危险之中，即可能使其受到损害。无论是实际的损害还是可能造成的损害，都是侵害了卫生法所保护的社会关系和社会秩序。

3. 行为人在主观方面必须有过错

过错是指行为人在实施违法行为时的主观心理状态，包括故意和过失两种形式。如果行为是因不可抗力造成的，行为人则没有过错。

4. 卫生违法主体具有相应的责任能力

如果违法主体未达到法定责任年龄或不具有法律责任能力，不能辨别自己的行为，则不能构成卫生违法。

（二）卫生法律责任必须有卫生法律、法规和规章的明确规定

卫生违法行为很多，但不是所有的违法行为都应承担法律责任。只有卫生法律、法规、规章在设定权限范围内作了某些明确规定，行为主体才承担某种相应的法律责任。

（三）卫生法律责任具有国家强制性

违法者拒绝承担因其违法行为而产生的法律责任时，国家强制力将强制其承担相应的法律责任。

（四）卫生法律责任必须依法予以追究

卫生法律责任必须由国家授权的专门机关在法定职权范围内依法予以追究，其他任何组织和个人都不能行使这种职权。

二、卫生法律责任的种类

根据行为人违反卫生法律规范的性质和社会危害程度不同，卫生法律责任可分为民事责任、行政责任和刑事责任三种。在不同情况下，行为人所承担的法律责任也不同。在某些情况下，行为人有可能同时承担两种或两种以上的责任。

（一）卫生民事责任

1. 卫生民事责任概念

卫生民事责任是指医疗卫生机构、卫生工作人员和从事健康相关产品的管理相对人及其他主体因违反合同或者不履行其他民事义务所应承担的损害赔偿责任。

2. 卫生民事责任特点

卫生民事责任与行政责任和刑事责任不同，它的主要特点是：

（1）卫生民事责任是一种违反民事义务的法律责任。它以卫生民事义务的存在为前提。没有违反卫生民事义务的行为，就不会发生卫生民事责任。

（2）卫生民事责任主要是一种财产责任。卫生民事责任的目的不仅要对违反卫生民事义务的人加以制裁，而且还要恢复正常的经济秩序，赔偿被害人的损失。此外，卫生民事责任中也包含非财产责任，如恢复名誉、赔礼道歉等。

（3）卫生民事责任是弥补权利人损失的一种方式。卫生民事权利的实现，以卫生民事义务的履行为前提，违反卫生民事义务，必然影响卫生民事权利的实现。

3. 卫生民事责任的分类

根据承担民事责任的原因不同，可将卫生民事责任分为违约责任、一般侵权责任、特殊侵权责任。

（1）违反合同的民事责任。违反合同的民事责任，又称违约责任，是指合同当事人违

反合同规定的义务所应承担的民事责任。当事人一方不履行合同义务或履行合同义务不符合约定的,另一方有权要求履行或者采取补救措施,并有权要求赔偿损失。

(2) 一般侵权的民事责任。侵权的民事责任又称侵权责任,是指行为人对其不法行为造成他人财产或人身权利损害所应承担的民事责任。

医疗卫生活动中以侵权责任最为常见。构成一般侵权责任必须同时具备以下要件:

一是行为人的行为具有违法性。包括直接违反法律的禁止性规定,损害公共利益或他人合法权益的行为等。

二是行为给受害人造成损害的事实客观存在。行为人因一定的行为或事件对他人的财产或者人身造成损害的事实客观存在。我国司法实践通常将损害分为财产损害、人身损害、生命健康权以外的其他人格权损害和精神损害四种。

三是行为人的违法行为与损害后果之间有因果关系。只有当二者之间存在因果关系时,行为人才应承担相应的民事责任。

四是行为人主观上有过错,即行为人主观上存在故意或过失的过错。

(3) 特殊侵权责任。在医疗卫生活动中,特殊侵权责任主要包括:卫生行政机关或卫生行政机关工作人员在执行职务中,侵犯公民、法人的合法权益,造成其损害的;因医疗卫生产品质量不合格造成他人财产、人身损害的;因剧毒、放射性物质等管理、操作不当造成他人损害的;违反国家环境保护相关规定,排放医疗废气、废水污染环境造成他人损害等,均应当由相应的责任人承担民事责任。

4. 承担民事责任的方式

根据发生损害事实的情况和后果,《民法总则》规定承担民事责任的方式主要有以下10种:停止侵害,排除妨碍,消除危险,返还财产,恢复原状,修理、重做、更换,赔偿损失,支付违约金,消除影响,恢复名誉。

(二) 卫生行政责任

卫生行政责任是指卫生法律关系主体双方的任何一方违反卫生行政法律规范,但尚未构成犯罪时所应承担的法律后果。根据我国卫生行政管理法的规定,主要包括行政处罚和行政处分两种形式。

1. 卫生行政处罚

卫生行政处罚指卫生行政机关对违反了卫生法律、法规的管理相对人所实施的一种行政制裁。卫生行政处罚的主要特征为:①卫生行政处罚是卫生行政主体依法实施的一种外部行为;②卫生行政处罚是对已确定违反了卫生行政管理秩序的管理相对人所采取的一种行政制裁,是由卫生法律规范预先明确规定的;③卫生行政处罚具有鲜明的惩戒性,并由国家强制力作保证。

卫生行政处罚方式主要包括警告、罚款、没收违法所得、没收非法财物、责令停产停业、暂扣或吊销许可证等。

2. 卫生行政处分

卫生行政处分主要是对卫生行政机关或有关机关内部的执法人员、公务人员及医疗卫生机构内部的医疗卫生人员违反卫生行政管理秩序所给予的一种制裁。卫生行政处分方式主要包括警告、记过、记大过、降级、降职、撤职、留用察看、开除 8 种。卫生行政处分一般由国家机关、企事业单位或医疗卫生机构的行政领导作出，针对的是其内部所属人员的违法失职行为，而行政处罚则是由行政执法机关决定的，处罚的是行政相对人违反行政法律规范的行为，二者的制裁方式也不同。

（三）卫生刑事责任

卫生刑事责任是指行政机关的工作人员、医疗卫生工作人员及健康相关产品的生产者、经营者违反卫生法律、法规，实施了《刑法》所禁止的犯罪行为而应承担的法律后果。卫生法律规范中对刑事责任的规定直接引用了《刑法》中的有关条款。刑事责任有以下特征：①它是以国家名义提出的、对犯罪分子的行为所作的否定评价和对行为人进行谴责的一种特殊的法定义务；②它是由于行为人实施了犯罪行为而产生的；③有符合犯罪构成的客观犯罪事实；④它实现的方式仅限于《刑法》所规定的方式，主要以剥夺行为人自由和生命为主，是最为严厉的强制方法。

根据我国《刑法》规定，承担刑事责任的方式是刑罚，分为主刑和附加刑。主刑有管制、拘役、有期徒刑、无期徒刑、死刑；附加刑有罚金、剥夺政治权利、没收财产。附加刑也可以独立适用。对于犯罪的外国人，可以独立适用或者附加适用驱逐出境。

我国《刑法》对违反卫生法的犯罪行为的刑事责任作了明确规定，规定了 20 余个与违反卫生法有关的罪名，如生产销售假药罪，生产销售劣药罪，生产销售不符合安全标准的食品罪，生产销售有毒、有害食品罪，生产销售不符合标准的医用器材罪，生产销售不符合卫生标准的化妆品罪，非法经营罪（如非法经营麻醉药品、精神药品等特殊药品），传播性病罪，妨害传染病防治罪，妨害国境卫生检疫罪，非法组织卖血罪，强迫卖血罪，非法采集血液、制作供应血液制品罪，医疗事故罪，非法行医罪，非法进行节育手术罪等。行政机关工作人员或医疗卫生工作人员由于渎职、失职等行为造成重大卫生责任事故或医疗事故而构成犯罪的，应依《刑法》有关条文追究其刑事责任。

第三节 卫生法律救济

一、卫生法律救济的概念

卫生法律救济是指公民、法人或者非法人组织认为自己的人身权、财产权因行政机关的行政行为或者其他单位和个人的行为而受到侵害，依照法律规定向有权受理的国家机关告诉并请求解决，予以补救，有关国家机关受理并作出具有法律效力的决定。目前，卫生法律救济的方式主要包括卫生行政复议、卫生行政诉讼、卫生国家赔偿、卫生民事诉讼、卫生刑事诉讼等方式。

二、卫生行政复议法律制度

（一）卫生行政复议的概念

卫生行政复议是指行政相对人认为卫生行政主体的具体行政行为侵犯其合法权益，依法向行政复议机关提出复查该具体行政行为的申请，行政复议机关依法定程序对被申请的具体行政行为进行合法性、适当性审查，并作出行政复议决定的一种法律制度。

（二）卫生行政复议的原则

1. 合法原则

合法原则内容主要包括主体合法、依据合法和程序合法。行政复议的主体合法是行政复议合法的基本前提和基础。根据《行政复议法》及其他有关法律、法规的规定，行政复议程序必须符合法律规定。

2. 公正原则

公正原则是指行政复议机关对被申请的具体行政行为不仅应当审查其合法性，而且还应审查其合理性。行政复议机关从两个方面来审查被申请的具体行政行为是否合法。对不合法的具体行政行为应当予以撤销或确认违法；对明显不公正的具体行政行为，依法予以变更，必要时还可以责令被申请人重新作出具体行政行为。

3. 公开原则

复议机关在行政复议过程中，除涉及国家秘密、个人隐私和商业秘密外，整个过程应当向行政复议申请人和社会公开。

4. 及时原则

行政复议机关应当在法律规定的期限内，尽快完成复议案件的审查，并作出相应的决定。

5. 便民原则

行政复议机关在行政复议程序中应当尽可能为行政复议当事人，尤其是为申请人提供必要的便利，从而确保实现行政复议的目的。

6. 有错必纠原则

行政机关发现原行政机关行政行为错误、违法的，必须及时予以纠正；上级行政机关发现行政复议机关及行政复议人员在行政复议中有违法、违纪行为的，也必须及时纠正。

7. 保障法律、法规实施原则

行政复议活动不仅要纠正不当的具体行政行为，而且要保障和监督行政机关依法行使职权，使行政机关依据的法律、法规得到忠实地执行和实施。

8. 司法最终裁决原则

行政复议活动是行政机关内部层级监督与救济的重要方式之一，但不是最终的救济方式。行政复议制度可以解决行政争议，但除法律规定的行政最终裁决以外，它并不是最终解决行政争议的途径。当事人对复议决定不服，仍然可以提起行政诉讼。司法机关对行政争议作出最终裁决。

（三）卫生行政复议的范围

有下列情形之一的，公民、法人或者其他组织可以依照《行政复议法》申请行政复议：①对行政机关作出的警告、罚款、没收违法所得、没收非法财物、责令停产停业、暂扣或者吊销许可证、暂扣或者吊销执照、行政拘留等行政处罚决定不服的；②对行政机关作出的限制人身自由或者查封、扣押、冻结财产等行政强制措施决定不服的；③对行政机关作出的有关许可证、执照、资质证、资格证等证书变更、中止、撤销的决定不服的；④对行政机关作出的关于确认土地、矿藏、水流、森林、山岭、草原、荒地、滩涂、海域等自然资源的所有权或者使用权的决定不服的；⑤认为行政机关侵犯合法经营自主权的；⑥认为行政机关变更或者废止农业承包合同，侵犯其合法权益的；⑦认为行政机关违法集资、征收财物、摊派费用或者违法要求履行其他义务的；⑧认为符合法定条件，申请行政机关颁发许可证、执照、资质证、资格证等证书，或者申请行政机关审批、登记有关事项，行政机关没有依法办理的；⑨申请行政机关履行保护人身权利、财产权利、受教育权利的法定职责，行政机关没有依法履行的；⑩申请行政机关依法发放抚恤金、社会保险金或者最低生活保障费，行政机关没有依法发放的；⑪认为行政机关的其他具体行政行为侵犯其合法权益的。

（四）卫生行政复议的申请

行政复议申请是指行政相对人不服行政主体的具体行政行为而向复议机关提出要求撤销或变更该具体行政行为的要求。由于行政复议是一种依申请的行政行为，因此，没有行政相对人的申请，不能启动行政复议机关受理、审查程序。

1. 申请复议的条件

（1）申请人合格。申请人必须是认为具体行政行为侵犯了其合法权益的公民、法人和组织。在特殊情况下，申请人资格会发生转移，即有权申请复议的公民死亡，其近亲属可以申请复议。有权申请复议的法人或其他组织终止的，承受其权利的法人或其他组织可以申请复议。

（2）有明确的被申请人。即作出具体行政行为侵犯申请人合法权益的行政主体。

（3）属于受理复议机关管辖。复议管辖范围是法定的，因此，申请人必须向有法定管辖权的复议机关提出复议申请。

（4）有具体的复议请求和事实依据。申请复议的事项要符合行政复议的受理范围，应有具体的复议请求和事实依据。

2. 申请复议的期限

根据《行政复议法》规定，行政相对人应当在知道相应具体行政行为之日起60天内提出复议请求，法律另有规定的除外。因不可抗力或其他正当理由耽误法定申请期限的，申请期限自障碍消除之日起继续计算。

3. 申请复议的形式

申请人申请行政复议，可以书面申请，也可以口头申请；口头申请的，行政复议机关应当当场记录申请人的基本情况、行政复议请求以及申请行政复议的主要事实、理由和时间。

（五）卫生行政复议的受理

行政复议机关收到行政复议申请后，应当在5日内进行审查，对不符合《行政复议法》规定的行政复议申请，决定不予受理，并书面告知申请人；对符合《行政复议法》规定，但是不属于本机关受理的行政复议申请，应当告知申请人向有关行政复议机关提出行政复议申请。除前款规定外，行政复议申请自行政复议机关收到之日起即为受理。

行政复议机关无正当理由不予受理的，上级行政机关应当责令其受理；必要时，上级行政机关也可以直接受理。

在行政复议期间，具体行政行为不停止执行；但是，有下列情形之一的，可以停止执行：①被申请人认为需要停止执行的；②行政复议机关认为需要停止执行的；③申请人申请停止执行，行政复议机关认为其要求合理，决定停止执行的；④法律规定停止执行的。

（六）卫生行政复议的审理

行政复议原则上采取书面审查的办法，但是申请人提出要求或者行政复议机关负责法制工作的机构认为有必要时，可以向有关组织和人员调查情况，听取申请人、被申请人和第三人的意见。

申请人在申请行政复议时，一并提出对《行政复议法》第7条所列有关规定的审查申请的，行政复议机关对该规定有权处理的，应当在30日内依法处理；无权处理的，应当在7日内按照法定程序转送有权处理的行政机关依法处理，有权处理的行政机关应当在60日内依法处理。处理期间，中止对具体行政行为的审查。

行政复议机关在对被申请人作出的具体行政行为进行审查时，认为其依据不合法，本机关有权处理的，应当在30日内依法处理；无权处理的，应当在7日内按照法定程序转送有权处理的国家机关依法处理。处理期间，中止对具体行政行为的审查。

（七）卫生行政复议决定

行政复议机关负责法制工作的机构应当对被申请人作出的具体行政行为进行审查，提出意见，经行政复议机关的负责人同意或者集体讨论通过后，按照下列规定作出行政复议决定：①具体行政行为认定事实清楚，证据确凿，适用依据正确，程序合法，内容适当的，决定维持。②被申请人不履行法定职责的，决定其必须在一定期限内履行。③具体行政行为有下列情形之一的，决定撤销、变更或者确认该具体行政行为违法；决定撤销或者确认该具体行政行为违法的，可以责令被申请人在一定期限内重新作出具体行政行为：第一，主要事实不清、证据不足的；第二，适用依据错误的；第三，违反法定程序的；第四，超越或者滥用职权的；第五，具体行政行为明显不当的。④被申请人不按照《行政复议法》第 23 条的规定提出书面答复、提交当初作出具体行政行为的证据、依据和其他有关材料的，视为该具体行政行为没有证据、依据，决定撤销该具体行政行为。行政复议机关责令被申请人重新作出具体行政行为的，被申请人不得以同一事实和理由作出与原具体行政行为相同或者基本相同的具体行政行为。

申请人在申请行政复议时可以一并提出行政赔偿请求，行政复议机关对符合《国家赔偿法》有关规定的应当给予赔偿的，在决定撤销、变更具体行政行为或者确认具体行政行为违法时，应当同时决定被申请人依法给予赔偿。申请人在申请行政复议时没有提出行政赔偿请求的，行政复议机关在依法决定撤销或者变更罚款，撤销违法集资、没收财物、征收财物、摊派费用以及对财产的查封、扣押、冻结等具体行政行为时，应当同时责令被申请人返还财产，解除对财产的查封、扣押、冻结措施，或者赔偿相应的价款。

三、卫生行政诉讼法律制度

（一）卫生行政诉讼的概念与特征

卫生行政诉讼是指公民、法人或其他组织认为卫生行政机关及其工作人员的具体行政行为侵犯了其合法权益，依法向人民法院提出诉讼，由人民法院进行审理并作出裁决的活动。卫生行政诉讼是解决卫生行政争议的一项重要的法律制度。卫生行政诉讼具有以下特征：

（1）卫生行政诉讼是解决行政纠纷的一种诉讼活动。

（2）卫生行政诉讼的原告只能是行政相对人，即认为卫生行政机关的具体行政行为侵犯了自己的合法权益的公民、法人和其他组织。

（3）卫生行政诉讼的被告只能是作出具体行政行为的行政机关或法律、法规授权的组织。

（4）卫生行政诉讼的客体，必须是法律规定可以向人民法院起诉的卫生行政机关实施的具体行政行为。

（二）卫生行政诉讼的基本原则

1. 合法性审查原则

《中华人民共和国行政诉讼法》（以下简称《行政诉讼法》）第 6 条规定："人民法院审理行政案件，对行政行为是否合法进行审查。"一方面，人民法院审理行政案件，只对具体行政行为是否合法进行审查;另一方面,人民法院对具体行政行为只审查合法性,而不审查合理性。

2. 被告负有举证责任原则

《行政诉讼法》第4条第1款规定:"被告对作出的行政行为负有举证责任,应当提供作出该行政行为的证据和所依据的规范性文件。"在卫生行政诉讼中,实行举证责任倒置,即作为被告的卫生行政机关负有举证责任,必须提供作出具体行政行为的事实依据,否则就要承担败诉的风险。

3. 诉讼期间不停止执行原则

《行政诉讼法》第56条规定:"诉讼期间,不停止行政行为的执行。"只有在法律规定的特定情形下,具体行政行为才可以停止执行。

4. 不适用调解原则

《行政诉讼法》第60条规定:"人民法院审理行政案件,不适用调解。但是,行政赔偿、补偿以及行政机关行使法律、法规规定的自由裁量权的案件可以调解。调解应当遵循自愿、合法原则,不得损害国家利益、社会公共利益和他人合法权益。"

(三)卫生行政诉讼的受案范围

人民法院受理公民、法人或者其他组织提起的下列诉讼:①对行政拘留、暂扣或者吊销许可证和执照、责令停产停业、没收违法所得、没收非法财物、罚款、警告等行政处罚不服的;②对限制人身自由或者对财产的查封、扣押、冻结等行政强制措施和行政强制执行不服的;③申请行政许可,行政机关拒绝或者在法定期限内不予答复,或者对行政机关作出的有关行政许可的其他决定不服的;④对行政机关作出的关于确认土地、矿藏、水流、森林、山岭、草原、荒地、滩涂、海域等自然资源的所有权或者使用权的决定不服的;⑤对征收、征用决定及其补偿决定不服的;⑥申请行政机关履行保护人身权、财产权等合法权益的法定职责,行政机关拒绝履行或者不予答复的;⑦认为行政机关侵犯其经营自主权或者农村土地承包经营权、农村土地经营权的;⑧认为行政机关滥用行政权力排除或者限制竞争的;⑨认为行政机关违法集资、摊派费用或者违法要求履行其他义务的;⑩认为行政机关没有依法支付抚恤金、最低生活保障待遇或者社会保险待遇的;⑪认为行政机关不依法履行、未按照约定履行或者违法变更、解除政府特许经营、土地房屋征收补偿协议等的;⑫认为行政机关侵犯其他人身权、财产权等合法权益的。除前款规定外,人民法院受理法律、法规规定可以提起诉讼的其他行政案件。

人民法院不受理公民、法人或者其他组织对下列事项提起的诉讼:①国防、外交等国家行为;②行政法规、规章或者行政机关制定、发布的具有普遍约束力的决定、命令;③行政机关对行政机关工作人员的奖惩、任免等决定;④法律规定由行政机关最终裁决的行政行为。

(四)卫生行政诉讼的管辖

行政诉讼的管辖是指人民法院之间受理第一审行政案件的职权分工。根据是否由法律直接规定，行政诉讼的管辖可以分为法定管辖和裁定管辖。法定管辖是指法律规定案件归某一级某一地区法院管辖，分为级别管辖和地域管辖。裁定管辖是由享有相应权限的法院作出裁定或决定，以确定具体管辖的法院，分为移送管辖和指定管辖。

1. 法定管辖

（1）级别管辖。级别管辖是指各级法院受理第一审行政案件的分工和权限，其主要根据案件性质、情节轻重和影响范围大小来确定。

基层人民法院管辖第一审行政案件。除法律规定应由上级法院管辖的行政案件这一特殊情形以外，行政案件都应由基层法院负责管辖。

中级人民法院管辖下列第一审行政案件：①对国务院部门或者县级以上地方人民政府所作的行政行为提起诉讼的案件；②海关处理的案件；③本辖区内重大、复杂的案件；④其他法律规定由中级人民法院管辖的案件。

高级人民法院管辖本辖区内重大、复杂的第一审行政案件。

最高人民法院管辖全国范围内重大、复杂的第一审行政案件。

（2）地域管辖。地域管辖是指以人民法院的辖区和案件的隶属关系确定同级人民法院之间在各自的区域内受理第一审行政案件的分工和权限。地域管辖分为一般地域管辖和特殊地域管辖。特殊地域管辖包括专属管辖和共同管辖。

① 一般地域管辖。行政案件由最初作出行政行为的行政机关所在地人民法院管辖。经复议的案件，也可以由复议机关所在地人民法院管辖。经最高人民法院批准，高级人民法院可以根据审判工作的实际情况，确定若干人民法院跨行政区域管辖行政案件。

② 特殊地域管辖。特殊地域管辖是相对于一般地域管辖而言的。对限制人身自由的行政强制措施不服提起的诉讼，由被告所在地或者原告所在地人民法院管辖。因不动产提起的行政诉讼，由不动产所在地人民法院管辖。两个以上人民法院都有管辖权的案件，原告可以选择其中一个人民法院提起诉讼。原告向两个以上有管辖权的人民法院提起诉讼的，由最先立案的人民法院管辖。

2. 裁定管辖

人民法院以裁定的方式确定案件的管辖称为裁定管辖。

（1）移送管辖。人民法院发现受理的案件不属于本院管辖的，应当移送有管辖权的人民法院，受移送的人民法院应当受理。受移送的人民法院认为受移送的案件按照规定不属于本院管辖的，应当报请上级人民法院指定管辖，不得再自行移送。

（2）指定管辖。有管辖权的人民法院由于特殊原因不能行使管辖权的，由上级人民法院指定管辖。人民法院对管辖权发生争议，由争议双方协商解决。协商不成的，报它们的共同上级人民法院指定管辖。

（3）管辖权的转移。上级人民法院有权审理下级人民法院管辖的第一审行政案件。下级人民法院对其管辖的第一审行政案件，认为需要由上级人民法院审理或者指定管辖的，可以报请上级人民法院决定。

（五）卫生行政诉讼的起诉与受理

1. 卫生行政诉讼起诉的条件

提起诉讼应当符合下列条件：①原告是认为具体行政行为侵犯其合法权益的公民、法人或者其他组织；②有明确的被告；③有具体的诉讼请求和事实根据；④属于人民法院受案范围和受诉人民法院管辖。

2. 卫生行政诉讼起诉的期限

公民、法人或者其他组织不服复议决定的，可以在收到复议决定书之日起15日内向人民法院提起诉讼。复议机关逾期不作决定的，申请人可以在复议期满之日起15日内向人民法院提起诉讼。法律另有规定的除外。

公民、法人或者其他组织直接向人民法院提起诉讼的，应当自知道或者应当知道作出行政行为之日起6个月内提出。法律另有规定的除外。因不动产提起诉讼的案件自行政行为作出之日起超过20年，其他案件自行政行为作出之日起超过5年提起诉讼的，人民法院不予受理。

公民、法人或者其他组织申请行政机关履行保护其人身权、财产权等合法权益的法定职责，行政机关在接到申请之日起2个月内不履行的，公民、法人或者其他组织可以向人民法院提起诉讼。法律、法规对行政机关履行职责的期限另有规定的，从其规定。公民、法人或者其他组织在紧急情况下请求行政机关履行保护其人身权、财产权等合法权益的法定职责，行政机关不履行的，提起诉讼不受前款规定期限的限制。

3. 卫生行政诉讼的受理

人民法院在接到起诉状时，对符合《行政诉讼法》规定的起诉条件的，应当登记立案。对当场不能判定是否符合《行政诉讼法》规定的起诉条件的，应当接收起诉状，出具注明收到日期的书面凭证，并在7日内决定是否立案。不符合起诉条件的，作出不予立案的裁定。裁定书应当载明不予立案的理由。原告对裁定不服的，可以提起上诉。起诉状内容欠缺或者有其他错误的，应当给予指导和释明，并一次性告知当事人需要补正的内容。不得未经指导和释明即以起诉不符合条件为由不接收起诉状。

（六）卫生行政诉讼的审理与判决

人民法院公开审理行政案件，但涉及国家秘密、个人隐私和法律另有规定的除外。涉及商业秘密的案件，当事人申请不公开审理的，可以不公开审理。

行政行为证据确凿，适用法律、法规正确，符合法定程序的，或者原告申请被告履行法定职责或者给付义务理由不成立的，人民法院判决驳回原告的诉讼请求。

行政行为有下列情形之一的，人民法院判决撤销或者部分撤销，并可以判决被告重新作出行政行为：①主要证据不足的；②适用法律、法规错误的；③违反法定程序的；④超越职权的；⑤滥用职权的；⑥明显不当的。

人民法院经过审理，查明被告不履行法定职责的，判决被告在一定期限内履行。

人民法院经过审理,查明被告依法负有给付义务的,判决被告履行给付义务。

行政行为有下列情形之一的,人民法院判决确认违法,但不撤销行政行为:①行政行为依法应当撤销,但撤销会给国家利益、社会公共利益造成重大损害的;②行政行为程序轻微违法,但对原告权利不产生实际影响的。

行政行为有下列情形之一,不需要撤销或者判决履行的,人民法院判决确认违法:①行政行为违法,但不具有可撤销内容的;②被告改变原违法行政行为,原告仍要求确认原行政行为违法的;③被告不履行或者拖延履行法定职责,判决履行没有意义的。

卫生行政行为的实施主体不具备行政主体资格或者没有依据实施行政行为的,原告申请确认卫生行政行为无效的,人民法院判决确认行政行为无效。

人民法院判决确认违法或者无效的,可以同时判决责令被告采取补救措施;给原告造成损失的,依法判决被告承担赔偿责任。

行政处罚明显不当,或者其他行政行为涉及对款额的确定、认定确有错误的,人民法院可以判决变更。人民法院判决变更,不得加重原告的义务或者减损原告的权益,但利害关系人同为原告,且诉讼请求相反的除外。

(七)卫生行政诉讼的执行

公民、法人或者其他组织拒绝履行判决、裁定、调解书的,行政机关或者第三人可以向第一审人民法院申请强制执行,或者由行政机关依法强制执行。

行政机关拒绝履行判决、裁定、调解书的,第一审人民法院可以采取下列措施:①对应当归还的罚款或者应当给付的款额,通知银行从该行政机关的账户内划拨;②在规定期限内不履行的,从期满之日起,对该行政机关负责人按日处五十元至一百元的罚款;③将行政机关拒绝履行的情况予以公告;④向监察机关或者该行政机关的上一级行政机关提出司法建议。接受司法建议的机关,根据有关规定进行处理,并将处理情况告知人民法院;⑤拒不履行判决、裁定、调解书,社会影响恶劣的,可以对该行政机关直接负责的主管人员和其他直接责任人员予以拘留;情节严重,构成犯罪的,依法追究刑事责任。

公民、法人或者其他组织不在法定期限内对行政行为提起诉讼又不履行的,行政机关可以申请人民法院强制执行,或者依法强制执行。

四、卫生行政赔偿法律制度

(一)卫生行政赔偿的概念和构成要件

1. 卫生行政赔偿的概念

卫生行政赔偿是指国家卫生行政机关及其工作人员违法行使职权,侵犯公民、法人或其他组织的合法权益并造成损害,由国家承担赔偿责任的制度。

2. 卫生行政赔偿的构成要件

卫生行政赔偿的构成要件如下：①卫生行政机关和其工作人员以及其他组织、个人只有在法律授权或接受行政机关委托的情况下，才能成为卫生行政侵权行为的主体；②在行政执法过程中实施了违法侵权行为；③存在损害事实；④卫生行政侵权行为与损害事实之间存在因果关系。

（二）卫生行政赔偿的范围

1. 对侵犯人身权的行政赔偿

行政机关及其工作人员在行使行政职权时有下列侵犯人身权情形之一的，受害人有取得赔偿的权利：①违法拘留或者违法采取限制公民人身自由的行政强制措施的；②非法拘禁或者以其他方法非法剥夺公民人身自由的；③以殴打、虐待等行为或者唆使、放纵他人以殴打、虐待等行为造成公民身体伤害或者死亡的；④违法使用武器、警械造成公民身体伤害或者死亡的；⑤造成公民身体伤害或者死亡的其他违法行为。

2. 对侵犯财产权的行政赔偿

行政机关及其工作人员在行使行政职权时有下列侵犯财产权情形之一的，受害人有取得赔偿的权利：①违法实施罚款、吊销许可证和执照、责令停产停业、没收财物等行政处罚的；②违法对财产采取查封、扣押、冻结等行政强制措施的；③违法征收、征用财产的；④造成财产损害的其他违法行为。

3. 国家不予赔偿的情形

属于下列情形之一的，国家不承担赔偿责任：①行政机关工作人员与行使职权无关的个人行为；②因公民、法人和其他组织自己的行为致使损害发生的；③法律规定的其他情形。

（三）卫生行政赔偿的请求人和赔偿义务机关

1. 卫生行政赔偿的请求人

卫生行政赔偿请求人是指因卫生行政机关及其工作人员违法执行职务而遭受损害，有权请求国家赔偿的人，既可以是公民，也可以是法人或其他组织。在行政赔偿中，有权提出赔偿请求的人有以下几种：①受到行政侵权损害的公民、法人或其他组织。②受害的公民死亡的，其继承人和其他与之有扶养关系的亲属也可以成为赔偿请求人。③受害的法人或其他组织终止，其权利承受人有权要求赔偿。

2. 卫生行政赔偿义务机关

（1）卫生行政机关为赔偿义务机关。卫生行政机关及其工作人员在行使行政职权时侵犯公民、法人或其他组织合法权益造成损害的，该卫生行政机关为赔偿义务机关。

（2）共同卫生行政赔偿义务机关。两个以上卫生行政机关共同行使职权侵犯公民、法人和其他组织的合法权益造成损害的，共同行使行政职权的卫生行政机关为共同赔偿义务机关。赔偿请求人可以向共同赔偿义务机关中的任何一个赔偿义务机关要求赔偿，该赔偿义务机关应当先予赔偿。

（3）法律、法规授权的组织为卫生行政赔偿义务机关。法律、法规授权的组织在行使授予的卫生行政权力时侵犯公民、法人和其他组织的合法权益造成损害的，被授权的组织为赔偿义务机关。

（4）委托机关为卫生行政赔偿义务机关。受行政机关委托的组织或者个人在行使受委托的行政权力时侵犯公民、法人和其他组织的合法权益造成损害的，委托的行政机关为赔偿义务机关。

（5）卫生行政赔偿义务机关被撤销的责任承担。赔偿义务机关被撤销的，继续行使其职权的卫生行政机关为赔偿义务机关；没有继续行使其职权的卫生行政机关的，撤销该赔偿义务机关的行政机关为赔偿义务机关。

（6）经复议的卫生行政赔偿义务机关。经复议机关复议的，最初造成侵权行为的行政机关为赔偿义务机关，但复议机关的复议决定加重损害的，复议机关对加重的部分履行赔偿义务。

（四）卫生行政赔偿程序

1. 卫生行政赔偿请求的提出

赔偿请求人要求赔偿，应当先向赔偿义务机关提出，也可以在申请行政复议或者提起行政诉讼时一并提出。

根据受到的损害不同，赔偿请求人可以同时提出数项赔偿要求。

要求赔偿应当递交申请书，申请书应当载明下列事项：①受害人的姓名、性别、年龄、工作单位和住所，法人或者其他组织的名称、住所，法定代表人或者主要负责人的姓名、职务；②具体的要求、事实根据和理由；③申请的年、月、日。

赔偿请求人书写申请书确有困难的，可以委托他人代书；也可以口头申请，由赔偿义务机关记入笔录。赔偿请求人不是受害人本人的，应当说明与受害人的关系，并提供相应证明。赔偿请求人当面递交申请书的，赔偿义务机关应当当场出具加盖本行政机关专用印章并注明收讫日期的书面凭证。申请材料不齐的，赔偿义务机关应当当场或者在5日内一次性告知赔偿请求人需要补正的全部内容。

2. 卫生行政赔偿的处理程序

（1）卫生行政赔偿义务机关处理赔偿请求的程序。赔偿义务机关应当自收到申请之日起2个月内，作出是否赔偿的决定。赔偿义务机关作出赔偿决定，应当充分听取赔偿请求人的意见，并可以与赔偿请求人就赔偿方式、赔偿项目和赔偿数额进行协商。赔偿义务机关决定赔偿的，应当制作赔偿决定书，并自作出决定之日起10日内送达赔偿请求人。赔偿义务机关决定不予赔偿的，应当自作出决定之日起10日内书面通知赔偿请求人，并说明不予赔偿的理由。

（2）人民法院受理及审理卫生行政赔偿案件的程序。人民法院审理行政赔偿案件，赔偿请求人和赔偿义务机关对自己提出的主张，应当提供证据。赔偿义务机关采取行政拘留或者限制人身自由的强制措施期间，被限制人身自由的人死亡或者丧失行为能力的，赔偿义务机关的行为与被限制人身自由的人的死亡或者丧失行为能力是否存在因果关系，赔偿义务机关应当提供证据。

（五）卫生行政赔偿的方式和计算标准

1. 卫生行政赔偿的方式

国家赔偿以支付赔偿金为主要方式。能够返还财产或者恢复原状的，予以返还财产或者恢复原状。

2. 卫生行政赔偿的计算标准

（1）侵犯人身自由的赔偿标准。侵犯公民人身自由的，每日赔偿金按照国家上年度职工日平均工资计算。

（2）侵犯生命健康权的赔偿标准。侵犯公民生命健康权的，赔偿金按照下列规定计算：①造成身体伤害的，应当支付医疗费、护理费，以及赔偿因误工减少的收入。减少的收入每日的赔偿金按照国家上年度职工日平均工资计算，最高额为国家上年度职工年平均工资的5倍。②造成部分或者全部丧失劳动能力的，应当支付医疗费、护理费、残疾生活辅助用品费、康复费等因残疾而增加的必要支出和继续治疗所需的费用，以及残疾赔偿金。残疾赔偿金根据丧失劳动能力的程度，按照国家规定的伤残等级确定，最高不超过国家上年度职工年平均工资的20倍。造成劳动能力全部丧失的，对其扶养的无劳动能力的人，还应当支付生活费。③造成死亡的，应当支付死亡赔偿金、丧葬费，总额为国家上年度职工年平均工资的20倍。对死者生前扶养的无劳动能力的人，还应当支付生活费。生活费的发放标准参照当地最低生活保障标准执行。被扶养的人是未成年人的，生活费给付至18周岁止；其他无劳动能力的人，生活费给付至死亡时止。

（3）精神损害的赔偿。国家卫生行政机关及其工作人员在行使行政职权时侵犯当事人人身权，致人精神损害的，应当依照《国家赔偿法》在侵权行为影响的范围内，为受害人消除影响，恢复名誉，赔礼道歉；造成严重后果的，应当支付相应的精神损害抚慰金。

（4）财产损害的赔偿标准。侵犯公民、法人和其他组织的财产权造成损害的，按照下列规定处理：①处罚款、罚金、追缴、没收财产或者违法征收、征用财产的，返还财产；②查封、扣押、冻结财产的，解除对财产的查封、扣押、冻结，造成财产损坏或者灭失的，依照规定赔偿；③应当返还的财产损坏的，能够恢复原状的恢复原状，不能恢复原状的，按照损害程度给付相应的赔偿金；④应当返还的财产灭失的，给付相应的赔偿金；⑤财产已经拍卖或者变卖的，给付拍卖或者变卖所得的价款；变卖的价款明显低于财产价值的，应当支付相应的赔偿金；⑥吊销许可证和执照、责令停产停业的，赔偿停产停业期间必要的经常性费用开支；⑦返还执行的罚款、追缴或者没收的金钱，解除冻结的存款或者汇款的，应当支付银行同期存款利息；⑧对财产权造成其他损害的，按照直接损失给予赔偿。

五、卫生民事诉讼法律制度

(一) 卫生民事诉讼概述

1. 卫生民事诉讼的概念及特征

卫生民事诉讼是指人民法院在卫生民事法律关系当事人和其他诉讼参与人的参加下,依法审理和解决卫生民事争议的诉讼活动。

卫生民事诉讼具有以下主要特征:

(1) 卫生民事诉讼主体的特殊性。卫生民事诉讼主体不同于一般民事诉讼主体,卫生民事诉讼是受卫生法调整的社会关系的主体之间发生卫生民事纠纷而产生的诉讼活动。

(2) 卫生民事诉讼调整横向法律关系。与卫生行政诉讼不同,卫生民事诉讼的主体之间是横向的、平等的卫生法律关系,即调整公民之间、法人或其他组织之间、公民与法人或其他组织之间发生的法律关系。

(3) 卫生民事诉讼审理案件范围的特定性。卫生民事诉讼不同于因一般民事权益纠纷发生的诉讼,卫生民事诉讼是卫生法律关系主体间发生的与卫生活动有关的民事诉讼。

(4) 卫生民事诉讼依据的特殊性。卫生民事诉讼的依据除了相关的法律、法规外,还有医学诊疗护理常规和其他自然科学相关规范。

2. 卫生民事诉讼的基本原则

卫生民事诉讼本质上属于民事诉讼的一种,因此应当遵循当事人诉讼权利平等原则,以事实为根据、以法律为准绳原则,调解自愿与合法原则,当事人处分原则等民事诉讼的一般原则。同时,卫生民事诉讼又具有特殊性,诉讼活动还应当遵循尊重科学原则、专业问题鉴定原则、保护弱势群体原则。

(二) 卫生民事诉讼的管辖

卫生民事诉讼的管辖是指确定各级人民法院之间和同级人民法院之间受理第一审卫生民事案件的分工和权限。

1. 级别管辖

级别管辖,是指按照一定的标准,划分上下级法院之间受理第一审民事案件的分工和权限。根据《民事诉讼法》的规定,基层人民法院管辖第一审民事案件,但法律另有规定的除外;中级人民法院管辖的第一审民事案件包括重大涉外案件、在本辖区有重大影响的案件和最高人民法院确定由中级人民法院管辖的案件;高级人民法院管辖本辖区有重大影响的第一审民事案件;最高人民法院管辖在全国有重大影响的案件和认为应当由其审理的案件。

2. 地域管辖

地域管辖是指同级人民法院之间受理第一审民事案件的分工和权限。地域管辖主要根据当事人住所地、诉讼标的物所在地或者法律事实所在地来确定。地域管辖分为一般地域管辖、特殊地域管辖和专属管辖。

一般地域管辖又称普通管辖,是指遵循原告就被告原则,以被告住所地为标准来确定受理诉讼法院的管辖。《中华人民共和国民事诉讼法》(以下简称《民事诉讼法》)第21条规定,对公民提起的民事诉讼,由被告住所地人民法院管辖。被告住所地与经常居住地不一致的,由经常居住地人民法院管辖。对法人或者其他组织提起的民事诉讼,由被告住所地人民法院管辖。

特殊地域管辖是指根据诉讼标的所在地或者引起法律关系发生、发展、变更或消灭的法律事实所在地确定法院的管辖。如《民事诉讼法》第23条规定,因合同纠纷提起的诉讼,由被告住所地或者合同履行地人民法院管辖。

专属管辖,是指某类民事案件,法律规定必须由一定地区的人民法院管辖,其他法院没有管辖权,也不允许当事人协议变更管辖。

3. 移送管辖

移送管辖,是指已经受理案件的人民法院,因发现本法院对该案件没有管辖权,而将案件移送给有管辖权的人民法院审理。移送管辖必须符合以下条件:第一,移送法院已经受理了案件;第二,移送法院经审查,发现对该案件确无管辖权;第三,受移送的人民法院依法对该案具有管辖权。

4. 指定管辖

指定管辖,是指上级人民法院根据法律规定,以裁定的方式,指定其辖区内的下级人民法院对某一民事案件行使管辖权。下列两种情况需要上级人民法院指定管辖:第一,有管辖权的人民法院由于特殊原因,不能行使管辖权的,由上级人民法院指定管辖;第二,人民法院之间因管辖权发生争议,由争议双方协商解决;协商解决不了的,报请它们的共同上级人民法院指定管辖。

(三)卫生民事诉讼参加人

卫生民事诉讼参加人,是指参加卫生民事诉讼的当事人和与当事人地位相似的人,包括原告、被告、第三人及其诉讼代理人。

卫生民事诉讼的当事人,是指以自己的名义,就特定的卫生民事争议要求人民法院行使民事裁判权的人及相对人。卫生民事诉讼当事人包括原告、被告和第三人。根据《民事诉讼法》的规定,当事人享有委托代理人、提出回避申请、收集提供证据、进行辩论、请求调解、提起上诉、申请执行等诸多权利。同时,当事人也必须依法行使诉讼权利,遵守诉讼秩序,履行发生法律效力的判决书、裁定书和调解书等义务。

卫生民事诉讼代理人,是指根据法律规定,由当事人委托或人民法院指定,以当事人的名义,在委托权限范围内,代理当事人进行诉讼的人。

根据《民事诉讼法》的规定,在诉讼过程中,当事人有权委托1至2名诉讼代理人代为进行诉讼。

委托他人代为诉讼,必须向人民法院提交由委托人签名或者盖章的授权委托书。授权委托书必须记明委托事项和权限。诉讼代理人代为承认、放弃、变更诉讼请求，进行和解，提起反诉或者上诉，必须有委托人的特别授权。

（四）卫生民事诉讼的证据

1. 卫生民事诉讼证据及其特征

卫生民事诉讼的证据是指能够证明卫生民事案件真实情况的各种事实，也是法院认定有争议的案件事实的根据。诉讼证据具有客观性、关联性和合法性三个特征。证据必须查证属实，才能作为认定事实的根据。

2. 民事诉讼证据的法定形式

根据《民事诉讼法》的规定，我国民事诉讼证据包括当事人的陈述、书证、物证、视听资料、电子数据、证人证言、鉴定意见和勘验笔录共八种：

（1）当事人的陈述。当事人的陈述是指当事人在诉讼中就与本案有关的事实，尤其是作为诉讼请求根据或反驳诉讼请求根据的事实，向法院所作的陈述。人民法院对当事人的陈述，应当结合本案的其他证据，审查确定能否作为认定事实的根据。当事人拒绝陈述的，不影响人民法院根据证据认定案件事实。

（2）书证。书证是指以文字、符号、图形等记载的内容或表达的思想来证明案件事实的证据。书证的主要形式是各种书面文件，如合同书、信函、图纸、图表等，但书证有时也可能表现为一定的物品，如刻有文字或图案的石碑、竹木等。书证应当提交原件，提交原件确有困难的，可以提交复制品、照片、副本、节录本。提交外文书证，必须附有中文译本。

经过法定程序公证证明的法律事实和文书，人民法院应当作为认定事实的根据，但有相反证据足以推翻公证证明的除外。

（3）物证。物证是指以其形状、质量、规格、受损坏的程度等来证明案件事实的物品。物证应当提交原物，提交原物确有困难的，可以提交复制品、照片等。

（4）视听资料。视听资料是指利用录音、录像等储存的资料和数据来证明案件事实的证据。人民法院对视听资料，应当辨别真伪，并结合本案的其他证据，审查确定能否作为认定事实的根据。

（5）电子数据。电子数据一般是指基于计算机应用、通信等电子化技术手段形成的客观资料，包括文字、图形符号、数字、字母等。

（6）证人证言。证人是指了解案件事实并应当事人的要求或法院的传唤到法庭作证的人。凡是知道案件情况的单位和个人，都有义务出庭作证。有关单位的负责人应当支持证人作证。不能正确表达意思的人，不能作证。

（7）鉴定意见。鉴定意见是指鉴定人运用专业知识、专门技术对案件中的专门性问题进行分析、鉴别、判断后作出的意见。当事人可以就查明事实的专门性问题向人民法院申请鉴定。当事人申请鉴定的，由双方当事人协商确定具备资格的鉴定人。协商不成的，由人民法院指定。鉴定人有权了解进行鉴定所需要的案件材料，必要时可以询问当事人、证人。鉴定人应当提出书面鉴定意见,在鉴定书上签名或者盖章。

当事人对鉴定意见有异议或者人民法院认为鉴定人有必要出庭的,鉴定人应当出庭作证。经人民法院通知,鉴定人拒不出庭作证的,鉴定意见不得作为认定事实的根据。当事人可以申请人民法院通知有专门知识的人出庭,就鉴定人作出的鉴定意见或者专业问题提出意见。

(8)勘验笔录。勘验笔录是指司法部门依法制作的反映物品、现场状况和实地检查过程与结果的法律文书。勘验物证或者现场,勘验人必须出示人民法院的证件,并邀请当地基层组织或者当事人所在单位派人参加。勘验人应当将勘验情况和结果制作笔录,由勘验人、当事人和被邀参加人签名或者盖章。

3. 卫生民事诉讼的证明责任

证明责任,是指当事人对自己提出的主张,有责任提供证据。当事人及其诉讼代理人因客观原因不能自行收集的证据,或者人民法院认为审理案件需要的证据,人民法院应当调查收集。人民法院应当按照法定程序,全面、客观地审查核实证据。

当事人对自己提出的主张应当及时提供证据。人民法院根据当事人的主张和案件审理情况,确定当事人应当提供的证据及其期限。当事人在该期限内提供证据确有困难的,可以向人民法院申请延长期限,人民法院根据当事人的申请适当延长。当事人逾期提供证据的,人民法院应当责令其说明理由,拒不说明理由或者理由不成立的,人民法院根据不同情形可以不予采纳该证据,或者采纳该证据但予以训诫、罚款。

4. 质证与出庭作证

证据应当在法庭上出示,并由当事人互相质证。对涉及国家秘密、商业秘密和个人隐私的证据应当保密,需要在法庭出示的,不得在公开开庭时出示。经人民法院通知,证人应当出庭作证。

有下列情形之一的,经人民法院许可,可以通过书面证言、视听传输技术或者视听资料等方式作证:

(1)因健康原因不能出庭的;

(2)因路途遥远,交通不便不能出庭的;

(3)因自然灾害等不可抗力不能出庭的;

(4)其他有正当理由不能出庭的。

5. 证据保全措施

在证据可能灭失或者以后难以取得的情况下,当事人可以在诉讼过程中向人民法院申请保全证据,人民法院也可以主动采取保全措施。因情况紧急,在证据可能灭失或者以后难以取得的情况下,利害关系人可以在提起诉讼或者申请仲裁前向证据所在地、被申请人住所地或者对案件有管辖权的人民法院申请保全证据。

(五)卫生民事诉讼审判程序

卫生民事诉讼是民事诉讼的组成部分,因此它与一般民事诉讼审判程序具有一致性。根据《民事诉讼法》的规定,民事诉讼程序分为审判程序、执行程序和涉外民事诉讼程序。

审判程序分为第一审程序、第二审程序和审判监督程序等。第一审程序又可分为普通程序和简易程序。

1. 第一审普通程序

第一审普通程序是指人民法院审理第一审民事案件通常适用的程序，它是民事诉讼中的基础程序，具有广泛的适用性。

（1）起诉和受理。根据《民事诉讼法》的规定，起诉必须符合下列条件：

① 原告是与本案有直接利害关系的公民、法人和其他组织；

② 有明确的被告；

③ 有具体的诉讼请求和事实、理由；

④ 属于人民法院受理民事诉讼的范围和受诉人民法院管辖。

起诉应当向人民法院递交起诉状，并按照被告人数提出副本。起诉状应当记明下列事项：①原告的姓名、性别、年龄、民族、职业、工作单位、住所、联系方式，法人或者其他组织的名称、住所和法定代表人或者主要负责人的姓名、职务、联系方式；②被告的姓名、性别、工作单位、住所等信息，法人或者其他组织的名称、住所等信息；③诉讼请求和所根据的事实与理由；④证据和证据来源，证人姓名和住所。

人民法院应当保障当事人依照法律规定享有的起诉权利。对符合《民事诉讼法》第119条的起诉，必须受理。符合起诉条件的，应当在7日内立案，并通知当事人。不符合起诉条件的，应当在7日内作出裁定书，不予受理。原告对裁定不服的，可以提起上诉。

（2）审理前的准备。开庭审理前，人民法院应根据《民事诉讼法》的规定，做好向被告发送起诉状副本、受理案件通知书和应诉通知书，在通知书中向当事人告知有关的诉讼权利义务、确定合议庭组成人员等开庭前的一系列准备工作，并对受理的案件，分别情形，予以处理：①当事人没有争议，符合督促程序规定条件的，可以转入督促程序；②开庭前可以调解的，采取调解方式及时解决纠纷；③根据案件情况，确定适用简易程序或者普通程序；④需要开庭审理的，通过要求当事人交换证据等方式，明确争议焦点。

（3）开庭审理。开庭审理是民事诉讼审判程序的中心环节，可分为开庭、法庭调查、辩论、当事人最后陈述等程序。人民法院审理民事案件，除涉及国家秘密、个人隐私或者法律另有规定的以外，应当公开进行。

法庭调查按照下列顺序进行：①当事人陈述；②告知证人的权利义务，证人作证，宣读未到庭的证人证言；③出示书证、物证、视听资料和电子数据；④宣读鉴定意见；⑤宣读勘验笔录。

法庭辩论按照下列顺序进行：①原告及其诉讼代理人发言；②被告及其诉讼代理人答辩；③第三人及其诉讼代理人发言或者答辩；④互相辩论。

法庭辩论终结，由审判长按照原告、被告、第三人的先后顺序征询各方最后意见。

（4）判决。法庭辩论终结，应当依法作出判决。判决前能够调解的，还可以进行调解；调解不成的，应当及时判决。原告经传票传唤，无正当理由拒不到庭的，或者未经法庭许可中途退庭的，可以按撤诉处理。被告反诉的，可以缺席判决。被告经传票传唤，无正当理由拒不到庭的，或者未经法庭许可中途退庭的，可以缺席判决。人民法院对公开审理或者不公开审理的案件，一律公开宣判。

人民法院适用普通程序审理的案件，应当在立案之日起6个月内审结。有特殊情况需要延长的，由本院院长批准，可以延长6个月，还需要延长的，报请上级人民法院批准。

2. 简易程序

简易程序是指基层人民法院和它派出的法庭审理简单的民事案件所适用的程序。根据《民事诉讼法》的规定，基层人民法院和它派出的法庭对事实清楚、权利义务关系明确、争议不大的简单的民事案件，可以适用简易程序。

对简单的民事案件，原告可以口头起诉。当事人双方可以同时到基层人民法院或者它派出的法庭，请求解决纠纷。基层人民法院或者它派出的法庭可以当即审理，也可以另定日期审理。

基层人民法院和它派出的法庭审理简单的民事案件，可以用简便方式传唤当事人和证人、送达诉讼文书、审理案件，但应当保障当事人陈述意见的权利。

简单的民事案件由审判员一人独任审理，人民法院适用简易程序审理案件，应当在立案之日起3个月内审结。人民法院在审理过程中，发现案件不宜适用简易程序的，裁定转为普通程序。

3. 第二审程序

当事人不服地方人民法院第一审判决的，有权在判决书送达之日起15日内向上一级人民法院提起上诉。当事人不服地方人民法院第一审裁定的，有权在裁定书送达之日起10日内向上一级人民法院提起上诉。第二审人民法院对上诉案件，应当组成合议庭，开庭审理。经过阅卷、调查和询问当事人，对没有提出新的事实、证据或者理由，合议庭认为不需要开庭审理的，可以不开庭审理。

第二审人民法院审理上诉案件，按照下列情形分别处理：

（1）原判决、裁定认定事实清楚，适用法律正确的，以判决、裁定方式驳回上诉，维持原判决、裁定；

（2）原判决、裁定认定事实错误或者适用法律错误的，以判决、裁定方式依法改判、撤销或者变更；

（3）原判决认定基本事实不清的，裁定撤销原判决，发回原审人民法院重审，或者查清事实后改判；

（4）原判决遗漏当事人或者有违法缺席判决等严重违反法定程序的，裁定撤销原判决，发回原审人民法院重审。

第二审人民法院的判决、裁定是终审的判决、裁定。人民法院审理判决的上诉案件，应当在第二审立案之日起3个月内审结。有特殊情况需要延长的，由本院院长批准。人民法院审理裁定的上诉案件，应当在第二审立案之日起30日内作出终审裁定。

六、卫生刑事诉讼法律制度

1. 卫生刑事诉讼概念及基本原则

（1）卫生刑事诉讼概念。卫生刑事诉讼是指国家专门司法机关在当事人和其他诉讼参与人的参加下，依照法定程序，揭露犯罪、证实犯罪和惩罚犯罪并保证无罪的人不受刑事处罚的活动过程。

（2）卫生刑事诉讼的基本原则。卫生刑事诉讼基本原则是指由刑事诉讼法律确定的，贯穿于卫生刑事诉讼全过程，为国家司法机关和诉讼参与人进行刑事诉讼必须遵循的基本行为准则。

卫生刑事诉讼应遵循以下基本原则：①侦查权、检察权、审判权由专门机关依法独立行使；②以事实为根据，以法律为准绳；③人民检察院依法对刑事诉讼实行法律监督；④未经人民法院依法审判，不得确定犯罪嫌疑人有罪；⑤保障诉讼参与人的诉讼权利。

2. 卫生刑事诉讼的主体

卫生刑事诉讼主体是指在卫生刑事诉讼中依法享有司法职权的机关和依法享有诉讼权利并承担诉讼义务的当事人以及其他诉讼参与人。

（1）司法机关。公安机关是侦查机关。公安机关负责立案、侦查、收集调取证据，对现行或重大嫌疑分子，依法刑事拘留，依法执行逮捕。

人民检察院是法律监督机关。在刑事诉讼的侦查阶段，对其管辖的案件进行侦查、起诉；对公安机关主管的侦查案件进行审查起诉；在审判阶段，公诉案件的公诉人出庭支持公诉，同时行使审判监督权。

人民法院是国家审判机关。在卫生刑事诉讼中行使审判权，确定被告人是否有罪，是否适用刑罚。

（2）当事人。卫生刑事诉讼中的被害人是指人身权和其他合法权益直接受卫生犯罪侵害的人。卫生刑事诉讼中的被告人是指被指控实施了卫生犯罪行为并被追究刑事责任的人。

（3）其他诉讼参与人。其他诉讼参与人包括代理人、证人、辩护人、鉴定人等，享有相应的诉讼权利，并履行相应的义务。

3. 卫生刑事诉讼的管辖

卫生刑事诉讼的管辖是指法律规定的公安机关、人民检察院和人民法院等直接受理卫生刑事案件以及人民法院审判第一审卫生刑事案件职权范围上的分工。

1）立案管辖

卫生刑事案件的侦查由公安机关进行，法律另有规定的除外。人民检察院在对卫生诉讼活动实行法律监督中发现的司法工作人员利用职权实施的非法拘禁、刑讯逼供、非法搜查等侵犯公民权利、损害司法公正的犯罪，可以由人民检察院立案侦查。对于公安机关管辖的国家机关工作人员利用职权实施的重大犯罪案件，需要由人民检察院直接受理的时候，经省级以上人民检察院决定，可以由人民检察院立案侦查。卫生自诉案件，由人民法院直接受理。

2）审判管辖

（1）级别管辖。级别管辖是指各级人民法院在受理第一审刑事案件范围上的分工。基层人民法院管辖第一审普通刑事案件。危害国家安全和恐怖活动的案件，可能判处无期徒刑、死刑的普通刑事案件，外国人犯罪的刑事案件，由中级人民法院管辖。高级人民法院管辖全省（自治区、直辖市）性重大卫生刑事案件。最高人民法院管辖全国性的重大卫生刑事案件。

（2）地域管辖。地域管辖是指同级人民法院在受理第一审刑事案件范围上的分工。卫生刑事案件一般由卫生犯罪地的人民法院管辖。犯罪地一般是指犯罪预备地、犯罪实施地、犯罪结果地等。

（四）卫生刑事诉讼证据

1. 刑事诉讼证据的种类

根据《中华人民共和国刑事诉讼法》（以下简称《刑事诉讼法》）的规定，可以用于证明案件事实的材料，都是证据。证据包括：①物证；②书证；③证人证言；④被害人陈述；⑤犯罪嫌疑人、被告人供述和辩解；⑥鉴定意见；⑦勘验笔录；⑧视听资料、电子数据。

证据必须经过查证属实，才能作为定案的根据。

2. 刑事诉讼举证责任

公诉案件中被告人有罪的举证责任由人民检察院承担，自诉案件中被告人有罪的举证责任由自诉人承担。审判人员、检察人员、侦查人员必须依照法定程序，收集能够证实犯罪嫌疑人、被告人有罪或者无罪、犯罪情节轻重的各种证据。严禁刑讯逼供和以威胁、引诱、欺骗以及其他非法方法收集证据，不得强迫任何人证实自己有罪。行政机关在行政执法和查办案件过程中收集的物证、书证、视听资料、电子数据等证据材料，在刑事诉讼中可以作为证据使用。

3. 非法证据的排除

采用刑讯逼供等非法方法收集的犯罪嫌疑人、被告人的供述，采用暴力、威胁等非法方法收集的证人证言、被害人陈述，应当予以排除。收集物证、书证不符合法定程序，可能严重影响司法公正的，应当予以补正或者作出合理解释；不能补正或者作出合理解释的，对该证据应当予以排除。

在侦查、审查起诉、审判时发现有应当排除的证据的，应当依法予以排除，不得作为起诉意见、起诉决定和判决的依据。在法庭审理过程中，审判人员认为可能存在以非法方法收集证据情形的，应当对证据收集的合法性进行法庭调查。

当事人及其辩护人、诉讼代理人有权申请人民法院对以非法方法收集的证据依法予以排除。申请排除以非法方法收集的证据的，应当提供相关线索或者材料。在对证据收集的合法性进行法庭调查的过程中，人民检察院应当对证据收集的合法性加以证明。

（五）卫生刑事诉讼程序

普通卫生刑事案件诉讼程序包括立案、侦查、提起公诉、审判和执行。

1. 立案

立案是指司法机关对于报案、控告、举报、自首等材料，依照管辖范围进行审查，以判断是否确有犯罪事实和应否追究刑事责任，并依法决定是否作为刑事案件进行侦查或审判的一种诉讼活动。公安机关或者人民检察院发现犯罪事实或者犯罪嫌疑人，应当按照管辖范围，立案侦查。人民法院、人民检察院或者公安机关对于报案、控告、举报和自首的材料，应当按照管辖范围进行审查，认为有犯罪事实需要追究刑事责任的，应当立案。

2. 侦查

侦查指侦查机关在办理卫生刑事案件过程中，为了查明案情、收集证据、查获犯罪嫌疑人、追缴赃物而依照《刑事诉讼法》的规定进行的专门调查工作和采取的有关强制性措施。公安机关对已经立案的刑事案件，应当进行侦查，收集、调取犯罪嫌疑人有罪或者无罪、罪轻或者罪重的证据材料。公安机关经过侦查，对有证据证明有犯罪事实的案件，应当进行预审，对收集、调取的证据材料予以核实。人民检察院侦查终结的案件，应当作出提起公诉、不起诉或者撤销案件的决定。

3. 提起公诉

在提起公诉阶段，由人民检察院对侦查终结的案件进行审查。凡需要提起公诉的案件，一律由人民检察院审查决定。人民检察院认为犯罪嫌疑人的犯罪事实已经查清，证据确实、充分，依法应当追究刑事责任的，应当作出起诉决定，按照审判管辖的规定，向人民法院提起公诉。犯罪嫌疑人没有犯罪事实，或者具有《刑事诉讼法》第16条规定的情形之一的，人民检察院应当作出不起诉决定。对于犯罪情节轻微，依照《刑法》规定不需要判处刑罚或者免除刑罚的，人民检察院可以作出不起诉决定。

4. 审判

一般由人民法院组成合议庭进行审判。经过开庭、法庭调查、辩论，经合议宣告判决。对判决不服的，被告人可以在10日内提出上诉，人民检察院也可以提出抗诉，进入第二审程序。

复习思考题

1. 卫生法律责任的种类包括哪些？
2. 卫生法律救济的途径包括哪些？
3. 卫生行政复议的原则包括哪些？
4. 卫生行政诉讼的原则包括哪些？

5. 国家卫生行政赔偿的义务机关包括哪些?

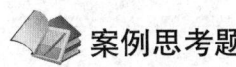
案例思考题

2016年5月19日,某市人民医院接诊一男性患者,医生诊断为急性阑尾炎,医生对该患者紧急进行了手术。术后5天,患者感觉腹部不适,要求转诊至省级专科医院,省级专科医院医生查出患者患有结肠憩室。

患者家属认为市人民医院存在漏诊、误诊情况,要求赔偿90万元人民币。院方认为自身并不存在过错,建议患者家属申请医疗技术鉴定。患者家属不满,遂聚众悬挂横幅,并用高音喇叭循环播放"庸医、误诊",造成该院门诊停诊2天。

案例讨论

如果你在该院医务科负责处理医疗纠纷,学习本章相关法律知识后,你会如何拟订方案解决纠纷?

(复旦大学 姚军,山东工商学院 汪丽青)

第五章 传染病防治法律制度

第一节 概　　述

一、传染病防治的概念及法定传染病分类管理

（一）传染病及传染病防治的概念

传染病是指各种病原体引起的能在人与人、动物与人之间相互传染的疾病。

传染病防治则是对传染病进行预防、控制和消除的活动。

（二）传染病分类管理

法定传染病是指《传染病防治法》等相关法律、法规规定的在全国范围内发病率较高、流行范围较大、传播迅速、危害较为严重的传染病。

《传染病防治法》对法定的传染病进行了分类：

甲类传染病：鼠疫、霍乱。根据《国际卫生条例》的规定，世界卫生组织确定了三种烈性传染病作为国际检疫传染病，包括鼠疫、霍乱和黄热病。我国境内没有黄热病，因此，甲类传染病主要是指鼠疫和霍乱。

乙类传染病：传染性非典型肺炎、新型冠状病毒肺炎、艾滋病、病毒性肝炎、脊髓灰质炎、人感染高致病性禽流感、麻疹、流行性出血热、狂犬病、流行性乙型脑炎、登革热、炭疽、细菌性和阿米巴性痢疾、肺结核、伤寒和副伤寒、流行性脑脊髓膜炎、百日咳、白喉、新生儿破伤风、猩红热、布鲁氏菌病、淋病、梅毒、钩端螺旋体病、血吸虫病、疟疾。

丙类传染病：流行性感冒，流行性腮腺炎，风疹，急性出血性结膜炎，麻风病，流行性和地方性斑疹伤寒，黑热病，包虫病，丝虫病，除霍乱、细菌性和阿米巴性痢疾、伤寒和副伤寒以外的感染性腹泻病，甲型H1N1流感，手足口病。

国务院卫生行政部门根据传染病暴发流行情况和危害程度，可以决定增加、减少或者调整乙类、丙类传染病病种并予以公布。如2013年11月4日人感染H7N9禽流感已纳入乙类传染病进行管理。2020年1月20日，国家卫生健康委员会将新型冠状病毒感染的肺炎纳入《中华人民共和国传染病防治法》规定的乙类传染病。2020年2月11日，世界卫生组织将"新型冠状病毒感染的肺炎"命名为"新型冠状病毒肺炎"，简称"新冠肺炎"，英文名为"Corona Virus Disease 2019"，简称"COVID-19"。省、自治区、直辖市人民政府对本行政区域内常见、多发的其他地方性传染病，可以根据情况决定按照乙类或丙类传染

病管理并予以公布，报国务院卫生行政部门备案。

对乙类传染病中新型冠状病毒肺炎、传染性非典型肺炎、炭疽中的肺炭疽和人感染高致病性禽流感，采取《传染病防治法》甲类传染病的预防、控制措施。其他乙类传染病和突发原因不明的传染病需要采取甲类传染病的预防、控制措施的，由国务院卫生行政部门及时报经国务院批准后予以公布、实施。需要解除已经采取甲类传染病预防、控制措施的，由国务院卫生行政部门报经国务院批准后予以公布。

二、传染病防治的立法

1989年2月21日，第七届全国人民代表大会常务委员会第六次会议通过并颁布了《传染病防治法》，该法于1989年9月1日起施行。2004年8月28日，第十届全国人民代表大会常务委员会第十一次会议通过了修订的《传染病防治法》，自2004年12月1日起施行。2013年6月，全国人民代表大会常务委员会又对《传染病防治法》进行了修订。2019年12月28日颁布的《基本医疗卫生与健康促进法》规定国家建立传染病防控制度，制定传染病防治规划并组织实施，加强传染病监测预警，坚持预防为主、防治结合，联防联控、群防群控、源头防控、综合治理，阻断传播途径，保护易感人群，降低传染病的危害。除此之外，我国有关传染病防治的法律、法规还包括《传染病医院建设标准》《突发公共卫生事件与传染病疫情监测信息报告管理办法》《传染病信息报告管理规范》(2015版)、《传染病病人或疑似病人尸体解剖查验规定》《医疗机构传染病预检分诊管理办法》《疫苗流通和预防接种管理条例》《结核病防治管理办法》《性病防治管理办法》《传染病防治卫生监督工作规范》等。

第二节　传染病的预防与控制

一、传染病的预防

（一）传染病预防概述

目前我国疾病预防控制体系已经基本建立。各级人民政府组织开展群众性卫生活动，进行传染病预防的健康教育，倡导文明健康的生活方式，提高公众对传染病的防治意识和应对能力，加强环境卫生建设，消除鼠害和蚊、蝇等病媒生物的危害。

各级人民政府农业、水利、林业行政部门按照职责分工负责指导和组织消除农田、湖区、河流、牧场、林区的鼠害与血吸虫危害，以及其他传播传染病的动物和病媒生物的危害。铁路、交通、民用航空行政部门负责组织消除交通工具以及相关场所的鼠害和蚊、蝇等病媒生物的危害。

（二）预防接种制度

预防接种，是指根据疾病预防控制规划，利用预防性生物制品，按照国家规定的免疫程序，由合格的接种技术人员对适宜接种的对象进行接种，提高人群的免疫水平，以达到预防和控制传染病发生和流行的目的。国家实行有计划的预防接种制度，《疫苗流通和预防接种管理条例》对疫苗管理和预防接种作出了明确的规定。

（三）传染病监测制度

传染病监测是指对特定环境、人群进行流行病学、血清学、病原学临床症状以及其他有影响因素的调查研究，预测有关传染病的发生、发展和流行。

国家建立传染病监测制度，国务院卫生行政部门制定国家传染病监测规划和方案。省、自治区、直辖市人民政府卫生行政部门根据国家传染病监测规划和方案，制定本行政区域的传染病监测计划和工作方案。各级疾病预防控制机构对传染病的发生、流行以及影响其发生、流行的因素进行监测；对国外发生、国内尚未发生的传染病或国内新发生的传染病进行监测。

（四）传染病的报告

1. 报告主体

各级各类医疗卫生机构为责任报告单位，医疗卫生机构执行职务的人员和乡村医生、个体开业医生均为责任疫情报告人。

2. 报告的程序与方式

传染病报告实行属地化管理，实行首诊负责制。具备传染病疫情网络直报或者直接数据交换条件的医疗机构，进行网络直报；不具备网络直报条件的，在规定的时间内通过传染病报告卡进行信息报告。

3. 报告的时限

对于甲类传染病和乙类传染病中的肺炭疽、传染性非典型肺炎等按照甲类管理的传染病人或疑似病人，或发现其他传染病和不明原因疾病暴发时，应于2小时内将传染病报告卡通过网络报告。对于乙类传染病病人、丙类传染病病人、疑似病人和规定报告的传染病病原携带者，在诊断后，应于24小时内进行网络直报。不具备网络直报条件的，应及时向所在地乡镇卫生院、城市社区卫生服务中心或县级疾病预防控制机构报告，并于24小时内寄送传染病报告卡至代报单位。

（五）传染病预警制度

国家建立传染病预警制度。国务院卫生行政部门和省、自治区、直辖市人民政府根据传染病发生、流行趋势的预测，及时发出传染病预警，根据情况予以公布。传染病的预警是指：①对传染病可能发生的危害程度和后果进行综合评估；②采取一定的方式在一定范围内发布传染病危害警告；③启动相应级别的传染病预警响应，防止危害的发生、发展。

1. 预警信息和信息通报

根据重大传染病等事件发生的特点和季节性特征，国务院卫生行政部门和各省、自治区、直辖市卫生行政部门应及时进行分析和预测，必要时向社会发布传染病疫情。在国内或者国外某一地区发生传染病流行时，国务院卫生行政部门可以宣布该地区为疫区。目前，我国卫生、农业、教育、交通运输、质量检查等部门实现了信息共享，在发生疫情时可及时进行信息通报。

2. 信息发布

国务院卫生行政部门以月报、年报方式在其公报和网站上公布我国法定传染病疫情总体信息，必要时授权主要新闻媒体发布或召开新闻发布会通报有关情况。根据疫情网络直报系统监测结果，如果发现冬、春季的呼吸道传染病和夏季的消化道传染病疫情达到重大突发公共卫生事件（Ⅱ级）以上标准，应增加相关传染病疫情公布的频次，必要时实行疫情每周发布或每日发布制度。

（六）传染病的预防、控制预案制度

县级以上地方人民政府应当制定传染病预防、控制预案，报上一级人民政府备案。传染病预防、控制预案应当包括以下主要内容：①传染病预防控制指挥部的组成和相关部门的职责；②传染病的监测、信息收集、分析、报告、通报制度；③疾病预防控制机构、医疗机构在发生传染病疫情时的任务与职责；④传染病暴发、流行情况的分级以及相应的应急工作方案；⑤传染病预防、疫点和疫区现场控制，应急措施、设备、救治药品和医疗器械以及其他物资和技术的储备与调用。地方人民政府和疾病预防控制机构接到国务院卫生行政部门或者省、自治区、直辖市人民政府发出的传染病预警后，应当按照传染病预防、控制预案，采取相应的预防、控制措施。

二、传染病的控制

（一）传染病发生时各级机构应采取的措施

1. 医疗机构应采取的措施

医疗机构发现甲类传染病时，应当及时采取的措施包括：①对病人、病原携带者予以隔离治疗，根据医学检查结果确定隔离期限；②对疑似病人，确诊前在指定场所单独隔离治疗；③对医疗机构内的病人、病原携带者、疑似病人的密切接触者，在指定场所进行医学观察和采取其他必要的预防措施。拒绝隔离治疗或者隔离期未满擅自脱离隔离治疗的，可以由公安机关协助医疗机构采取强制隔离治疗措施。医疗机构发现乙类或者丙类传染病病人，应当根据病情采取必要的治疗和控制传播措施。同时，依照法律、法规的规定，医疗机构对本单位内被传染病病原体污染的场所、物品以及医疗废物必须实施消毒和无害化处置。

2. 疾病预防控制机构应采取的措施

（1）对传染病疫情进行流行病学调查，根据调查情况提出划定疫点、疫区的建议，对被污染的场所进行卫生处理，对密切接触者，在指定场所进行医学观察和采取其他必要的预防措施，并向卫生行政部门提出疫情控制方案；

（2）传染病暴发、流行时，对疫点、疫区进行卫生处理，向卫生行政部门提出疫情控制方案，并按照卫生行政部门的要求采取措施；

（3）指导下级疾病预防控制机构实施传染病预防、控制措施，组织、指导有关单位对传染病疫情进行处理。

3. 国境卫生检验机关应采取的措施

国境卫生检验机关发现染疫人时，应当立即将其隔离，防止任何人遭受感染。对鼠疫、霍乱、黄热病的染疫人，国境卫生检疫机关应当按照《中华人民共和国国境卫生检疫法实施细则》（以下简称《国境卫生检疫法实施细则》）的规定处理。除此之外的疑似传染病人，国境卫生防疫机关可以从该人员离开感染环境的时候起算，实施不超过该传染病最长潜伏期的就地诊疗或者留验等卫生处理。

（二）政府部门应采取的紧急措施

1. 发生甲类传染病病例时应采取的措施

对已经发生甲类传染病病例的场所或者该场所内的特定区域的人员，所在地的县级以上地方人民政府可以实施隔离措施，并同时向上一级人民政府报告；接到报告的上级人民政府应当立即作出是否批准的决定。上级人民政府作出不予批准决定的，实施隔离措施的人民政府应当立即解除隔离措施。在隔离期间，实施隔离措施的人民政府应当对被隔离人员提供生活保障；被隔离人员有工作单位的，所在单位不得停止支付其隔离期间的工作报酬。隔离措施的解除，由原决定机关决定并宣布。

2. 其他紧急措施

传染病暴发、流行时，县级以上地方人民政府应当立即组织力量，按照预防、控制预案进行防治，切断传染病的传播途径，必要时，报经上一级人民政府决定，可以采取下列紧急措施并予以公告：

（1）限制或者停止集市、影剧院演出或者公共人群聚集的活动；

（2）停工、停业、停课；

（3）封闭或者封存被传染病病原体污染的公共饮用水源、食品以及相关物品；

（4）控制或者扑杀染疫野生动物、家畜家禽；

（5）封闭可能造成传染病扩散的场所。

上级人民政府接到下级人民政府关于采取前款所列紧急措施的报告时，应当及时作出决定。紧急措施的解除，由原决定机关决定并宣布。需要特别注意的是，当传染病暴发、流行时，采取紧急措施必须符合下列条件：控制疫情确实需要采取紧急措施；必须报上一级人民政府批准。

3. 疫区封锁措施

甲类、乙类传染病暴发、流行时，县级以上地方人民政府报经上一级人民政府决定，可以宣布本行政区域部分或全部为疫区；县级以上地方政府可以在疫区内采取相关的紧急措施，并可以对出入疫区的人员、物资和交通工具实施卫生检疫。省、自治区、直辖市人民政府可以决定对本行政区域内的甲类传染病疫区实施封锁；但是，封锁大城市的疫区或者封锁跨省、自治区、直辖市的疫区以及封锁疫区导致干线交通中断或者封锁国境的，由国务院决定。疫区封锁的解除，由原决定机关决定并宣布。

（三）其他措施

1. 交通卫生检疫

发生甲类传染病时，为了防止该传染病通过交通工具及其乘运的人员、物资传播，可以实施交通卫生检疫。具体办法由国务院制定。交通检疫涉及的事项众多，因此，需要有具体的法规对其进行规定。

2. 紧急调集人员、征用物资等措施

传染病暴发、流行时，根据传染病疫情控制的需要，国务院有权在全国范围或者跨省、自治区、直辖市范围内，县级以上地方人民政府有权在本行政区域内紧急调集人员或者调用储备物资，临时征用房屋、交通工具以及相关设施、设备。紧急调集人员的，应当按照规定给予合理报酬。临时征用房屋、交通工具以及相关设施、设备的，应当依法给予补偿；能返还的，应当及时返还。

3. 疫区中被传染病污染的物品的处理措施

疫区中被传染病病原体污染或者可能被传染病病原体污染的物品，经消毒可以使用的，应当在当地疾病预防控制机构的指导下，进行消毒处理后，方可使用、出售和运输。

4. 药品和医疗器械供应措施

传染病暴发、流行时，药品和医疗器械生产、供应单位应当及时生产、供应防治传染病的药品和医疗器械。铁路、交通、民用航空经营单位必须优先运送处理传染病疫情的人员以及防治传染病的药品和医疗器械，县级以上人民政府有关部门应当做好组织协调工作。

第三节　传染病医疗救治

一、加强和完善传染病医疗救治服务网络建设

县级以上人民政府应当加强和完善传染病医疗救治服务网络的建设，指定具备传染病救治条件和能力的医疗机构承担传染病救治任务，或者根据传染病救治需要设置传染病医院。医疗救治服务网络由医疗救治机构、医疗救治信息网络和医疗救治专业技术人员组成。医疗救治信息网络建设是指建设能够使医疗救治机构、疾病预防控制机构和突发公共卫生

事件应急指挥部互相联通的信息网络体系。同时，建立较为稳定的医疗应急队伍体系，医疗应急队伍由专家组和现场处置队组成。建立医疗应急队伍的培训机制，提高医务人员医疗应急能力。

二、医疗机构医疗救治的方式和程序

（一）医疗救治的方式

医疗机构应当对传染病病人或者疑似传染病病人提供医疗救护、现场救援和接诊治疗，书写病历记录以及其他有关资料，并妥善保存。急救机构应当在对传染病病人或疑似传染病病人采取一般性紧急医疗处理措施后，将病人送至指定的传染病医疗机构或具备治疗传染病条件和能力的医疗机构。对不宜转送或者不便立即转送的传染病病人或疑似传染病病人，则应当采取就地隔离、就地治疗的措施。传染病医疗机构或具备救治传染病能力和条件的医疗机构，在接到传染病病人时，应进行及时的诊断和治疗，同时按照相关法律、法规的要求书写和保存病历资料。

（二）医疗救治的程序

1. 预检、分诊制度

传染病预检、分诊制度是指医疗机构为有效控制传染病疫情，防止医疗机构内交叉感染，对来诊者预先进行有关传染病方面的检查与分流的制度。医疗机构应当实行传染病预检、分诊制度；二级以上综合医院应当设立感染性疾病科，具体负责本医疗机构传染病的分诊工作。没有设立感染性疾病科的医疗机构应当设立传染病分诊点。对传染病病人、疑似传染病病人，应当引导至相对隔离的分诊点进行初诊。

2. 转院

医疗机构不具备相应的救治能力的，应当将患者及其病历资料复印件一并转至具备相应救治能力的医疗机构。

3. 服从调遣

在传染病暴发、流行时，各级各类医疗卫生机构及其医务人员必须服从国务院卫生行政部门和执业所在地县级以上地方人民政府卫生行政部门依照法律、法规进行的调遣。

第四节　性病、艾滋病防治的法律规定

一、性病防治的法律规定

性病是以性接触为主要传播途径的疾病。性病是严重危害人民群众身体健康的传染

病。为了规范性病的防治工作，卫生部修订了《性病防治管理办法》，《性病防治管理办法》于 2013 年 1 月 1 日起正式实施。

（一）性病的分类

（1）《传染病防治法》规定的乙类传染病中的梅毒和淋病；
（2）生殖道沙眼衣原体感染、尖锐湿疣、生殖器疱疹；
（3）卫生部门根据疾病危害程度、流行情况等因素，确定需要管理的其他性病。

（二）性病防治的机构和人员

性病防治的机构主要是各级医疗机构、疾病预防控制机构。医疗机构人员开展性病诊疗业务，应当依法取得执业资格，并应当定期接受性病防治知识和专业技术岗位培训。疾病预防控制机构的人员开展性病预防控制工作，应当定期接受性病防治知识和专业技术岗位的培训。

（三）性病的预防和控制

疾病预防控制机构和开展性病诊疗业务的机构应当根据当地性病流行特点，确定性病宣传和健康教育内容，对大众开展性病防治知识的宣传。各级疾病预防控制机构应当通过多种形式在有易感染性病危险行为的人群集中的场所宣传性病防治知识，倡导安全性行为，鼓励有易感染性病危险行为的人群定期到具备性病诊疗资质的医疗机构进行性病检查。

（四）性病的诊断和治疗

1. 开展性病诊疗业务的医疗机构实行首诊医师负责制以及相关转诊制度

开展性病诊疗业务的医疗机构，应当实行首诊医师负责制，建立门诊日志，对就诊者逐例登记，对有可能感染性病或具有性病可疑症状、体征的就诊者应当及时进行相关性病检查，不得以任何理由推诿。不具备开展性病诊疗条件的医疗机构或者科室，在诊治、体检、筛查活动中发现疑似或者确诊的性病患者时，应当及时转诊到具备性病诊疗条件的医疗机构或科室处置。

2. 开展性病诊疗业务的医疗机构和医务人员的诊疗要求

（1）应当按照安全、有效、经济方便的原则提供性病治疗，优先使用基本药物，公示诊疗、检验及药品、医疗器械等服务价格；
（2）严格按照卫生部门发布的性病诊断标准及相关规范的要求，采集完整病史，进行体格检查、临床检验和诊断治疗；
（3）应当规范书写病历，准确填报传染病报告卡报告疫情，对性病患者进行复查，提供健康教育与咨询等预防服务，并予以记录；
（4）应当告知性病患者及早通知与其有性关系者及时就医；
（5）应当按照国家推荐方案及时为感染梅毒的孕产妇提供治疗，并为其婴幼儿提供必

要的预防性治疗、随访、梅毒相关检测服务等。对确诊先天梅毒的患儿,根据国家推荐的治疗方案给予治疗或者转诊;

(6)应当制定检验标准和质量控制程序,按照技术规范进行检验和报告结果,对性病实验室进行质量评价,加强实验室生物安全管理。

二、艾滋病防治的法律规定

(一)预防与控制措施

1. 艾滋病监测、检测制度

国家建立健全艾滋病监测网络。国家实行艾滋病自愿咨询和自愿检测制度。开展艾滋病抗病毒治疗应当坚持自愿原则,不得强制要求艾滋病病毒感染者及艾滋病病人接受治疗。逐步推广艾滋病新发感染识别检测、病毒感染窗口期检测和婴幼儿感染艾滋病病毒早期诊断技术,提高检测服务的可及性和质量。加强医疗卫生机构检测的病例报告和管理工作,及时掌握疫情动态与流行特点,对可能发生的疫情进行预警。加强监测信息的分析和利用,建立部门间信息合作与共享机制,定期公布疫情。

2. 加强血站安全管理

血站、单采血浆站应当对采集的人体血液、血浆进行艾滋病检测;不得向医疗机构和血液制品生产单位供应未经艾滋病检测或者艾滋病检测阳性的人体血液、血浆。采集或使用人体组织、器官、细胞、骨髓等,应当进行艾滋病检测;未经艾滋病检测或者艾滋病检测阳性的,不得采集或者使用。

(二)治疗与救助措施

医疗机构应当为艾滋病病毒感染者或艾滋病病人提供艾滋病防治咨询、诊断和治疗服务。扩大治疗覆盖面,提高治疗水平和可及性。要根据感染者和病人的具体情况,按照就地治疗的原则,及时开展抗艾滋病病毒治疗工作,加强随防,提高治疗效果。进一步完善艾滋病治疗药品的供应保障体系,健全药物采购、配送、支付和储备等制度。

县级以上人民政府应当采取下列艾滋病防治关怀、救助措施:①向农村艾滋病病人和城镇经济困难的艾滋病病人免费提供抗艾滋病病毒治疗药品;②向农村和城镇经济困难的艾滋病病毒感染者、艾滋病病人适当减免抗机会性感染治疗药品的费用;③向接受艾滋病咨询、检测的人员免费提供咨询和初筛检测;④向感染艾滋病病毒的孕产妇提供预防艾滋病母婴传播的治疗和咨询。

(三)保障措施

县级以上人民政府应当将艾滋病防治工作纳入国民经济和社会发展规划,加强和完善艾滋病预防、检测、控制、治疗和救助服务网络的建设,建立健全艾滋病防治专业队伍。加强基层防治能力建设,全面建立以县级疾病预防控制机构为主导,以县级定点治疗医院为支撑,以乡镇卫生院、村卫生室、社区卫生服务中心（站）、基层计划生育技术服务机构为平台，以乡（镇）政府、街道办事处、村（居）民委员会、社区组织等为补充的基层艾滋病防治服务体系，所有社区卫生服务中心和乡镇卫生院具备开展艾滋病快速检测和梅毒检测的能力。高流行地区的县（市、区）疾病预防控制机构设立独立从事艾滋病防治工作的科室，建立艾滋病确证检测实验室，疾病预防控制机构和定点医疗机构具备艾滋病相关免疫细胞检测能力。

第五节 传染病防治监督管理

在我国，传染病防治监督管理的机构是县级以上人民政府卫生行政部门。

一、监督管理的范围

（1）对下级人民政府卫生行政部门履行《传染病防治法》规定的传染病防治职责进行监督检查；

（2）对疾病预防控制机构、医疗机构的传染病防治工作进行监督检查；

（3）对采供血机构和采供血活动进行监督检查；

（4）对用于传染病防治的消毒产品及其生产单位进行监督检查，并对饮用水供水单位的生产或者供应活动以及涉及饮用水卫生安全的产品进行监督检查；

（5）对传染病菌种、毒种和传染病检测样本的采集、保藏、携带、运输、使用进行监督检查；

（6）对公共场所和有关单位的卫生条件和传染病预防、控制措施进行监督检查。

二、监督内容及方法

（一）对传染病疫情报告的监督

1. 对传染病疫情报告的卫生监督内容

（1）建立传染病疫情报告的管理组织、制度情况；

（2）依法履行传染病疫情报告、日常管理和质量控制的情况；

（3）疾病预防控制机构及时对辖区内的传染病疫情信息审核确认，并开展疫情分析、调查与核实的情况；

（4）疾病预防控制机构依法履行向相关部门通报传染病疫情信息职责的情况。

2. 对传染病疫情报告情况的监督方法

1）对疾病预防控制机构的监督方法

（1）查阅设置疫情报告管理部门或明确疫情报告管理职责分工的文件资料，核查疫情报告管理部门和专职疫情报告人员，查阅传染病疫情报告管理制度；

（2）查阅传染病疫情报告和审核记录、各类常规疫情分析报告等文字资料；核查设置疫情值班、咨询电话的情况；核查收到无网络直报条件责任报告单位报送的传染病报告卡后，进行网络直报的情况；

（3）查阅传染病疫情通报制度；查阅与港口、机场、铁路疾病预防控制机构以及国境卫生检疫机关互相通报甲类传染病疫情的记录；查阅与动物防疫机构互相通报动物间和人间发生的人畜共患传染病疫情以及相关信息的记录；

（4）检查传染病疫情网络直报设备运行情况，疫情报告人员现场演示传染病的报告、审核确认、查重等情况；

（5）查阅与传染病疫情报告相关的其他记录情况。

2）对医疗机构的监督方法

（1）查阅设置疫情报告管理部门或明确疫情报告管理职责分工的文件资料，核查专职疫情报告人员；查阅传染病报告管理制度，内容应当包括传染病诊断、登记、报告、异常信息的快速反馈、自查等方面情况。

（2）查阅诊疗原始登记（包括门诊日志、出入院登记、检验和影像阳性结果）、传染病报告卡、传染病网络直报信息等资料，核查未按照规定报告传染病疫情或隐瞒、谎报、缓报传染病疫情报告的情况；

（3）查阅开展传染病疫情报告管理内部自查的记录及有关资料；

（4）查阅定期组织临床医生、新上岗人员开展传染病报告管理专业培训与考核的资料；

（5）检查传染病疫情网络直报专用设备及其运转情况，专职疫情报告人员演示传染病网络直报操作；

（6）对不具备网络直报条件的县级以下医疗机构，查阅传染病报告登记记录。

3）对采供血机构的监督方法

（1）查阅传染病疫情报告管理制度；

（2）查阅HIV抗体检测两次初筛阳性结果登记情况，以及献血者或供浆员登记簿，核查HIV初筛阳性结果报告情况及送检确认情况；

（3）对于设置疫情网络直报系统的机构，检查疫情报告人员演示网络直报操作，检查传染病疫情网络直报系统的运转情况；

（4）对不具备网络直报条件的机构，查阅传染病报告登记记录。

（二）对传染病控制措施的监督检查方法

1. 对疾病预防控制机构的监督检查方法

（1）查阅传染病监测制度、本辖区内的传染病监测计划和工作方案，收集、分析和报告有关传染病监测信息以及预测传染病发生、流行趋势的资料；

（2）查阅传染病疫情调查处置技术方案或预案，以及传染病疫情调查处理记录、报告；

（3）查阅传染病疫情流行病学调查工作记录和资料，以及疫点、疫区卫生处理记录。

2. 对医疗机构的监督检查方法

(1) 查阅传染病预检、分诊制度和应急处理预案等管理文件;

(2) 检查感染性疾病科或分诊点设置情况和预检、分诊落实情况;

(3) 检查医疗卫生人员、就诊病人防护措施落实情况;

(4) 检查对传染病病人、疑似传染病病人提供诊疗服务的情况;

(5) 检查对法定传染病病人或者疑似传染病病人采取隔离控制措施的场所、设施设备及其使用记录。查阅对被传染病病原体污染的场所、物品以及对医疗废物实施消毒或者无害化处置的记录。

第六节 法律责任

一、行政责任

《传染病防治法》分别对地方各级人民政府和卫生行政部门、疾病预防控制机构、医疗机构、采供血机构、国境卫生检疫、动物防疫机构、铁路、交通、民用航空经营单位及负有责任的主管人员或其他直接责任人员违反《传染病防治法》应承担的相关行政责任作出了规定。其中:

地方各级人民政府未履行法定职责,或者隐瞒、谎报、缓报传染病疫情,或者在传染病暴发、流行时,未及时组织救治,采取控制措施的,由上级人民政府责令改正,通报批评;造成传染病传播、流行或者其他严重后果的,对负有责任的主管人员,依法给予行政处分;县级以上人民政府卫生行政部门违反法律规定,未依法履行传染病疫情通报、报告或公布职责,或者隐瞒、谎报、缓报传染病疫情的;发生或者可能发生传染病传播时未及时采取预防、控制措施的;未依法履行监督检查职责,或者发现违法行为不及时查处的;未及时调查、处理单位和个人对下级卫生行政部门不履行传染病防治职责的举报的;有其他失职、渎职行为的,由本级人民政府、上级人民政府卫生行政部门责令改正,通报批评;造成传染病传播、流行或其他严重后果的,对负有责任的主管人员或其他直接责任人员,依法给予行政处分。

疾病预防控制机构违反法律规定,未依法履行传染病监测职责的;未依法履行传染病疫情报告、通报职责,或者隐瞒、谎报、缓报传染病疫情的;未主动收集传染病疫情信息,或者对传染病疫情信息和疫情报告未及时进行分析、调查、核实的;发现传染病疫情时,未依据职责及时采取法律规定的措施的;故意泄露传染病病人、病原携带者、疑似传染病病人、密切接触者涉及个人隐私的有关信息、资料的,由县级以上人民政府卫生行政部门责令限期改正,通报批评,给予警告;对负有责任的主管人员和其他直接责任人员,依法给予降级、撤职、开除的处分,并可以依法吊销有关责任人员的执业证书。

医疗机构违反法律规定,未按照规定承担本单位的传染病预防、控制工作、医院感染控制任务和责任区域内的传染病预防工作的;未按照规定报告传染病疫情的,或者隐瞒、谎报、缓报传染病疫情的;发现传染病疫情时,未按照规定对传染病病人、疑似传染病病人提供医疗救护、现场救援、接诊、转诊的,或者拒绝接受转诊的;未按照规定对本单位内被传染病病原体污染的场所、物品以及医疗废物实施消毒或者无害化处置的;未按照规定对医疗器械进行消毒,或者对按照规定一次性使用的医疗器具未予销毁,再次使用的;在医疗救治过程中未按照规定保管医学记录资料的;故意泄露传染病病人、病原携带者、疑似传染病病人、密切接触者涉及个人隐私的有关信息、资料的,由县级以上人民政府卫生行政部门责令改正,通报批评,给予警告;造成传染病传播、流行或者其他严重后果的,对负有责任的主管人员和其他直接责任人员,依法给予降级、撤职、开除的处分,并可以依法吊销有关责任人员的执业证书。

采供血机构未按照规定报告传染病疫情,或者隐瞒、谎报、缓报传染病疫情,或者未执行国家有关规定,导致因输入血液引起经血液传播疾病发生的,由县级以上人民政府卫生行政部门责令改正,通报批评,给予警告;造成传染病传播、流行或者其他严重后果的,对负有责任的主管人员和其他直接责任人员,依法给予降级、撤职、开除的处分,并可以依法吊销采供血机构的执业许可证。非法采集血液或者组织他人出卖血液的,由县级以上人民政府卫生行政部门予以取缔,没收违法所得,可以并处10万元以下的罚款。

国境卫生检疫、动物防疫机构未依法履行传染病病情通报职责的,由有关部门在各自职责范围内责令改正,通报批评;造成传染病传播、流行或者其他严重后果的,对负有责任的主管人员和其他直接责任人员,依法给予降级、撤职、开除的处分。

铁路、交通、民用航空经营单位未依照法律的规定优先运送处理传染病疫情的人员以及防治传染病的药品和医疗器械的,由有关部门责令限期改正,给予警告,造成严重后果的,对负有责任的主管人员和其他直接责任人员,依法给予降级、撤职、开除的处分。

二、民事责任

单位和个人违反《传染病防治法》规定,导致传染病传播、流行,给他人人身、财产造成损害的,应当依法承担民事责任。

三、刑事责任

根据《传染病防治法》和《刑法》的规定,传染病防治领域涉及的罪名主要包括:
(1) 投放危险物质罪。行为人以投放传染病病原体等物质危害公共安全,造成严重后果的,构成投放危险物质罪。
(2) 编造、故意传播虚假信息罪。编造虚假的疫情,在信息网络或者其他媒体上传播,或者明知是上述虚假信息,故意在信息网络或者其他媒体上传播,严重扰乱社会秩序的,构成编造、故意传播虚假信息罪。
(3) 妨害传染病防治罪。违反《传染病防治法》的规定,引起甲类传染病传播或者有严重传播危险的，构成妨害传染病防治罪。

（4）传染病菌种、毒种扩散罪。从事实验、保藏、携带、运输传染病菌种、毒种的人员，违反国务院卫生行政部门的有关规定，造成传染病菌种、毒种扩散，后果严重的，构成传染病菌种、毒种扩散罪。

（5）妨害国境卫生检疫罪。违反国境卫生检疫规定，引起检疫传染病传播或者有严重传播危险的，构成妨害国境卫生检疫罪。

（6）医疗事故罪。医务人员由于严重不负责任，造成就诊人死亡或者严重损害就诊人身体健康的，构成医疗事故罪。

（7）妨害动植物防疫、检疫罪。违反有关动植物防疫、检疫的国家规定，引起重大动植物疫情的，或者有引起重大动植物疫情危险，情节严重的构成妨害动植物防疫、检疫罪。

（8）污染环境罪。违反国家规定，排放、倾倒或者处置含有传染病病原体的废物或者其他有害物质，严重污染环境的，构成污染环境罪。

（9）传染病防治失职罪。从事传染病防治的政府卫生行政部门的工作人员严重不负责任，导致传染病传播或者流行，情节严重的构成传染病防治失职罪。

复习思考题

1. 传染病报告的内容包括哪些？
2. 在控制传染病时，医疗机构、疾病预防控制机构以及国境卫生检验机关应当采取哪些措施？
3. 当传染病暴发时，政府部门应采取哪些措施？

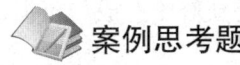

案例思考题

2014 年 7 月 17 日，甘肃省卫生行政部门发布公告，甘肃省酒泉市确诊一起肺鼠疫疫情。疫情发生后，当地迅速启动鼠疫应急预案三级响应。有关专家赶赴现场，开展流行病学调查、密切接触者的追踪管理、疫源地处理等工作，将玉门市老市区、赤金镇、赤金镇西湖村、疫点牧场设置成疫情隔离区，对 151 名密切接触者采取隔离、流行病学调查、预防性服药等措施。截至 2014 年 10 月 14 日，各隔离点均已达到解除隔离要求，甘肃省卫生行政部门对外通报依法解除隔离点的封锁隔离。

案例讨论

1. 法定传染病有哪些？法定传染病是如何进行分类的？
2. 医疗机构对传染病患者的救治应如何进行？

（昆明医科大学　李晓堰）

第六章　突发公共卫生事件应急法律制度

第一节　概　述

一、突发公共卫生事件

（一）突发公共事件的概念

突发公共事件是指突然发生，造成或者可能造成重大人员伤亡、财产损失、生态环境破坏和严重社会危害，危及公共安全的紧急事件。在公共行政学中，突发公共事件也称作公共危机。从字面意思上理解，"危"是危势、危情，"机"是生机、转机，因此，在突发公共事件发生时，有关部门需要采取一定措施防止危险的发生，使事件出现转机和契机。

（二）突发公共卫生事件的概念

突发公共卫生事件是指突然发生，造成或者可能造成社会公众健康严重损害的重大传染病疫情、群体性不明原因疾病、重大食物和职业中毒以及其他严重影响公众健康的事件。

突发公共卫生事件具备三个主要特征：①突发性，事件的发生往往突如其来，难以预测，属于不可抗力；②广泛性，即公共卫生性，是指事件在公共卫生领域发生，主要影响公众生命健康利益；③严重危害性，突出表现为已经或可能对社会公众健康造成严重损害，并且可能或已经发生的损害和危害要发展或达到一定的程度。

二、突发公共卫生事件法律体系

我国突发公共卫生事件法律体系包括法律、行政法规、部门规章、地方性法规和规章等。我国现阶段有关突发公共卫生事件的主要法律有《基本医疗卫生与健康促进法》《传染病防治法》《突发事件应对法》《职业病防治法》《食品安全法》《动物防疫法》《进出境动植物检疫法》等。主要行政法规有《突发公共卫生事件应急条例》《国家突发公共事件总体应急预案》《国家突发公共事件医疗卫生救援应急预案》等。主要行政规章有《国家救灾防病与突发公共卫生事件信息报告管理规范》《突发公共卫生事件与传染病疫情监测信息报告管理办法》《卫生部突发中毒事件卫生应急预案》等。

1989年《传染病防治法》的颁布实施，标志着我国公共卫生法制建设进入了新的时期。2003年，我国多地区暴发了SARS疫情。打赢防治SARS这场硬仗，既要依靠科学，又要依靠法制。由于这一特殊背景,2003年5月7日,国务院颁布了《突发公共卫生事件应急条例》(2011年1月8日修订)。2007年8月30日,第十届全国人民代表大会常务委员会第二十九次会议通过了《突发事件应对法》。该法的公布施行,是我国法制建设的一件大事,标志着突发事件应对工作全面纳入法制化轨道,也标志着依法行政进入更广阔的领域。2019年12月28日全国人民代表大会常务委员会颁布的《基本医疗卫生与健康促进法》规定:国家采取措施,保障公民享有安全有效的基本公共卫生服务,控制影响健康的危险因素,提高疾病的预防控制水平。国家建立健全突发事件卫生应急体系,制定和完善应急预案,组织开展突发事件的医疗救治、卫生学调查处置和心理援助等卫生应急工作,有效控制和消除危害。

突发公共卫生事件的法律建设也是世界其他国家的一项重要法制建设工作。如从20世纪70年代开始,美国逐步建立并完善国家危机应对体系,如《全国紧急状态法》《公共卫生服务突发事件反应指南》《突发事件后的公共卫生服务指南》《国家灾难医疗反应系统》《联邦反应计划》等,形成了专门的联邦应急法律体系。日本在公共卫生领域制定了《传染病预防法》以及《可能产生炭疽等污染时的应对》等一系列法规制度,为健康危机管理提供行动指南。俄罗斯立法机构通过的《联邦公民流行病防疫法》,为俄罗斯公民实现健康保障和良好环境提供了法律依据。

三、国内外突发公共卫生事件举例

(一)由新型冠状病毒肺炎引发的重大突发公共卫生事件

2019年末,新型冠状病毒肺炎(以下简称新冠肺炎)疫情在湖北省武汉市暴发。据《柳叶刀》报道,2019年12月1日出现最早的病例。12月下旬,武汉华南海鲜批发市场出现大量病例。12月27日,湖北省中西医结合医院张继先主任将不明原因肺炎疫情上报医院领导,医院相关人员向武汉市江汉区疾病预防控制中心报告。12月29日,该医院领导直接将不明原因肺炎疫情向湖北省、武汉市卫生健康委员会报告,武汉市疾病预防控制中心、江汉区疾病预防控制中心立即展开流行病学调查。12月30日,武汉市卫生健康委员会发布《关于做好不明原因肺炎救治工作的紧急通知》和《关于报送不明原因肺炎救治情况的紧急通知》。12月31日,武汉市卫生健康委员会发布《关于当前我市肺炎疫情的情况通报》;国家卫生健康委员会第一批专家组抵达武汉指导疫情处置;国家卫生健康委员会向世界卫生组织通报疫情。

2020年1月1日,国家卫生健康委员会成立以马晓伟主任为组长的新冠肺炎疫情应对处置领导小组。2020年1月7日,国家卫生健康委员会专家组初步判定不明原因肺炎的病原体为新型冠状病毒。据《中华流行病学杂志》报道,2019年12月31日之前,全国已经出现104名新冠肺炎患者;2020年1月1—10日增加653名新冠肺炎患者;2020年1月11—20日,增加5417名新冠肺炎患者;2020年1月21—31日,暴增26468名新冠肺炎患者;2020年2月1—11日,又增加12030名新冠肺炎患者。2020年1月14日,国家卫生健康委员会召开全国新冠肺炎防控工作电视电话会议。1月18日,武汉市江岸区百步亭社区4万余家庭举行"万家宴"。1月20日,国家卫生健康委员会发布公告,将新冠肺炎纳入法定乙类传染病,按甲类管理。1月22日,国务院副总理孙春兰前往武汉指导防疫工作。1月23日凌晨,武汉市新冠肺炎疫情防控指挥部发布公告,自当日10时起封城。1月25日,中央成立应对新冠肺炎疫情工作领导小组。全国各地先后启动重大突发公共卫生事件一级响应机制。1月26日,中央应对新冠肺炎疫情工作领导小组提出适当延长春节假期。1月27日,国务院总理李克强前往武汉指导新冠肺炎疫情防控工作。1月30日,世界卫生组织正式宣布此次疫情为国际公共卫生紧急事件。

2020年2月2日,武汉火神山医院正式交付使用。截至2020年2月24日,全国各地支援湖北医疗队人数已有42000余人。2月24日,中国—世界卫生组织联合考察专家组发布中国四地联合调查结果,全国共有476家医疗机构3387名医务人员感染新型冠状病毒。

截至3月3日,国家卫生健康委员会、国家中医药管理局先后发布了7版《新型冠状病毒肺炎诊疗方案》(试行)。3月10日,习近平总书记乘飞机抵达湖北省武汉市,考察湖北省和武汉市新冠肺炎疫情防控工作。3月11日,世界卫生组织宣布新冠肺炎全球大流行。

为表达全国各族人民对抗击新冠肺炎疫情斗争牺牲的烈士和逝去的同胞的深切哀悼,国务院决定,2020年4月4日举行全国性哀悼活动。截至2020年4月28日上午9时30分,全球211个国家和地区发生疫情,累计确诊病例297.5412万例,累计死亡病例21.0398万例,累计治愈病例84.7132万例。其中,中国累计确诊病例8.4347万例,累计死亡病例0.4643万例,累计治愈病例7.8664万例,累计追踪到密切接触者73.1万余人。

(二)由食物中毒引发的突发公共卫生事件

2015年7月17日9时27分,深圳市罗湖区食品安全应急管理办公室值班人员接到罗湖区卫生和计划生育委员会应急管理办公室的通知,称位于深圳市罗湖区乐园路的华城小吃店发生疑似食物中毒事件,人数为4人。在调查过程中,陆续接到新发病例报告,共有32人出现疑似食物中毒症状,分别就诊于深圳市人民医院、罗湖区人民医院、罗湖区中医院。深圳市罗湖区食品药品监督管理局执法人员接到报告后马上联合罗湖区疾病预防控制中心工作人员赶往事发现场,并立即启动食品安全Ⅳ级应急响应程序,向深圳市食品药品监督管理局、罗湖区公安局等部门报告。经现场检查,该店持有有效的营业执照和餐饮许可证,事件发生当日早上共售出早餐52份。罗湖区疾病预防控制中心在该店制作食品的水源和米粉浆中检出亚硝酸盐,初步判断是亚硝酸盐中毒,公安部门已介入调查,罗湖区食品药品监督管理局对该店的加工场所进行了查封。

(三)国际性突发公共卫生事件

根据世界卫生组织2015年5月24日资料,韩国卫生部门于2015年5月20日向世界卫生组织通报,一名68岁男子已确诊为中东呼吸综合征患者。该名男子2015年4月18日至5月初均在中东地区活动,2015年5月4日经卡塔尔搭机抵达仁川国际机场。2015年5月11日起开始出现症状,2015年5月12日至当地一家诊所就诊,2015年5月15日住院,

2015 年 5 月 17 日出院，并同时转送另一家医院急诊。2015 年 5 月 20 日，病人的痰样本被检测出 MERS 阳性反应，随即被隔离治疗。韩国确认其为首个中东呼吸综合征病例。韩国疾病控制和预防中心总监金永泽表示，患者妻子照顾该患者，其妻子也有轻微的呼吸道症状。中东呼吸综合征的出现严重影响了韩国的旅游业，使韩国的经济发展受到重创。

四、突发公共卫生事件的处理方针与原则

（一）突发公共卫生事件处理的方针

"预防为主，常备不懈"是处理突发公共卫生事件的方针。预防为主是指按照系统化、科学化的管理思想，千方百计地预防事故的发生，把可能导致事故发生的所有隐患或因素消除在事故发生之前，做到防患于未然。同时，国家建立重大突发公共卫生事件风险评估体系，对可能发生的突发公共卫生事件进行综合性评估，减少重大突发公共卫生事件的发生，最大限度地减轻重大突发公共卫生事件的影响。提高全社会对突发公共卫生事件的防范意识，落实并做好人员、技术、物资和设备的应急储备工作。

（二）突发公共卫生事件处理的原则

1. 统一领导，分级负责

根据突发公共卫生事件的范围、性质和危害程度，对突发公共卫生事件实行分级管理。各级人民政府负责突发公共卫生事件应急处理的统一领导和指挥，各有关部门按照预案规定，在各自的职责范围内做好突发公共卫生事件应急处理的有关工作。

2. 依法规范，措施果断

地方各级人民政府和卫生行政部门要按照相关法律、法规和规章的规定，完善突发公共卫生事件应急体系，建立健全系统、规范的突发公共卫生事件应急处理工作制度，对突发公共卫生事件和可能发生的公共卫生事件做出快速反应，及时、有效开展监测、报告和处理工作。

3. 依靠科学，加强合作

突发公共卫生事件应急工作要充分尊重和依靠科学，要重视开展防范和处理突发公共卫生事件的科研和培训工作，为突发公共卫生事件应急处理提供科技保障。各有关部门和单位要通力合作、资源共享，有效应对突发公共卫生事件。要广泛组织、动员公众参与突发公共卫生事件的应急处理工作。

五、突发公共卫生事件的分类与分级

（一）突发公共卫生事件的分类

根据突发公共事件发生的性质和原因不同，突发公共卫生事件可分为四类：
（1）重大传染病疫情指某种传染病在短时间内发生，波及范围广，出现大量病人或死

亡病例，其发病率远远超过常年的发病率水平。

（2）群体性不明原因疾病指短时间内（通常指两周内），在某个相对集中的区域内同时或者相继出现3例及以上相同临床表现，经县级及以上医院组织专家会诊，不能诊断或解释病因，有重症病例或死亡病例发生的疾病。

（3）重大食物中毒和职业中毒事件是指由于食品污染和职业危害的原因造成的人数众多或者伤亡较重的中毒事件。

（4）其他严重影响公众健康事件是指具有突发公共卫生事件特征，针对不特定的社会群体，造成或者可能造成社会公众健康严重损害，影响正常社会秩序的重大事件。

（二）突发公共卫生事件的分级

根据突发公共卫生事件性质、危害程度、涉及范围不同，将其划分为特别重大（Ⅰ级）、重大（Ⅱ级）、较大（Ⅲ级）和一般（Ⅳ级）四个等级，依次用红色、橙色、黄色和蓝色进行预警。

特别重大突发公共卫生事件主要包括：①肺鼠疫、肺炭疽在大、中城市发生并有扩散趋势，或肺鼠疫、肺炭疽疫情波及2个以上的省份，并有进一步扩散的趋势。②发生传染性非典型肺炎、人感染高致病性禽流感病例，并有扩散的趋势。③涉及多个省份的群体性不明原因疾病，并有扩散的趋势。④发生新传染病或有我国尚未发现的传染病发生或传入，并有扩散的趋势，或发现我国已消灭的传染病重新流行。⑤发生烈性病菌株、毒株、致病因子等丢失事件。⑥周边以及与我国通航的国家和地区发生特大传染病疫情，并出现输入性病例，严重危及我国公共卫生安全的事件。⑦国务院卫生行政部门认定的其他特别重大突发公共卫生事件。

六、突发公共卫生事件的应急组织体系及其职责

突发公共卫生事件发生后，省、自治区、直辖市人民政府成立地方突发公共卫生事件应急处理指挥部，省、自治区、直辖市人民政府主要领导人担任总指挥，负责领导、指挥本行政区域内突发事件应急处理工作。

县级以上地方人民政府卫生行政主管部门，具体负责组织突发公共卫生事件的调查、控制和医疗救治工作。

县级以上地方人民政府有关部门，在各自的职责范围内做好突发公共卫生事件应急处理的有关工作。

第二节　突发公共卫生事件预防与应急准备

一、突发公共卫生事件应急预案

国务院卫生行政主管部门按照分类指导、快速反应的要求，制定全国突发公共卫生事

件应急预案，报请国务院批准。省、自治区、直辖市人民政府根据全国突发公共卫生事件应急预案，结合本地实际情况，制定本行政区域的突发公共卫生事件应急预案。突发公共卫生事件应急预案应当根据突发公共卫生事件的变化和实施中发现的问题及时进行修订、补充。

全国突发公共卫生事件应急预案应当包括以下主要内容：①突发公共卫生事件应急处理指挥部的组成和相关部门的职责；②突发公共卫生事件的监测与预警；③突发公共卫生事件信息的收集、分析、报告、通报制度；④突发公共卫生事件应急处理技术和监测机构及其任务；⑤突发公共卫生事件的分级和应急处理工作方案；⑥突发公共卫生事件预防、现场控制，应急设施、设备、救治药品和医疗器械以及其他物资和技术的储备与调度；⑦突发公共卫生事件应急处理专业队伍的建设和培训。

二、突发公共卫生事件预防控制体系

1. 应急知识教育

县级以上各级人民政府卫生行政主管部门和其他有关部门，应当对公众开展突发公共卫生事件应急知识的专门教育，增强全社会对突发公共卫生事件的防范意识和应对能力。

2. 监测与预警

国家建立统一的突发公共卫生事件监测、预警与报告网络体系。

各级医疗、疾病预防控制、卫生监督和出入境检疫机构负责开展突发公共卫生事件的日常监测工作。省级人民政府卫生行政部门要按照国家统一规定和要求，结合实际，组织开展重点传染病和突发公共卫生事件的监测工作。

各级人民政府卫生行政部门根据医疗机构、疾病预防控制机构、卫生监督机构提供的监测信息，按照公共卫生事件的发生、发展规律和特点，及时分析其对公众身心健康的危害程度、可能的发展趋势，及时作出预警。

3. 应急储备

国务院有关部门和县级以上地方人民政府及其有关部门，应当根据突发公共卫生事件应急预案的要求，保证应急设施、设备、救治药品和医疗器械等物资储备。

4. 急救医疗服务网络建设

县级以上各级人民政府应当加强急救医疗服务网络的建设，配备相应的医疗救治药物、技术、设备和人员，提高医疗卫生机构应对各类突发公共卫生事件的救治能力。

设区的市级以上地方人民政府应当设置与传染病防治工作需要相适应的传染病专科医院，或者指定具备传染病防治条件和能力的医疗机构承担传染病防治任务。

县级以上地方人民政府卫生行政主管部门，应当定期对医疗卫生机构和人员开展突发公共卫生事件应急处理相关知识、技能的培训，定期组织医疗卫生机构进行突发公共卫生事件应急演练，推广最新知识和先进技术。

第三节　突发公共卫生事件的报告与信息发布

一、突发公共卫生事件的报告

突发公共卫生事件应急报告制度是指对突然发生的、直接关系到人体健康和社会安全的公共卫生事件，按规定程序和时限向各级人民政府及其有关部门进行报告的制度。

国家建立突发公共卫生事件应急报告制度。国务院卫生行政主管部门制定突发公共卫生事件应急报告规范，建立重大、紧急疫情信息报告系统。

（一）应急报告的主体

应急报告的主体主要分为两类：责任报告单位和责任报告人。

1. 责任报告单位

责任报告单位包括：①县级以上各级人民政府卫生主管部门指定的突发公共卫生事件监测机构；②各级各类医疗卫生机构；③卫生主管部门；④县级以上地方人民政府；⑤有关单位，主要包括突发公共卫生事件发生单位、与群众健康和卫生保健工作有密切关系的机构，如检验和检疫机构、环境保护监测机构和药品监督检验机构等。

2. 责任报告人

责任报告人主要指执行职务的医疗卫生机构的医务人员、检疫人员、疾病预防控制人员、乡村医生和个体开业医生等。

（二）应急报告的内容和时限

有下列情形之一的，省、自治区、直辖市人民政府应当在接到报告1小时内，向国务院卫生行政主管部门报告：①发生或者可能发生传染病暴发、流行的；②发生或者发现不明原因的群体性疾病的；③发生传染病菌种、毒种丢失的；④发生或者可能发生重大食物和职业中毒事件的。

国务院卫生行政主管部门对可能造成重大社会影响的突发事件，应当立即向国务院报告。

突发公共卫生事件监测机构、医疗卫生机构和有关单位发现有上述需要报告情形之一的，应当在2小时内向所在地县级人民政府卫生行政主管部门报告；接到报告的卫生行政主管部门应当在2小时内向本级人民政府报告，并同时向上级人民政府卫生行政主管部门和国务院卫生行政主管部门报告。

县级人民政府应当在接到报告后2小时内向设区的市级人民政府或者上一级人民政府

报告；设区的市级人民政府应当在接到报告后 2 小时内向省、自治区、直辖市人民政府报告。

接到报告的地方人民政府、卫生行政主管部门依照《突发公共卫生事件应急条例》规定报告的同时，应当立即组织力量对报告事项调查核实、确证，采取必要的控制措施，并及时报告调查情况。

二、突发公共卫生事件的通报

国务院卫生行政主管部门应当根据发生突发公共卫生事件的情况，及时向国务院有关部门和各省、自治区、直辖市人民政府卫生行政主管部门以及军队有关部门通报。

突发公共卫生事件发生地的省、自治区、直辖市人民政府卫生行政主管部门，应当及时向毗邻省、自治区、直辖市人民政府卫生行政主管部门通报。

接到通报的省、自治区、直辖市人民政府卫生行政主管部门，必要时应当及时通知本行政区域内的医疗卫生机构。

县级以上地方人民政府有关部门，已经发生或者发现可能引起突发公共卫生事件的情形时，应当及时向同级人民政府卫生行政主管部门通报。

三、突发公共卫生事件信息发布

国家建立突发公共卫生事件的信息发布制度。

国务院卫生行政主管部门负责向社会发布突发公共卫生事件的信息。必要时，可以授权省、自治区、直辖市人民政府卫生行政主管部门向社会发布本行政区域内突发公共卫生事件的信息。

信息发布应当及时、准确、全面。

四、突发公共卫生事件的举报

国家建立突发公共卫生事件举报制度，公布统一的突发事件报告、举报电话。

任何单位和个人有权向人民政府及其有关部门报告突发公共卫生事件隐患，有权向上级人民政府及其有关部门举报地方人民政府及其有关部门不履行突发公共卫生事件应急处理职责，或者不按照规定履行职责的情况。接到报告、举报的有关人民政府及其相关部门，应当立即组织对突发公共卫生事件隐患、不履行或者不按照规定履行突发公共卫生事件应急处理职责的情况进行调查处理。

对举报突发公共卫生事件有功的单位和个人，县级以上各级人民政府及其有关部门应当予以奖励。

第四节　突发公共卫生事件的处理

一、启动应急预案

在全国范围内或者跨省、自治区、直辖市范围内启动全国突发公共卫生事件应急预案，由国务院卫生行政主管部门报国务院批准后实施。省、自治区、直辖市启动突发公共卫生事件应急预案，由省、自治区、直辖市人民政府决定，并向国务院报告。

应急预案启动后，突发公共卫生事件发生地的人民政府有关部门，应当根据预案规定的职责要求，服从突发公共卫生事件应急处理指挥部的统一指挥，立即到达规定岗位，采取相关的控制措施。医疗卫生机构、监测机构和科学研究机构，应当服从突发公共卫生事件应急处理指挥部的统一指挥，相互配合、协作，集中力量开展相关的科学研究工作。

二、调查与处理

（一）调查与评价

突发公共卫生事件发生后，卫生行政主管部门应当组织专家对突发公共卫生事件进行综合评估，初步判断突发公共卫生事件的类型，提出是否启动突发公共卫生事件应急预案的建议。省级以上人民政府卫生行政主管部门或者其他有关部门指定的突发公共卫生事件应急处理专业技术机构，负责突发公共卫生事件的技术调查、确证、处置、控制和评价工作。国务院卫生行政主管部门或者其他有关部门指定的专业技术机构，有权进入突发公共卫生事件现场进行调查、采样、技术分析和检验，对地方突发公共卫生事件的应急处理工作进行技术指导，有关单位和个人应当予以配合；任何单位和个人不得以任何理由予以拒绝。对新发现的突发传染病、不明原因的群体性疾病、重大食物和职业中毒事件，国务院卫生行政主管部门应当尽快组织力量制定相关的技术标准、规范和控制措施。

（二）成立应急处理指挥部

预案启动后，成立突发公共卫生事件应急处理指挥部。全国突发公共卫生事件应急处理指挥部对突发公共卫生事件应急处理工作进行督察和指导，地方各级人民政府及其有关部门应当予以配合。省、自治区、直辖市突发公共卫生事件应急处理指挥部对本行政区域内突发公共卫生事件应急处理工作进行督察和指导。

（三）宣布法定传染病

国务院卫生行政主管部门对新发现的突发传染病，根据其危害程度、流行强度，及时宣布其为法定传染病；宣布为甲类传染病的，由国务院决定；乙类、丙类传染病病种由国务院卫生行政部门决定并予以公布。

（四）应急物资保障

突发公共卫生事件发生后，国务院有关部门和县级以上地方人民政府及其有关部门，应当保证突发公共卫生事件应急处理所需的医疗救护设备、救治药品、医疗器械等物资的生产、供应；铁路、交通、民用航空行政主管部门应当保证及时运送。根据需要，突发公共卫生事件应急处理指挥部有权紧急调集人员、储备的物资、交通工具以及相关设施、设备。

（五）卫生处理

在交通工具上发现根据国务院卫生行政主管部门的规定需要采取应急控制措施的传染病病人、疑似传染病病人，其负责人应当以最快的方式通知前方停靠点，并向交通工具的营运单位报告。交通工具的前方停靠点和营运单位应当立即向交通工具营运单位行政主管部门和县级以上地方人民政府卫生行政主管部门报告。卫生行政主管部门接到报告后，应当立即组织有关人员采取相应的医学处置措施。

交通工具上的传染病病人密切接触者，由交通工具停靠点的县级以上各级人民政府卫生行政主管部门或者铁路、交通、民用航空行政主管部门，根据各自的职责，依照传染病防治法律、行政法规的规定，采取控制措施。

涉及国境口岸和出入境的人员、交通工具、货物、集装箱、行李、邮包等需要采取传染病应急控制措施的，依照国境卫生检疫法律、行政法规的规定办理。

（六）疫区处理

突发公共卫生事件应急处理指挥部根据突发公共卫生事件应急处理的需要，可以对食物和水源采取控制措施。必要时，对人员进行疏散或者隔离，并可以依法对传染病疫区实行封锁。县级以上地方人民政府卫生行政主管部门应当对突发公共卫生事件现场等采取控制措施，宣传突发公共卫生事件防治知识，及时对易受感染的人群和其他易受损害的人群采取应急接种、预防性投药、群体防护等措施。

（七）政府及有关部门职责

政府部门、公安部门、卫生行政部门、居委会、村委会、医疗机构、疾病预防控制机构、卫生监督机构、出入境检验检疫机构各司其职，采取相应应急措施。

第五节　突发公共卫生事件的法律责任

一、行政责任

（一）隐瞒、缓报、谎报突发公共卫生事件的法律责任

县级以上地方人民政府及其卫生行政主管部门未依照《突发公共卫生事件应急条例》

的规定履行报告职责，对突发公共卫生事件隐瞒、缓报、谎报或者授意他人隐瞒、缓报、谎报的，对政府主要领导人及其卫生行政主管部门主要负责人，依法给予降级或者撤职的行政处分；造成传染病传播、流行或者对社会公众健康造成其他严重危害后果的，依法给予开除的行政处分。

有关单位和个人未依照《突发公共卫生事件应急条例》的规定履行报告职责，隐瞒、缓报或者谎报的，对有关责任人员依法给予行政处分或者纪律处分；触犯《中华人民共和国治安管理处罚条例》（以下简称《治安管理处罚条例》），构成违反治安管理行为的，由公安机关依法予以处罚。

（二）未按规定进行物资生产、供应、运输和储备的法律责任

国务院有关部门、县级以上地方人民政府及其有关部门未依照《突发公共卫生事件应急条例》的规定，完成突发公共卫生事件应急处理所需要的设施、设备、药品和医疗器械等物资的生产、供应、运输和储备的，对政府主要领导人和政府部门主要负责人依法给予降级或者撤职的行政处分；造成传染病传播、流行或者对社会公众健康造成其他严重危害后果的，依法给予开除的行政处分。

（三）拒绝接受突发公共卫生事件调查的法律责任

突发公共卫生事件发生后，县级以上地方人民政府及其有关部门对上级人民政府有关部门的调查不予配合，或者采取其他方式阻碍、干涉调查的，对政府主要领导人和政府部门主要负责人依法给予降级或者撤职的行政处分。

在突发公共卫生事件应急处理工作中，有关单位和个人阻碍突发公共卫生事件应急处理工作人员执行职务，拒绝国务院卫生行政主管部门或者其他有关部门指定的专业技术机构进入突发公共卫生事件现场，或者不配合调查、采样、技术分析和检验的，对有关责任人员依法给予行政处分或者纪律处分；触犯《治安管理处罚条例》，构成违反治安管理行为的，由公安机关依法予以处罚。

（四）政府及卫生行政部门不履行法定职责的法律责任

县级以上各级人民政府卫生行政主管部门和其他有关部门在突发公共卫生事件调查、控制、医疗救治工作中玩忽职守、失职、渎职的，由本级人民政府或者上级人民政府有关部门责令改正、通报批评、给予警告；对主要负责人、负有责任的主管人员和其他责任人员依法给予降级、撤职的行政处分；造成传染病传播、流行或者对社会公众健康造成其他严重危害后果的，依法给予开除的行政处分。

（五）医疗机构的相关行政责任

医疗卫生机构有下列行为之一的，由卫生行政主管部门责令改正、通报批评、给予警告；情节严重的，吊销医疗机构执业许可证；对主要负责人、负有责任的主管人员和其他

直接责任人员依法给予降级或者撤职的纪律处分：①未依照《突发公共卫生事件应急条例》的规定履行报告职责，隐瞒、缓报或者谎报的；②未依照《突发公共卫生事件应急条例》的规定及时采取控制措施的；③未依照《突发公共卫生事件应急条例》的规定履行突发公共卫生事件监测职责的；④拒绝接诊病人的；⑤拒不服从突发事件应急处理指挥部调度的。

二、刑事责任

（1）以危险方法危害公共安全罪。故意传播突发传染病病原体，危害公共安全的，依照《刑法》，按照以危险方法危害公共安全罪定罪处罚。

患有突发传染病或者疑似突发传染病并拒绝接受检疫、强制隔离或者治疗，过失造成传染病传播，情节严重，危害公共安全的，依照《刑法》，按照过失以危险方法危害公共安全罪定罪处罚。

（2）生产、销售假药、劣药罪。在预防、控制突发传染病疫情期间，生产、销售用于防治传染病的假药、劣药，构成犯罪的，依照《刑法》，分别以生产、销售假药罪或者生产、销售劣药罪定罪，依法从重处罚。

（3）生产、销售伪劣产品罪。在预防、控制突发传染病疫情期间，生产、销售伪劣的防治、防护产品、物资，构成犯罪的，依照《刑法》，以生产、销售伪劣产品罪定罪，依法从重处罚。

复习思考题

1. 根据危害程度，突发公共事件包含哪几个阶段？
2. 突发公共卫生事件有哪些类别？
3. 突发公共卫生事件的应急报告包括哪些步骤？
4. 突发公共卫生事件通报的主体有哪些？

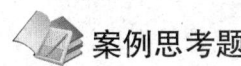
案例思考题

案例一

2011年5月12日下午14时30分，皖南某希望小学校方接到第一例出现不适症状的学生的报告。之后在半个多小时内，陆续有60多名学生出现同样的症状。一名发病的学生介绍，当天中午他们在学校食堂吃了饭菜之后，出现了头晕的情况，而且还呕吐，"肚子里翻江倒海，跟闹地震似的"。据该校校长朱某某介绍，该校有8个班，共340名学生。学校规定家离学校5千米以外的学生，中午可以在学校吃一顿午饭。当天中午共有150多名学生在学校的食堂就餐，之后其中部分学生出现了疑似食物中毒的症状。从临床表现、流行病学调查和实验室检测结果看，这是一起由耐热性蜡样芽孢杆菌引起的群体性食物中毒事件。其中确诊为食物中毒的有 14 人，其他学生可能由于心理作用或其他原因出现呕吐等症状。至 15 日下午，所有学生均已病愈出院。

案例讨论

1. 什么是突发公共卫生事件？突发公共卫生事件有哪些特点？
2. 该学校以及该地医院和卫生行政部门应该按照何种程序向上级报告？

案例二

内蒙古鄂尔多斯市某经济开发区管理委员会官方微信"棋盘井"发布消息称，2017年 9 月 24 日 15 时 40 分，某经济开发区某集团鄂托克旗水务有限公司在检修流量计阀门井时，发生一起 5 人有害气体中毒事故，中毒人员第一时间被送往医院救治，其中 3 人经抢救无效死亡，2 人属轻微中毒，生命体征平稳。相关部门对此进行了处理。

案例讨论

1. 突发公共卫生事件分哪几个级别？此次突发公共卫生事件属于哪个级别？
2. 哪些部门可能会参与该突发公共卫生事件的处理？
3. 上述参与部门应分别采取哪些应急处置措施？

案例三

2019 年 12 月 26 日上午，湖北省中西医结合医院呼吸与重症医学科主任张继先发现一对患者夫妇的胸部 CT 片呈现与其他病毒性肺炎和感冒完全不同的改变，由于她有诊治"非典"的经验，她敏锐地意识到情况严重，遂提出让患者儿子一起来检查。患者儿子当时虽无症状，但 CT 片显示也有同样的肺部病变。此外，还有一位来自武汉华南海鲜批发市场的商户也出现相同的症状和肺部 CT 片表现。在排除了流感病毒、合胞病毒、腺病毒、衣原体、支原体等病原体感染后，12 月 27 日，张继先将 4 例可疑病例的情况向院领导作了汇报，医院相关人员立即将疫情上报给武汉市江汉区疾病预防控制中心，同时要求呼吸与重症医学科所有医护人员戴口罩，做好自我防护。此后两天，医院又收治了 3 位来自武汉华南海鲜批发市场的患者，且症状一致。张继先更加意识到情况严重，马上建立隔离病房，劝退其他呼吸道慢性病住院患者，避免患者交叉感染，并再次向院领导报告。12 月 29 日，医院领导召集专家组会诊后，决定直接向湖北省卫生健康委员会、武汉市卫生健康委员会报告疫情。

案例讨论

根据《突发公共卫生事件应急条例》，张继先主任的哪些做法值得大家学习？为什么？

（内蒙古医科大学　谢宜静）

第七章　国境卫生检疫法律制度

第一节　概　　述

一、国境卫生检疫法的概念

国境卫生检疫是指在国境口岸设立国境卫生检疫机关，实施传染病检疫、监测和卫生监督的活动。

国境卫生检疫法是调整防止传染病从国外传入或者由国内传出，实施检疫查验、传染病监测和卫生监督等活动产生的各种社会关系的法律规范的总和。

二、国境卫生检疫的立法

世界国境卫生检疫的产生距今已有六百多年的历史。我国国境卫生检疫机构诞生于1873年，距今也有一百四十多年的历史。新中国成立后，国家十分重视卫生检疫工作。1957年，第一届全国人民代表大会常务委员会第八十八次会议通过了《中华人民共和国国境卫生检疫条例》。1979年我国宣布承认世界卫生组织制定的《国际卫生条例》，开始承担有关国际义务。此后，全国人民代表大会常务委员会、国务院、卫生部、国家质量监督检验检疫总局等部门相继发布并修改了一系列关于卫生检疫工作的法律、法规和规章：1986年全国人民代表大会常务委员会通过，2007年第一次修正，2009年第二次修正，2018年第三次修正的《国境卫生检疫法》；1989年国务院批准，2019年修正的《国境卫生检疫法实施细则》；以及《中华人民共和国国境口岸卫生监督办法》《国境口岸突发公共卫生事件出入境检验检疫应急处理规定》《出入境特殊物品卫生检疫管理规定》《出入境尸体骸骨卫生检疫管理办法》《传染病防治法》《艾滋病防治条例》等。

三、国境卫生检疫的对象和检疫的传染病

（一）国境卫生检疫的对象

国境卫生检疫的对象主要包括入境、出境的人员和交通工具、运输设备以及可能传播检疫传染病的行李、货物、邮包、尸体、骸骨等物品。

1. 入境、出境人员

入境、出境人员是指入、出我国国境的一切人员，包括交通员工、旅客、外交人员、

劳务人员、留学生、遣送人员、边民、团体等。根据《国际卫生条例》的规定，外交人员不享有卫生检疫豁免权。

2. 交通工具和运输设备

交通工具是指船舶、航空器、列车和其他车辆。运输设备是指货物集装箱等。

3. 行李、货物、邮包

行李是指入境、出境人员携带的物品。货物是指由国外运进或者由国内运出的一切生产和生活资料。邮包是指入、出国境的邮件。

4. 尸体、骸骨

入出境尸体、骸骨包括需要入境或者出境进行殡葬的尸体、骸骨以及入出境及过境途中死亡人员的尸体、骸骨。

5. 特殊物品

特殊物品主要指入境、出境的微生物、生物制品、人体组织、血液及血液制品等。因医学科研需要，由境外运进或者由境内运出的尸体、骸骨，按照出入境特殊物品管理。

（二）国境卫生检疫的传染病

1. 检疫传染病

检疫传染病是指鼠疫、霍乱、黄热病以及国务院确定和公布的其他传染病。2020年1月20日，国家卫生健康委员会将新型冠状病毒感染的肺炎（新型冠状病毒肺炎）纳入《国境卫生检疫法》规定的检疫传染病管理。

2. 监测传染病

监测传染病由国务院卫生行政部门确定和公布。世界卫生组织规定，流行性感冒、疟疾、脊髓灰质炎、流行性斑疹伤寒、流行性回归热为国际监测传染病，我国根据具体情况增加了登革热。

3. 禁止入境传染病

根据《国境卫生检疫法实施细则》第99条的规定，我国卫生检疫机关应当阻止患有严重精神病、传染性肺结核病或者有可能对公共卫生造成重大危害的其他传染病的外国人入境。

第二节　卫　生　检　疫

一、入出境检疫管理

（一）交通工具和人员的检疫

1. 入境检疫

入境的交通工具和人员，应当在最先到达的国境口岸的指定地点接受检疫，除引航员外，未经国境卫生检疫机关许可，任何人不准上下交通工具，不准装卸行李、货物、邮包等物品。

交通工具及人员在抵达国境前,必须向检疫机关报告交通工具的名称、国籍、始发站和目的地、工作人员和旅客人数以及货物种类等事项。如在行程中发现检疫传染病、疑似检疫传染病,或者有人非因意外伤害而死亡并死因不明的,必须立即向检疫机关报告病名、主要症状、患病人数、死亡人数等。交通工具负责人应向检疫医师提交申报证件和有关材料,对没有染疫的交通工具,检疫医师应当立即签发入境检疫证,如果有接受卫生处理或者限制的事项,应当在入境检疫证上签注,并按照签注事项办理。

2. 出境检疫

出境的交通工具和人员,必须在最后离开的国境口岸接受检疫,接受检疫的内容与入境检疫基本相同。

3. 电讯检疫

电讯检疫是指出入境的交通工具通过无线通信或其他便捷通讯方式,按要求向出入境检验检疫机构申报规定内容,检验检疫机构进行风险评估,认为其符合检疫要求,准予其无疫通行,不必登上交通工具检疫。申请电讯检疫的船舶,首先向卫生检疫机关申请卫生检查,合格者发给卫生证书,该证书自签发之日起12个月内可以申请电讯检疫。电讯检疫入境档案保存3年,出境档案保存2年,电子数据应长期保存,涉及重大疫情和案件、典型案例等事项的档案,作长期或永久保存。

4. 非口岸检疫

来自国外的船舶、航空器因故停泊、降落在我国境内非口岸地点的时候,船舶、航空器的负责人应当立即向就近的国境卫生检疫机关或者当地卫生行政部门报告。除紧急情况外,未经国境卫生检疫机关或者当地卫生行政部门许可,任何人不准上下船舶、航空器,不准装卸行李、货物、邮包等物品。

5. 临时检疫

在国境口岸发现检疫传染病、疑似检疫传染病,或者有人非因意外伤害而死亡并死因不明的,国境口岸有关单位和交通工具的负责人,应当立即向国境卫生检疫机关报告,并申请临时检疫。

(二)集装箱、货物、废旧物的检疫

入境、出境的集装箱、货物、废旧物等物品在到达口岸的时候,承运人、代理人或者货主,必须向卫生检疫机关申报并接受卫生检查。对来自疫区的、被传染病污染的以及可能传播检疫传染病或者发现与人类健康有关的啮齿动物和病媒昆虫的集装箱、货物、废旧物等物品,应当实施消毒、除鼠、除虫或者其他必要的卫生处理。

(三)行李、邮包的检疫

入境、出境的旅客、员工个人携带或者托运可能传播传染病的行李和物品,应当接受卫生检查。卫生检疫机关对来自疫区或者被传染病污染的各种食品、饮料、水产品等应当实施卫生处理或者销毁,并签发卫生处理证明,海关凭卫生检疫机关签发的卫生处理证明

放行。卫生检疫机关对应当实施卫生检疫的邮包进行卫生检查和必要的卫生处理时,邮政部门应予配合。未经卫生检疫机关许可,邮政部门不得运递。

(四)特殊物品的检疫

入境、出境的微生物、人体组织、生物制品、血液及血液制品等特殊物品的携带人、托运人或者邮递人,必须向卫生检疫机关申报并接受卫生检疫,未经卫生检疫机关许可,不准入境、出境,海关凭卫生检疫机关签发的特殊物品审批单放行。

(五)边境接壤地区的检疫

中华人民共和国边防机关与邻国边防机关之间在边境地区的往来,居住在两国边境接壤地区的居民在边境指定地区的临时往来,双方的交通工具和人员的入境、出境检疫,依照双方协议办理;没有协议的,依照中国政府的有关规定办理。

二、疫情通报

在国境口岸以及停留在国境口岸的交通工具上,发现检疫传染病、疑似检疫传染病,或者有人非因意外伤害而死亡并死因不明时,国境口岸有关单位以及交通工具的负责人,应当立即向卫生检疫机关报告。卫生检疫机关发现检疫传染病、监测传染病、疑似检疫传染病时,应当向当地卫生行政部门和卫生防疫机构通报;发现检疫传染病时,应当用最快的办法向国务院卫生行政部门报告,最迟不得超过 24 小时。当地卫生防疫机构发现检疫传染病、监测传染病时,应当向卫生检疫机关通报。

第三节 传染病监测

一、传染病监测概述

(一)传染病监测的概念

传染病监测是指对特定环境和人群,进行流行病学、血清学、病原学、临床症状以及其他有关影响人体健康因素的调查研究,预测有关传染病的发生、发展和流行规律,并采取必要的预防控制措施。

(二)传染病监测的对象及内容

1. 传染病监测的对象

入境、出境的交通工具、人员、食品、饮用水和其他物品以及病媒昆虫、动物,均为传染病监测的对象。

2. 传染病监测的内容

（1）首发病例的个案调查；

（2）暴发流行的流行病学调查；

（3）传染源调查；

（4）国境口岸内监测传染病的回顾性调查；

（5）病原体的分离、鉴定和人群、有关动物血清学调查以及流行病学调查；

（6）有关动物、病媒昆虫、食品、饮用水和环境因素的调查；

（7）消毒、除鼠、除虫的效果观察与评价；

（8）国境口岸以及国内外监测传染病疫情的收集、整理、分析和传递；

（9）对监测对象开展健康检查和对监测传染病病人、疑似病人、密切接触人员的管理。

二、传染病监测的主要措施

（一）禁止某些传染病患者入境

根据《国境卫生检疫法实施细则》，卫生检疫机关应当阻止患有严重精神病、传染性肺结核病或者有可能对公共卫生造成重大危害的其他传染病的外国人入境。

（二）填报健康申明卡

接受入境、出境检疫的人员，必须根据检疫医师的要求，如实填报健康申明卡，出示某种有效的传染病预防接种证书、健康证明或者其他有关证件。卫生检疫机关对国境口岸的涉外宾馆、饭店内居住的入境、出境人员及工作人员实施传染病监测，并区别情况采取必要的预防、控制措施。

（三）提交健康证明

凡申请出境居住1年以上的中国籍人员，必须持有卫生检疫机关签发的健康证明，中国公民出境、入境管理机关凭卫生检疫机关签发的健康证明办理出境手续。凡在境外居住1年以上的中国籍人员，入境时必须向卫生检疫机关申报健康情况，并在入境后1个月内到就近的卫生检疫机关或者县级以上医院进行健康检查，公安机关凭健康证明办理有关手续。国际通行交通工具上的中国籍员工，应当持有卫生检疫机关或者县级以上医院出具的健康证明。健康证明的项目、格式由国务院卫生行政部门统一规定，有效期为12个月。

（四）发给就诊方便卡

对来自检疫传染病和监测传染病疫区的人员，检疫医师可以根据流行病学和医学检查结果，发给就诊方便卡。卫生检疫机关、医疗卫生单位遇到持有就诊方便卡的人员请求医学检查时，应当视同急诊，给予医学检查。

第四节　卫生监督与卫生处理

一、卫生监督

国境卫生检疫机关根据国家规定的卫生标准，对国境口岸的卫生状况和停留在国境口岸的入境、出境的交通工具的卫生状况实施卫生监督。其主要职责是：监督和指导有关人员对啮齿动物、病媒昆虫的防除；检查和检验食品、饮用水及其储存、供应、运输设施；监督从事食品、饮用水供应的从业人员的健康状况，检查其健康证明书；监督和检查垃圾、废物、污水、粪便、压舱水的处理。

国境口岸卫生检疫机关设国境口岸卫生监督员，执行卫生监督任务。其主要职责是：对国境口岸和入境、出境的交通工具进行卫生监督和技术指导，对卫生状况不良和可能引起传染病传播的因素提出改进意见，协同有关部门采取必要措施，进行卫生处理。

二、卫生要求

（一）对国境口岸的卫生要求

国境口岸和国境口岸内涉外的宾馆、生活服务单位以及候船、候车、候机厅（室）应当有健全的卫生制度和必要的卫生设施，并保持室内外环境整洁、通风良好；国境口岸有关部门应当采取切实可行的措施，控制啮齿动物、病媒昆虫，使其数量降低到不足为害的程度，仓库、货场必须具有防鼠设施；国境口岸的垃圾、废物、污水、粪便必须进行无害化处理，保持国境口岸环境整洁卫生。

（二）对交通工具的卫生要求

交通工具上的宿舱、车厢必须保持清洁卫生，通风良好；交通工具上必须备有足够的消毒、除鼠、除虫药物及器械，并备有防鼠装置；交通工具上的货舱、行李舱、货车车厢在装货前或者卸货后应当进行彻底清扫，有毒物品和食品不得混装，防止污染；对不符合卫生要求的入境、出境交通工具，必须接受卫生检疫机关的督导，立即进行改进。

（三）对饮用水、食品及从业人员的卫生要求

国境口岸和交通工具上的食品、饮用水必须符合有关卫生标准；国境口岸内的涉外宾馆，以及向入境、出境的交通工具提供饮食服务的部门，必须取得卫生检疫机关发放的卫生许可证；国境口岸内涉外的宾馆和入境、出境交通工具上的食品、饮用水从业人员应

持有有效健康证明。

三、卫生处理

（一）检疫传染病病人的卫生处理

1. 隔离

隔离是指将染疫人收留在指定的处所，限制其活动并进行治疗，直到消除传染病传播的危险。国境卫生检疫机关对检疫传染病染疫人必须立即将其隔离，根据医学检查结果确定隔离期限。因患检疫传染病而死亡的尸体，必须就近火化。

2. 留验

留验是指将染疫嫌疑人收留在指定的处所进行诊察和检验。对检疫传染病染疫嫌疑人应当将其留验，根据该传染病的潜伏期确定留验期限，鼠疫的潜伏期为6日，霍乱的潜伏期为5日，黄热病的潜伏期为6日。

3. 就地诊验

就地诊验是指染疫嫌疑人在卫生检疫机关指定的期间，去就近的卫生检疫机关或者其他医疗卫生单位接受诊察和检验；或者卫生检疫机关、其他医疗卫生单位到该人员的居留地，对其进行诊察和检验。对检疫传染病以外的其他病种染疫嫌疑人，可以从该人员离开感染环境的时候算起，实施不超过该传染病最长潜伏期的就地诊验或者留验以及其他的卫生处理。

（二）检疫污染物的卫生处理

1. 交通工具

入境、出境的交通工具来自检疫传染病疫区的、被检疫传染病污染的或者发现有与人类健康有关的啮齿动物或者病媒昆虫并超过国家卫生标准的，应当由卫生检疫机关实施消毒、除鼠、除虫或者其他卫生处理。

2. 集装箱、行李、货物、邮包

入境、出境的集装箱、行李、货物、邮包等物品需要卫生处理的，由卫生检疫机关实施。国境卫生检疫机关对来自疫区的、被检疫传染病污染的或者可能成为检疫传染病传播媒介的行李、货物、邮包等物品，应当进行卫生检查，实施消毒、除鼠、除虫或者其他卫生处理。

3. 尸体、骸骨

入境、出境的尸体、骸骨托运人或者代理人应当申请卫生检疫，并出示死亡证明或者其他有关证件，对不符合卫生要求的，必须接受卫生检疫机关实施的卫生处理。经卫生检疫合格后，方准运进或者运出。对因患检疫传染病而死亡的病人尸体，必须就近火化，不准移运。

第五节 出入境检验、检疫应急处理

一、国境口岸突发公共卫生事件概述

国境口岸突发公共卫生事件是指突然发生造成或可能造成出入境人员和国境口岸公众健康严重损害的重大传染病疫情、群体性不明原因疾病、重大食物中毒以及其他严重影响公众健康的事件。包括：发现鼠疫、霍乱、黄热病、肺炭疽、传染性非典型肺炎病例；乙类、丙类传染病较大规模的暴发、流行或多人死亡；发生罕见的或者国家已宣布消除的传染病等疫情；传染病菌种、毒种丢失；发生临床表现相似但致病原因不明且有蔓延趋势或可能蔓延趋势的群体性疾病；中毒人数10人以上或者有人中毒死亡；国内外发生突发公共卫生事件，可能危及国境口岸。

二、应急准备

国家卫生检疫机关及各级检验检疫机构按照《突发公共卫生事件应急条例》的要求，制订全国及各地突发公共卫生事件应急预案。各级检验检疫机构应当定期开展应急处理相关技能的培训，组织突发公共卫生事件应急演练，推广先进技术。各级检验检疫机构应当根据突发公共卫生事件应急预案的要求，保证应急处理人员、设施、设备、防治药品和器械等资源的配备、储备，提高应对突发公共卫生事件的处理能力，开展突发公共卫生事件应急处理知识的宣传教育，增强防范意识和应对能力。

三、报告与通报

国家卫生检疫机关建立国境口岸突发公共卫生事件出入境检验检疫应急报告制度，建立重大、紧急疫情信息报告系统。发生突发公共卫生事件后，分支机构应当在1小时内向直属检验检疫局报告，并同时向当地政府报告。直属检验检疫局应当在接到报告1小时内向国家卫生检疫机关报告，同时向当地政府报告。国家卫生检疫机关对可能造成重大社会影响的突发公共卫生事件应当及时向国务院报告。

国家卫生检疫机关应当将突发公共卫生事件的进展情况及时向国务院有关部门和直属检验检疫局通报。接到通报的直属检验检疫局应当及时通知本局辖区内的有关分支机构。国家卫生检疫机关建立突发公共卫生事件出入境检验检疫风险预警快速反应信息网络系统。各级检验检疫机构负责将发现的突发公共卫生事件通过网络系统及时向上级报告，国家卫生检疫机关通过网络系统及时通报突发公共卫生事件。

四、应急处理

突发公共卫生事件发生后,发生地检验检疫机构经上一级机构批准,应当对突发公共卫生事件现场采取下列紧急控制措施:对现场进行临时控制,限制人员出入;对疑为人畜共患的重要疾病疫情,禁止病人或者疑似病人与易感动物接触;对现场有关人员进行医学观察,临时隔离留验;对出入境交通工具、货物、集装箱、行李、邮包等采取限制措施,禁止移运;封存可能导致突发公共卫生事件发生或者蔓延的设备、材料、物品;实施紧急卫生处理措施。

检验检疫机构应当组织专家对突发公共卫生事件进行流行病学调查、现场监测、现场勘验,确定危害程度,初步判断突发公共卫生事件的类型,提出启动国境口岸突发公共卫生事件出入境检验检疫应急预案的建议。根据突发公共卫生事件应急处理的需要,国境口岸突发公共卫生事件出入境检验检疫应急处理指挥体系有权调集出入境检验检疫人员、储备物资、交通工具以及相关设施、设备;必要时,国家卫生检疫机关可以依照《国境卫生检疫法》的规定,提请国务院下令封锁有关的国境或者采取其他紧急措施。

第六节 法律责任

一、行政责任

(一)行政处罚

对违反法律规定,有下列行为之一的单位或者个人,国境卫生检疫机关可以根据情节轻重,给予警告或者罚款,具体处罚如下:

1. 具有下列行为处以警告或者 100 元以上 5000 元以下的罚款

(1)应当接受入境检疫的船舶,不悬挂检疫信号的;

(2)入境、出境的交通工具,在入境检疫之前或者在出境检疫之后,擅自上下人员、装卸行李、货物、邮包等物品的;

(3)拒绝接受检疫或者抵制卫生监督,拒不接受卫生处理的;

(4)伪造或者涂改检疫单(证)、不如实申报疫情的;

(5)瞒报携带禁止进口的微生物、人体组织、生物制品、血液及血液制品或者其他可能引起传染病传播的动物和物品的。

2. 具有下列行为处以 1000 元以上 1 万元以下的罚款

(1)未经检疫的入境、出境交通工具,擅自离开检疫地点,逃避查验的;

(2)隐瞒疫情或者伪造情节的;

(3)未经卫生检疫机关实施卫生处理,擅自排放压舱水、移下垃圾、污物等控制的物品的；

（4）未经卫生检疫机关实施卫生处理，擅自移运尸体、骸骨的。

3. 具有下列行为处以 5000 元以上 3 万元以下的罚款

（1）废旧物品、废旧交通工具，未向卫生检疫机关申报，未经卫生检疫机关实施卫生处理和签发卫生检疫证书而擅自入境、出境或者使用、拆卸的；

（2）未经卫生检疫机关检查，从交通工具上移下传染病病人造成传染病传播危险的。

（二）行政处分

国境卫生检疫机关工作人员，应当秉公执法，忠于职守，对入境、出境的交通工具和人员，及时进行检疫，违法失职的，给予行政处分。

二、刑事责任

《刑法》规定：违反国境卫生检疫规定，引起检疫传染病传播或者有严重传播危险的，处 3 年以下有期徒刑或者拘役，并处或者单处罚金。单位犯前款罪的，对单位判处罚金，并对其直接负责的主管人员和其他直接责任人员，依照前款的规定处罚。

《国境卫生检疫法》规定：国境卫生检疫机关工作人员违法失职，情节严重构成犯罪的，依法追究刑事责任。

复习思考题

1. 国境卫生检疫法的概念是什么？
2. 国境卫生检疫的对象有哪些？外交人员是否享有卫生检疫豁免权？
3. 国境卫生检疫的传染病包括哪些？
4. 对染疫人及染疫嫌疑人可采取哪些措施？
5. 传染病监测的对象及内容是什么？

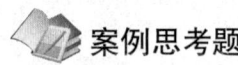 **案例思考题**

案例一

2015 年 6 月 17 日，四川省泸州市检验检疫局口岸检疫人员在对入境的澳大利亚集装箱进行检疫查验时，发现其中一个集装箱有鼠粪等鼠类活动迹象，现场查验人员在做好个人防护后，立即对该集装箱进行深入排查并采取诱捕措施，捕捉到活鼠 1 只。泸州市检验检疫局迅速按规定采取了相关防控措施：一是对该集装箱进行磷化铝熏蒸除鼠处理；二是对同批次集装箱仔细查验，确认无活鼠和鼠迹后予以放行并开展后续监管；三是将捕捉的活鼠送四川省检验检疫局口岸卫生检疫实验室进行鉴定并检测鼠类病原体，结果显示该活鼠为小家鼠，鼠疫杆菌、汉坦病毒、钩端螺旋体、立克次体等病原体检测均呈阴性。

案例讨论：
1. 在本案中，泸州市检验检疫局的处理措施是否得当？
2. 结合本案谈一下卫生处理措施应该包括哪些内容？

案例二
2017年6月12日，某省检验检疫局收到某巴拿马籍入境货轮报告，船上一名菲律宾籍船员出现高热、寒战症状，初步判定为传染病可疑病例，某省检验检疫局工作人员指导船方进行了先期处置。后经流行病学调查和医学排查，判定为梅毒疑似病例，专家采集该病例血样送该省国际旅行卫生保健中心检测，经检测发现该船员艾滋病病毒抗体阳性、梅毒阳性。

案例讨论
1. 在本案中，艾滋病、梅毒是否属于禁止入境的传染病？
2. 某省检验检疫局后续应该如何处理？

（滨州医学院　辛佳锶）

第八章 血液管理法律制度

第一节 概　　述

一、血液管理法的概念

血液管理法是调整献血、采血、临床用血以及血液制品活动中形成的各种社会关系的法律规范的总称。血液管理法律、法规关系到人民群众的身体健康和生命安全，它是我国卫生法体系的重要组成部分。

《献血法》是血液管理法律制度中最重要的法律制度，是指调整临床用血过程中献血者和用血者之间所产生的各种社会关系的法律规范的总称。

二、我国血液管理法律的发展

我国血液管理立法始于20世纪70年代后期，为保证血液安全，1978年11月24日，国务院批转卫生部《关于加强输血工作的请示报告》，正式提出实行公民义务献血制度。《全国血站工作条例（试行草案）》《采供血机构和血液管理办法》《血站基本标准》细化了对血站和单采血浆站的管理。1996年12月30日，国务院发布了《血液制品管理条例》，2016年2月6日对该条例进行了修订。1997年12月29日，第八届全国人民代表大会常务委员会第29次会议通过了《献血法》，自1998年10月1日起施行，以法律的形式确立了我国临床用血实行无偿献血制度，对公民献血、用血，血站采血、储血、供血，以及医疗机构临床用血等活动作了规范。

此后，卫生部于2005年11月17日发布《血站管理办法》，自2006年3月1日起施行，并于2009年3月27日、2016年1月19日、2017年12月26日进行了3次修订，对血站的设置、执业、监督管理及法律责任作出明确规定。卫生部又先后制定发布了《全国无偿献血表彰奖励办法》《医疗机构临床用血管理办法》《单采血浆站管理办法》《临床输血技术规范》《单采血浆站基本标准》《中国输血技术操作规程》《献血者健康检查标准》等法律、法规及血液技术标准和规范。

第二节　无偿献血制度

一、无偿献血的概念

无偿献血是指公民自愿、无报酬地向血站提供自身血液的行为，它与个体供血、义务献血不同。个体供血是公民向采供血机构提供自身血液而获取一定报酬的行为。义务献血是通过政府献血领导小组或献血委员会向机关、企事业单位分配献血指标,下达献血任务,献血后给予献血者一定营养补助费的献血制度。

献血活动在世界上经历了从有偿到无偿的过程,到目前为止,世界上许多国家都从有偿献血逐步过渡到了无偿献血。《献血法》确立了我国临床用血实行无偿献血制度,能从根本上保证血液质量,最大限度地降低经血液传播疾病的危险,保障医疗临床用血安全。

二、无偿献血的主体

《献血法》提倡18~55周岁的健康公民自愿献血;提倡个人、家庭、亲友、单位及社会互助献血;鼓励国家工作人员、现役军人和高等学校在校学生率先献血。

三、无偿献血工作的组织和领导

《献血法》确立了政府领导、部门配合、社会动员、宣教开路、先进带头的献血工作体制和机制。各级人民政府领导本行政区域内的献血工作,统一规划并负责组织、协调有关部门共同做好献血工作;加强对无偿献血宣传教育工作的领导,广泛宣传献血的意义,普及献血的科学知识,开展预防和控制经血液途径传播疾病的教育。红十字会依法参与、推动献血工作。县级以上卫生行政部门对血源、血液、献血工作进行监督管理。社会团体、新闻媒体开展无偿献血的社会公益性宣传活动。

第三节 血 站 管 理

一、血站的概念

血站是指不以营利为目的,采集、制备、储存血液及提供临床用血的公益性卫生机构。

血站包括一般血站和特殊血站。一般血站分为血液中心、中心血站和中心血库。特殊血站包括脐带血造血干细胞库和卫生行政机关根据医学发展需要设置的其他类型血库。

二、血站的设置

(一)批准机构

国家卫生行政部门根据全国医疗资源配置、临床用血需求,制定全国采供血机构设置规划指导原则,并负责全国血站建设规划的指导。省级卫生行政部门依据该规划制定本行政区域血站设置规划,报同级人民政府批准,并报国家卫生行政部门备案。

(二) 设置条件

1. 一般血站的设置

在省级人民政府所在地的城市和直辖市,应规划设置一所相应规模的血液中心。在设区的市级人民政府所在地的城市,可规划设置一所相应规模的中心血站。距血液中心150千米范围内(或在3个小时车程内)的设区的市,原则上不单独设立中心血站;与已经设立中心血站距离不足100千米的相近(邻)设区的市,原则上不单独设立中心血站。在血液中心或中心血站3个小时车程内不能提供血液的县(市),可根据实际需要在县级医疗机构内设置一所中心血库,其任务是完成本区域的采供血任务,供血半径应在60千米左右。

2. 特殊血站的设置

国家卫生行政部门根据全国人口分布、卫生资源、临床造血干细胞移植需要等实际情况,统一制定我国脐带血造血干细胞库等特殊血站的设置规划和原则。申请设置脐带血造血干细胞库等特殊血站的,应当报国家卫生行政部门审批。不批准设置以营利为目的的脐带血造血干细胞库等特殊血站。

三、血站的执业许可

1. 登记机关

设立血站,开展采供血活动,应当向所在省级卫生行政部门申请办理执业登记,取得血站执业许可证。

2. 登记程序

血站申请办理执业登记必须填写血站执业登记申请书;省级卫生行政部门在受理申请后,应当组织有关专家或者委托技术部门,根据《血站质量管理规范》和《血站实验室质量管理规范》,对申请单位进行技术审查,并提交技术审查报告。省级卫生行政部门应当在接到专家或者技术部门的技术审查报告后20日内对申请事项进行审核。审核合格的,予以执业登记,发给血站执业许可证及其副本,有效期为3年。

3. 不予执业登记的情形

具体包括:①根据《血站质量管理规范》,技术审查不合格的;②根据《血站实验室质量管理规范》,技术审查不合格的;③血液质量检测结果不合格的。执业登记机关对审核不合格、不予执业登记的,将结果和理由以书面形式通知申请人。

4. 再次执业登记

血站执业许可证有效期届满前3个月,血站应当办理再次执业登记。省级卫生行政部门应当根据血站业务开展和监督检查情况进行审核,审核合格的,予以继续执业;未通过审核的,责令其限期整改;经整改仍审核不合格的,注销其血站执业许可证。未办理再次执业登记手续或者被注销血站执业许可证的血站,不得继续执业。

5. 血站分支机构和储血点的设立

血站因采供血需要,在规定的服务区域内设置分支机构,应当报所在省、自治区、直辖市省级卫生行政部门批准;设置固定采血点(室)或者流动采血车的,应当报省级卫生行政部门备案。设置储血点应当具备必要的储存条件,并由省级卫生行政部门批准。

四、血站的职责

1. 血液中心的主要职责

其主要职责是:①按照省级卫生行政部门的要求,在规定范围内开展无偿献血者的招募、血液的采集与制备、临床用血供应以及医疗用血的业务指导等工作;②承担所在省、自治区、直辖市血站的质量控制与评价以及业务培训与技术指导工作;③承担所在省、自治区、直辖市血液的集中化检测任务;④开展血液相关的科研工作;⑤承担卫生行政部门交办的其他任务。

2. 中心血站的主要职责

其主要职责是:①按照省级卫生行政部门的要求,在规定范围内开展无偿献血者的招募、血液的采集与制备、临床用血供应以及医疗用血的业务指导等工作;②承担供血区域范围内血液储存的质量控制工作;③对所在行政区域内的中心血库进行质量控制;④承担卫生行政部门交办的其他任务。

3. 中心血库的主要职责

其主要职责是:按照省级卫生行政部门的要求,在规定范围内开展无偿献血者的招募、血液的采集与制备、临床用血供应以及医疗用血的业务指导等工作。

五、血站的采供血管理

(一)执业规定

血站应当遵守有关法律、行政法规、规章和技术规范;必须按照注册登记的项目、内容、范围,开展采供血业务;血站及其执行职务的人员发现法定传染病疫情时,应当按照《传染病防治法》和国家卫生行政部门的规定向有关部门报告。

(二)采血管理

1. 采血管理要求

采血管理具体要求如下所述:①血站在每次采血前必须免费对献血者进行必要的身体健康检查,身体状况不符合献血条件的,血站应向其说明情况,不得采集血液。②采血前应当对献血者身份进行核对并进行登记;严禁采集冒名顶替者的血液。③对献血者每次采集血液量一般为200毫升,最高不得超过400毫升,两次采集间隔期间不少于6个月。

④血站采集血液应当遵循自愿和知情同意的原则，并对献血者履行规定的告知义务。血站应当建立献血者信息保密制度，为献血者保密。⑤血站采集血液后，对献血者发给无偿献血证并建立献血档案。

2. 质量管理要求

质量管理具体要求如下所述：①血站开展采供血业务，应当严格遵守《中国输血技术操作规程》《血站质量管理规范》《血站实验室质量管理规范》等技术规范和标准；②必须使用有生产单位名称和批准文号的一次性采血器材，不得使用可重复使用的采血器材和无生产单位名称和批准文号的一次性采血器材；③血站对采集的血液必须进行相关检测；④血站应当建立对有易感染经血液传播疾病危险行为的献血者献血后的报告工作程序、献血屏蔽和淘汰制度；⑤血站工作人员获得岗位培训合格证书后方可上岗；⑥血液、采供血和检测的原始记录保存10年，血液标本的保存期为全血或成分血使用后2年。

（三）供血管理

1. 发血管理

血站应当保证发出的血液质量符合国家有关标准，其品种、规格、数量、活性、血型无差错；未经检测或者检测不合格的血液，不得向医疗机构提供。

2. 血液包装、储存、运输管理

血液的包装、储存、运输应当符合《血站质量管理规范》的要求。血液包装袋上应当标明：①血站名称及执业许可证号；②献血编号或者条形码；③血型；④血液品种；⑤采血日期及时间或者制备日期及时间；⑥有效日期及时间；⑦储存条件。

3. 采集血液的使用

无偿献血的血液必须用于临床，不得买卖。血站剩余成分血浆由省级卫生行政部门协调血液制品生产单位解决。血站剩余成分血浆以及因科研或者特殊需要用血而进行的调配所得的收入，全部用于无偿献血者用血返还费用，血站不得挪作他用。

第四节　临床用血管理

一、临床用血的概念

临床用血是指医疗机构将血站依法采集的供血者的血液或血液成分输注给患者进行抢救、治疗的医疗行为的总称。临床用血包括使用全血和成分血。

二、临床用血管理概述

国家卫生行政部门负责全国医疗机构临床用血的监督管理，县级以上卫生行政部门负责本行政区域医疗机构临床用血的监督管理。医疗机构法定代表人为临床用血管理第一责任人。

临床用血实行动态预警制度，临床用血需要提前申请，对临床用血不良事件进行监测报告，临床用血医学文书需要保存，对医务人员进行临床用血培训，医疗机构应当将临床用血情况纳入科室和医务人员工作考核指标体系。

三、临床用血技术规范

1. 临床用血原则

临床用血应遵照合理、科学的原则，制订用血计划，不得浪费和滥用血液；应当积极推行节约用血的新型医疗技术，三级医院、有条件的二级医院和妇幼保健院应当开展自体输血技术；不得使用原料血浆，除批准的科研项目外，不得直接使用脐带血。

2. 输血申请

申请输血应由经治医师逐项填写输血申请单，由主治医师核准签字，连同受血者血样于预定输血日期前送交输血科（血库）备血。

3. 签署知情同意书

在输血治疗前，医师应当向患者或者其近亲属说明输血目的、方式和风险，并签署临床输血治疗知情同意书；因抢救生命垂危的患者需要紧急输血，且不能取得患者或者其近亲属意见的，经医疗机构负责人或者授权的负责人批准后，可以立即实施输血治疗。

4. 血液核查

全血、血液成分入库前必须核对验收。核查内容为：运输条件、物理外观、血袋封闭及包装是否合格，标签填写是否清楚齐全（血站名称及执业许可证号、献血编号或者条形码、血型、血液品种、容量、采血日期、血液成分的制备日期及时间、有效期及时间、血袋编号及条形码、储存条件）等。输血科（血库）要认真做好血液出入库、核对、领发的登记，有关资料需保存10年。

5. 血样采集与交叉配血

确定输血后，医护人员持输血申请单和贴好标签的试管，当面核对患者姓名、性别、年龄、病案号和门诊、急诊的病室号、床号以及血型、诊断结论，并采集血样。将受血者输血前3天之内血样与输血申请单送交输血科（血库）。输血科（血库）要逐项核对输血申请单、受血者和供血者血样，复查受血者和供血者ABO血型（正、反定型），并常规检查患者Rh（D）血型（急诊抢救患者紧急输血时Rh（D）检查可除外），正确无误时可进行交叉配血。

6. 发血

取血与发血的双方必须共同核对患者姓名、性别、病案号和门诊、急诊的病室号、床号以及血型、血液有效期、配血试验结果、保存血的外观等，准确无误时，双方共同签字后方可发出。

7. 输血

输血前由两名医护人员核对交叉配血报告单及血袋标签各项内容，检查血袋有无破损渗漏，血液颜色是否正常，准确无误方可输血。输血时，由两名医护人员带病历共同到患者床旁核对患者姓名、性别、年龄、病案号、血型和门诊、急诊的病室号、床号等，确认与配血报告相符，再次核对血液后，用符合标准的输血器进行输血。

四、临时采集血液的管理

为保证应急用血，医疗机构在符合法定条件，确保采血、用血安全的前提下可以临时采集血液。临时采集血液必须同时符合以下条件：①危及患者生命，急需输血；②所在地血站无法及时提供血液，且无法及时从其他医疗机构调剂血液，而其他医疗措施不能替代输血治疗；③具备开展交叉配血及乙型肝炎病毒表面抗原、丙型肝炎病毒抗体、艾滋病病毒抗体和梅毒螺旋体抗体的检测能力；④遵守采供血相关操作规程和技术标准。

医疗机构应当在临时采集血液后 10 日内将情况报告县级以上卫生行政部门。

五、公民临床用血费用的规定

血液的捐献和受用实行无偿原则，但公民临床用血时需要交付用于血液的采集、储存、分离、检验等费用。无偿献血者临床需要用血时，免交采集、储存、分离、检验的费用；无偿献血者的配偶和直系亲属临床需要用血时，可以按照省、自治区、直辖市人民政府的规定免交或者减交前款规定的费用。

第五节 血液制品管理

一、血液制品的概念

血液制品是指各种人血浆蛋白制品，血液制品是一种宝贵的人源性生物药品。《血液制品管理条例》为血液制品生产的整个过程提供了法律依据和技术标准。

二、原料血浆的管理

（一）原料血浆的概念

原料血浆是指由单采血浆站采集的专用于血液制品生产原料的血浆。

（二）单采血浆站的设置和审批

单采血浆站是指根据地区血源资源，按照有关标准和要求并经严格审批设立，采集供应血液制品生产用原料血浆的单位。单采血浆站由血液制品生产单位设置或者由县级人民政府卫生行政部门设置，专门从事单采血浆活动，具有独立法人资格。

1. 单采血浆站的设置规划

国务院卫生行政部门根据核准的全国生产用原料血浆的需求，对单采血浆站的布局、数量和规模制定总体规划。省级卫生行政部门根据总体规划制定本行政区域内单采血浆站设置规划和采集血浆的区域规划，并报国务院卫生行政部门备案。

2. 单采血浆站设置与审批

设置单采血浆站必须具备下列条件：①符合单采血浆站布局、数量、规模的规划；②具有与所采集原料血浆相适应的卫生专业技术人员；③具有与所采集原料血浆相适应的场所及卫生环境；④具有识别供血浆者的身份识别系统；⑤具有与所采集原料血浆相适应的单采血浆机械及其他设备；⑥具有对所采集原料血浆进行质量检验的技术人员以及必要的仪器设备；⑦符合国家生物安全管理相关规定。

申请设置单采血浆站的，由县级卫生行政部门初审，经设区的市、自治州人民政府卫生行政部门或者省、自治区人民政府设立的派出机关的卫生行政机构审查同意，报省级卫生行政部门审批；经审查符合条件的，由省级卫生行政部门核发单采血浆许可证，并报国务院卫生行政部门备案。

（三）原料血浆的采集与供应

1. 血浆的采集

供血浆者是指提供血液制品生产用原料血浆的人员。单采血浆站只能对省级卫生行政部门划定区域内的供血浆者进行筛查和采集血浆。严禁单采血浆站采集非划定区域内的供血浆者和其他人员的血浆。

单采血浆站必须对供血浆者进行健康检查，检查合格的，由县级卫生行政部门核发供血浆证。单采血浆站在采集血浆前，必须对供血浆者进行身份识别并核实其供血浆证，确认无误的，方可按照规定程序进行健康检查和血液化验；对检查、化验合格的，按照有关技术操作标准及程序采集血浆，并建立供血浆者健康检查及供血浆记录档案；对检查、化验不合格的，收缴供血浆证并销毁。严禁采集无供血浆证者的血浆。

2. 血浆供应

单采血浆站只能向一个与其签订质量责任书的血液制品生产单位供应原料血浆，严禁单采血浆站采集血液或者将所采集的原料血浆用于临床。国家禁止出口原料血浆。

三、血液制品生产经营管理

新建、改建或者扩建血液制品生产单位，经国务院卫生行政部门根据总体规划进行立项审查同意后,由省级卫生行政部门依照《药品管理法》的规定审核批准,获得药品生产企业许可证。

血液制品生产单位必须达到《药品生产质量管理规范》规定的标准,经国务院卫生行政部门审查合格,并依法向工商行政管理部门申领营业执照后,方可从事血液制品的生产活动。

血液制品生产单位在原料血浆投料生产前,必须使用有产品批准文号并经国家药品生物制品检定机构逐批检定合格的体外诊断试剂,对每一人份血浆进行全面复检,并做好检测记录。原料血浆经复检不合格的,不得投料生产。血液制品出厂前,必须经过质量检验;经检验不符合国家标准的,严禁出厂。生产、包装、储存、运输、经营血液制品,应当符合国家规定的卫生标准和要求。

第六节 法律责任

一、行政责任

(一)违反《献血法》的行政责任

《献血法》规定,有下列行为之一的,由县级以上地方人民政府予以取缔,没收违法所得,可以并处10万元以下的罚款:①非法采集血液的;②血站、医疗机构出售无偿献血的血液的;③非法组织他人出卖血液的。

卫生行政部门及其工作人员违反《献血法》规定,玩忽职守,造成严重后果,尚不构成犯罪的,依法给予行政处分。

(二)违反《血站管理办法》的行政责任

根据《血站管理办法》规定,有下列行为之一的,属于非法采集血液,由县级以上地方人民政府卫生行政部门按照《献血法》第18条的有关规定予以处罚:①未经批准,擅自设置血站,开展采供血活动的;②已被注销的血站,仍开展采供血活动的;③已取得设置批准但尚未取得血站执业许可证即开展采供血活动,或者血站执业许可证有效期满未再次登记仍开展采供血活动的;④租用、借用、出租、出借、变造、伪造血站执业许可证开展采供血活动的。

血站违反有关操作规程和制度采集血液,医疗机构的医务人员违反规定,将不符合国家规定标准的血液用于患者的,由县级以上地方人民政府卫生行政部门责令改正,对直接负责的主管人员和其他直接责任人员,依法给予行政处分。血站造成经血液传播疾病发生或者其他严重后果的,卫生行政部门在行政处罚的同时,可以注销其血站执业许可证。

血站和医疗机构在临床用血的包装、储存、运输环节上不符合国家规定的卫生标准和要求的，责令改正，给予警告，可以并处1万元以下的罚款。血站违反规定，向医疗机构提供不符合国家标准的血液的，责令改正；情节严重，造成经血液途径传播的疾病传播或者有严重传播危险的，限期整顿，对直接负责的主管人员和其他责任人员，依法给予行政处分。

（三）违反《血液制品管理条例》的行政责任

非法从事组织、采集、供应、倒卖原料血浆活动的，予以取缔，没收违法所得和从事活动的器材、设备，并处违法所得5倍以上10倍以下的罚款；没有违法所得的，并处5万元以上10万元以下的罚款。

单采血浆站违规采集血浆的行政责任，责令限期改正，处5万元以上10万元以下的罚款；情节严重的，吊销单采血浆许可证。单采血浆站已知其采集的血浆检测结果呈阳性，仍向血液制品生产单位供应的，吊销单采血浆许可证，没收违法所得，并处10万元以上30万元以下的罚款。

涂改、伪造、转让供血浆证的，收缴供血浆证，没收违法所得，并处违法所得3倍以上5倍以下的罚款；没有违法所得的，并处1万元以下的罚款。

卫生行政部门工作人员滥用职权、玩忽职守、徇私舞弊、索贿受贿，尚不构成犯罪的，依法给予行政处分。

二、民事责任

血站违反有关操作规程和制度采集血液，给献血者健康造成损害的，应当依法赔偿。医疗机构的医务人员违反规定，将不符合国家规定标准的血液用于患者，给患者健康造成损害的，应当依法赔偿。

三、刑事责任

根据《献血法》规定，非法采集血液的，血站、医疗机构出售无偿献血的血液的，非法组织他人出卖血液的；血站违反有关部门操作规程和制度采集血液，给献血者健康造成损害的；血站违反法律规定，向医疗机构提供不符合国家规定标准的血液，情节严重，造成经血液途径传播的疾病传播或者有严重传播危险的；医疗机构的医务人员违反法律规定，将不符合国家规定标准的血液用于患者，给患者健康造成损害，构成犯罪的，对直接负责的主管人员和其他直接责任人员依法追究刑事责任。

《刑法》规定了非法组织他人出卖血液罪和非法采集、供应血液或者制作、供应血液制品罪。

复习思考题

1. 什么是无偿献血制度？它有什么意义？

2. 采供血机构的分类和设置要求是什么？
3. 血站在采供血方面有哪些职责？
4. 医疗机构临床紧急采血的法律规定包括哪些内容？

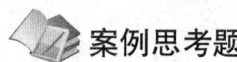
案例思考题

2008年10月9日早上8点30分，山东省济南市济阳区A医院医生对董某实施终止妊娠手术，手术过程中出现大出血。医生立即准备给董某输血，但董某血型是极其罕见的Rh阴性O型血，而A医院没有这种备用血，于是医生将其紧急转往山东省济南市B医院。

当日11点左右，董某转入山东省济南市B医院。B医院也没有相同的备用血源，遂向C血液中心联系血源，但C血液中心也没有新鲜的Rh阴性O型血，只有冰冻的Rh阴性O型血。而解冻血液需6个小时，最快需4个小时。

随后，C血液中心同时对董某的四名亲属进行血型检测，但他们的血型均与董某不符。C血液中心马上与Rh阴性血志愿者联系，有几名Rh阴性O型血献血者赶到，但献血者捐出的血液不能马上使用，因为按照相关规定必须经过检验，而检验需要时间。

当日下午5点20分，当新采集的血液送到B医院时，董某却因重度失血性休克、多器官功能衰竭而死亡。

案例讨论
1. 在本案中，两家医院和血液中心的行为是否存在过错？为什么？
2. 临床紧急用血时，如何处理患者的生命权与健康权冲突问题？

（湖北中医药大学　赵敏）

第九章　公共卫生法律制度

第一节　学校卫生管理法律制度

一、学校卫生管理及其立法概述

（一）学校卫生管理及其意义

学校卫生管理是指国家相关部门和机构根据儿童和青少年生长发育特点，为预防学习和生活环境中各种有害因素对其机体健康的影响，制定相应的卫生措施，以消除或减少相关不利影响的一系列活动。此处的学校包括普通中小学、职业中学、普通高等学校等。

加强学校卫生管理，对于提高教育环境质量、促进学生身心健康发展以及提升国家的综合实力都有重要意义。

（二）我国学校卫生立法

1990年6月，经国务院批准，国家教育委员会和卫生部发布了《学校卫生工作条例》，它是我国学校卫生工作的第一部专门性规范。为贯彻落实这一条例，卫生部及有关部委此后又相继出台了一系列配套规定和卫生标准，如《中小学校教室采光和照明卫生标准》《中小学校建筑设计规范》《学校课桌椅功能尺寸》《学生集体用餐卫生监督办法》等。20世纪90年代初，世界卫生组织积极倡导"健康促进学校"理念，并于1995年制定了《健康促进学校发展纲领（行动框架）》。基于这一理念，在教育部和卫生部的领导和支持下，全国多个省市都开展了创建"健康促进学校"的工作。2016年8月，国家卫生和计划生育委员会发布了《健康促进学校规范》，其适用对象为全日制普通中小学校。

除上述规章和标准外，其他部分法律、法规或规章中也有学校卫生的相关规定，如《中华人民共和国教育法》《中小学幼儿园安全管理办法》。2019年12月28日颁布的《基本医疗卫生与健康促进法》规定国家将健康教育纳入国民教育体系。学校应当利用多种形式实施健康教育，普及健康知识、科学健身知识、急救知识和技能，提高学生主动防病的意识，培养学生良好的卫生习惯和健康的行为习惯，减少、改善学生近视、肥胖等不良健康状况。学校应当按照规定开设体育与健康课程，组织学生开展广播体操、眼保健操、体能锻炼等活动。学校按照规定配备校医，建立和完善卫生室、保健室等。县级以上人民政府教育主管部门应当按照规定将学生体质健康水平纳入学校考核体系。该法为学校卫生工作的进一步立法提供了立法依据。

二、学校卫生工作主要内容

根据《学校卫生工作条例》的规定,学校卫生工作的主要内容是:监测学生健康状况;对学生进行健康教育;培养学生良好的卫生习惯;改善学校卫生环境和教学卫生条件;加强对传染病、学生常见病的预防和治疗。围绕以上内容,学校卫生工作应当符合以下要求:

(一)教学过程卫生要求

1. 教学和作息时间

学校教学过程应严格遵守卫生保健原则,根据学生年龄,合理安排教学进度和作息时间,使学生的学习能力保持在最佳状态。学生每日学习时间(含自习时间),小学不超过6个学时,中学不超过8个学时,大学不超过10个学时。学校还应保证学生的课间休息时间至少10分钟。

2. 劳动卫生

学校应根据学生的年龄组织学生参加适当的劳动,进行劳动安全教育,并提供必要的安全和卫生防护措施。中小学生不得参加有毒、有害或者不安全工种的作业,不得让学生参加夜班劳动。高等学校、中等专业学校等组织学生参加生产劳动,若接触有毒、有害物质的,应按规定加强卫生防护,并定期对学生进行体格检查。

3. 体育卫生

学校应保证学生每天至少有一个小时的体育活动时间,体育及格率在85%以上;同时应根据学生的生理承受能力和体质健康状况,合理安排运动项目和运动强度,防止发生伤害事故;还应注意女学生的生理特点,给予必要的照顾。

(二)教学设施卫生要求

学校在新建、改建、扩建校舍时,选址、设计应当符合国家卫生标准,并取得当地卫生行政部门的许可,竣工验收应当有当地卫生行政部门参加。学校教学建筑、环境噪声、室内微小气候、采光、照明等环境质量以及黑板、课桌椅的设置应当符合国家标准。同时,学校提供的饮用水以及体育场地、器材应当符合相关卫生标准和安全要求。

(三)学生的卫生保健要求

1. 学生的健康教育

学校应当把健康教育纳入教学计划。普通中小学必须开设健康教育课,其他类型的学校应当开设健康教育选修课或者讲座。

2. 学生的健康管理

学校应当建立学生健康管理制度。根据学校自身条件定期对学生进行体格检查,将其纳入学生档案。对残疾、体弱学生应当加强医学照顾和心理卫生工作。

3. 传染病的防控

学校要建立、健全本单位传染病等突发公共卫生事件的发现、收集、汇总与报告的管理工作制度，指定专人或兼职教师负责本单位传染病疫情等突发公共卫生事件、因病缺勤等健康信息的收集、汇总和报告工作。

（四）饮食卫生要求

学校食堂的卫生管理，坚持预防为主的方针，实行主管校长负责制。学校应配备专职的食品卫生管理人员，加强学校食堂的卫生管理，防止食物中毒或者其他食源性疾病事故发生。

（五）卫生保健机构的设置要求

学校应设立卫生管理机构，承担学校卫生工作。普通高等学校设置校医院或卫生科，城市普通中小学、农村中心小学和普通中学设卫生室，并按人数600∶1的比例配备专职卫生技术人员。学生人数不足600人的，可以配备专（兼）职保健教师。

三、学校卫生工作监督制度

（一）监督机构及其职责

县级以上卫生行政部门对学校卫生工作进行监督，其职责是：①对新建、改建、扩建校舍的选址、设计实行卫生监督；②对学校内影响学生健康的学习、生活、劳动、环境、食品等方面的卫生工作和传染病防治工作实行卫生监督；③对学生使用的文具、娱乐器具、保健用品实行卫生监督。

（二）监督员及其职责

行使学校卫生监督职权的机构可设立监督员，由省级以上卫生行政部门聘任，并颁发学校卫生监督员证书。学校卫生监督员有权查阅与卫生监督有关的资料，搜集与卫生监督有关的情况，被监督的单位或个人应当给予配合。卫生监督员对所掌握的资料、情况负有保密义务。

四、法律责任

（一）行政责任

（1）未经卫生行政部门许可新建、改建、扩建校舍的，由卫生行政部门对直接责任单位或个人给予警告、责令停止施工或者限期改正。

（2）学校环境设施不符合国家有关标准的，由卫生行政部门对直接责任单位或者个人给予警告并责令限期改进，情节严重的，可以同时建议教育行政部门给予行政处分。

（3）在组织学生参加劳动时违反有关学校卫生规定致使学生健康受到损害的，由卫生行政部门对直接责任单位或个人给予警告，责令限期改正。

（4）供学生使用的文具、娱乐器具、保健用品，不符合国家有关卫生标准的，由卫生行政部门对直接责任单位或个人给予警告；情节严重的可以会同工商行政部门没收其不符合国家有关卫生标准的物品，并处以非法所得两倍以下的罚款。

（5）拒绝或者妨碍学校卫生监督员依法实施卫生监督的，由卫生行政部门对直接责任单位或个人给予警告；情节严重的，可以建议教育行政部门给予行政处分或者处以 200 元以下罚款。

（二）民事责任

学校是其卫生管理工作的主要义务人，因违反相关卫生管理规定致使学生健康受到损害的，应承担相应的民事责任。

（三）刑事责任

学校及其工作人员违反卫生法律规定而发生相关事故，且造成严重后果构成犯罪，或相关主管机关及其工作人员，在学校卫生监督与执法活动中，因玩忽职守、滥用职权、徇私舞弊等构成犯罪的，应依法追究相应的刑事责任。

第二节 放射卫生法律制度

一、放射卫生及其立法概述

（一）放射与放射卫生

放射主要是指电离辐射，如 X 射线、γ 射线等。电离辐射与非电离辐射均属于电磁辐射，由于电离辐射的量子能量水平较高，对生物体有电离作用，可能导致机体的严重损伤，故放射卫生的同义词为辐射防护，其基本内涵是保护人类及环境免受或少受电离辐射危害。

（二）我国放射卫生立法

1989 年国务院发布的《放射性药品管理办法》和《放射性同位素与射线装置放射防护条例》是我国放射卫生监督管理的专门性行政法规。在此基础上，卫生部单独或会同相关部委先后颁布了多项放射卫生管理规章、规范性文件和卫生防护标准。如 1997 年 6

月5日发布、1997年9月1日起实施的《放射工作人员健康管理规定》已废止，它已被2007年6月3日发布、2007年11月1日实施的《放射工作人员职业健康管理办法》替代；2001年8月26日发布并实施的《放射事故管理规定》《放射工作卫生防护管理办法》已废止，二者已被2006年1月24日发布、2006年3月1日实施的《放射诊疗管理规定》替代等。

2003年《放射性污染防治法》颁布施行，它是我国第一部防治放射性污染的法律。2005年国务院废止《放射性同位素与射线装置放射防护条例》，发布了《放射性同位素与射线装置安全和防护条例》，并于2019年进行了最新修正。在此基础上，卫生部2007通过了修订后的《放射工作人员职业健康管理办法》。环境保护部2011年通过了《放射性同位素与射线装置安全和防护管理办法》等。另外，国务院2017年对《放射性药品管理办法》进行了最新修正。

除上述专门性法律、法规、标准外，在《职业病防治法》《环境保护法》《水污染防治法》《大气污染防治法》《固体废物污染环境防治法》等法律中，也有涉及放射卫生的相关规定，它们共同构成了我国放射卫生管理的法律、法规和标准体系。

二、我国放射卫生管理的主要制度

（一）放射卫生许可制度

我国对放射源和射线装置实行分类管理和分级许可制度。根据放射源和射线装置对人体健康和环境的潜在危害程度，从高到低将放射源分为5类：Ⅰ类、Ⅱ类、Ⅲ类、Ⅳ类、Ⅴ类（具体分类办法由国务院生态环境主管部门制定）；将射线装置分为3类：Ⅰ类、Ⅱ类、Ⅲ类（具体分类办法由国务院生态环境主管部门会商国务院卫生主管部门制定）。其中，生产放射性同位素、销售和使用Ⅰ类放射源和Ⅰ类射线装置的单位的许可证，由国务院生态环境主管部门审批颁发；其他类型放射源和射线装置的销售与使用许可证由省级环保部门审批颁发。环保部门应当将审批颁发许可证的情况通报同级公安部门、卫生主管部门。

（二）放射工作单位的具体管理制度

1. 放射性标志管理制度

生产、销售、使用、贮存放射性同位素与射线装置的场所，应当按照规定设置明显的放射性标志，其入口处应当按照国家有关安全和防护标准的要求，设置安全和防护设施以及必要的防护安全联锁、报警装置或者工作信号。放射性同位素的包装容器、含放射性同位素的设备和射线装置，应当设置明显的放射性标志和中文警示说明；运输放射性同位素和含放射源的射线装置的工具，应当按照国家有关规定设置明显的放射性标志或者显示危险信号。

2. 放射性物质管理制度

具体包括放射性物质的订购、运输、口岸检查和储存保管制度。托运、承运和自行运输放射性同位素或装过放射性同位素的空容器，必须按国家有关运输规定进行包装和剂量检测，经县级以上运输和卫生行政部门核查后方可运输。放射性同位素不得与易燃、易爆、腐蚀性物品放在一起，其储存场所必须采取有效的防火、防盗、防泄漏的安全防护措施，并指定专人负责保管。储存、领取、使用、归还放射性同位素必须进行登记、检查，做到账物相符。

3. 放射性产品管理制度

生产单位首次生产放射防护器材或含放射性产品，必须经检测机构检测，符合有关标准和卫生要求的，方可生产。新研制且结构复杂的放射防护器材，还须提供两个以上使用单位的试用报告。未经检测或检测不符合有关标准和卫生要求的产品，不得生产、销售、进口与使用。

4. 放射治疗管理制度

放射诊疗工作人员对患者和受检者进行医疗照射时，应当遵守医疗照射正当化和放射防护最优化的原则，有明确的医疗目的，严格控制受照剂量，避免一切不必要的照射。对邻近照射源的敏感器官和组织进行屏蔽防护，并事先告知患者和受检者辐射对健康的影响。对特殊人群实行特别防护，如对受孕后 8 至 15 周的育龄妇女，非特殊需要不得进行下腹部放射影像检查。不得将核素显像检查和 X 射线胸部检查列入婴幼儿及少年儿童体检的常规检查项目。

5. 放射工作人员健康管理制度

放射工作人员上岗前，应当进行上岗前的职业健康检查，并接受放射防护和有关法律知识培训，合格者方可从事放射工作。放射工作单位必须严格执行国家对放射工作人员个人剂量监测和健康管理的规定，对本单位放射工作人员进行个人剂量监测和职业健康检查，建立个人剂量监测档案及职业健康监护档案并终生保存。

（三）辐射事故的应对与处理制度

辐射事故是指放射源丢失、被盗、失控或者放射性同位素和射线装置失控导致人员受到意外的照射。目前我国实施分级管理制度，根据辐射事故性质、严重程度、可控性和影响范围等因素，辐射事故从轻到重可以分为一般、较大、重大和特别重大四个等级。辐射事故的应对与处理过程主要包括：

1. 制定事故应急预案

县级以上人民政府生态环境主管部门应当会同同级公安、卫生、财政等部门编制辐射事故应急预案，报本级人民政府批准。放射工作单位应当根据可能发生的辐射事故的风险，制定本单位的应急方案，做好应急准备。

2. 事故的报告与处理

发生辐射事故时，放射工作单位应当立即启动本单位的应急方案，采取应急措施，并立即向当地卫生行政部门、公安机关报告，造成环境污染的，还应同时报告当地环境保护部门。

上述主管部门接到辐射事故报告后,应当立即派人赶赴现场,进行现场调查,采取有效措施,控制并消除事故影响,同时将辐射事故信息报告本级人民政府和上级人民政府生态环境主管部门、公安部门、卫生主管部门。

3. 事故的立案调查

一般放射事故由设区的市级人民政府卫生行政部门和公安机关组织调查。放射源丢失、被盗事故由公安机关依法立案侦查,卫生行政部门提供技术支持。结案后,由负责查处的卫生行政部门、公安机关写出放射事故结案报告,逐级上报至卫生行政部门和公安部门。

三、放射卫生防护监督制度

(一)监督机构及其职责

我国放射卫生防护监督工作由生态环境、卫生、公安三个行政部门在各自的职责范围内共同实施。

1. 生态环境部门的职责

国务院生态环境主管部门对全国放射性同位素、射线装置的安全和防护工作实施统一监督管理。其主要职责是:①依法对生产、销售、使用放射性同位素和射线装置的单位进行监督检查;②对生产、销售、使用放射性同位素和射线装置的单位进行审批,颁发许可证;③对废水、废气、固体废物处理进行审查和验收;④对废水、废气、固体废物排放实施监督监测;⑤会同有关部门处理放射性环境污染事故。

2. 卫生部门的职责

卫生部门主要是对放射诊疗工作进行监督管理,其职责包括:①定期对本行政区域内开展放射诊疗活动的医疗机构进行监督检查;②对使用放射性同位素与射线装置诊疗工作实施许可登记,发放放射诊疗工作许可证;③会同有关部门调查处理放射事故;④组织放射防护知识的宣传、培训和法规教育;⑤处理放射防护监督中的纠纷,对违反放射卫生法规的单位和个人进行行政处罚。

3. 公安部门的职责

公安部门对放射性同位素应用中的安全保卫实施监督,其主要职责是:①登记放射性同位素和放射源;②检查放射性同位素及放射源保存、保管的安全性;③负责丢失和被盗放射源的立案、侦查和追缴工作;④参与放射事故处理。

(二)放射防护监督员及其职责

县级以上人民政府生态环境主管部门应当配备辐射防护安全监督员。辐射防护安全监督员由从事辐射防护工作,具有辐射防护安全知识并经省级以上人民政府环境保护主管部门认可的专业人员担任。放射防护监督员有权按照规定对本辖区内放射工作进行监督和检查,对涉及保密的资料负有保密责任,严守法纪,秉公执法,不得玩忽职守、徇私舞弊。

四、法律责任

（一）行政责任

（1）对违反放射卫生法律规定的单位或个人，县以上卫生行政部门可视其情节轻重，给予警告、限期改进、停工或停业整顿，或处以罚款和没收违法所得，直至会同公安部门吊销其许可登记证的行政处罚。

（2）在放射性废水、废气、固体废物排放过程中造成环境污染事故的单位和个人，由省、自治区、直辖市的生态环境主管部门给予处罚。

（3）由于违反放射卫生法律规定而发生放射事故尚未造成严重后果的，可以由公安机关予以处罚。

（4）有关主管机关及其工作人员在放射防护执法活动中玩忽职守、滥用职权、徇私舞弊，情节轻微尚未构成犯罪的，由其所在单位或上级主管部门予以行政处分。

（二）民事责任

因违反放射卫生法规，给他人造成人身或财产损害的，应承担相应的民事责任。

（三）刑事责任

由于违反放射卫生法律规定而发生放射事故且造成严重后果构成犯罪，或利用放射性同位素或射线装置进行破坏活动或有意伤害他人构成犯罪，或相关主管机关及其工作人员，在放射防护执法活动中，因玩忽职守、滥用职权、徇私舞弊等构成犯罪的，应依法追究相应的刑事责任。

第三节　公共场所卫生法律制度

一、公共场所及其卫生立法概述

（一）公共场所的概念和卫生学特点

公共场所是一个非常宽泛的概念，在我国现有的法律、法规体系中并没有统一的定义。由于不同法律、法规的调整范围与侧重点存在差异，对公共场所的理解也不尽相同，如目前相关省市制定的《公共场所治安管理办法》《公共场所控制吸烟管理办法》对公共场所的界定或列举并不完全一致，故很难给出一个准确、通用的定义。一般而言，公共场所是指人群聚集，并供公众实现各种社会生活（学习、社交、娱乐、医疗、休息和旅游等）需求所使用的一切公用建筑物、场所及其设施的总称。

公共场所对公众来说是人工生活环境，对从业人员来说则是劳动环境。从卫生学角度看，它具有几个显著的特点：人群密集，易传播疾病；流动性大，易混杂各种污染源；设备及物品供公众重复使用，易造成污染；健康与非健康个体混杂，易造成疾病特别是传染病的传播。因此，有必要加强公共场所的卫生管理。

（二）公共场所的种类

按不同公共场所的用途和性质，可将其粗略分为生活服务、文娱体育、公共福利及公共交通等场所或设施。根据我国《公共场所卫生管理条例》的规定，公共场所具体可以分为7大类28种，分别是：

（1）饮食住宿类场所8种：宾馆、饭馆、旅店、招待所、车马店、咖啡馆、酒吧、茶座；

（2）洗浴与美容场所3种：公共浴室、理发店、美容店；

（3）文化娱乐场所5种：影剧院、录像厅（室）、游艺厅（室）、舞厅、音乐厅；

（4）体育游乐场所3种：体育场（馆）、游泳场（馆）、公园；

（5）文化交流场所4种：展览馆、博物馆、美术馆、图书馆；

（6）商业活动场所2种：商场（店）、书店；

（7）就诊和交通服务场所3种：候诊室、候车（机、船）室、公共交通工具。

上述规定并未包含所有的公共场所，这可能是立法者有意选择的结果，认为没有必要将所有的公共场所都纳入调整范围。但具体列举难免挂一漏万，例如集贸市场、网吧等公共场所，也易滋生卫生问题，理应被纳入调整范围，故该条规定有待日后的修订完善。

（三）公共场所卫生立法

公共场所是人群聚集的地方，加强公共场所卫生管理不仅是预防疾病、保障大众健康的重要环节，也是提升社会文明建设的需要。1987年4月1日，国务院颁布了《公共场所卫生管理条例》（2019年最新修正），它是新中国成立后颁布的第一部有关公共场所卫生管理的行政法规，标志着我国公共场所卫生管理进入了法制化轨道。1987年9月15日，卫生部发布《公共场所卫生管理条例实施细则》（2017年最新修正），对公共场所卫生管理做了相关细化规定。

由于《公共场所卫生管理条例》规定了各类公共场所的空气、微小气候、水质、采光、照明、噪声、顾客用具和卫生措施等应符合国家有关卫生标准，而不同的公共场所对上述项目的具体要求也不同，为此，卫生部先后制定了《旅店业卫生标准》《理发店、美容店卫生标准》《公共浴室卫生标准》《游泳场所卫生标准》《体育场馆卫生标准》《医院候诊室卫生标准》《公共交通等候室卫生标准》等十几项具体公共场所的卫生标准。此外，卫生部还单独或者与其他有关部委联合制定了相关管理规范，如2006年卫生部发布的《公共场所集中空调通风系统卫生管理办法》，2007年卫生部与商务部联合制定的《住宿业卫生规范》《沐浴场所卫生规范》《美容美发场所卫生规范》，卫生部与国家体育总局联合制定的《游泳场所卫生规范》。2019年12月28日颁布的《基本医疗卫生与健康促进法》规定了国家完善公共场所卫生管理制度。公共场所卫生监督信息应当依法向社会公开。公共场所经营单位应当建立健全并严格实施卫生管理制度，保证其经营活动持续符合国家对公共场所的卫生要求。国家采取措施，减少吸烟对公民健康的危害。上述法律、法规、规章及标准等，共同构成了当前我国公共场所卫生管理的法律、法规体系。

二、公共场所卫生的基本要求

由于公共场所具有接纳和聚集的人员数量比较大、人员流动和交替比较频繁、人群构成比较复杂等特点，致使某些疾病很容易得以传播，因此，公共场所的卫生应符合相应的标准或要求。

（一）室内空气达到标准

公共场所内空气应达到国家卫生标准和要求，采用各种通风措施，保持室内空气流通，防止空气污染。

（二）微小气候适宜

公共场所的建筑物都是人工环境，都具有特殊的气候条件，在不同的季节要采取相应的措施，以保证室内微小气候适宜，在温度、湿度和风速等方面达到国家有关标准，有利于顾客和旅客等人员的身体健康。

（三）采光、照明良好

公共场所应尽量采用自然光，保证充足的采光时间，自然采光量不足的，应当配置与其经营场所规模相适应的照明设施。

（四）噪音符合标准

公共场所的噪音不得超过规定标准。如舞厅、影剧院、候车室、商店等距噪音源较近的公共场所，应采取必要措施，减少噪音，以达到规定标准。

（五）用品和卫生设施符合卫生标准

公共场所中为顾客直接服务的公共用品，具有众多顾客反复使用的特点，因此，必须及时进行清洗、消毒或更换。各种卫生设施应符合卫生标准，防止传染病通过用具在人群中传播。

（六）生活用水达到卫生标准

公共场所的生活饮用水应符合国家规定的标准，公共浴池、游泳场、天然浴场等公共场所的用水也必须达到规定的标准，并应按照规定定期换水、消毒等，以防止致病微生物携带者接触水源和水体而传播介水传染病。

三、我国公共场所卫生管理的主要制度

（一）卫生许可制度

除公园、体育场（馆）、公共交通工具外，其他公共场所经营者应当按照规定向县级以上地方人民政府卫生行政部门申请卫生许可证，并应当在经营场所醒目位置公示。

（二）公共场所经营者的具体管理制度

1. 建立卫生管理制度

公共场所经营者应当设立卫生管理部门或者配备专（兼）职卫生管理人员，具体负责本公共场所的卫生工作，建立健全卫生管理制度和卫生管理档案。其中，卫生管理档案应当有专人管理，分类记录，至少保存 2 年。

2. 建立卫生培训与考核制度

公共场所经营者应当建立卫生培训制度，组织从业人员学习相关卫生法律知识和公共场所卫生知识，并进行考核。对考核不合格的，不得安排上岗。

3. 加强从业人员的健康管理

公共场所经营者应当组织从业人员每年进行健康检查，从业人员在取得有效健康合格证后方可上岗。患有痢疾、伤寒、甲型病毒性肝炎、戊型病毒性肝炎等消化道传染病的人员，以及患有活动性肺结核、化脓性或者渗出性皮肤病等疾病的人员，治愈前不得从事直接为顾客服务的工作。

4. 健康事故的预防、处置与报告制度

公共场所经营者应当制定公共场所危害健康事故应急预案或者方案，定期检查公共场所各项卫生制度、措施的落实情况，及时消除危害公众健康的隐患。如果发生危害健康事故，应当立即处置，防止危害扩大，并及时向县级人民政府卫生行政部门报告。

四、公共场所卫生监督制度

（一）卫生监督机构和卫生监督员

各级人民政府卫生行政部门是公共场所卫生监督的法定机构，依法实施管辖区域内的公共场所的卫生监督职能。民航、铁路、交通、工矿企业卫生监督机构对管辖范围内的公共场所实行卫生监督，并接受当地卫生监督机构的业务指导。

卫生监督机构可以根据需要设立公共场所卫生监督员，由各级卫生监督机构从事环境

卫生的专业技术人员和分管领导担任，并由同级人民政府颁发证书。民航、铁路、交通、工矿企业卫生防疫机构的公共场所卫生监督员，由其上级主管部门颁发证书。

（二）监督机构的主要职责

（1）对公共场所进行卫生监测和卫生技术指导；

（2）监督从业人员进行健康检查，指导有关部门对从业人员进行卫生知识的教育和培训；

（3）对新建、扩建、改建的公共场所的选址和设计进行卫生审查，并参加竣工验收。

（三）卫生监督量化分级管理制度

公共场所卫生监督量化分级管理，是对取得卫生许可的公共场所经营单位进行经常性卫生监督的量化评分，根据审查结果对其进行风险性分级和公共场所卫生信誉度分级，并确定次年公共场所卫生监督的频率。

根据2009年《卫生部关于推行公共场所卫生监督量化分级管理制度的通知》，目前实行量化分级管理的公共场所，包括住宿场所、游泳场所、沐浴场所、美容美发场所等。根据评价指标，公共场所卫生信誉度按照得分高低分为优秀（A）、良好（B）、一般（C）三个等级。如果总得分低于60分，则属于不合格，由卫生部门责令限期整改，并依法处理。

五、法律责任

（一）行政责任

公共场所经营者有下列行为之一的，县级以上地方人民政府卫生行政部门有权根据其情节轻重给予警告、罚款、停业整顿、吊销卫生许可证等行政处罚：①卫生质量不符合国家卫生标准和要求继续营业的；②未取得健康合格证从事直接为顾客服务业务的；③拒绝卫生监督的；④未取得卫生许可证擅自营业的。

公共场所卫生监督机构和卫生监督员必须尽职尽责，依法办事。对玩忽职守、滥用职权、收取贿赂的，由主管部门给予相应的行政处分。

（二）民事责任

公共场所经营者违反公共场所卫生法规，危害公民健康，构成民事侵权的，应承担相应的民事责任。

（三）刑事责任

公共场所经营者违反公共场所卫生法规，致人残疾或者死亡，构成犯罪的，依法追究刑事责任。公共场所卫生监督机构和卫生监督员，因玩忽职守、滥用职权、收取贿赂等违法行为，情节严重构成犯罪的，依法追究刑事责任。

第四节　生活饮用水卫生法律制度

一、生活饮用水及其立法概述

（一）生活饮用水及其卫生学意义

水的卫生质量直接关系到人们的健康。水质不良或水体受到各种有毒物质污染时，可引起人类肠道传染病和寄生虫病的发生和传播，还可造成人体的急、慢性损害。因此，加强水资源的合理利用和保护，提供安全卫生的饮用水，对于保障人体健康、防治疾病具有重要意义。

从广义上来看，生活饮用水是指所有供人们日常生活使用的饮水和用水，而狭义上仅指供水单位（包括集中式供水单位和二次供水单位）提供的饮用水。通常所说的饮用水卫生监督管理主要是指对供水单位和涉及饮用水卫生安全的产品所进行的卫生监督管理。其中，集中式供水是指由水源集中取水，经统一净化处理和消毒后，由输水管网送至用户的供水方式（包括公共供水和单位自建设施供水）。二次供水是指将来自集中式供水的管道水另行加压、贮存，再送至水站或用户的供水设施，包括客运船舶、火车客车等交通运输工具上的供水（有独自制水设施者除外）。涉及饮用水卫生安全的产品（简称"涉水产品"）指在饮用水生产和供水过程中与饮用水接触的联接止水材料、塑料及有机合成管材、管件、防护涂料、水处理剂、除垢剂、水质处理器及其他新材料和化学物质。它的卫生安全也影响着饮用水的卫生安全。

（二）生活饮用水卫生立法

我国的生活饮用水卫生管理制度，起步于相关卫生标准的制定和实施。1985年卫生部发布了我国第一个生活饮用水国家标准《生活饮用水卫生标准》（2006年修订并由卫生部与国家标准化管理委员会联合颁布）。2005年建设部批准发布《城市供水水质标准》，该标准适用于城市公共集中式供水、自建设施供水和二次供水。

目前我国已制定的生活饮用水相关法律、法规：在部门规章层面，主要有1989年由环境保护总局和水利部等五部委制定的《饮用水水源保护区污染防治管理规定》（2010年最新修正），1996年建设部与卫生部联合发布的《生活饮用水卫生监督管理办法》（2016年最新修订），2006年建设部制定的《城市供水水质管理规定》等；在行政法规层面，主要有1994年国务院发布的《城市供水条例》，2006年颁布的《取水许可和水资源费征收管理条例》（2017年修订）；在法律层面，主要有全国人民代表大会常务委员会1984年通过的《水污染防治法》（2017年修正），1988年通过的《中华人民共和国水法》（2016年修正），1989年通过的《传染病防治法》（2013年修正）等。

二、生活饮用水的基本卫生要求

安全卫生的生活饮用水应满足基本的卫生要求才能供人饮用。生活饮用水应符合以下四项基本卫生要求：

（一）感官性状良好

饮水应无色透明、无臭、无异味，无任何肉眼可见物，为人们乐于饮用。

（二）流行病学上安全

饮用水不得含有病原微生物和寄生虫卵，以防止介水传染病的发生和传播。

（三）成分组成对人体无害

饮用水中有毒、有害化学物质及放射性物质的含量应控制在安全限值以内，以防止对人体造成急、慢性中毒和任何潜在的远期危害。

（四）水量充足，取用方便

能满足居民饮用、食物加工、个人卫生、洗涤清扫等各方面需要。

三、生活饮用水的卫生管理制度

（一）卫生许可制度

我国对供水单位和涉及饮用水安全的产品实行卫生许可制度。要求集中式供水单位取得营业执照后，还应当取得县级以上地方人民政府卫生主管部门颁发的卫生许可证，方可供水。生产涉及饮用水卫生安全的产品的单位和个人，必须按规定向政府卫生主管部门申请办理产品卫生许可批准文件，获得批准后，方可生产和销售。

（二）供水单位及相关主体的具体管理制度

1. 饮用水卫生管理规章制度

供水单位应建立饮用水卫生管理规章制度，设立专门的卫生管理机构，配备专职或兼职卫生管理人员，做好本单位的日常卫生管理工作。

2. 饮用水日常监测制度

集中式供水单位必须有水质净化消毒设施及必要的水质检验仪器、设备和人员，对水质进行日常性检验，并向当地人民政府卫生行政部门和建设行政主管部门报送检测资料。

3. 从业人员的健康检查制度

直接从事供、管水的人员必须取得健康合格证后方可上岗工作，并每年进行一次健康检查。凡患有痢疾、伤寒、病毒性肝炎、活动性肺结核、化脓性或渗出性皮肤病及其他有碍饮用水卫生疾病者和病原携带者，不得直接从事供、管水工作。

4. 饮用水水源地保护制度

饮用水水源地必须设置水源保护区。保护区内严禁修建任何可能危害水源水质卫生的设施及一切有碍水源水质卫生的行为。

5. 饮用水污染报告制度

当饮用水被污染，可能危及人体健康时，有关单位或责任人应立即采取措施，消除污染，并向当地人民政府卫生行政部门和建设行政主管部门报告。

四、生活饮用水卫生监督制度

（一）卫生监督机构及其职责

卫生部门承担生活饮用水卫生的监督职责，县级以上人民政府卫生行政部门主管本行政区域内生活饮用水卫生监督监测工作。其卫生监督职责主要包括：

（1）对新建、改建、扩建的集中式供水项目进行预防性卫生监督。

（2）对饮用水水源、水质进行监测和评价。

（3）对取得卫生许可证的单位或个人，以及取得卫生许可批准文件的饮用水卫生安全的产品，进行日常监督检查。

（4）对饮用水污染事故可能造成的对人体健康的影响进行调查，参与事故处理并控制水传播疾病。

（5）对违反生活饮用水卫生法规的相关行为予以行政处罚。

（二）卫生监督员

县级以上人民政府卫生行政部门设饮用水卫生监督员，负责饮用水卫生监督工作。县级人民政府卫生行政部门可聘用饮用水卫生检查员，负责乡镇饮用水卫生检查工作。铁道、交通、民航的饮用水卫生监督员，由其上级行政部门聘任并颁发证书。

五、法律责任

（一）行政责任

供水单位及生活饮用水产品的生产经营者，违反相关行政管理义务，县级以上卫生行政机关可依法给予警告、限期改进、罚款、没收违法所得、吊销卫生许可证等行政处罚。

（二）民事责任

因生活饮用水以及涉水产品不符合国家卫生标准，造成他人人身健康损害的，供水单位或涉及生活饮用水产品的生产经营者应依法承担民事赔偿责任。

（三）刑事责任

供水单位供应的饮用水不符合国家规定的卫生标准，引起甲类传染病或者有严重传播危险的，构成危害公共卫生罪，应承担相应的刑事责任。

复习思考题

1. 我国现行的《学校卫生工作条例》主要存在哪些局限性？
2. 简述我国放射卫生防护监督的部门分工与职责划分情况。
3. 我国公共场所经营者承担的主要卫生义务有哪些？
4. 简述我国生活饮用水的卫生许可制度。

 **案例思考题**

案例一

2013年9月25日，云南某县卫生局卫生监督员在县内某快捷酒店（以下简称A酒店）监督检查时发现：A酒店未取得卫生许可证，擅自经营酒店7月余。卫生监督员当即对A酒店下达监督意见书，责令A酒店即日起停止营业。10月8日，卫生监督员再次到A酒店监督检查，发现A酒店仍在继续经营，A酒店擅自经营7个月零16天。卫生监督员对该酒店副经理姚某进行了询问，做了询问笔录，姚某在被询问时称，A酒店隶属于云南某驾驶培训公司（以下简称B公司），因为A酒店没有办好中华人民共和国国有土地使用证，导致其证件不全，因而无法办理卫生许可证，A酒店至今未取得卫生许可证及营业执照。A酒店从2013年2月20日开始营业。卫生监督员对A酒店现场检查情景进行了拍照，拍了10张，制作了现场笔录，提取了8月27日、9月9日、10月7日的住宿人员登记表复印件各1页，由姚某签名按手印确认。同时对A酒店下达卫生监督意见书，责令该酒店即日起停止营业。

案例讨论

请根据上述事实，简要分析本案在违法主体认定、调查取证、处罚种类及幅度、适用处罚程序等方面存在的问题。

案例二

2011年9月2日至8日，河北省隆化县某中学相继出现以发热、腹痛、腹泻等肠道感染为主要症状的病人。接到报告后，卫生行政部门和卫生监督机构派员赶赴现场进行调查处理。经调查，该校有学生841人，发病学生共计147人（其中住宿学生145人，走读学生2人）。所有发病学生均有饮用学校自备井水的情况，故怀疑是饮水污染引起。疾病预防控制机构工作人员对采集的患病学生排泄物和学校食堂、宿舍用水进行检验，初步认定是因饮水污染引起的以诺如病毒为主的混合感染性腹泻。

疾病预防控制机构工作人员对学校供水现场进行了调查，发现学校新打水井周围有两口距离较近的污水井，为宿舍楼内洗漱及卫生间污水排放井。学校校园地面施工尚未完成，水井周围为疏松软土，地面低洼。水井和污水井内外没有有效防护和防渗漏设施。该校曾于2011年7月27日将水样送当地疾病预防控制机构检测，发现大肠杆菌超标，结果未向当地卫生行政部门和监督机构通报，井水也未进行消毒并直接供应食堂和生活使用。学校新建水井和启用新水井没有通知当地卫生行政部门和卫生监督机构进行预防性卫生监督审查和竣工验收。

案例讨论

请根据上述事实，简要分析该中学在本案中存在的违法之处及其应当承担的法律责任。

（广东医科大学　翟方明）

第十章 职业病防治法律制度

第一节 概 述

一、职业病的概念

职业病是指企业、事业单位和个体经济组织等用人单位的劳动者在职业活动中，因接触粉尘、放射性物质和其他有毒、有害因素而引起的疾病。与其他疾病相比，职业病具有以下特点：①职业病的患病主体是劳动者，即受雇于用人单位，为用人单位提供职业劳动的自然人。职业病的认定以劳动者与用人单位存在劳动关系为前提。②致病原因特殊，即职业病是劳动者在职业活动中因接触职业性危害因素所导致的疾病。在工作场所中，可能产生职业性危害的因素众多，如粉尘、放射性物质和有毒、有害物质等。根据职业性危害因素的不同，我国法律将职业病分为10类132种。③职业病发生的特殊性决定用人单位应当对劳动者的健康损害承担相应的法律责任，包括对劳动者进行职业病诊断、治疗，并承担相应的医疗费用和损害赔偿责任。

二、职业病防治的立法

职业病防治法是调整预防、控制和消除职业病危害，防治职业病，保护劳动者健康及其相关权益等活动中所产生的各种社会关系的法律规范的总称。狭义的职业病防治法仅指《职业病防治法》这一专门法律。广义的职业病防治法则包括所有预防、控制和消除职业病危害的法律、法规和规章，既包括有关防治职业病的专门法律、法规，也包括相关法律、法规中有关职业病防治的规定，如2013年2月19日卫生部颁布的《职业病诊断与鉴定管理办法》等。

我国政府历来重视职业病防治工作，早在1957年，卫生部就颁布了《关于职业病范围和职业病患者处理办法的规定》。1987年，国务院颁布了《尘肺病防治条例》，这是我国首部有关职业病防治的专门法规。此后，国务院还颁布了《使用有毒物品作业场所劳动保护条例》《放射性同位素与射线装置安全和防护条例》等行政法规。2001年10月27日，全国人民代表大会常务委员会通过了《职业病防治法》，这是我国第一部全面规范职业病防治活动的法律，标志着我国职业病防治立法进入新的历史阶段。2011年、2016年、2017年、2018年，全国人民代表大会常务委员会先后对《职业病防治法》作出修正，进一步明确和理顺了相关部门在职业病防治中的监管职责，强化了对医疗机构放射性职业病危害的监管，加大了对职业病病人的保护力度，完善了职业病诊断、鉴定程序，对违法行为加大了处罚力度。为配合《职业病防治法》的实施,国务院制定了《尘肺病防治条例》等行政法规,国家安全生产监督管理局颁布了《危险化学品建设项目安全监督管理办法》《工作场所职业卫生监督管理规定》《职业病危害项目申报办法》《用人单位职业健康监护监督管理办法》《职业卫生技术服务机构监督管理暂行办法》《煤矿作业场所职业病危害防治规定》《建设项目职业病防护设施"三同时"监督管理办法》等部门规章。2002年3月28日,卫生部颁布了《国家职业卫生标准管理办法》《职业健康监护管理办法》。2015年3月26日,国家卫生和计划生育委员会颁布了《职业健康检查管理办法》。2019年2月28日,国家卫生健康委员会公布了修正的《职业健康检查管理办法》。2019年12月28日颁布的《基本医疗卫生与健康促进法》规定了国家加强职业健康保护。县级以上人民政府应当制定职业病防治规划,建立健全职业健康工作机制,加强职业健康监督管理,提高职业病综合防治能力和水平。用人单位应当控制职业病危害因素,采取工程技术、个体防护和健康管理等综合治理措施,改善工作环境和劳动条件。目前我国已建立起相对完备的职业病防治法律体系。

三、职业病防治工作的方针、原则

职业病防治工作要坚持"预防为主、防治结合"的方针。预防为主,就是在职业病防治过程中,要把预防措施作为根本措施和首要环节,并将其置于先导地位,在一切职业活动中要尽可能控制和消除职业病危害因素,使工作场所职业卫生防护符合国家职业卫生标准和卫生要求,从而在源头上防止职业病危害的发生。同时,职业病防治工作还应坚持防治结合的方针,做到"防中有治,治中有防,以治促防",通过"防"解决"治"的问题。

由于职业病危害因素的种类繁多,危害的性质、途径和程度千差万别,需要采取的职业病危害防治措施也各不相同。为了加强职业病危害防治的针对性和有效性,职业病防治工作应坚持分类管理、综合治理原则。分类管理原则要求按职业病危害因素的种类、性质、毒性、危害程度及对劳动者健康造成的损害后果确定类别,采取不同的管理方法。同时,职业病防治除了需要加强监督管理之外,还需要其他管理部门、用人单位、劳动者的积极配合,做到全方位的综合治理,这样才有可能取得最佳治理效果。

第二节 职业病防治基本制度

一、职业病前期预防制度

(一)职业病危害预评价制度

职业病危害预评价是指对可能产生职业病危害的建设项目,在可行性论证阶段,对建设项目可能产生的职业病危害因素、危害程度、健康影响、防护措施等进行预测性卫生学评价，以了解建设项目在职业病防治方面是否可行，也为职业病防治管理提供科学依据。《职业病防治法》第17条规定，新建、扩建、改建建设项目和技术改造、技术引进项目（以下统称建设项目）可能产生职业病危害的，建设单位在可行性论证阶段应当进行职业病危害预评价。医疗机构建设项目可能产生放射性职业病危害的，建设单位应当向卫生行政部门提交放射性职业病危害预评价报告。卫生行政部门应当自收到预评价报告之日起30日内作出审核决定并书面通知建设单位。未提交预评价报告或者预评价报告未经卫生行政部门审核同意的，建设单位不得开工建设。

（二）职业病危害项目申报制度

我国《职业病防治法》规定，用人单位工作场所存在《职业病分类和目录》所列职业病的危害因素的，应当及时、如实向所在地安全生产监督管理部门申报危害项目，并接受安全生产监督管理部门的监督管理，即用人单位应当根据国家公布的《职业病分类和目录》，将项目名称、规模、职业病危害因素种类、危害程度、防护措施、接触职业病危害因素的劳动者情况等在规定的时间内主动向所在地安全生产监督管理部门申报。

（三）建设项目职业卫生"三同时"制度

建设项目职业卫生"三同时"是指建设项目的职业病防护设施与主体工程同时设计，同时施工，同时投入生产和使用。具体包括：①建设项目的职业病防护设施与主体工程同时设计。建设项目的职业病防护设施设计应当符合国家职业卫生标准和卫生要求；其中，医疗机构放射性职业病危害严重的建设项目的防护设施设计，应当经卫生行政部门审查同意后，方可施工。②建设项目的职业病防护设施与主体工程同时施工。③建设项目的职业病防护设施与主体工程同时投入生产和使用。职业病防护设施只有经过安全生产监督管理部门验收合格后，方可投入正式生产和使用。因此，建设单位在建设项目竣工验收前，应当进行职业病危害控制效果评价。其中，放射性职业病防护设施经卫生行政部门验收合格后，方可投入使用；其他建设项目的职业病防护设施应当由建设单位负责依法组织验收，验收合格后，方可投入生产和使用。卫生行政部门应当加强对建设单位组织的验收活动和验收结果的监督核查。

（四）工作场所的基本要求

产生职业病危害的用人单位的设立除应当符合法律、行政法规规定的设立条件外，其工作场所还应当符合下列职业卫生要求：①职业病危害因素的强度或者浓度符合国家职业卫生标准；②有与职业病危害防护相适应的设施；③生产布局合理，符合有害与无害作业分开的原则；④有配套的更衣间、洗浴间、孕妇休息间等卫生设施；⑤设备、工具、用具等设施符合保护劳动者生理、心理健康的要求；⑥法律、行政法规和国务院卫生行政部门关于保护劳动者健康的其他要求。如我国《劳动法》《劳动合同法》《妇女儿童权益保护法》

等有关劳动者健康权益的特别规定。

二、劳动过程中的防护与管理制度

（一）用人单位的职业病防治管理措施

用人单位应当采取下列职业病防治管理措施：①设置或者指定职业卫生管理机构或者组织，配备专职或者兼职的职业卫生管理人员，负责本单位的职业病防治工作；②制定职业病防治计划和实施方案；③建立健全职业卫生管理制度和操作规程；④建立健全职业卫生档案和劳动者健康监护档案；⑤建立健全工作场所职业病危害因素监测及评价制度；⑥建立健全职业病危害事故应急救援预案。

（二）工作场所职业病危害的监测

用人单位应当开展由专人负责的职业病危害因素日常监测工作，并确保监测系统处于正常运行状态。同时，用人单位应定期对工作场所进行职业病危害因素检测、评价。检测、评价结果存入用人单位职业卫生档案，定期向所在地安全生产监督管理部门报告并向劳动者公布。

（三）职业病危害的告知

为保障劳动者职业健康，用人单位应设置安全警示，公开职业病危害信息、履行告知义务。具体包括：①设置公告栏。产生职业病危害的用人单位，应当在醒目位置设置公告栏，公布有关职业病防治的规章制度、操作规程、职业病危害事故应急救援措施和工作场所职业病危害因素检测结果。②设置警示标识和说明。对产生严重职业病危害的作业岗位，应当在其醒目位置设置警示标识和中文警示说明。警示说明应当载明产生职业病危害的种类、后果、预防以及应急救治措施等内容。③设备的中文说明书。向用人单位提供可能产生职业病危害的设备、化学品、放射性同位素和含有放射性物质的材料的，应当提供中文说明书，并在设备的醒目位置设置警示标识和中文警示说明。

（四）提供职业病防护设施和用品

用人单位必须采用有效的职业病防护设施，并为劳动者提供个人使用的职业病防护用品。用人单位为劳动者个人提供的职业病防护用品必须符合职业病防治的要求。对可能发生急性职业损伤的有毒、有害工作场所，用人单位应当设置报警装置，配置现场急救用品、冲洗设备、应急撤离通道和必要的泄险区。对放射工作场所和放射性同位素的运输、贮存，用人单位必须配置防护设备和报警装置，保证接触放射线的工作人员佩戴个人剂量计。对职业病防护设备、应急救援设施和个人使用的职业病防护用品，用人单位应当进行经常性的维护、检修，定期检测其性能和效果，确保其处于正常状态，不得擅自拆除或者停止使用。

三、职业病的诊断制度

职业病诊断是认定劳动者是否患有职业病的法定程序，也是劳动者申请工伤认定和工伤保险待遇或工伤赔偿的前置程序。同时，职业病诊断具有较强的专业性、技术性和政策性，其性质、效力和诊断方法均不同于一般疾病的诊断。因此，职业病诊断应由具有资质的诊断机构依照法定程序作出。

（一）职业病诊断机构

我国《职业病防治法》规定，职业病诊断应当由取得医疗机构执业许可证的医疗卫生机构承担，并具备下列条件：①具有与开展职业病诊断工作相适应的医疗卫生技术人员；②具有与开展职业病诊断工作相适应的仪器、设备；③具有健全的职业病诊断质量管理制度。

（二）诊断申请

职业病诊断一般由劳动者向具有资质的医疗卫生机构提出。在疑似患有职业病后，劳动者可以在用人单位所在地、本人户籍所在地或者经常居住地依法承担职业病诊断的医疗卫生机构进行职业病诊断。

（三）举证责任

职业病诊断主要由用人单位承担举证责任。用人单位应当如实提供职业病诊断、鉴定所需的劳动者职业史和职业病危害接触史、工作场所职业病危害因素检测结果等资料。劳动者对用人单位提供的工作场所职业病危害因素检测结果等资料有异议，或者因劳动者的用人单位解散、破产，无用人单位提供上述资料的，诊断机构应当提请卫生行政部门进行调查，卫生行政部门应当自接到申请之日起 30 日内对存在异议的资料或者工作场所职业病危害因素情况作出判定。此外，劳动者和有关机构如持有职业病诊断、鉴定相关资料，应当提供给职业病诊断机构。

同时，在职业病诊断过程中，职业病诊断机构也有权调查、收集相关资料。如职业病诊断机构需要了解工作场所职业病危害因素情况时，可以对工作场所进行现场调查，也可以向卫生行政部门提出，卫生行政部门应当在 10 日内组织现场调查，用人单位不得拒绝、阻挠。

（四）诊断依据

职业病诊断，应当综合分析下列因素：①病人的职业史；②职业病危害因素接触史和工作场所职业病危害因素情况；③临床表现以及辅助检查结果等。没有证据否定职业病危害因素与病人临床表现之间的必然联系的，应当诊断为职业病。

在职业病诊断中，用人单位不提供工作场所职业病危害因素检测结果等资料的，诊断机构应当结合劳动者的临床表现、辅助检查结果和劳动者的职业史、职业病危害接触史，并参考劳动者的自述、安全生产监督管理部门提供的日常监督检查信息等，作出职业病诊断结论。

（五）诊断结论

诊断结论由承担职业病诊断的医疗卫生机构作出，并由其出具职业病诊断证明书。进行职业病诊断时，职业病诊断机构应当组织 3 名以上取得职业病诊断资格的执业医师集体诊断，并以一致或多数意见形成诊断结论。职业病诊断证明书应当由参与诊断的医师共同签署，并经承担职业病诊断的医疗卫生机构审核盖章。

四、职业病鉴定制度

当事人对职业病诊断有异议的，可以向作出诊断的医疗卫生机构所在地的地方人民政府卫生行政部门申请鉴定。鉴定工作由职业病诊断鉴定委员会承担。职业病诊断鉴定委员会分为省、市两级，分别由省级卫生行政部门和设区的市级卫生行政部门组织成立。设区的市级卫生行政部门组织的职业病诊断鉴定委员会负责职业病诊断争议的首次鉴定。当事人对首次鉴定结论不服的，在接到职业病诊断鉴定书之日起 15 日内，可以向原鉴定机构所在地省级卫生行政部门申请再鉴定。省级职业病诊断鉴定委员会的鉴定为最终鉴定。

职业病诊断鉴定委员会由相关专业的专家组成。省级人民政府卫生行政部门应当设立相关的专家库，需要对职业病争议作出诊断鉴定时，由当事人或者当事人委托有关卫生行政部门人员从专家库中以随机抽取的方式确定参加诊断鉴定委员会的专家。

第三节　劳动者的职业卫生权利及其保障

一、劳动者的职业卫生权利

（一）知情权

知情权是劳动者的基本权利。因此，在订立劳动合同及履行劳动合同的过程中，劳动者有权知晓工作中可能产生的职业病危害及其后果、职业病防护措施和待遇等，用人单位应履行告知义务。

（二）获得培训权

获得职业卫生教育、培训是劳动者的法定权利。劳动者在上岗前（包括更换工作或工作内容）或在岗期间有权要求用人单位对其进行职业卫生教育、培训。用人单位也应当对劳动者进行上岗前的职业卫生培训和在岗期间的定期职业卫生培训，普及职业卫生知识，指导劳动者正确使用职业病防护设备和个人使用的职业病防护用品。

（三）职业健康监护权

从事接触职业病危害因素作业的劳动者有权按国家的有关规定获得职业健康检查，并获知真实健康检查结果。根据我国《职业病防治法》的相关规定，对从事接触职业病危害因素作业的劳动者，用人单位应按规定组织上岗前、在岗期间和离岗时的职业健康检查，并将检查结果书面告知劳动者。同时，用人单位应当为劳动者建立职业健康监护档案，并按照规定的期限妥善保存。劳动者离开用人单位时，有权索取本人职业健康监护档案复印件，用人单位应当如实、无偿提供，并在所提供的复印件上签章。

（四）职业防护请求权

劳动者有权要求用人单位提供符合职业病防治要求的防护设施和个人使用的防护用品，改善工作条件。用人单位有义务根据《职业病防治法》的相关规定采取有效的职业病防护措施，并为劳动者提供个人使用的职业病防护用品，从而保障劳动者的职业健康权利，预防职业病危害的发生。

（五）民主管理权

参与用人单位的民主管理是《劳动法》赋予劳动者的重要权利，具体到职业卫生领域包括：①参与用人单位职业卫生工作的民主管理，对职业病防治工作提出意见和建议；②对用人单位违反职业病防治法律、法规以及危及生命健康的行为提出批评、检举和控告，其中包括向相关部门检举、揭发和控告用人单位的有关违法行为。

（六）拒绝冒险权

拒绝冒险权是指劳动者有权拒绝违章指挥和强令进行没有职业病防护措施的作业。《职业病防治法》规定了劳动者行使拒绝冒险权的三种情形：①用人单位及其管理人员的违章指挥；②用人单位及其管理人员强令进行没有职业病防护措施的作业；③在劳动合同订立和履行过程中，用人单位未告知工作过程中可能存在职业病危害时，劳动者有权拒绝从事存在职业病危害的作业。对于以上情形，劳动者拒绝作业的，用人单位不得降低其工资、福利等待遇或者解除、终止与其订立的劳动合同。

（七）特殊保障权

特殊保障权是针对未成年人、女职工和有职业禁忌的劳动者等特殊群体给予的特殊的职业卫生保护，具体包括：①对未成年人的特殊保护。即用人单位不得安排未成年工从事接触职业病危害的作业；②对女职工的特殊保护。用人单位不得安排孕期、哺乳期的女职工从事对其本人和胎儿、婴儿有危害的作业；③不得安排有职业禁忌的劳动者从事其所禁忌的作业。

（八）损害赔偿权

当工伤保险难以完全补偿劳动者因罹患职业病所受到的损害，以及用人单位未参加工伤社会保险时，劳动者有权直接向用人单位主张损害赔偿。对此，我国《职业病防治法》第 58 条明确规定："职业病病人除依法享受工伤社会保险外，依照我国有关民事法律的规定，职业病病人享有赔偿请求权，职业病病人有权向用人单位提出赔偿要求。"劳动者被诊断患有职业病，但用人单位没有依法参加工伤保险的，其医疗和生活保障费用由该用人单位承担。

二、职业病病人的待遇保障

（一）职业病病人的待遇

根据《职业病防治法》和《劳动法》的相关规定，劳动者经诊断、鉴定，劳动者患有职业病的，依法享受以下待遇：①工伤保险待遇，包括诊疗、康复费用和伤残以及丧失劳动能力的职业病病人的社会保障；②职业病的治疗、康复和定期检查费用，相关费用由用人单位或工伤保险支付；③劳动者不适宜继续从事原工作的，用人单位应妥善安置；④除依法享有工伤保险外，依照有关民事法律，尚有获得赔偿权利的，有权向用人单位提出赔偿要求。

（二）用人单位的责任

用人单位是劳动者罹患职业病的直接责任人，对职工的职业安全负有直接保障责任。用人单位的责任如下所述：①用人单位应按规定为劳动者办理工伤保险，并按时足额缴纳工伤保险费；②劳动者被诊断患有职业病，但用人单位没有依法参加工伤保险的，其医疗和生活保障由该用人单位承担；③按照国家有关规定，安排职业病病人进行治疗、康复和定期检查；④对不适宜继续从事原工作的职业病病人，应当调离原岗位，并妥善安置，不得解除劳动合同。

第四节　职业病防治的监督

一、职业卫生监督管理机构

我国职业卫生监督工作由各级政府卫生行政部门和劳动保障行政部门共同负责。具体而言，国务院卫生行政部门、劳动保障行政部门依照《职业病防治法》和国务院确定的职责,负责全国职业病防治的监督管理工作。国务院有关部门在各自的职责范围内负责职业病防治的有关监督管理工作。县级以上地方人民政府卫生行政部门、劳动保障行政部门依据各自职责,负责本行政区域内职业病防治的监督管理工作。县级以上地方人民政府有关部门在各自的职责范围内负责职业病防治的有关监督管理工作。县级以上人民政府卫生行政部门、劳动保障行政部门应当加强沟通,密切配合,按照各自职责分工,依法行使职权,承担责任。

二、职业卫生监督执法措施

(一)日常监督执法措施

卫生行政部门履行监督检查职责时,可以进入被检查单位和职业病危害现场,了解情况,调查取证;查阅或者复制与违反职业病防治法律、法规的行为有关的资料和采集样品;责令违反职业病防治法律、法规的单位和个人停止违法行为。

(二)采取临时控制措施

发生职业病危害事故或者有证据证明危害状态可能导致职业病危害事故发生时,卫生行政部门可以采取下列临时控制措施:①责令暂停导致职业病危害事故的作业;②封存造成职业病危害事故或者可能导致职业病危害事故发生的材料和设备;③组织控制职业病危害事故现场。

(三)实施行政处罚

职业卫生监督管理机构在执法过程中有证据证明用人单位及其他从事职业卫生活动的主体存在违法行为的,可依照法定程序对其给予行政处罚。我国《职业病防治法》第69条至第81条对行政处罚的情形、处罚种类和幅度作出了具体规定,行政处罚应遵循处罚法定原则。

三、法律责任

(一)行政责任

在职业病防治领域,行政责任主要包括行政处罚和行政处分。

《职业病防治法》对建设单位、用人单位、从事职业卫生技术服务的机构、承担职业病诊断的医疗卫生机构和职业病诊断鉴定委员会组成人员等实施的违法行为规定了相应的行政处罚措施。

卫生行政部门不按照规定报告职业病和职业病危害事故的,由上一级行政部门责令改正,通报批评,给予警告;虚报、瞒报的,对单位负责人、直接负责的主管人员和其他直接责任人员依法给予降级、撤职或者开除的处分。

县级以上地方人民政府在职业病防治工作中未依法履行职责，本行政区域出现重大职业病危害事故、造成严重社会影响的，依法对直接负责的主管人员和其他直接责任人员给予记大过直至开除的处分。县级以上人民政府职业卫生监督管理部门不履行《职业病防治法》规定的职责，滥用职权、玩忽职守、徇私舞弊，依法对直接负责的主管人员和其他直接责任人员给予记大过或者降级的处分；造成职业病危害事故或者其他严重后果的，依法给予撤职或者开除的处分。

（二）民事责任

根据《劳动法》《职业病防治法》的规定，劳动者患有职业病的，依法享有工伤保险待遇；用人单位没有依法参加工伤保险的，其医疗和生活保障由该用人单位承担。在此情形下，用人单位应对劳动者的工伤损害承担民事赔偿责任。同时，《职业病防治法》第58条规定："职业病病人除依法享有工伤保险外，依照有关民事法律，尚有获得赔偿的权利的，有权向用人单位提出赔偿要求。"在工伤保险待遇不足以完全补偿劳动者因罹患职业病所受到的损害，或法律规定的其他情形下，职业病病人有权要求用人单位承担民事赔偿责任。

（三）刑事责任

根据《职业病防治法》和《刑法》的规定，职业病防治领域涉及的罪名主要包括：

（1）重大劳动安全事故罪。建设单位未按照规定对职业病防护设施进行职业病危害控制效果评价、未经卫生行政部门验收或者验收不合格，擅自投入使用，造成安全事故，以及用人单位违反《职业病防治法》造成重大安全事故的，构成重大劳动安全事故罪。

（2）强令违章冒险作业罪。用人单位违章指挥和强令劳动者进行没有职业病防护措施的作业，造成严重后果的，构成强令违章冒险作业罪。

（3）非法经营罪。未取得职业卫生技术服务资质认可擅自从事职业卫生技术服务，情节严重的，构成非法经营罪。

（4）出具证明文件重大失实罪。从事职业卫生技术服务的机构和承担职业健康检查、职业病诊断的医疗卫生机构违反法律规定出具虚假证明文件，情节严重的，直接负责的主管人员和其他直接责任人员构成出具证明文件重大失实罪。

复习思考题

1. 根据《职业病防治法》的规定，职业病前期预防制度包括哪些内容？
2. 在劳动过程中，劳动者享有哪些职业卫生权利？
3. 在职业病诊断中，用人单位和劳动者各自应承担哪些举证责任？
4. 发生职业病危害事故或者有证据证明危害状态可能导致职业病危害事故发生时，卫生行政部门可以采取哪些临时控制措施?

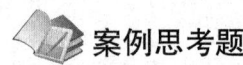
案例思考题

2015年7月20日,某市卫生局卫生监督员在对某集团公司各生产作业场所检查中发现下列违法事实:该集团公司部分作业场所职业病危害因素的浓度严重超过国家职业卫生标准;未按规定在产生严重职业病危害的作业岗位醒目位置设置警示标识和中文警示说明;未按规定对劳动者进行职业卫生培训;未按规定提供个人防护用品;未按规定组织职业健康检查;未按规定安排职业病病人、疑似职业病病人诊治。因此,责令其按卫生监督意见书的要求于2015年9月底前完成整改。在此期间,某市卫生局卫生监督员数次到该公司现场督促整改工作,但该公司治理工作不力,进展迟缓。8月,在该公司1621名镉作业人员的职业健康检查中,发现有1034名作业人员尿镉异常,其中12人被确诊为职业性慢性轻度镉中毒。10月8日,某市卫生局在现场检查中发现,该公司未按照规定对职业病危害作业场所进行治理;未按规定在产生严重职业病危害的作业岗位醒目位置设置警示标识和中文警示说明;未按规定组织接触职业病危害因素劳动者进行职业健康检查。据此,某市卫生局依法对某公司作出责令其限期改正违法行为,并处以罚款人民币38万元整的行政处罚决定。

案例讨论
1. 为防止职业病危害的发生,用人单位应采取哪些职业病防护和管理措施?
2. 结合本案基本情况,职业卫生监督管理部门在职业卫生监督执法过程中可采取哪些执法措施?

(江西师范大学 陈绍辉)

第十一章 精神卫生法律制度

第一节 概 述

一、精神卫生法的概念

精神卫生法是规范精神卫生服务,保障精神障碍患者合法权益的法律规范总称。

二、精神卫生和精神障碍的概念

(一)精神卫生

精神卫生又称心理卫生或心理健康、精神健康。

精神卫生有广义、狭义两种理解。广义的精神卫生是指一切维护和增进公民心理健康、预防和治疗精神障碍、促进精神障碍患者康复的活动。狭义的精神卫生是指对精神障碍患者进行防治,采取对策,促进其康复,减少其精神障碍复发,并对精神障碍患者实行必要监护的活动。目前,世界各国的精神卫生工作在很大程度上还局限于狭义的范围。

(二)精神障碍

精神障碍又称心理障碍或精神疾病,是指由各种原因引起的感知、情感和思维等精神活动的紊乱或者异常,导致患者明显的心理痛苦或者社会适应不良等功能损害。

(三)严重精神障碍

严重精神障碍是指疾病症状严重,导致患者社会适应不良等严重功能损害,对自身健康状况或者客观现实不能完整认知,或者不能处理自身事务的精神障碍。对于患有精神障碍的患者,其监护人应当依照法律规定承担监护职责。

三、精神卫生立法

我国精神卫生立法经历了漫长的过程。1985年,卫生部就组织起草了《精神卫生法》,直至2012年10月26日第十一届全国人民代表大会常务委员会第二十九次会议才通过《精神卫生法》,该法于2013年5月1日正式实施,2018年4月27日第一次修正。该法对社会心理健康促进和精神障碍预防、诊断、治疗与康复,以及相关的保障措施、法律责任等作了规定,它对改善目前精神障碍预防不力、医疗机构不足、专业人员缺乏的状况,营造有利于尊重、理解、关爱精神障碍患者的社会氛围,维护精神障碍患者的合法权益,保障、促进我国精神卫生事业的发展具有重要意义。

2019年12月28日颁布的《基本医疗卫生与健康促进法》规定:国家发展精神卫生事业,建设完善精神卫生服务体系,维护和增进公民心理健康,预防、治疗精神障碍。

国家采取措施,加强心理健康服务体系和人才队伍建设,促进心理健康教育、心理评估、心理咨询与心理治疗服务的有效衔接,设立为公众提供公益服务的心理援助热线,加强未成年人、残疾人和老年人等重点人群心理健康服务。

第二节 精神障碍的预防

一、精神障碍的预防原则

(一)预防为主,防治结合

精神卫生工作实行预防为主的方针,坚持预防、治疗和康复相结合的原则。

(二)各级组织各负其责

国家实行政府组织领导、部门各负其责、家庭和单位尽力尽责、全社会共同参与的精神卫生工作综合管理机制。

(三)尊重、理解、关爱患者

《精神卫生法》规定全社会应当尊重、理解、关爱精神障碍患者。任何组织或者个人不得歧视、侮辱、虐待精神障碍患者,不得非法限制精神障碍患者的人身自由,不得泄露精神障碍患者隐私。新闻报道和文学艺术作品等不得含有歧视、侮辱精神障碍患者的内容。

监护人应当履行监护职责,维护精神障碍患者的合法权益。禁止对精神障碍患者实施家庭暴力,禁止遗弃精神障碍患者。

二、心理健康促进和精神障碍预防

(一)心理健康促进

(1)各级人民政府有关部门应当采取措施,加强心理健康促进和精神障碍预防工作,提高公众心理健康水平。

（2）用人单位应当创造有益于职工身心健康的工作环境，关注职工的心理健康；对处于职业发展特定时期或者在特殊岗位工作的职工，应当有针对性地开展心理健康教育。

（3）各级各类学校应当对学生进行精神卫生知识教育；配备或者聘请心理健康教育教师、辅导人员，设立心理健康辅导室，对学生进行心理健康教育。学前教育机构应当对幼儿开展符合其特点的心理健康教育。发生自然灾害、意外伤害、公共安全事件等可能影响学生心理健康的事件时，学校应当及时组织专业人员对学生进行心理援助。教师应当学习和了解相关的精神卫生知识，关注学生心理健康状况，正确引导、激励学生。学校和教师应当与学生父母或者其他监护人、近亲属沟通学生心理健康情况。

地方各级人民政府教育行政部门和学校应当重视教师的心理健康。

（二）精神障碍预防

（1）政府有关部门制定的突发事件应急预案，应当包括心理援助的内容，组织开展心理援助工作。

（2）医务人员开展疾病诊疗服务，应当按照诊断标准和治疗规范的要求，对就诊者进行心理健康指导；发现就诊者可能患有精神障碍的，应当建议其到符合规定的医疗机构就诊。

（3）监狱、看守所、拘留所、强制隔离戒毒所等机构，应当对服刑人员和被依法拘留、逮捕、强制隔离戒毒的人员等，开展精神卫生知识宣传，关注其心理健康状况，必要时提供心理咨询和心理辅导。

（4）县级以上人民政府司法、行政、民政、公安、教育、医疗保障等部门在各自职责范围内负责有关的精神卫生工作。村民委员会、居民委员会应当协助所在地人民政府及其有关部门开展社区心理健康指导、精神卫生知识宣传教育活动，创建有益于居民身心健康的社区环境。乡镇卫生院或者社区卫生服务机构应当为村民委员会、居民委员会开展社区心理健康指导、精神卫生知识宣传教育活动提供技术指导。

（5）家庭成员之间应当相互关爱，创造良好、和睦的家庭环境，提高精神障碍预防意识；发现家庭成员可能患有精神障碍的，应当帮助其及时就诊，照顾其生活，做好看护管理。

（6）国家鼓励和支持新闻媒体、社会组织开展精神卫生的公益性宣传，普及精神卫生知识，引导公众关注心理健康，预防精神障碍的发生。

（7）心理咨询人员应当提高业务素质，遵守执业规范，为社会公众提供专业化的心理咨询服务，但不得从事心理治疗或者精神障碍的诊断、治疗工作。心理咨询人员发现接受咨询的人员可能患有精神障碍的，应当建议其到符合《精神卫生法》规定的医疗机构就诊。心理咨询人员应当尊重、接受咨询人员的隐私，并为其保守秘密。

（8）国务院卫生行政部门建立精神卫生监测网络，实行严重精神障碍发病报告制度，组织开展精神障碍发生状况、发展趋势等的监测和专题调查工作。

第三节 精神障碍的诊断与治疗

一、精神障碍的诊断

（一）精神障碍诊断机构的资质

开展精神障碍诊断、治疗活动，应当具备下列条件，并依照医疗机构的管理规定办理有关手续：

（1）有与从事的精神障碍诊断、治疗相适应的精神科执业医师、护士；

（2）有满足开展精神障碍诊断、治疗需要的设施和设备；

（3）有完善的精神障碍诊断、治疗管理制度和质量监控制度。

从事精神障碍诊断、治疗的专科医疗机构还应当配备从事心理治疗的人员。精神障碍的诊断、治疗，应当遵循维护患者合法权益、尊重患者人格尊严的原则，保障患者在现有条件下获得良好的精神卫生服务。

（二）精神障碍的诊断规则

1. 诊断依据

精神障碍的诊断应当以精神健康状况为依据。除法律另有规定外，不得违背被诊断者本人意志进行确定其是否患有精神障碍的医学检查。

2. 疑似患者的诊断规则

除个人自行到医疗机构进行精神障碍诊断外，疑似精神障碍患者的近亲属可以将其送往医疗机构进行精神障碍诊断。对查找不到近亲属的流浪乞讨疑似精神障碍患者，由当地民政等有关部门按照职责分工，帮助送往医疗机构进行精神障碍诊断。

疑似精神障碍患者发生伤害自身、危害他人安全的行为，或者有伤害自身、危害他人安全的危险的，其近亲属、所在单位、当地公安机关应当立即采取措施予以制止，并将其送往医疗机构进行精神障碍诊断。

医疗机构接到送诊的疑似精神障碍患者，不得拒绝为其作出诊断。

3. 诊断人的资格

精神障碍的诊断应当由精神科执业医师作出。医疗机构接到伤害自身、危害他人安全的疑似精神障碍患者，应当将其留院，立即指派精神科执业医师进行诊断，并及时出具诊断结论。

二、精神障碍患者住院治疗决定权

（一）住院自愿原则

精神障碍的住院治疗实行自愿原则。但精神障碍患者的诊断结论、病情评估表明，就诊者为严重精神障碍患者并有下列情形之一的，应当对其实施住院治疗：

（1）已经发生伤害自身的行为，或者有伤害自身的危险的；

（2）已经发生危害他人安全的行为，或者有危害他人安全的危险的。

（二）监护人决定原则

伤害自身或者有伤害自身危险的精神障碍患者，不能辨认和控制自己行为的患者，经其监护人同意，医疗机构应当对患者实施住院治疗；监护人不同意的，医疗机构不得对患者实施住院治疗。监护人应当对在家居住的患者做好看护管理。

三、鉴定程序

（一）精神障碍的鉴定

精神障碍患者已经发生危害他人安全的行为，或者有危害他人安全的危险情形，患者或者其监护人对需要住院治疗的诊断结论有异议，不同意对患者实施住院治疗的，可以要求再次诊断和鉴定。

（二）再次诊断的程序

要求再次诊断的精神障碍患者及其监护人，应当自收到诊断结论之日起三日内向原医疗机构或者其他具有合法资质的医疗机构提出。承担再次诊断的医疗机构应当在接到再次诊断要求后指派两名初次诊断医师以外的精神科执业医师进行再次诊断，并及时出具再次诊断结论。承担再次诊断的执业医师应当到收治患者的医疗机构面见、询问患者，该医疗机构应当予以配合。

（三）异议鉴定程序

对再次诊断结论有异议的，可以自主委托依法取得执业资质的鉴定机构进行精神障碍医学鉴定；医疗机构应当公示经公告的鉴定机构名单和联系方式。接受委托的鉴定机构应当指定本机构具有该鉴定事项执业资格的两名以上鉴定人共同进行鉴定，并及时出具鉴定报告。鉴定人应当到收治精神障碍患者的医疗机构面见、询问患者，该医疗机构应当予以配合。鉴定人本人或者其近亲属与鉴定事项有利害关系，可能影响其独立、客观、公正进行鉴定的，应当回避。

(四)鉴定报告

鉴定机构、鉴定人应当尊重科学,恪守职业道德,按照精神障碍鉴定的实施程序、技术方法和操作规范,依法独立进行鉴定,出具客观、公正的鉴定报告,应对鉴定过程进行实时记录并签名。记录的内容应当真实、客观、准确、完整,记录的文本或者声像载体应当妥善保存。

再次诊断结论或者鉴定报告表明,不能确定就诊者为严重精神障碍患者,或者患者不需要住院治疗的,医疗机构不得对其实施住院治疗。

再次诊断结论或者鉴定报告表明,精神障碍患者确有危害他人安全,或者有危害他人安全的危险的情形的,其监护人应当同意对患者实施住院治疗。监护人阻碍实施住院治疗或者患者擅自脱离住院治疗的,可以由公安机关协助医疗机构采取措施对患者实施住院治疗。

在相关机构出具再次诊断结论、鉴定报告前,收治精神障碍患者的医疗机构应当按照诊疗规范的要求对患者实施住院治疗。

四、住院治疗

(一)住院手续的办理

诊断结论表明需要住院治疗的精神障碍患者,本人没有能力办理住院手续的,由其监护人办理住院手续;患者属于查找不到监护人的流浪乞讨人员的,由送诊的有关部门办理住院手续。

精神障碍患者有危害他人安全的行为,或者有危害他人安全的危险情形,其监护人不办理住院手续的,由患者所在单位、村民委员会或者居民委员会办理住院手续,并由医疗机构在患者病历中予以记录。

(二)医疗机构的职责

医疗机构及其医务人员应当将精神障碍患者在诊断、治疗过程中享有的权利告知患者或者其监护人;应当配备适宜的设施、设备,保护就诊和住院治疗的精神障碍患者的人身安全,防止其受到伤害,并为住院患者创造尽可能接近正常生活的环境和条件;医疗机构及其医务人员应当遵循精神障碍诊断标准和治疗规范,制定治疗方案,并向精神障碍患者或者其监护人告知治疗方案和治疗方法、目的以及可能产生的后果。

精神障碍患者在医疗机构内发生或者将要发生伤害自身、危害他人安全、扰乱医疗秩序的行为,医疗机构及其医务人员在没有其他可替代措施的情况下,可以实施约束、隔离等保护性医疗措施。实施保护性医疗措施应当遵循诊断标准和治疗规范,并在实施后告知患者的监护人。禁止利用约束、隔离等保护性医疗措施惩罚精神障碍患者。

对精神障碍患者使用药物,应当以诊断和治疗为目的,使用安全、有效的药物,不得为诊断或者治疗以外的目的使用药物。医疗机构不得强迫精神障碍患者从事生产劳动。禁止对实施住院治疗的已经发生危害他人安全的行为，或者有危害他人安全危险的精神障碍患者实施以治疗精神障碍为目的的外科手术。

（三）特殊治疗告知义务

《精神卫生法》规定医疗机构对精神障碍患者实施下列治疗措施，应当向患者或者其监护人告知医疗风险、替代医疗方案等情况，并取得患者的书面同意；无法取得患者意见的，应当取得其监护人的书面同意，并经本医疗机构伦理委员会批准：

（1）导致人体器官功能丧失的外科手术；

（2）与精神障碍治疗有关的实验性临床医疗。

实施前款第一项治疗措施，因情况紧急查找不到监护人的，应当取得本医疗机构负责人和伦理委员会批准。

禁止对精神障碍患者实施与治疗其精神障碍无关的实验性临床医疗。

（四）住院患者的权利

医疗机构及其医务人员应当尊重住院精神障碍患者的通讯和会见探访者等权利。除在急性发病期或者为了避免患者妨碍治疗可以暂时性限制其人身自由外，不得限制患者的通讯和会见探访者等权利。医疗机构及其医务人员应当在病历资料中如实记录精神障碍患者的病情、治疗措施、用药情况以及实施约束、隔离措施等内容，并如实告知患者或者其监护人。患者及其监护人可以查阅、复制病历资料，但是，患者查阅、复制病历资料可能对其治疗产生不利影响的除外。病历资料保存期限不得少于30年。医疗机构不得因就诊者是精神障碍患者，推诿或者拒绝为其治疗属于本医疗机构诊疗范围的其他疾病。

（五）卫生行政管理

县级以上地方人民政府卫生行政部门应当定期就下列事项对本行政区域内从事精神障碍诊断、治疗的医疗机构进行检查：

（1）相关人员、设施、设备是否符合《精神卫生法》要求；

（2）诊疗行为是否符合《精神卫生法》以及诊断标准、治疗规范的规定；

（3）对精神障碍患者实施住院治疗的程序是否符合《精神卫生法》规定；

（4）是否依法维护精神障碍患者的合法权益。

县级以上地方人民政府卫生行政部门进行检查时，应当听取精神障碍患者及其监护人的意见；发现存在违法行为的，应当立即制止或者责令改正，并依法作出处理。

五、精神障碍患者的出院

自愿住院治疗的精神障碍患者可以随时要求出院，医疗机构应当同意。

对已经发生伤害自身的行为，或者有伤害自身的危险情形的精神障碍患者实施住院治疗的，监护人可以随时要求患者出院，医疗机构应当同意。

医疗机构认为精神障碍患者不宜出院的，应当告知不宜出院的理由；患者或者其监护人仍要求出院的，执业医师应当在病历资料中详细记录告知的过程，同时提出出院后的医学建议，患者或者其监护人应当签字确认。

对已经发生危害他人安全的行为，或者有危害他人安全的危险情形的精神障碍患者实施住院治疗后，医疗机构认为患者可以出院的，应当立即告知患者及其监护人。

医疗机构应当根据精神障碍患者病情，及时组织精神科执业医师对已经发生危害他人安全的行为，或者有危害他人安全危险的住院治疗患者进行检查评估。评估结果表明患者不需要继续住院治疗的，医疗机构应当立即通知患者及其监护人。精神障碍患者出院，本人没有能力办理出院手续的，监护人应当为其办理出院手续。

六、家庭、社会基层组织职责

（一）监护人职责

精神障碍患者的监护人应当妥善看护未住院治疗的患者，按照医嘱督促其按时服药、接受随访或者治疗。

（二）社会基层组织职责

村民委员会、居民委员会、患者所在单位等应当依患者或者其监护人的请求，对监护人看护患者提供必要的帮助。

（三）心理治疗

心理治疗活动应当在医疗机构内开展。专门从事心理治疗的人员不得从事精神障碍的诊断，不得为精神障碍患者开具处方或者提供外科治疗。监狱、强制隔离戒毒所等场所应当采取措施，保证患有精神障碍的服刑人员、强制隔离戒毒人员等获得治疗。

第四节　精神障碍的康复

一、精神障碍康复的概念

精神障碍康复是指对精神障碍患者本身和家庭，采取各种措施，使其精神障碍解除，从而能够正常参与社会工作与生活。

二、社区康复的概念

社区康复是指依靠城市街道、农村乡镇等社区力量,包括精神障碍患者本身和家庭,采取医学的、家庭的、职业的、社会的康复措施,使多数精神障碍患者就近得到恢复,增加其参与社会的能力。

三、社区康复措施

(一)社区康复机构的职责

社区康复机构应当为需要康复的精神障碍患者提供场所和条件,对患者进行生活自理能力和社会适应能力等方面的康复训练。

(二)基层组织提供帮助

村民委员会、居民委员会应当为生活困难的精神障碍患者家庭提供帮助,并向所在地乡镇人民政府或者街道办事处以及县级人民政府有关部门反映患者及其家庭的情况和要求,帮助其解决实际困难,为患者融入社会创造条件。

(三)社区卫生服务机构建立档案,定期随访、培训

社区卫生服务机构、乡镇卫生院、村卫生室应当建立严重精神障碍患者的健康档案,对在家居住的严重精神障碍患者进行定期随访,指导患者服药和开展康复训练,并对患者的监护人进行精神卫生知识和看护知识的培训。县级人民政府卫生行政部门应当为社区卫生服务机构、乡镇卫生院、村卫生室开展上述工作给予指导和培训。

(四)残疾人康复机构组织康复活动

残疾人组织或者残疾人康复机构应当根据精神障碍患者康复的需要,组织患者参加康复活动。

第五节 精神障碍患者的权利与保障

一、精神障碍患者的权利

(一)住院、出院自由选择权

精神障碍患者住院治疗及出院实行自愿原则。严重精神障碍患者是否住院和出院实行

监护人决定原则。

（二）基本药物维持治疗权

医疗机构应当为在家居住的严重精神障碍患者提供精神科基本药物维持治疗，并为社区康复机构提供有关精神障碍康复的技术指导和支持。

（三）人格尊严权

精神障碍患者的人格尊严受法律保护。任何组织或者个人不得歧视、侮辱、虐待精神障碍患者，不得非法限制精神障碍患者的人身自由。禁止对精神障碍患者实施家庭暴力，禁止遗弃精神障碍患者。

（四）人身自由权

住院精神障碍患者的通讯和会见探访者等权利受法律保护。除急性发病期或者为了避免妨碍治疗外，不得限制患者的通讯和会见探访者等权利。

（五）知情权

精神障碍患者及其监护人有权了解精神障碍患者的病情、治疗措施、用药情况以及实施约束、隔离措施等内容。患者及其监护人可以查阅、复制病历资料，但是，可能对其治疗产生不利影响的除外。

（六）隐私权

政府部门、医疗机构、与精神卫生工作相关的其他单位及其工作人员应当依法保护精神疾病患者的隐私权。未经精神疾病患者及其近亲属或监护人同意，不得对精神疾病患者录音、录像、摄影或者播放与该精神疾病患者有关的视听资料。因学术交流等原因需要在一定场合公开精神疾病患者病情资料的，应当隐去能够识别该精神疾病患者身份的内容。

（七）劳动就业权

根据精神障碍患者的实际情况，用人单位应当安排患者从事力所能及的工作，保障患者享有同等待遇，安排患者参加必要的职业技能培训，提高患者的就业能力，为患者创造适宜的工作环境，对患者在工作中取得的成绩予以鼓励。

二、精神障碍患者的保障

（一）政府保障

国家加强基层精神卫生服务体系建设，扶持贫困地区、边远地区的精神卫生工作，保障城市社区、农村基层精神卫生工作所需经费。各级人民政府加大财政投入力度，保障精神卫生工作所需经费，将精神卫生工作经费列入本级财政预算。鼓励和支持社会力量举办从事精神障碍诊断、治疗的医疗机构和精神障碍患者康复机构。

（二）医疗保障

医学院校应当加强精神医学的教学和研究，按照精神卫生工作的实际需要培养精神医学专门人才，为精神卫生工作提供人才保障。

综合性医疗机构应当按照国务院卫生行政部门的规定开设精神科门诊或者心理治疗门诊，提高精神障碍预防、诊断、治疗能力。

医疗机构应当组织医务人员学习精神卫生知识和相关法律、法规、政策。

从事精神障碍诊断、治疗、康复的机构应当定期组织医务人员、工作人员进行在岗培训，更新精神卫生知识。

县级以上人民政府卫生行政部门应当组织医务人员进行精神卫生知识培训，提高其识别精神障碍的能力。

（三）知识保障

师范院校应当为学生开设精神卫生课程；医学院校应当为非精神医学专业的学生开设精神卫生课程。

县级以上人民政府教育行政部门对教师进行上岗前和在岗培训，应当有精神卫生的内容，并定期组织心理健康教育教师、辅导人员进行专业培训。

（四）服务与经费保障

县级以上人民政府卫生行政部门应当组织医疗机构为严重精神障碍患者免费提供基本公共卫生服务。

精神障碍患者的医疗费用由基本医疗保险基金支付。医疗保险经办机构应当将精神障碍患者纳入基本医疗保险。县级人民政府应当对家庭经济困难的严重精神障碍患者参加基本医疗保险给予资助。医疗保障、财政等部门应当加强协调，简化程序，属于基本医疗保险基金支付的医疗费用由医疗机构与医疗保险经办机构直接结算。

（五）严重困难患者的保障

精神障碍患者通过基本医疗保险支付医疗费用后仍有困难，或者不能通过基本医疗保险支付医疗费用的，民政部门应当优先给予医疗救助。对符合城乡最低生活保障条件的严重精神障碍患者，民政部门应当会同有关部门及时将其纳入最低生活保障范围。

对属于农村"五保"供养对象的严重精神障碍患者，以及城市中无劳动能力、无生活来源且无法定赡养、抚养、扶养义务人，或者其法定赡养、抚养、扶养义务人无赡养、抚养、扶养能力的严重精神障碍患者，民政部门应当按照国家有关规定予以供养、救助。

此外，严重精神障碍患者确有困难的，民政部门可以采取临时救助等措施，帮助其解决生活困难。

（六）教育与劳动保障

县级以上地方人民政府及其有关部门应当采取有效措施，保证患有精神障碍的适龄儿童、少年接受义务教育，扶持有劳动能力的精神障碍患者从事力所能及的劳动，并为已经康复的人员提供就业服务。

国家对安排精神障碍患者就业的用人单位依法给予税收优惠，并在生产、经营、技术、资金、物资、场地等方面给予扶持。

（七）精神卫生工作人员的职业安全保障

精神卫生工作人员的人格尊严、人身安全不受侵犯，精神卫生工作人员依法履行职责受法律保护。全社会应当尊重精神卫生工作人员。

县级以上人民政府及其有关部门、医疗机构、康复机构应当采取措施，加强对精神卫生工作人员的职业保护，提高精神卫生工作人员的待遇水平，并按照规定给予适当的津贴。精神卫生工作人员因工致伤、致残、死亡的，其工伤待遇以及抚恤按照国家有关规定执行。

第六节 法律责任

一、行政责任

（一）卫生行政部门和其他有关部门的行政责任

县级以上人民政府卫生行政部门和其他有关部门未依法履行精神卫生工作职责，或者滥用职权、玩忽职守、徇私舞弊的，由本级人民政府或者上一级人民政府有关部门责令改正，通报批评，对直接负责的主管人员和其他直接责任人员依法给予警告、记过或者记大过的处分；造成严重后果的，给予降级、撤职或者开除的处分。

（二）不符合法定条件的医疗机构及其医务人员的行政责任

不符合法定条件的医疗机构擅自从事精神障碍诊断、治疗的，由县级以上人民政府卫生行政部门责令停止相关诊疗活动，给予警告，并处5000元以上1万元以下罚款，有违法所得的，没收违法所得；对直接负责的主管人员和其他直接责任人员依法给予或者责令给予降低岗位等级或者撤职、开除的处分；对有关医务人员，吊销其执业证书。

（三）医疗机构及其工作人员的行政责任

医疗机构及其工作人员有下列行为之一的，由县级以上人民政府卫生行政部门责令改正,给予警告;情节严重的,对直接负责的主管人员和其他直接责任人员依法给予或者责令给予降低岗位等级或者撤职、开除的处分,并可以责令有关医务人员暂停1个月以上6个月以下执业活动:

(1)拒绝对送诊的疑似精神障碍患者作出诊断的;

(2)对已经发生危害他人安全的行为,或者有危害他人安全危险的住院治疗的严重精神障碍患者未及时进行检查评估或者未根据评估结果作出处理的。

医疗机构及其工作人员有下列行为之一的,由县级以上人民政府卫生行政部门责令改正,对直接负责的主管人员和其他直接责任人员依法给予或者责令给予降低岗位等级或者撤职的处分;对有关医务人员,暂停6个月以上1年以下执业活动;情节严重的,给予或者责令给予开除的处分,并吊销有关医务人员的执业证书:

(1)违反《精神卫生法》规定实施约束、隔离等保护性医疗措施的;

(2)违反《精神卫生法》规定强迫精神障碍患者劳动的;

(3)违反《精神卫生法》规定对精神障碍患者实施外科手术或者实验性临床医疗的;

(4)违反《精神卫生法》规定侵害精神障碍患者的通讯和会见探访者等权利的;

(5)违反精神障碍诊断标准将非精神障碍患者诊断为精神障碍患者的。

(四)从事心理治疗人员的行政责任

有下列情形之一的,由县级以上人民政府卫生行政部门、工商行政管理部门依据各自职责责令改正,给予警告,并处5000元以上1万元以下罚款,有违法所得的,没收违法所得;造成严重后果的,责令暂停6个月以上1年以下执业活动,直至吊销执业证书或者营业执照:

(1)心理咨询人员从事心理治疗或者精神障碍的诊断、治疗的;

(2)从事心理治疗的人员在医疗机构以外开展心理治疗活动的;

(3)专门从事心理治疗的人员从事精神障碍诊断的;

(4)专门从事心理治疗的人员为精神障碍患者开具处方或者提供外科治疗的。

心理咨询人员、专门从事心理治疗的人员在心理咨询、心理治疗活动中造成他人人身、财产或者其他损害的,依法承担民事责任。

(五)有关单位和个人的行政责任

有关单位和个人违反《精神卫生法》规定,给精神障碍患者造成损害的,对单位直接负责的主管人员和其他直接责任人员,还应当依法给予处分。

(六)其他人员的行政责任

在精神障碍的诊断、治疗、鉴定过程中,寻衅滋事,阻挠有关工作人员依法履行职责,扰乱医疗机构、鉴定机构工作秩序的,依法给予治安管理处罚。

违反《精神卫生法》规定,有其他构成违反治安管理行为的,依法给予治安管理处罚。

二、民事责任

(一) 侵害精神障碍患者的民事责任

违反《精神卫生法》规定,给精神障碍患者造成损害的,有关单位和个人依法承担赔偿责任;有下列情形之一,给精神障碍患者或者其他公民造成人身、财产或者其他损害的,依法承担赔偿责任:

(1) 将非精神障碍患者故意作为精神障碍患者送入医疗机构治疗的;
(2) 精神障碍患者的监护人遗弃患者,或者有不履行监护职责的其他情形的;
(3) 歧视、侮辱、虐待精神障碍患者,侵害患者的人格尊严、人身安全的;
(4) 非法限制精神障碍患者人身自由的;
(5) 其他侵害精神障碍患者合法权益的情形。

(二) 精神障碍患者监护人的民事责任

医疗机构出具的诊断结论表明精神障碍患者应当住院治疗而其监护人拒绝,致使患者造成他人人身、财产损害的,或者患者有其他造成他人人身、财产损害情形的,其监护人依法承担民事责任。

三、刑事责任

违反《精神卫生法》规定,构成犯罪的,依法追究刑事责任。

复习思考题

1. 什么是精神卫生?什么是精神障碍?什么是严重精神障碍?
2. 精神障碍诊断机构应当具备哪些条件?
3. 医疗机构在精神障碍治疗过程中应履行哪些义务?
4. 精神障碍患者的权利有哪些?
5. 《精神卫生法》对精神障碍患者出院是如何规定的?如何理解?
6. 结合《精神卫生法》的规定,如何正确理解精神障碍患者自愿住院治疗?

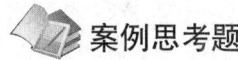
案例思考题

案例一

陈某在工作期间因精神状态不正常被单位送到某精神卫生专科医院治疗。3年后,陈某的病情缓解，精神障碍症状基本消失。此后，陈某多次要求出院，医院认可陈某可以出院，也曾书面通知陈某单位接走陈某。然而，陈某单位迟迟没有接陈某出院。与此同时，单位按期从陈某的工资等账户向医院汇划医疗费用，陈某一直被按照精神障碍疾病进行治疗。

陈某在要求出院未果的情况下，多次向医院提出要给家人打电话，希望妻子或家属来接他出院，但医院限制陈某与家人通信，致使陈某始终未能与家人取得联系。同时，医院以"谁送谁接"为由，阻止陈某亲属来医院接陈某出院，让陈某一直滞留在医院长达13年之久。据陈某的病历显示，陈某在精神障碍症状基本消失的情况下，医院仍让陈某继续常年服用精神类药物（氯氮平等）。某日清晨，陈某在上厕所时摔倒致股骨颈骨折，3个月后，陈某因肺炎和左股骨骨折死亡。

案例讨论
1. 陈某精神障碍症状基本消失后，其要求出院的请求是否应当得到允许？
2. 医院认可陈某可以出院，书面通知单位，在单位未接走陈某的情况下，医院拒绝陈某与家属联系，也拒绝家属接陈某出院，是否存在过错？为什么？
3. 对于陈某的死亡，责任应当由谁来承担？

案例二
患者李某，女，30岁，自幼智力低下。近来出现自语自笑、游走等现象。她丈夫曾将其送往某精神病专科医院就诊，诊断结论为"精神发育迟滞伴精神障碍"。因家庭经济困难，患者未得到足够时间的治疗，病情反复发作。某日李某在游走过程中，将一位在池塘边玩耍的小孩推到水中，所幸小孩被及时救起，村民强烈要求患者丈夫将其送往精神病医院治疗，但遭到拒绝，村民扬言要打患者。村民委员会了解后，联系民政部门和残疾人联合会，共同出资送患者去精神病专科医院治疗。

案例讨论
1. 根据《精神卫生法》规定，非自愿性住院治疗的情形包括哪些？如何理解？
2. 在本案中，村民委员会的做法是否正确？其法律依据是什么？

（上海中医药大学　张静）

第十二章 食品安全法律制度

第一节 概　述

一、食品安全法概述

（一）食品与食品安全的概念

国际食品法典委员会认为食品是指供人类食用的任何加工、半加工或者未加工物质，包括饮料、口香糖及用于生产、制作或处理食品的物质，但不包括化妆品、烟草或仅作为药品使用的物质。

《食品安全法》规定，食品指各种供人食用或者饮用的成品和原料以及按照传统既是食品又是中药材的物品，但是不包括以治疗为目的的物品。食品安全是指食品无毒、无害，符合应当有的营养要求，对人体健康不造成任何急性、亚急性或慢性危害。

"食品安全"一词最早是在1974年由联合国粮食及农业组织提出的，其主要内容包括三个方面：①从食品安全性角度看，要求食品应当"无毒、无害"。"无毒、无害"是指正常人在正常食用情况下摄入可食状态的食品，不会造成对人体的危害。②符合应当有的营养要求。营养要求不但包括人体代谢所需要的蛋白质、脂肪、碳水化合物、维生素、矿物质等营养素的含量，还应包括该食品的消化吸收率和维持人体正常生理功能所应发挥的作用。③对人体健康不造成任何危害，包括急性、亚急性或慢性危害。

（二）食品安全法的概念

广义的食品安全法是指与食品安全有关的全部法律制度的总和，是以保障食品安全、保护个人生命健康为目的的法律规范和法律原则的总称。现阶段，在我国主要包括《食品安全法》《产品质量法》《农产品质量安全法》《渔业法》《计量法》《标准化法》《进出口商品检验法》《突发事件应对法》及食品安全管理的行政法规、部门规章、地方法规等在内的食品安全法律体系。狭义的食品安全法专指《食品安全法》。

二、我国食品安全立法

我国食品安全的法制化管理始于20世纪50年代，当时卫生部发布了一些单项规章和标准，对食品卫生进行监督管理。此后国务院于1965年颁布了《食品卫生管理试行条例》，该条例使我国的食品卫生管理工作更加规范。随着社会、经济的发展，1982年11月19日第五届全国人民代表大会常务委员会第二十五次会议通过了《食品卫生法（试行）》。在这部法律试行了十多年后，第八届全国人民代表大会常务委员会第十六次会议于 1995 年 10 月 30 日审议通过了《食品卫生法》。2009 年，《食品安全法》颁行，取代了《食品卫生法》。2015 年 4 月 24 日，第十二届全国人民代表大会常务委员会对《食品安全法》进行了修订。2018 年 12 月 29 日，第十三届全国人民代表大会常务委员会第七次会议对《食品安全法》进行了修正。

三、食品安全法的调整范围

1. 食品生产
食品生产包括食品生产和加工，是指通过生产、加工程序，把食品原料形成一种新形式的可直接食用的产品。

2. 食品经营
食品经营包括食品销售和餐饮服务。

3. 食品添加剂、食品相关产品的生产经营和使用
食品添加剂是指为改善食品品质和色、香、味以及为防腐、保鲜和加工工艺的需要而加入食品中的人工合成或者天然物质，包括营养强化剂。食品相关产品是指用于食品的包装材料、容器、洗涤剂、消毒剂和用于食品生产经营的工具、设备。食品添加剂、食品相关产品的生产、加工、销售、使用也受食品安全法调整。

4. 食品的储存和运输
食品的储存和运输主要是指食品生产经营过程中的储存和流通环节上的运送。

5. 对食品及其相关产品的安全管理
行政机构的食品安全监督管理活动应遵守《食品安全法》的规定，对食品及其相关产品进行安全管理。

《食品安全法》规定的食品是一个大概念，不仅包括直接食用的各种食物，还包括食品原料，既包括加工食品，也包括食用农产品，囊括了从农田到餐桌的整个食物链中的食品。但并不是食用农产品的所有安全管理都适用《食品安全法》的规定，农产品种植养殖等环节适用《农产品质量安全法》。

另外，转基因食品适用《食品安全法》的规定；《食品安全法》未作规定的，转基因食品适用其他法律、行政法规。

通常意义上讲的"保健品"属于"保健食品"，亦适用《食品安全法》规定。

第二节　食品安全风险监测和评估制度

2019 年 12 月 28 日颁布的《基本医疗卫生与健康促进法》提出专业公共卫生机构应当提供食品安全风险监测评估的公共卫生服务。

一、食品安全风险监测制度

(一) 食品安全风险监测的概念

食品安全风险监测是指系统和持续收集食源性疾病、食品污染、食品中有害因素等相关数据信息,并应用医学、卫生学原理和方法进行监测。食品安全风险监测是政府实施食品安全监督管理的重要手段,承担着为政府提供技术决策、技术服务和技术咨询的重要职能。

(二) 食品安全风险监测的功能

食品安全风险监测的功能如下所述:一是全面了解食品污染状况和趋势;二是发现食品安全隐患,协助确定需重点监管的食品和环节,为监管工作提供科学依据;三是为风险评估、标准制定和修订提供基础数据;四是了解食源性疾病发生情况,以便早期识别和防控食源性疾病。

(三) 食品安全风险监测的内容

国家建立食品安全风险监测制度,主要对以下三类内容进行监测:

1. 食源性疾病

食源性疾病是指食品中致病因素进入人体引起的感染性、中毒性等疾病,包括常见的食物中毒、肠道传染病、人畜共患传染病、寄生虫病以及化学性有毒、有害物质所引起的疾病。食源性疾病具有暴发性、散发性、地区性和季节性特征,其发病率居各类疾病发病率的前列,在世界范围内都是日益严重的食品安全和公共卫生问题。

2. 食品污染

食品污染是指食品及其原料在生产、加工、运输、包装、贮存、销售、烹调等过程中,因农药、废水、污水、病虫害和家畜疫病所引起的污染,以及霉菌毒素引起的食品霉变,运输、包装材料中有毒物质等对食品所造成的污染的总称。食品污染可分为生物性污染、化学性污染和物理性污染三大类。

3. 食品中的有害因素

食品中可能存在的有害因素按来源可分为三类:①食品污染物。在生产、加工、贮存、运输、销售等过程中混入食品中的物质。②食品中天然存在的有害物质,如大豆中存在的蛋白酶抑制剂。③食品加工、保藏过程中产生的有害物质,如酿酒过程中产生的甲醇、杂醇油等有害成分。

二、食品安全风险评估制度

（一）食品安全风险评估的概念

食品安全风险评估是指对食品、食品添加剂、食品相关产品中生物性、化学性和物理性危害因素对人体健康可能造成的不良影响进行的科学评估，具体包括危害识别、危害特征描述、暴露评估、风险特征描述四个阶段。

1. 危害识别

危害识别是指根据相关的科学数据和科学实验，判断食品中的某种因素是否会危及人体健康的过程。

2. 危害特征描述

危害特征描述是指对某种因素给人体可能造成的危害进行定性或者量化的过程。

3. 暴露评估

暴露评估是指通过膳食调查，确定危害以何种途径进入人体，同时计算出人体食用各种食物的安全摄入量和危害物含量的过程。

4. 风险特征描述

风险特征描述是综合危害识别、危害特征描述和暴露评估的结果，总结某种危害因素对人体产生不良影响的程度。

（二）食品安全风险评估的法定情形

（1）通过食品安全风险监测或者接到举报发现食品、食品添加剂、食品相关产品可能存在安全隐患的情形；

（2）为制定或者修订食品安全国家标准提供科学依据需要进行风险评估的情形；

（3）为确定监督管理的重点领域、重点品种需要进行风险评估的情形；

（4）发现新的可能危害食品安全因素的情形；

（5）需要判断某一因素是否构成食品安全隐患的情形；

（6）国务院卫生行政部门认为需要进行风险评估的其他情形。

（三）食品安全风险评估的作用

食品安全风险评估结果是制定、修订食品安全标准和实施食品安全监督管理的科学依据。

经食品安全风险评估，得出食品、食品添加剂、食品相关产品不安全结论的，国务院食品安全监督管理、质量监督等部门应当依据各自职责立即向社会公告，告知消费者停止食用或者使用，并采取相应措施，确保该食品、食品添加剂、食品相关产品停止生产经营；需要制定、修订相关食品安全国家标准的，国务院卫生行政部门应当会同国务院食品安全监督管理部门立即制定、修订。

第三节　食品安全标准制度

一、食品安全标准的概念

食品安全标准是指在一定的范围内，为了获得最佳的食品安全秩序，保证食品满足无毒、无害以及符合健康需求等要求，经食品安全有关方协商一致制定并经公认机构批准，以供共同使用和重复使用的一种技术规范。

食品安全标准是强制执行的标准。

2009年《食品安全法》通过之前，我国食品卫生标准、食品质量标准以及行业标准等多套标准同时存在，有食品、食品添加剂、食品相关产品国家标准200余项，行业标准2900余项，地方标准1200余项。《食品安全法》通过后，除食品安全标准外，不得制定其他的食品强制性标准。卫生行政部门对食品相关标准进行了清理，梳理标准间矛盾、交叉、重复等问题。目前，国务院卫生行政部门已经公布了2000多项食品安全国家标准，初步建立了一个以国家标准为主体、以保障公众身体健康为宗旨的食品安全标准体系。

二、食品安全标准的内容

（1）食品、食品添加剂、食品相关产品中的致病性微生物和农药残留、兽药残留、生物毒素、重金属等污染物质以及其他危害人体健康物质的限量规定；
（2）食品添加剂的品种、使用范围、用量；
（3）专供婴幼儿和其他特定人群的主辅食品的营养成分要求；
（4）对与卫生、营养等食品安全有关的标签、标志、说明书的要求；
（5）食品生产、经营过程的卫生要求；
（6）与食品安全有关的质量要求；
（7）与食品安全有关的食品检验方法与规程；
（8）其他需要制定为食品安全标准的内容。

三、食品安全标准的类型

（一）国家标准

食品安全国家标准是指为了保证食品安全，由国务院卫生行政部门会同国务院食品安全监督管理部门对食品生产经营过程中影响食品安全的各种要素以及各关键环节所规定的在全国范围内统一适用的食品安全标准，由国务院标准化行政部门提供国家标准编号。

（二）地方标准

食品安全地方标准是指由省、自治区、直辖市人民政府卫生行政部门组织制定的，在该人民政府行政区域内适用的食品安全标准。现实中各地都存在一些地方特色食品，因为其存在于特定区域，其生产、流通、食用都限制于特定区域的范围，短期内不可能或者也没有必要制定国家标准。

食品安全地方标准受到严格限制，仅对没有食品安全国家标准的地方特色食品，才可以制定地方标准，如果食品安全国家标准制定后，该地方标准即行废止。只有省一级的人民政府卫生行政部门可以制定并公布食品安全地方标准，还须报国务院卫生行政部门备案。保健食品、特殊医学用途配方食品、婴幼儿配方食品等特殊食品不属于地方特色食品，不得对其制定食品安全地方标准。

（三）企业标准

食品安全企业标准是生产食品的企业自己制定的标准，作为企业组织生产的依据，属于企业标准的范畴。食品安全企业标准是作为食品安全第一责任人的企业，在防范和降低经营风险的天然动力驱动下主动制定的自我执行标准。食品安全企业标准应当严于食品安全国家标准或者地方标准。

第四节 食品生产经营制度

食品生产经营是指一切有关食品生产（不包括种植业和养殖业）、采集、收购、加工、贮存、运输、陈列、供应、销售的活动，它可分为食品生产、食品流通、餐饮服务三大类。

一、食品生产经营者义务

（一）保障性义务

食品生产经营应当符合食品安全标准，并符合下列要求：

（1）具有与生产经营的食品品种、数量相适应的食品原料处理和食品加工、包装、贮存等场所，保持该场所环境整洁，并与有毒、有害场所以及其他污染源保持规定的距离；

（2）具有与生产经营的食品品种、数量相适应的生产经营设备或者设施，有相应的消毒、更衣、盥洗、采光、照明、通风、防腐、防尘、防蝇、防鼠、防虫、洗涤以及处理废水、存放垃圾和废弃物的设备或者设施；

（3）有专职或者兼职的食品安全专业技术人员、食品安全管理人员和保证食品安全的规章制度；

（4）具有合理的设备布局和工艺流程，防止待加工食品与直接入口食品、原料与成品交叉污染，避免食品接触有毒物、不洁物；

（5）餐具、饮具和盛放直接入口食品的容器，使用前应当洗净、消毒，炊具、用具用后应当洗净，保持清洁；

（6）贮存、运输和装卸食品的容器、工具和设备应当安全、无害，保持清洁，防止食品污染，并符合保证食品安全所需的温度、湿度等特殊要求，不得将食品与有毒、有害物品一同贮存、运输；

（7）直接入口的食品应当使用无毒、清洁的包装材料、餐具、饮具和容器；

（8）食品生产经营人员应当保持个人卫生，生产经营食品时，应当将手洗净，穿戴整洁的工作衣帽等；销售无包装的直接入口食品时，应当使用无毒、清洁的容器、售货工具和设备；

（9）用水应当符合国家规定的生活饮用水卫生标准；

（10）使用的洗涤剂、消毒剂应当对人体安全、无害；

（11）法律、法规规定的其他要求。

（二）禁止性义务

禁止生产经营下列食品、食品添加剂、食品相关产品：

（1）用非食品原料生产的食品或者添加食品添加剂以外的化学物质和其他可能危害人体健康物质的食品，或者用回收食品作为原料生产的食品；

（2）致病性微生物和农药残留、兽药残留、生物毒素、重金属等污染物质以及其他危害人体健康的物质含量超过食品安全标准限量的食品、食品添加剂、食品相关产品；

（3）用超过保质期的食品原料、食品添加剂生产的食品、食品添加剂；

（4）超范围、超限量使用食品添加剂的食品；

（5）营养成分不符合食品安全标准的专供婴幼儿和其他特定人群的主辅食品；

（6）腐败变质、油脂酸败、霉变生虫、污秽不洁、混有异物、掺假掺杂或者感官性状异常的食品、食品添加剂；

（7）病死、毒死或者死因不明的禽、畜、兽、水产动物肉类及其制品；

（8）未按规定进行检疫或者检疫不合格的肉类，或者未经检验或者检验不合格的肉类制品；

（9）被包装材料、容器、运输工具等污染的食品、食品添加剂；

（10）标注虚假生产日期、保质期或者超过保质期的食品、食品添加剂；

（11）无标签的预包装食品、食品添加剂；

（12）国家为防病等特殊需要明令禁止生产经营的食品；

（13）添加药品（按传统既是食品又是中药材的物质除外）的食品；

（14）其他不符合法律、法规或者食品安全标准的食品、食品添加剂、食品相关产品。

二、与食品生产经营有关的许可制度

（一）食品生产经营许可制度

国家对食品生产经营实行许可制度。食品生产经营许可的有效期为 5 年。从事食品生产、食品销售、餐饮服务，应当依法取得生产许可、流通许可及餐饮服务许可。销售食用农产品，不需要取得许可。对直接接触食品的包装材料等具有较高风险的食品相关产品，按照国家有关工业产品生产许可证管理的规定实施生产许可。

（二）食品添加剂生产许可制度

国家对食品添加剂生产经营实行许可制度。食品添加剂应当在技术上确有必要且经过风险评估证明安全可靠，方可列入允许使用的范围。

三、食品安全全程追溯制度

食品生产经营者应当建立食品安全追溯体系，保证食品安全全程可追溯。国家鼓励食品生产经营者采用信息化手段采集、留存生产经营信息，建立食品安全追溯体系。

国务院食品安全监督管理部门会同国务院其他行政部门建立食品安全全程追溯协作机制。

四、"三新"产品安全评估许可制度

"三新"产品是指利用新的食品原料生产的食品或者生产食品添加剂新品种、食品相关产品新品种。进口或生产"三新"产品应当向国务院卫生行政部门提交相关产品的安全性评估材料。国务院卫生行政部门应当自收到申请之日起六十日内组织审查；对符合食品安全要求的，准予许可并公布；对不符合食品安全要求的，不予许可并书面说明理由。

五、食品安全生产管理制度

食品生产经营企业应当建立健全食品安全管理制度，对职工进行食品安全知识培训，加强食品检验工作；执行从业人员健康管理制度；建立食品安全自查制度。采购食品原料、食品添加剂、食品相关产品，应当查验供货者的许可证和产品合格证明；建立进货查验记录制度；按照保证食品安全的要求贮存食品，定期检查库存食品，定期清洗、校验、维护有关加工、贮存、陈列、保温、冷藏、冷冻设施；建立出厂检验记录制度。

六、证照审查制度

集中交易市场的开办者、柜台出租者和展销会举办者，应当依法审查入场食品经营者的许可证，明确其食品安全管理责任，定期对其经营环境和条件进行检查。网络食品交易第三方平台提供者应当对入网食品经营者进行实名登记，明确其食品安全管理责任；依法应当取得许可证的，还应当审查其许可证；提供者如发现食品经营者有违法行为，应当及时制止并立即报告所在地县级人民政府食品药品监督管理部门。

七、食品召回制度

食品生产经营者发现其生产经营的食品不符合食品安全标准或者有证据证明可能危害人体健康的，应当立即停止生产经营，召回已经上市销售的食品，通知相关生产经营者和消费者，并记录召回和通知情况。食品生产经营者应当对召回的食品采取无害化处理、销毁等措施，防止其再次流入市场。但是，对因标签、标志或者说明书不符合食品安全标准而被召回的食品，食品生产者在采取补救措施且能保证食品安全的情况下可以继续销售；销售时应当向消费者明示补救措施。

食品生产经营者应当将食品召回和处理情况向所在地县级人民政府食品安全监督管理部门报告；食品生产经营者未依照规定召回或者停止经营的，县级以上人民政府食品安全监督管理部门可以责令其召回或者停止经营。

八、食品标识制度

（一）预包装食品的标识

预包装食品的包装上应当有标签，并标明下列事项：①名称、规格、净含量、生产日期；②成分或者配料表；③生产者的名称、地址、联系方式；④保质期；⑤产品标准代号；⑥贮存条件；⑦所使用的食品添加剂在国家标准中的通用名称；⑧生产许可证编号；⑨法律、法规或者食品安全标准规定应当标明的其他事项。

专供婴幼儿和其他特定人群的主辅食品，其标签还应当标明主要营养成分及其含量。食品安全国家标准对标签标注事项另有规定的，从其规定。

（二）散装食品的标识

散装食品应当在散装食品的容器、外包装上标明食品的名称、生产日期或者生产批号、保质期以及生产经营者名称、地址、联系方式等内容。

（三）转基因食品的标识

生产经营转基因食品应当按照规定显著标示，以保障消费者的知情权和自主选择权。转基因食品是利用基因工程技术改变基因组成而形成的食品，主要包括植物转基因食品、动物转基因食品和微生物转基因食品。

（四）食品添加剂的标识

食品添加剂应当有标签、说明书和包装，载明使用范围、用量、使用方法及"食品添加剂"字样等相关事项。

（五）食品和食品添加剂标识要求

食品和食品添加剂的标签、说明书，应当清楚、明显，生产日期、保质期等事项应当显著标注，容易辨识。不得含有虚假内容，不得涉及疾病预防、治疗功能。生产经营者对其提供的标签、说明书的内容负责。食品和食品添加剂与其标签、说明书的内容不符的，不得上市销售。

九、食品广告制度

食品广告的内容应当真实合法，不得含有虚假内容，不得涉及疾病预防、治疗功能。食品生产经营者对食品广告内容的真实性、合法性负责。

县级以上人民政府食品安全监督管理部门和其他有关部门以及食品检验机构、食品行业协会不得以广告或者其他形式向消费者推荐食品。消费者组织不得以收取费用或者其他牟取利益的方式向消费者推荐食品。

十、特殊食品管理制度

（一）保健食品

保健食品声称保健功能，应当具有科学依据，不得对人体产生急性、亚急性或者慢性危害。保健食品原料目录和允许保健食品声称的保健功能目录，由国务院食品安全监督管理部门会同国务院卫生行政部门、国家中医药管理部门制定、调整并公布。保健食品的标签、说明书不得涉及疾病预防、治疗功能，内容应当真实，与注册或者备案的内容相一致，载明适宜人群、不适宜人群、功效成分或者标志性成分及其含量等，并声明"本品不能代替药物"。保健食品的功能和成分应当与标签、说明书相一致。

（二）特殊医学用途配方食品

特殊医学用途配方食品应当经国务院食品安全监督管理部门注册，其广告适用《中华人民共和国广告法》和其他法律、行政法规关于药品广告管理的规定。

(三) 婴幼儿配方食品

婴幼儿配方食品生产企业应当实施从原料进厂到成品出厂的全过程质量控制，对出厂的婴幼儿配方食品实施逐批检验，保证食品安全；应当将食品原料、食品添加剂、产品配方及标签等事项向省、自治区、直辖市人民政府食品安全监督管理部门备案。

婴幼儿配方乳粉的产品配方应当经国务院食品安全监督管理部门注册。不得以分装方式生产婴幼儿配方乳粉，同一企业不得用同一配方生产不同品牌的婴幼儿配方乳粉。

第五节 食品检验制度

一、食品检验的概念

食品检验是对食品原料、辅助材料、成品的质量和安全性进行的检验，包括对食品理化指标、卫生指标、外观特性以及外包装、内包装、标志等进行的检验。食品检验的方法主要有感官检验法和理化检验法。食品添加剂的检验适用《食品安全法》关于食品检验的规定。

二、食品检验基本制度

(一) 食品检验机构与检验人共同负责制

食品检验机构与检验人对食品检验结论的科学、真实、准确共同负责。这一规定将食品检验机构与检验人相并列，改变了过去检验人完全隶属于食品检验机构的做法，在加重检验人责任的同时有利于提升检验人员的职业地位，发挥检验人的主观能动性，有利于在食品检验机构与检验人员之间形成制约机制，保证食品检验客观公正。

食品检验报告应当加盖食品检验机构公章，并有检验人的签名或者盖章。这是对食品检验报告的形式要求，表明检验机构和检验人对检验报告的客观性和公正性共同负责，一旦出现问题，造成不良后果，检验机构和检验人都要依法承担相应的法律责任。

(二) 对食品不得实施免检制度

免检制度是指依据《产品免于质量监督检查管理办法》，对符合规定的产品，在3年内免予各级政府部门的质量监督抽查的制度。免检制度始于20世纪90年代，设立免检制度初衷是为了避免重复检查，减轻企业负担，鼓励企业自律，保证产品质量。但从实施效果来看，免检食品的安全情况却不能令人满意。2008年9月18日，多个属于"国家免检产品"的奶制品被检出含有三聚氰胺并导致许多婴幼儿患肾结石，国家发文废止了食品免检制度。

三、食品检验的方式

（一）抽样检验

县级以上人民政府食品安全监督管理部门应当对食品进行定期或者不定期的抽样检验，并依据有关规定公布检验结果，不得免检。进行抽样检验，应当购买抽取的样品，委托符合《食品安全法》规定的食品检验机构进行检验，并支付相关费用；不得向食品生产经营者收取检验费和其他费用。

（二）自行检验

自行检验是指食品生产经营者自行对自己生产或经营的食品进行检验。食品检验是食品生产经营者的法定义务，未经检验的食品禁止出厂和销售。

（三）委托检验

委托检验是指委托人委托有食品检验资质的食品检验机构对送检的食品进行检验。依委托人的不同，委托检验可分为食品安全监督管理部门委托检验、食品生产经营企业委托检验以及食品行业协会、消费者协会等组织或消费者委托检验。

（四）复检

对依照《食品安全法》规定实施的检验结论有异议的，食品生产经营者可以自收到检验结论之日起 7 个工作日内向实施抽样检验的食品安全监督管理部门或者其上一级食品安全监督管理部门提出复检申请，由受理复检申请的食品安全监督管理部门在公布的复检机构名录中随机确定复检机构进行复检。复检机构出具的复检结论为最终检验结论。复检机构与初检机构不得为同一机构。复检机构名录由国务院认证认可监督管理，食品药品监督管理、卫生行政、农业行政等部门共同公布。

采用国家规定的快速检测方法对食用农产品进行抽查检测，被抽查人对检测结果有异议的，可以自收到检测结果时起 4 小时内申请复检。复检不得采用快速检测方法。

第六节 食品进出口制度

一、食品进口法律制度

（一）进口食品安全标准制度

进口的食品、食品添加剂、食品相关产品应当符合我国食品安全国家标准。

进口尚无食品安全国家标准的食品,由境外出口商、境外生产企业或者其委托的进口商向国务院卫生行政部门提交该食品所执行的相关国家(地区)标准或者国际标准。国务院卫生行政部门对相关标准进行审查,认为符合食品安全要求的,决定暂予适用,并及时制定相应的食品安全国家标准。

(二)进口食品检验制度

进口的食品、食品添加剂应当经海关总署、出入境检验检疫机构依照进出口商品检验检疫相关法律、行政法规的规定检验合格。检验结果应当公开。未经检验合格,出入境检验检疫机构不得签发入境货物通关单。即使检验合格,也只是说明对该件产品的同批次产品进行了抽检并检验合格,并不代表每件产品都是安全合格的。

进口的食品、食品添加剂应当按照海关总署、出入境检验检疫机构的要求随附合格证明材料。该合格证明材料至少能够证明进口到我国境内的食品、食品添加剂经出口国家(地区)食品检验机构检验,符合出口国家(地区)的食品安全标准。

(三)进口食品标识制度

进口的预包装食品、食品添加剂应当有中文标签;依法应当有说明书的,还应当有中文说明书。标签、说明书应当符合我国法律规定和食品安全国家标准的要求,并载明食品的原产地以及境内代理商的名称、地址、联系方式。预包装食品没有中文标签、中文说明书或者标签、说明书不符合本规定的,不得进口。境外出口商、境外生产企业应当对标签、说明书的内容负责。

(四)进口食品预警制度

境外发生的食品安全事件可能对我国境内造成影响,或者在进口食品、食品添加剂、食品相关产品中发现严重食品安全问题的,国家出入境检验检疫部门应当及时采取风险预警或者控制措施,并向国务院食品安全监督管理、卫生行政、农业行政部门通报。接到通报的部门应当及时采取相应措施。

县级以上人民政府食品安全监督管理部门对国内市场上销售的进口食品、食品添加剂实施监督管理。发现存在严重食品安全问题的,国务院食品安全监督管理部门应当及时向国家出入境检验检疫部门通报,国家出入境检验检疫部门应当及时采取相应措施。

(五)食品进口备案注册制度

向我国境内出口食品的境外出口商或者代理商、进口食品的进口商应当向国家出入境检验检疫部门备案。向我国境内出口食品的境外食品生产企业应当在国家出入境检验检疫部门注册。已经注册的境外食品生产企业提供虚假材料,或者因其自身的原因致使进口食品发生重大食品安全事故的,国家出入境检验检疫部门应当撤销注册并公告。

国家出入境检验检疫部门应当定期公布已经备案的境外出口商、代理商、进口商和已经注册的境外食品生产企业名单。

(六) 食品进口销售记录制度

进口商应当建立食品、食品添加剂进口和销售记录制度，如实记录食品、食品添加剂的名称、规格、数量、生产日期、生产或者进口批号、保质期、境外出口商和购货者名称、地址及联系方式、交货日期等内容，并保存相关凭证。

(七) 进口食品召回制度

发现进口食品不符合我国食品安全国家标准或者有证据证明可能危害人体健康的，进口商应当立即停止进口，主动召回其产品，向社会公布相关信息，通知销售者停止销售，告知消费者停止使用，做好召回食品情况记录。

二、食品出口法律制度

(一) 出口食品检验制度

出口食品生产企业应当保证其出口食品符合进口国（地区）的标准或者合同要求。出入境检验检疫机构对出口食品实施监督、抽检，检验合格签发出境货物通关单，海关凭单为出口食品办理通关手续。

(二) 出口食品备案制度

出口食品生产企业和出口食品原料种植场、养殖场应当向国家出入境检验检疫部门备案。

第七节 食品安全事故处置

一、食品安全事故的概念及分级

食品安全事故，指食物中毒、食源性疾病、食品污染等源于食品，对人体健康有危害或者可能有危害的事故。食品安全事故分特别重大、重大、较大和一般食品安全事故，共四级。

二、食品安全事故应急预案的制定

食品安全事故应急预案遵循国家突发事件应急预案的基本原则，与国家突发事件应急预案有机衔接。国务院组织制定国家食品安全事故应急预案。

县级以上地方人民政府应当根据有关法律、法规的规定和上级人民政府的食品安全事故应急预案以及本行政区域的实际情况，制定本行政区域的食品安全事故应急预案，并报上一级人民政府备案。

食品安全事故应急预案应当对食品安全事故分级、事故处置组织指挥体系与职责、预防预警机制、处置程序、应急保障措施等作出规定。

食品生产经营企业应当制定食品安全事故处置方案，定期检查本企业各项食品安全防范措施的落实情况，及时消除事故隐患。

三、食品安全事故报告和通报制度

食品安全事故发生后下级对上级有报告义务，同级之间有通报义务，由食品安全管理部门汇总并逐级上报。任何单位和个人不得对食品安全事故隐瞒、谎报、缓报，不得隐匿、伪造、毁灭有关证据。

报告和通报主体主要有以下单位：
（1）发生食品安全事故的单位；
（2）接收病人治疗的单位；
（3）发现事故或接到举报的质量监督、农业行政、卫生行政等部门。

四、食品安全事故应急措施

县级以上人民政府食品安全监督管理部门接到食品安全事故报告后，应当立即会同同级卫生行政、质量监督、农业行政等部门进行调查处理，并采取下列措施，防止或者减轻社会危害：
（1）开展应急救援工作，组织救治因食品安全事故导致人身伤害的人员；
（2）封存可能导致食品安全事故的食品及其原料，并立即进行检验；对确认属于被污染的食品及其原料，责令食品生产经营者依照《食品安全法》第63条的规定召回或者停止经营；
（3）封存被污染的食品相关产品，并责令进行清洗消毒；
（4）做好信息发布工作，依法对食品安全事故及其处理情况进行发布，并对可能产生的危害加以解释、说明。

发生食品安全事故需要启动应急预案的，县级以上人民政府应当立即成立事故处置指挥机构，启动应急预案。

五、食品安全事故调查

（一）流行病学调查

疾病预防控制机构开展食品安全事故流行病学调查，并向同级食品安全监督管理、卫生行政部门提交报告。

（二）事故调查

食品安全事故发生后，食品安全监督管理部门应当立即进行事故责任调查，向上级提出事故责任调查处理报告。跨省级重大食品安全事故由国务院食品安全监督管理部门组织事故责任调查。有关单位和个人应当予以配合，按照要求提供相关资料和样品，不得拒绝，不得阻挠、干涉调查处理。

（三）调查要求

调查食品安全事故，应当坚持实事求是、尊重科学的原则，及时、准确查清事故性质和原因，认定事故责任，提出整改措施。

第八节　食品安全监督管理

县级以上人民政府建立统一权威的食品安全监督管理体制，加强食品安全监督管理能力建设。设区的市级以上人民政府食品安全监督管理部门根据监督管理工作需要，可以对由下级人民政府食品安全监督管理部门负责日常监督管理的食品生产经营者实施随机监督检查，也可以组织下级人民政府食品安全监督管理部门对食品生产经营者实施异地监督检查。

国家建立食品安全检查员制度；实行食品安全违法行为举报奖励制度，对举报所在企业食品安全重大违法犯罪行为的举报人，加大奖励力度；建立守信联合激励和失信联合惩戒机制；建立严重违法生产经营者黑名单制度，将食品安全信用状况与准入、融资、信贷、征信等相衔接。

一、监管重点

（1）专供婴幼儿和其他特定人群的主辅食品；

（2）保健食品生产过程中的添加行为和按照注册或者备案的技术要求组织生产的情况以及保健食品标签、说明书以及宣传材料中有关功能宣传的情况；

（3）发生食品安全事故风险较高的食品生产经营者；

（4）食品安全风险监测结果表明可能存在食品安全隐患的事项。

二、监管措施

（1）进入生产经营场所实施现场检查；

(2)对生产经营的食品、食品添加剂、食品相关产品进行抽样检验;

(3)查阅、复制有关合同、票据、账簿以及其他有关资料;

(4)查封、扣押有证据证明不符合食品安全标准或者有证据证明存在安全隐患以及用于违法生产经营的食品、食品添加剂、食品相关产品;

(5)查封违法从事生产经营活动的场所。

三、信息发布

国家建立统一的食品安全信息平台,实行食品安全信息统一公布制度。国家食品安全总体情况、食品安全风险警示信息、重大食品安全事故及其调查处理信息和国务院确定需要统一公布的其他信息由国务院食品安全监督管理部门统一公布。食品安全风险警示信息和重大食品安全事故及其调查处理信息的影响限于特定区域的,也可以由有关省、自治区、直辖市人民政府食品安全监督管理部门公布。未经授权不得发布上述信息。

县级以上人民政府食品安全监督管理、质量监督、农业行政部门依据各自职责公布食品安全日常监督管理信息。

公布食品安全信息,应当做到准确、及时,并进行必要的解释说明,避免误导消费者和社会舆论。

四、责任约谈制度

责任约谈制度是指上级组织部门对未履行或未全面正确履行职责,或未按时完成重要工作任务的下级组织部门所进行的问责谈话制度。约谈是一种低成本、灵活的行政手段,重在防患于未然,关口前移,消除隐患,可以督促和监督责任者更好地履行义务和职责。

(一)对食品生产经营者的约谈机制

在食品生产经营过程中,食品生产经营者应当采取措施及时消除可能存在的安全隐患。食品安全监督管理部门对未及时采取措施消除食品安全隐患的食品生产经营者的法定代表人或者主要负责人进行责任约谈。约谈后,食品生产经营者应当立即采取措施,进行整改,消除隐患。责任约谈情况和整改情况应当纳入食品生产经营者食品安全信用档案。

(二)上级人民政府和本级人民政府的约谈机制

食品安全监督管理等部门未及时发现食品安全系统性风险,未及时消除监督管理区域内的食品安全隐患的,本级人民政府可以对其主要负责人进行责任约谈。地方人民政府未履行食品安全职责,未及时消除区域性重大食品安全隐患的,上级人民政府可以对其主要负责人进行责任约谈。责任约谈情况和整改情况应当纳入地方人民政府和有关部门食品安全监督管理工作评议、考核记录。

第九节 法律责任

一、行政责任

食品安全行政责任是指食品生产者、经营者、销售者以及食品安全管理机构等负有责任的主体违反食品安全相关行政法律、法规的规定所应承担的法律后果。食品安全行政责任包括行政处分和行政处罚。行政处分包括记大过、降级、开除等；行政处罚是追究食品生产、加工、运输、储藏、销售、广告等环节的市场主体的法律责任，其处罚形式包括责令改正、没收违法所得、罚款、责令停产停业等。《食品安全法》规定了28条法律责任，其中有25条涉及行政责任。

二、民事责任

食品安全民事责任形式分为两类：补救性民事责任和惩罚性民事责任。补救性赔偿和惩罚性赔偿在具体赔偿数额上有差异，对食品安全受害者来说，惩罚性损害赔偿更具有保护力和威慑力。确立民事赔偿责任优先的原则，生产经营者财产不足以同时承担民事赔偿责任和缴纳罚款、罚金时，先承担民事赔偿责任。

《食品安全法》规定，消费者因不符合食品安全标准的食品受到损害的，可以向经营者要求赔偿损失，也可以向生产者要求赔偿损失。接到消费者赔偿要求的生产经营者，应当实行首负责任制，先行赔付，不得推诿；属于生产者责任的，经营者赔偿后有权向生产者追偿；属于经营者责任的，生产者赔偿后有权向经营者追偿。

生产不符合食品安全标准的食品或者经营明知是不符合食品安全标准的食品，消费者除要求赔偿损失外，还可以向生产者或者经营者要求支付价款10倍或者损失3倍的赔偿金；增加赔偿的金额不足1000元的，为1000元。但是，食品的标签、说明书存在不影响食品安全且不会对消费者造成误导的瑕疵除外。

三、刑事责任

我国《刑法》及其修正案规定的食品安全犯罪主要有生产、销售不符合安全标准的食品罪和生产、销售有毒、有害食品罪以及玩忽职守罪等。

复习思考题

1. 如何判断某种食品是否符合食品安全标准？

2. 什么是食品生产经营许可制度?
3. 《食品安全法》对婴幼儿配方食品的规定有哪些?

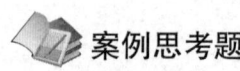

案例思考题

案例一

2012年5月1日,原告孙某某在被告南京某超市购买"玉兔牌"香肠15包,其中价值558.6元的14包香肠已过保质期。孙某某到收银台结账后,即径直到服务台索赔,后因协商未果诉至法院,要求该超市支付14包香肠售价10倍的赔偿金5586元。

案例讨论

1. 消费者购买不符合食品安全标准的食品,是否可以依照《食品安全法》要求10倍价款的惩罚性赔偿?
2. 消费者如果明知食品不符合安全标准,是否仍可主张上述权利?

案例二

2014年7月20日,上海东方卫视播放了一则深度调查新闻。上海某食品公司一名内部人员向媒体举报,称公司存在使用过期肉等违法问题。随后,记者进行了历时两个多月的"卧底"调查,发现上海某食品公司生产车间的员工将过期且已发青、发臭的冷冻原料肉品用来加工肉制品并改写保质期限,还不时将掉在地上的原料肉品随手放回生产线。这些肉品在流水线上经过机绞、粉碎、调味、油炸等工序后,形成大批量形状整齐、色泽诱人的麦乐鸡块、牛排、汉堡肉等,售给肯德基、麦当劳、必胜客等知名大型连锁餐饮企业,再也看不出其本来面目。该集团总部位于美国某市,是全球最大的肉类及蔬菜加工跨国集团之一,是2008年北京奥运会奥运村的供货商之一,并于2014年被评为"某新城食品安全生产先进单位(A级)"。

案例讨论

1. 该公司违反《食品安全法》的哪些规定?
2. 如何预防此类事件发生?

(上海政法学院 杨彤丹)

第十三章 药品管理法律制度

第一节 概述

一、药品与药品管理

（一）药品的概念

药品是指用于预防、治疗、诊断人的疾病，有目的地调节人的生理机能并规定有适应证或者功能主治、用法和用量的物质，包括中药、化学药和生物制品等。通常认为，中药包括中药材、中药饮片、中成药，化学药和生物制品包括化学原料药及其制剂、抗生素、生化药品、放射性药品、血清、疫苗、血液制品和诊断药品等。

其他与药品相关的名词还有：辅料、原料药和中间体。辅料是指生产药品和调配处方时所用的赋形剂和附加剂。原料药是制备药品的原材料。中间体是生产某些药品的中间产物。对于化学原料药和中间体，国家要求按照药品进行管理，其生产也必须取得相关许可。目前，我国实行药用原辅料和包装材料与药品关联审批的管理方法。

药品具有不同于一般商品的特殊性，其特殊性主要体现在以下几个方面：①药品均具有一定的毒副作用，需严格指导；②药品质量优劣与真伪非普通人所能判断，需借助仪器与相关技术；③药品直接作用于人体，且易被滥用，社会影响比较大。

（二）药品管理立法

药品管理法是调整药品监督管理，确保药品质量，增进药品疗效，保障用药安全，维护人体健康活动中产生的各种社会关系的法律规范的总和。狭义的药品管理法仅指《药品管理法》；广义的药品管理法则指国家制定和颁布的一切有关药品管理的法律、法规。

我国对药品管理法制建设十分重视。1984年9月20日，第六届全国人民代表大会第七次会议通过了我国第一部《药品管理法》。1989年2月27日，卫生部颁布了《中华人民共和国药品管理法实施办法》。2001年2月28日，第九届全国人民代表大会常务委员会第二十次会议对《药品管理法》做了第一次修订。2013年12月28日，第十二届全国人民代表大会常务委员会第六次会议对《药品管理法》中的药品价格条款做了第一次修正。2015年4月24日，第十二届全国人民代表大会常务委员会第十四次会议对《药品管理法》做了第二次修正。2019年8月26日，第十三届全国人民代表大会常务委员会第十二次会议对《药品管理法》做了第二次修订。2019年12月28日颁布的《基本医疗卫生与健康促进法》规定了国家完善药品供应保障制度，保障药品的安全、有效、可及。实施基本药物制度，满足疾病防治基本用药需求。提高基本药物的供给能力，强化基本药物质量监管，建立健全以临床需求为导向的药品审评审批制度，支持临床急需药品、儿童用药品和防治罕见病、重大疾病等药品的研制、生产，满足疾病防治需求。建立健全药品研制、生产、流通、使用全过程追溯制度，加强药品管理，保证药品质量。建立健全药品价格监测体系，维护药品价格秩序。我国除《药品管理法》《中华人民共和国药品管理法实施条例》（2019年修正，以下简称《药品管理法实施条例》）外，还颁布了《戒毒条例》《麻醉药品和精神药品管理条例》《反兴奋剂条例》《疫苗流通和预防接种管理条例》《中药品种保护条例》等法规，以及《药品经营质量管理规范》等一系列规范性文件，我国药品管理法律体系已基本形成并逐步完善。

二、药品的分类

（一）处方药与非处方药

国家对药品实行处方药与非处方药分类管理制度。处方药是指凭执业医师和执业助理医师处方方可购买、调配和使用的药品。非处方药是指由国务院药品监督管理部门公布的，不需要凭执业医师和执业助理医师处方，消费者可以自行判断、购买和使用的药品。同时，国家根据非处方药品的安全性，将非处方药分为甲类非处方药和乙类非处方药。

1999年6月18日发布的《处方药与非处方药分类管理办法（试行）》规定，非处方药的包装必须印有国家指定的非处方药专有标识，必须符合质量要求，方便储存、运输和使用。每个销售基本单元包装必须附有标签和说明书。经营处方药、非处方药的批发企业和经营处方药、甲类非处方药的零售企业必须具有药品经营企业许可证。经省级药品监督管理部门或其授权的药品监督管理部门批准的其他商业企业可以零售乙类非处方药。

（二）现代药与传统药

国家发展现代药和传统药，充分发挥其在预防、医疗和保健中的作用。

现代药是用现代医学的理论和方法筛选确定其药效，用合成、分离提取、化学修饰、生物技术等方法来制备，并按照现代医学理论来指导临床用药和防治疾病的药品。其优点是结构清楚，质量控制的标准和方法比较容易掌握。

传统药是根据传统医学的理论和古籍记载来确定其功效，用粉碎、切片等修制方法，用润、漂、水飞等水制方法，用炒、炙、煅、煨等火制方法以及煮、蒸、淬、燀等水火共制方法来制备，并按照传统医学的理论来指导临床用药和防治疾病的药品。

（三）新药与仿制药

2015年8月9日，在《国务院关于改革药品医疗器械审评审批制度的意见》中，将药品分为新药和仿制药。新药为未在中国境内外上市销售的药品。根据物质基础的原创性和新颖性，将新药分为创新药和改良型新药。仿制药是指仿制与原研药品质量和疗效一致的药品。并据此对药品注册分类进行调整，仿制药审评审批要以原研药品作为参比制剂，确保新批准的仿制药质量和疗效与原研药品一致。

（四）人用药和兽用药

人用药是给自然人服用的药品，我国《药品管理法》中所指的药品仅指人用药品。兽用药，又称为动物用药，指用于预防、治疗、诊断动物疾病或者有目的地调节动物生理机能的物质（含药物饲料添加剂）。兽用药分为兽用处方药和非处方药。人用药品不能用于动物，兽用药更不能用于人体。

《兽用处方药品种目录》由农业农村部制定并公布，《兽用处方药品种目录》以外的兽药为兽用非处方药，主要管理规定为《兽药管理条例》《兽用处方药和非处方药管理办法》。

（五）毒性药品、放射性药品、麻醉药品和精神药品

医疗用毒性药品（简称毒性药品）指毒性剧烈，治疗剂量与中毒剂量相近，使用不当会致人中毒或死亡的药品。毒性药品的包装容器上必须印有毒药标志。毒性药品的收购、经营，由各级医药管理部门指定的药品经营单位负责；配方用药由国营药店、医疗单位负责。医疗单位凭医生签名的正式处方供应和调配毒性药品。国营药店供应和调配毒性药品，凭盖有医生所在的医疗单位公章的正式处方。每次处方剂量不得超过2日极量。

放射性药品是指用于临床诊断或者治疗的放射性同位素制剂或者其标记药物。医疗单位设置核医学科、室（同位素室），必须配备与其医疗任务相适应的并经核医学技术培训的技术人员。医疗单位使用放射性药品，必须符合国家放射性同位素卫生防护管理的有关规定。所在地的省、自治区、直辖市的公安、环境保护和卫生行政部门，应当根据医疗单位和医疗技术人员的水平、设备条件，核发相应等级的放射性药品使用许可证。

麻醉药品和精神药品是指列入《麻醉药品品种目录》、《精神药品品种目录》的药品和其他物质。精神药品分为第一类精神药品和第二类精神药品。以上两种目录由国务院药品监督管理部门会同国务院公安部门、国务院卫生主管部门制定、调整并公布。

国务院对麻醉药品、精神药品、医疗用毒性药品、放射性药品、药品类易制毒化学品等有其他特殊管理规定的，依照其规定。该类药品不得在网络上销售。麻醉药品、精神药品、医疗用毒性药品、放射性药品、外用药品和非处方药的标签，必须印有规定的标志。麻醉药品、精神药品、医疗用毒性药品、药品类易制毒化学品不得委托生产。

（六）假药和劣药

《药品管理法》规定，有下列情形之一的，为假药：①药品所含成分与国家药品标准规定的成分不符；②以非药品冒充药品或者以他种药品冒充此种药品；③变质的药品；④药品所标明的适应证或者功能主治超出规定范围。

有下列情形之一的，为劣药：①药品成分的含量不符合国家药品标准；②被污染的药

品；③未标明或者更改有效期的药品；④未注明或者更改产品批号的药品；⑤超过有效期的药品；⑥擅自添加防腐剂、辅料的药品；⑦不符合药品标准的药品。

三、药品的标准

药品标准是根据药物自身的理化与生物学特征，按照来源、处方、制法和运输、贮藏等条件所制定的、用以检测药品质量是否达到用药要求并衡量其质量是否稳定如一的技术规定。

制定药品标准，是为了促进药品质量提高，促进药品技术进步，促进产业结构优化，保障使用人的生命与健康权，确保相关技术的公开、公正、公平。

（一）标准的种类

标准包括国家标准、行业标准、地方标准和团体标准、企业标准。国家标准分为强制性标准、推荐性标准。行业标准、地方标准是推荐性标准。药品标准属于强制性标准，强制性标准必须执行。

药品应当符合国家药品标准。经国务院药品监督管理部门核准的药品质量标准高于国家药品标准的，按照经核准的药品质量标准执行；没有国家药品标准的，应当符合经核准的药品质量标准。国务院药品监督管理部门颁布的《中华人民共和国药典》和药品标准为国家药品标准。

对于中药饮片，《药品管理法》要求其应当按照国家药品标准炮制；国家药品标准没有规定的，应当按照省、自治区、直辖市人民政府药品监督管理部门制定的炮制规范炮制。省、自治区、直辖市人民政府药品监督管理部门制定的炮制规范应当报国务院药品监督管理部门备案。不符合国家药品标准或者不按照省、自治区、直辖市人民政府药品监督管理部门制定的炮制规范炮制的，不得出厂、销售。

对于直接接触药品的包装材料和容器，《药品管理法》规定其应当符合药用要求，符合保障人体健康、安全的标准。

（二）标准的主要内容

需要纳入药品标准的内容通常是指在全国范围内统一规定的药品通用技术要求，它具有法定性和体例规范化的特点。药品标准主要包括：

（1）药品的通用名称和专业技术术语；
（2）药品的生产工艺、检验方法以及相关质量控制技术要求；
（3）药用辅料、直接接触药品的包装材料和容器的技术要求；
（4）药品标准物质的技术要求；
（5）法律、法规规定的其他要求。

根据《中华人民共和国药典》，我国的药品标准分为药材和饮片、植物油脂和提取物、成方制剂和单味制剂标准，化学药品、抗生素、生化药品以及放射性药品标准，生物制品标准和通则（含制剂通则、检定方法、标准物质、试剂试药和指导原则）四部。

（三）标准的制定

国务院药品监督管理部门会同国务院卫生健康主管部门组织国家药典委员会，负责国家药品标准的制定和修订。国务院药品监督管理部门设置或者指定的药品检验机构负责标定国家药品标准品、对照品。

各省级药品监督管理部门负责本行政区域内的药品标准、医疗机构制剂标准、地方中药材标准和中药饮片标准或炮制规范的制定和修订。

第二节　药品的研制与注册

《药品管理法》以最严谨的标准、最严格的监管、最严厉的处罚、最严肃的问责对药品实施全面质量管理。

一、药品的研制

（一）药品研制的基本原则

药品的研制应当确立以临床价值为导向、对人的疾病具有明确或者特殊疗效的药物创新基本理念。国家从以下三个方面予以鼓励：①具有新的治疗机理、治疗严重危及生命的疾病或者罕见病、对人体具有多靶向系统性调节干预功能的新药研制；②运用现代科学技术和传统中药研究方法开展中药科学技术研究和药物开发，建立和完善符合中药特点的技术评价体系，促进中药传承创新；③鼓励儿童用药品的研制和创新，支持开发符合儿童生理特征的儿童用药品新品种、剂型和规格，对儿童用药品予以优先审评审批。

（二）药品研制的基本规范

1.《药物非临床研究质量管理规范》

非临床研究质量管理规范是指有关非临床安全性评价研究机构运行管理和非临床安全性评价研究项目试验方案设计、组织实施、执行、检查、记录、存档和报告等全过程的质量管理要求。《药物非临床研究质量管理规范》对药物非临床研究的组织机构和人员、设施、仪器设备和实验材料、实验系统、标准操作规程、研究工作的实施、质量保证、资料档案和委托方的责任等作了具体的规定。

开展药物非临床研究，应当符合国家有关规定，有与研究项目相适应的人员、场地、设备、仪器和管理制度，保证有关数据、资料和样品的真实性。根据《药物非临床研究质量管理规范》，药物非临床安全性评价研究是药物研发的基础性工作，应当确保行为规范、数据真实、准确、完整。

2.《药物临床试验质量管理规范》

开展药物临床试验应当按照国务院药品监督管理部门的规定如实报送研制方法、质量指标、药理及毒理试验结果等有关数据、资料和样品，并经国务院药品监督管理部门批准。开展生物等效性试验的，报国务院药品监督管理部门备案。

《药物临床试验质量管理规范》对临床试验全过程的标准作了规定，包括方案设计、组织实施、监查、稽查、记录、分析总结和报告。凡进行各期临床试验、人体生物利用度或生物等效性试验，均须按《药物临床试验质量管理规范》执行。该规范对临床试验前的准备与必要条件，受试者的权益保障，试验方案，研究者、申办者和监查员的职责，记录与报告，数据管理与统计分析以及多中心试验等作了具体规定。

根据《疫苗管理法》，开展疫苗临床试验，应当经国务院药品监督管理部门依法批准。疫苗临床试验应当由符合国务院药品监督管理部门和国务院卫生健康主管部门规定条件的三级医疗机构或者省级以上疾病预防控制机构实施或者组织实施。

二、药品的注册

（一）药品注册的基本原则

《药品管理法》对药品的注册作了原则性的规定。即在中国境内上市的药品，应当经国务院药品监督管理部门批准，取得药品注册证书。同时，考虑到我国中药材和中药饮片在质量一致性和技术特异性等方面的特殊性，对未实施审批管理的中药材和中药饮片暂不实行注册制度，并且对纳入注册管理的中药材、中药饮片品种制定相应的目录，该目录由国务院药品监督管理部门会同国务院中医药主管部门制定。

（二）注册的基本规范

1. 必须具备安全性、有效性和质量可控性

申请药品注册，申请者应当提供真实、充分、可靠的数据、资料和样品，证明药品的安全性、有效性和质量可控性。

对申请注册的药品，国务院药品监督管理部门应当组织药学、医学和其他技术人员进行审评，对药品的安全性、有效性和质量可控性以及申请人的质量管理、风险防控和责任赔偿等能力进行审查；符合条件的，颁发药品注册证书。

2. 实行原料、包装材料和说明书等一并审批

国务院药品监督管理部门在审批药品申请时，对化学原料药一并审评审批，对相关辅料、直接接触药品的包装材料和容器一并审评，对药品的质量标准、生产工艺、标签和说明书一并核准。这有效地减轻了企业的负担，缩短了新药上市的审批期间。

3. 对疫苗注册既要实行最严格的管理，又要考虑其社会公益性

国家坚持疫苗产品的战略性和公益性。在中国境内上市的疫苗应当经国务院药品监督

管理部门批准，取得药品注册证书；申请疫苗注册，应当提供真实、充分、可靠的数据、资料和样品。对疾病预防、控制急需的疫苗和创新疫苗，国务院药品监督管理部门应当予以优先审评审批。应对重大突发公共卫生事件急需的疫苗或者国务院卫生健康主管部门认定急需的其他疫苗，经评估获益大于风险的，国务院药品监督管理部门可以附条件批准疫苗注册申请。

三、药品上市许可持有人制度

药品上市许可持有人是指取得药品注册证书的企业或者药品研制机构等。

（一）药品上市许可持有人的权利与限制

（1）药品上市许可持有人可以自行生产药品，也可以委托药品生产企业生产。委托生产的，应当委托符合条件的药品生产企业，并应当和受托生产企业签订委托协议和质量协议，严格履行协议约定的义务。但是，血液制品、麻醉药品、精神药品、医疗用毒性药品、药品类易制毒化学品不得委托生产，国务院药品监督管理部门另有规定的情形除外。

（2）药品上市许可持有人可以自行销售其取得药品注册证书的药品，也可以委托药品经营企业销售。委托销售的，应当委托符合条件的药品经营企业，并与受托经营企业签订委托协议，严格履行协议约定的义务。

（3）药品上市许可持有人可以转让药品上市许可，但必须经过国务院药品监督管理部门批准，并且受让方应当具备保障药品安全性、有效性和质量可控性的质量管理、风险防控和责任赔偿等能力，履行药品上市许可持有人义务。

（二）药品上市许可持有人的义务

（1）药品上市许可持有人应当依照《药品管理法》的规定，对药品的非临床研究、临床试验、生产经营、上市后研究、不良反应监测及报告与处理等承担责任。其中，药品上市许可持有人的法定代表人、主要负责人对药品质量全面负责。

药品上市许可持有人为境外企业的，应当由其指定的在中国境内的企业法人履行药品上市许可持有人义务，与药品上市许可持有人承担连带责任。

（2）药品上市许可持有人应当建立药品质量保证体系，配备专门人员独立负责药品质量管理。药品上市许可持有人应当对受托药品生产企业、药品经营企业的质量管理体系进行定期审核，监督其持续具备质量保证和控制能力。

（3）药品上市许可持有人应当建立药品上市放行规程，对药品生产企业出厂放行的药品进行审核，经质量受权人签字后方可放行。不符合国家药品标准的，不得放行。

（4）药品上市许可持有人和相关的药品生产企业、药品经营企业等应当建立并实施药品追溯制度，按照规定提供追溯信息，保证药品可追溯。中药饮片生产企业对中药饮片生产、销售实行全过程管理,建立中药饮片追溯体系。

(5)药品上市许可持有人应当建立年度报告制度,每年将药品生产销售、上市后研究、风险管理等情况按照规定向省、自治区、直辖市人民政府药品监督管理部门报告。

第三节　药品的生产与流通

药品的生产和流通都会对药品的疗效、质量产生决定性影响,因此,加强对药品的生产和流通管理是保证药品疗效和质量的关键环节。为此,我国《药品管理法》对药品的生产和流通作了相应的严格规定。

一、药品生产许可

药品生产许可证制度是指国家通过对药品生产企业条件的审核,确定企业是否具有药品生产或继续生产的资格,对符合条件的企业发给药品生产许可证。药品生产许可证制度涉及以下内容:

(一)开办药品生产企业的条件

从事药品生产的企业应当具备以下条件:①有依法经过资格认定的药学技术人员、工程技术人员及相应的技术工人;②有与药品生产相适应的厂房、设施和卫生环境;③有能对所生产药品进行质量管理和质量检验的机构、人员及必要的仪器设备;④有保证药品质量的规章制度,并符合国务院药品监督管理部门依据《药品管理法》制定的药品生产质量管理相关的规范要求。

(二)《药品生产质量管理规范》

从事药品生产活动,应当遵守药品生产质量管理规范,建立健全药品生产质量管理体系,保证药品生产全过程持续符合法定要求。因此,药品生产企业必须按照《药品生产质量管理规范》(Good Manufacturing Practice,GMP)的要求组织生产。取得GMP认证证书的药品生产企业方可进行药品生产或继续生产。我国从1995年开展药品GMP认证工作以来,经历了由自愿性认证到强制认证的过程。目前,国家药品监督管理局把GMP认证工作与核发药品生产企业许可证工作结合起来,对经其认证合格的药品生产企业进行认证后的跟踪检查。2011年3月1日实施的《药品生产质量管理规范(2010年修订)》,要求制药企业应当建立涵盖影响药品质量所有因素的药品质量管理体系。对质量管理、机构人员、设备、生产管理、物料与产品、确认与验证、文件管理、质量控制与质量保证、委托生产与委托检验、产品发运与召回等各个方面作了系统的规定。

《药品生产质量管理规范》作为质量管理体系的一部分，是药品生产管理和质量控制的基本要求，旨在最大限度地降低药品生产过程中污染、交叉污染以及混淆、差错等风险，确保持续稳定地生产出符合预定用途和注册要求的药品。

二、药品经营许可

药品经营主要指药品批发和药品零售。药品经营许可证制度是指国家对药品经营企业的经营条件进行审核，确定企业是否具有经营药品的资格。对符合条件的企业发给药品经营许可证。从事药品批发活动，应当经所在地省、自治区、直辖市人民政府药品监督管理部门批准，取得药品经营许可证。从事药品零售活动，应当经所在地县级以上地方人民政府药品监督管理部门批准，取得药品经营许可证。无药品经营许可证的，不得经营药品。

（一）获得药品经营许可证的条件

从事药品经营活动应当具备以下条件：①有依法经过资格认定的药师或者其他药学技术人员；②有与所经营药品相适应的营业场所、设备、仓储设施和卫生环境；③有与所经营药品相适应的质量管理机构或者人员；④有保证药品质量的规章制度，并符合《药品经营质量管理规范》要求。

2017年，国家食品药品监督管理总局发布的《药品经营许可证管理办法》对开办药品批发企业、药品零售企业的条件作出了详细的规定。

1. 开办药品批发企业的条件

①具有保证所经营药品质量的规章制度；②企业、企业法定代表人或企业负责人、质量管理负责人无《药品管理法》（2019年修订）第82条、第88条规定的情形；③具有与经营规模相适应的一定数量的执业药师；质量管理负责人具有大学以上学历，且必须是执业药师；④具有能够保证药品储存质量要求的、与其经营品种和规模相适应的常温库、阴凉库、冷库；⑤具有独立的计算机管理信息系统，能覆盖企业内药品的购进、储存、销售以及经营和质量控制的全过程；⑥符合《药品经营质量管理规范》对药品营业场所及辅助、办公用房及仓库管理、仓库内药品质量安全保障和进出库、在库储存与养护的要求。国家对经营麻醉药品、精神药品、医疗用毒性药品、预防性生物制品另有规定的，从其规定。

2. 开办药品零售企业的条件

开办药品零售企业，应符合当地常住人口数量、地域、交通状况和实际需要的要求，符合方便群众购药的原则，并符合以下规定：①具有保证所经营药品质量的规章制度；②具有依法经过资格认定的药学技术人员；③企业、企业法定代表人、企业负责人、质量负责人无《药品管理法》（2019年修订）第82条、第88条规定的情形；④具有与所经营药品相适应的营业场所、设备、仓储设施以及卫生环境；⑤具有满足当地消费者所需药品的能力，并能保证24小时供应。

（二）《药品经营质量管理规范》

从事药品经营活动应当遵守《药品经营质量管理规范》，建立健全药品经营质量管理体系，保证药品经营全过程持续符合法定要求。《药品经营质量管理规范》（Good Supplying Practice，GSP）是药品经营管理和质量控制的基本准则，它要求药品批发和零售企业的质量管理应当从药品采购、储存、销售、运输等环节采取有效的质量控制措施，确保药品质量，并按照国家有关要求建立药品追溯系统，实现药品可追溯。

《药品经营质量管理规范》分为药品批发的质量管理和药品零售的质量管理两部分。对药品批发的质量管理体系、组织机构与质量管理职责、人员与培训、质量管理体系文件、设施与设备、校准与验证、计算机系统、采购、收货与验收、储存与养护、销售、出库、运输与配送、售后管理等作了具体规定。对药品零售的质量管理与职责、人员管理、文件、设施与设备、采购与验收、陈列与储存、销售管理、售后管理等作了具体规定。同时，根据国务院精简行政许可事项的精神，全国各地药监部门将药品生产质量管理规范（GMP）认证、药品经营质量管理规范（GSP）认证与药品生产或经营行政许可予以整合。

（三）药品网络交易第三方平台的管理

随着互联网的普及，许多药品经营者在药品网络交易第三方平台销售药品，《药品管理法》对此作了相关规定。

药品网络交易第三方平台提供者应当按照国务院药品监督管理部门的规定，向所在地省、自治区、直辖市人民政府药品监督管理部门备案。

第三方平台提供者应当依法对申请进入平台经营的药品上市许可持有人、药品经营企业的资质等进行审核，保证其符合法定要求，并对发生在平台的药品经营行为进行管理。

第三方平台提供者发现进入平台经营的药品上市许可持有人、药品经营企业有违反《药品管理法》规定行为的，应当及时制止并立即报告所在地县级人民政府药品监督管理部门；发现严重违法行为的，应当立即停止提供网络交易平台服务。

三、药品的运输与储存

药品的稳定性不仅与其自身的性质有关，在很大程度上还受许多外界因素的干扰，如温度、湿度、光线、空气中的氧气、二氧化碳、微生物、储存时间、包装容器等。这些因素往往会使药品发生分解、挥发、沉淀、潮解、酸败、生霉等变化，因此，为了保证药品的质量，药品从生产到消费领域的流通过程中经过多次停留而形成的储备，是药品流通过程中必不可少的重要环节。

根据药品运输与储存方式的不同，可以将其分为两大类：一类是普通类药品的运输与储存；另一类则是特殊类药品的运输与储存，其中包括冷藏、冷冻药品、麻醉药品、精神药品、放射性药品、疫苗、医疗用毒性药品，以及药品类易制毒化学品等相关药品。

（一）普通药品的运输与储存

普通药品是指毒性较小、不良反应较少、安全范围较大的药品，如葡萄糖等。

1. 普通药品的运输

根据《药品经营质量管理规范》，运输药品应当根据药品的包装、质量特性并针对车况、道路、天气等因素，选用适宜的运输工具，采取相应措施防止出现破损、污染等问题。在运输药品过程中，运载工具应当保持密闭。企业应当严格按照外包装标示的要求搬运、装卸药品。在运输过程中，根据药品的温度控制要求，企业应当采取必要的保温或者冷藏、冷冻措施，但药品不得直接接触冰袋、冰排等蓄冷剂，防止对药品质量造成影响。

《药品流通监督管理办法》也规定，药品说明书要求低温、冷藏储存的药品，药品生产、经营企业应当按照有关规定使用低温、冷藏设施设备运输和储存。

2. 普通药品的储存

企业应当根据药品的质量特性对药品进行合理储存，并符合以下要求：

（1）按包装标示的温度要求储存药品，包装上没有标示具体温度的，按照《中华人民共和国药典》规定的贮藏要求进行储存；

（2）储存药品相对湿度为35%~75%；

（3）在人工作业的库房储存药品，按质量状态实行色标管理，合格药品为绿色，不合格药品为红色，待确定药品为黄色；

（4）储存药品应当按照要求采取避光、遮光、通风、防潮、防虫、防鼠等措施；

（5）搬运和堆码药品应当严格按照外包装标示要求规范操作，堆码高度符合包装图示要求，避免损坏药品包装；

（6）药品按批号堆码，不同批号的药品不得混垛，垛间距不小于5厘米，与库房内墙、顶、温度调控设备及管道等设施间距不小于30厘米，与地面间距不小于10厘米；

（7）药品与非药品、外用药与其他药品分开存放，中药材和中药饮片分库存放；

（8）特殊管理的药品应当按照国家有关规定储存；

（9）拆除外包装的零散药品应当集中存放；

（10）储存药品的货架、托盘等设施、设备应当保持清洁，无破损和杂物堆放；

（11）未经批准的人员不得进入储存作业区，储存作业区内的人员不得有影响药品质量和安全的行为；

（12）药品储存作业区内不得存放与储存管理无关的物品。

药品经营企业应当制定和执行药品保管制度，采取必要的冷藏、防冻、防潮、防虫、防鼠等措施，保证药品质量。《药品流通监督管理办法》《药品生产质量管理规范》也分别对医疗机构药品的储存、药品生产企业的仓储条件作了规定。

（二）特殊药品的储存与运输

特殊药品是指国家制定法律制度，实行比其他药品更加严格的管制的药品。麻醉药品、精神药品、医疗用毒性药品、放射性药品等均属于特殊管理药品，其管理和使用必须严格执行国家有关管理规定。

1. 麻醉药品和精神药品

麻醉药品是指对中枢神经有麻醉作用，连续使用、滥用或者不合理使用易产生生理依赖性和精神依赖性，能成瘾癖的药品。精神药品是指直接作用于中枢神经系统，使之兴奋或抑制，连续使用能产生依赖性的药品。依据人体对精神药品产生的依赖性和危害人体健康的程度，将其分为一类和二类精神药品。《麻醉药品和精神药品运输管理办法》规定：铁路运输应当采用集装箱或行李车运输麻醉药品和第一类精神药品；道路运输麻醉药品和第一类精神药品必须采用封闭式车辆，有专人押运，中途不应停车过夜；水路运输麻醉药品和第一类精神药品时应有专人押运。

2. 疫苗

疾病预防控制机构、接种单位、疫苗上市许可持有人、疫苗配送单位应当遵守《疫苗储存和运输管理规范》，保证疫苗质量。疫苗在储存、运输全过程中应当处于规定的温度环境，冷链储存、运输应当符合要求，并定时监测、记录温度。《疫苗储存和运输管理规范》对疫苗储存，运输的设施、设备，疫苗储存、运输的温度监测，疫苗储存、运输中的管理，疫苗储存、运输中温度异常的管理等作了具体规定。疾病预防控制机构、接种单位、疫苗生产企业、疫苗配送企业、疫苗仓储企业的疫苗储存、运输管理除了应当遵守《疫苗储存和运输管理规范》的规定外，疾病预防控制机构、接种单位的疫苗储存、运输管理还应当遵守《预防接种工作规范》；疫苗生产企业、疫苗配送企业、疫苗仓储企业的疫苗储存、运输管理还应当遵守《药品经营质量管理规范》。

3. 放射性药品

放射性药品与其他药品的不同之处在于，放射性药品含有的放射性同位素能放射出射线。因此，凡在分子内或制剂内含有放射性同位素的药品都称为放射性药品。放射性药品的运输，按国家运输、邮政等部门制订的有关规定执行。严禁任何单位和个人随身携带放射性药品乘坐公共交通运输工具。

4. 药品类易制毒化学品

药品类易制毒化学品是指《易制毒化学品管理条例》中所确定的麦角酸、麻黄素等物质，也指国家规定管制的可用于制造毒品的前体、原料和化学助剂等物质。药品类易制毒化学品生产企业、经营企业和使用药品类易制毒化学品的药品生产企业，应当设置专库或者在药品仓库中设立独立的专库（柜）储存药品类易制毒化学品。

5. 医疗用毒性药品

《医疗用毒性药品管理办法》规定，收购、经营、加工、使用医疗用毒性药品的单位必须建立健全保管、验收、领发、核对等制度；严防收假、发错，严禁与其他药品混杂，做到划定仓间或仓位，专柜加锁并由专人保管。医疗用毒性药品的包装容器上必须印有毒药标志。在运输医疗用毒性药品的过程中，应当采取有效措施，防止发生事故。

四、医疗机构的制剂配制

医疗机构制剂是指医疗机构根据本单位临床需要经批准而配制、自用的固定处方制剂。医疗机构配制的制剂应当是市场上没有供应的品种。我国目前对制剂实行分类审批和备案制。

（一）配制制剂资格的获取

配制制剂实行许可证制度。它是指国家通过对医疗单位配制制剂条件的审核，确定其是否具备配制制剂的资格，对符合条件的单位发给制剂许可证。制剂许可证制度涉及的内容主要有：

1. 配制制剂实行许可制

医疗机构配制制剂，应当经所在地省、自治区、直辖市人民政府药品监督管理部门批准，取得医疗机构制剂许可证。无医疗机构制剂许可证的，不得配制制剂。医疗机构配制制剂，应当有能够保证制剂质量的设施、管理制度、检验仪器和卫生环境。医疗机构配制的制剂，应当是本单位临床需要而市场上没有供应的品种，并应当经所在地省、自治区、直辖市人民政府药品监督管理部门批准。

2. 对中药饮片的炮制实行备案制

对市场上没有供应的中药饮片，医疗机构可以根据本医疗机构医师处方的需要，在本医疗机构内炮制、使用。医疗机构应当遵守中药饮片炮制的有关规定，对其炮制的中药饮片的质量负责，保证药品安全。医疗机构炮制中药饮片，应当向所在地设区的市级人民政府药品监督管理部门备案。

（二）配制制剂的质量管理

国家药品监督管理局在 2001 年 3 月 13 日制定发布了《医疗机构制剂配制质量管理规范（试行）》（Good Preparation Practice，GPP）。该规范参照《药品生产质量管理规范》的基本原则，规定了医疗机构制剂配制的机构与人员、房屋与设施、设备、物料、卫生、配置管理、质量管理与质量检查、使用管理等方面的具体要求和标准。作为医疗机构制剂配制和质量管理的基本准则，适用于制剂配制的全过程。

第四节　药品的全程信息追溯及药物警戒

由于已经上市的药物仍可能存在不良反应，所以应当对已经上市的药品进行追踪和警戒。根据卫生部发布的《药品不良反应报告和监测管理办法》，药品不良反应是指合格药品在正常用法、用量下出现的与用药目的无关的有害反应。药品不良反应报告和监测是指药品不良反应的发现、报告、评价和控制的过程。2019年，我国正式确立了国家药品追溯制度。药品追溯制度是指用信息化的手段保障药品生产经营质量安全，防止假药、劣药进入合法渠道，并且能够实现药品风险控制，精准召回。

一、药品信息追溯制度及其主要内容

从事药品研制、生产、经营、使用活动应当遵守法律、法规、规章、标准和规范，保证全过程信息真实、准确、完整和可追溯。

国家建立健全药品追溯制度。国务院药品监督管理部门应当制定统一的药品追溯标准和规范，推进药品追溯信息互通互享，实现药品可追溯。国家建立药物警戒制度，对药品不良反应及其他与用药有关的有害反应进行监测、识别、评估和控制。

《药品不良反应报告和监测管理办法》要求将个例药品不良反应、药品群体不良事件、境外发生的严重药品不良反应都纳入报告的范围，并要求各有关单位要定期更新安全性报告，并可根据食品药品监督管理部门的意见确定药品重点监测的内容。

二、药品全程信息可追溯制度的责任主体

《药品不良反应报告和监测管理办法》规定各级政府行政主管部门应当负责全国或地方的药品不良反应报告和监测的管理工作，药品生产、经营企业和医疗机构应当建立药品不良反应报告和监测管理制度。药品生产企业应当设立专门机构并配备专职人员，药品经营企业和医疗机构应当设立或者指定机构并配备专（兼）职人员，承担本单位的药品不良反应报告和监测工作。

药品上市许可持有人、药品生产企业、药品经营企业和医疗机构应当建立并实施药品追溯制度。中药饮片生产企业应当履行药品上市许可持有人的相关义务，对中药饮片生产、销售实行全过程管理，建立中药饮片追溯体系，保证中药饮片安全、有效、可追溯。

三、药品上市许可持有人对药品上市后的跟踪信息

药品上市许可持有人应当制定药品上市后风险管理计划，主动开展药品上市后研究，对药品的安全性、有效性和质量可控性进行进一步确证，加强对已上市药品的持续管理。药品上市许可持有人应当开展药品上市后不良反应监测，主动收集、跟踪分析疑似药品不良反应信息，对已识别风险的药品及时采取风险控制措施。

药品上市许可持有人、药品生产企业、药品经营企业和医疗机构应当经常考察本单位所生产、经营、使用的药品质量、疗效和不良反应。发现疑似不良反应的，应当及时向药品监督管理部门和卫生健康主管部门报告。

对于附条件批准的药品、药品生产过程中的变更，应当按照要求及时向食品药品行政管理部门报告。

四、药品安全信息公布的基本原则

《药品管理法》对涉及药品安全的信息公布作了专门规定，以国家统一公布为原则，以地方主动公布为例外。

国家实行药品安全信息统一公布制度。国家药品安全总体情况、药品安全风险警示信息、重大药品安全事件及其调查处理信息和国务院确定需要统一公布的其他信息由国务院药品监督管理部门统一公布。药品安全风险警示信息和重大药品安全事件及其调查处理信息的影响限于特定区域的，也可以由有关省、自治区、直辖市人民政府药品监督管理部门公布。未经授权不得发布上述信息。

《药品不良反应报告和监测管理办法》规定，下列信息由国家食品药品监督管理局和卫生部统一发布：①影响较大并造成严重后果的药品群体不良事件；②其他重要的药品不良反应信息和认为需要统一发布的信息。

上述规定统一发布的信息，国家食品药品监督管理局和卫生部也可以授权省级药品监督管理部门和卫生行政部门发布。

第五节　执业药师与处方调配

一、执业药师

执业药师是指经国家执业药师资格考试成绩合格，取得中华人民共和国执业药师职业资格证书并经注册，在药品生产、经营、使用和其他需要提供药学服务的单位中执业的药学技术人员。国家设置执业药师准入类职业资格制度，将它纳入国家职业资格目录。

医疗机构应当配备依法经过资格认定的药师或者其他药学技术人员，负责本单位的药品管理、处方审核和调配、合理用药指导等工作。非药学技术人员不得直接从事药剂技术工作。《药品管理法实施条例》规定，经营处方药、甲类非处方药的药品零售企业，应当配备执业药师或者其他依法经资格认定的药学技术人员。经营乙类非处方药的药品零售企业，应当配备经设区的市级药品监督管理机构或者省、自治区、直辖市人民政府药品监督管理部门直接设置的县级药品监督管理机构组织考核合格的业务人员。医疗机构审核和调配处方的药剂人员必须是依法经资格认定的药学技术人员。

根据《执业药师职业资格制度规定》，凡从事药品生产、经营、使用的单位均应配备相应的执业药师，并以此作为开办药品生产、经营、使用单位的必备条件之一。国家药品监督管理局负责对需由执业药师担任的岗位作出明确规定并进行检查。

二、执业药师的职责

根据《执业药师职业资格制度规定》,执业药师的职责包括:

(1)执业药师应当遵守执业标准和业务规范,以保障和促进公众用药安全有效为基本准则。

(2)执业药师必须严格执行《药品管理法》及国家有关药品研究、生产、经营、使用的各项法规及政策。执业药师对违反《药品管理法》及有关法规、规章的行为或决定,有责任提出劝告、制止、拒绝执行并向当地负责药品监督管理的部门报告。

(3)执业药师在执业范围内负责对药品质量进行监督和管理,参与制订和实施药品全面质量管理制度,参与本单位内部违反规定行为的处理工作。

(4)执业药师负责处方的审核及调配,提供用药咨询与信息,指导合理用药,开展治疗药物监测及药品疗效的评价等临床药学工作。

三、执业药师的义务

(1)执业药师执业时应当按照有关规定佩戴工作牌。

(2)执业药师应当按照国家专业技术人员继续教育的有关规定接受继续教育,更新专业知识,提高业务水平。国家鼓励执业药师参加实训培养。

四、处方的调配

按照《处方管理办法》规定,取得药学专业技术职务任职资格的人员方可从事处方调剂工作。药师在执业的医疗机构取得处方调剂资格。

《处方管理办法》规定,取得药学专业技术职务任职资格的药学专业技术人员负责对由注册的执业医师和执业助理医师在诊疗活动中为患者开具的处方进行审核、调配、评估、核对以及安全用药指导。同时规定,药师应当按照操作规程调剂处方药品:认真审核处方,准确调配药品,正确书写药袋或粘贴标签,注明患者姓名和药品名称、用法、用量,包装;向患者交付药品时,按照药品说明书或者处方用法,对患者进行用药指导,讲解每种药品的用法、用量、注意事项等。

药师调剂处方时必须做到"四查十对":查处方,对科别、姓名、年龄;查药品,对药名、剂型、规格、数量;查配伍禁忌,对药品性状、用法和用量;查用药合理性,对临床诊断。

药师应当对处方用药适宜性进行审核,审核内容包括:

(1)规定必须做皮试的药品,处方医师是否注明过敏试验及结果的判定;

（2）处方用药与临床诊断的相符性；
（3）剂量、用法的正确性；
（4）选用剂型与给药途径的合理性；
（5）是否有重复给药现象；
（6）是否有潜在临床意义的药物相互作用和配伍禁忌；
（7）其他用药不适宜情况。

药师经处方审核后，认为存在不适宜用药时，应当告知处方医师，请其确认或者重新开具处方。药师发现严重不合理用药或者用药错误，应当拒绝调剂，及时告知处方医师，并应当记录，按照有关规定报告。药师在完成处方调剂后，应当在处方上签名或者加盖专用签章。

第六节　药品的标签、说明书与广告

一、药品的名称

根据《药品说明书和标签管理规定》，药品名称必须符合国家食品药品监督管理局公布的药品通用名称和商品名称的命名原则。药品名称分为药品通用名称和商品名称。

（一）药品通用名称

药品通用名称是指列入国家药品标准的药品名称。已经作为药品通用名称的，该名称不得作为药品商标使用。根据《药品通用名称命名原则》的规定，药品通用名称应科学、明确、简短；应尽量采用词干已确定的译名，使同类药品能体现系统性。应避免采用可能给患者以暗示的有关药理学、解剖学、生理学、病理学或治疗学的药品名称，并不得用代号命名。药品的英文名应尽量采用世界卫生组织编订的国际非专利药名（International Nonproprietary Names for Pharmaceutical Substance，INN），中药和生物药品中无INN的，可采用其他合适的英文名称或酌情处理。

《药品通用名称命名原则》分别对中药、化学药、生物药品通用名称的命名细则作了具体规定。药品通用名不采用药品的商品名（包括外文名和中文名）。药品通用名（包括INN）及其专用词干的英文及中文译名均不得作为商品名或用以组成商品名，用于商标注册。

根据《药品说明书和标签管理规定》，药品通用名称应当显著、突出，其字体、字号和颜色必须一致，并符合以下要求：

（1）对于横版标签，必须在上三分之一范围内显著位置标出；对于竖版标签，必须在右三分之一范围内显著位置标出；

（2）不得选用草书、篆书等不易识别的字体，不得使用斜体、中空、阴影等形式对字体进行修饰；

(3)字体颜色应当使用黑色或者白色，与相应的浅色或者深色背景形成强烈反差；
(4)除因包装尺寸的限制而无法同行书写的，不得分行书写。

(二)药品商品名称

2006年3月，国家食品药品监督管理局发布《关于进一步规范药品名称管理的通知》，同时下发《药品商品名称命名原则》，对药品的商品名称的命名作了下列规定：

(1)由汉字组成，不得使用图形、字母、数字、符号等标志。
(2)不得使用《中华人民共和国商标法》规定不得使用的文字。
(3)不得使用以下文字：扩大或者暗示药品疗效的；表示治疗部位的；直接表示药品的剂型、质量、原料、功能、用途及其他特点的；直接表示使用对象特点的；涉及药理学、解剖学、生理学、病理学或者治疗学的；使用国际非专利药名（INN）的中文译名及其主要字词的；引用与药品通用名称音似或者形似的；引用药品习用名称或者曾用名称的；与他人使用的商品名称相同或者相似的；人名、地名、药品生产企业名称或者其他有特定含义的词汇。

根据《药品说明书和标签管理规定》，药品商品名称不得与通用名称同行书写，其字体和颜色不得比通用名称更突出和显著，其字体以单字面积计不得大于通用名称所用字体的二分之一。药品标签使用注册商标的，应当印刷在药品标签的边角，含文字的，其字体以单字面积计不得大于通用名称所用字体的四分之一。

二、药品的标签

药品的标签是指药品包装上印有或者贴有的内容，分为内标签和外标签。药品内标签指直接接触药品的包装的标签，外标签指内标签以外的其他包装的标签。药品包装应当按照规定印有或者贴有标签并附有说明书。根据《药品说明书和标签管理规定》，药品的标签应当以说明书为依据，其内容不得超出说明书的范围。各种药品标签应当包含不同的内容。具体为：

(一)药品的内标签

药品的内标签应当包含药品通用名称、适应证或者功能主治、规格、用法、用量、生产日期、产品批号、有效期、生产企业等内容。

包装尺寸过小无法全部标明上述内容的，至少应当标注药品通用名称、规格、产品批号、有效期等内容。

(二)药品的外标签

药品外标签应当注明药品通用名称、成分、性状、适应证或者功能主治、规格、用法、用量、不良反应、禁忌、注意事项、贮藏、生产日期、产品批号、有效期、批准文号、生产企业等内容。适应证或者功能主治、用法、用量、不良反应、禁忌证、注意事项不能全部注明的，应当标出主要内容并注明"详见说明书"字样。

（三）包装的标签

用于运输、贮藏的包装标签，至少应当注明药品通用名称、规格、贮藏、生产日期、产品批号、有效期、批准文号、生产企业，也可以根据需要注明包装数量、运输注意事项或者其他标记等必要内容。

（四）原料药的标签

原料药的标签应当注明药品名称、贮藏、生产日期、产品批号、有效期、执行标准、批准文号、生产企业，同时还需注明包装数量以及运输注意事项等必要内容。

药品标签的文字表述应当科学、规范、准确。标签中的文字应当清晰易辨，标识应当清楚醒目，不得有印字脱落或者粘贴不牢等现象，不得以粘贴、剪切、涂改等方式进行修改或者补充。标签应当使用国家语言文字工作委员会公布的规范化汉字，增加其他文字对照的，应当以汉字表述为准。

三、药品的说明书

药品说明书是记载药品重要信息的法定文件，是指导医师、药师、护师和病人治疗用药时的科学依据和法定指南。根据《药品说明书和标签管理规定》，药品说明书应当包含药品安全性、有效性的重要科学数据、结论和信息，用以指导安全、合理使用药品。国家食品药品监督管理局还专门制定了《化学药品和治疗用生物制品说明书规范细则》，规定了说明书的具体格式和内容。

根据《药品说明书和标签管理规定》，药品说明书对疾病名称、药学专业名词、药品名称、临床检验名称和结果的表述，应当采用国家统一颁布或规范的专用词汇，度量衡单位应当符合国家标准的规定。药品说明书应当列出全部活性成分或者组方中的全部中药药味。注射剂和非处方药还应当列出所用的全部辅料名称。药品处方中含有可能引起严重不良反应的成分或者辅料的，应当予以说明。药品说明书应当充分包含药品不良反应信息，详细注明药品不良反应。药品生产企业未根据药品上市后的安全性、有效性情况及时修改说明书或者未将药品不良反应在说明书中充分说明的，由此引起的不良后果由该生产企业承担。

另外，药品说明书的文字表述应当科学、规范、准确。非处方药说明书还应当使用老百姓容易理解的文字表述，以便患者自行判断、选择和使用非处方药。药品说明书中的文字应当清晰易辨，标识应当清楚醒目，不得有印字脱落或者粘贴不牢等现象，不得以粘贴、剪切、涂改等方式进行修改或者补充。药品说明书应当使用国家语言文字工作委员会公布的规范化汉字，增加其他文字对照的，应当以汉字表述为准。出于保护公众健康和指导正确合理用药的目的，药品生产企业可以主动提出或者应要求在药品说明书上加注警示语。

四、药品的广告

凡利用各种媒介或者形式发布的广告中含有药品名称、药品适应证（功能主治）或者与药品有关的其他内容的，为药品广告。发布药品广告必须符合《药品管理法》《药品管理法实施条例》《广告法》《药品广告审查办法》《药品广告审查发布标准》的要求。

根据《药品广告审查办法》的规定，非处方药仅宣传药品名称（含药品通用名称和药品商品名称）的，或者处方药在指定的医学、药学专业刊物上仅宣传药品名称（含药品通用名称和药品商品名称）的，无须审查。

（一）药品广告审查部门

《广告法》规定，国务院市场监督管理部门主管全国的广告监督管理工作，国务院有关部门在各自的职责范围内负责广告管理相关工作。发布医疗、药品、医疗器械、农药、兽药和保健食品广告，以及法律、行政法规规定应当进行审查的其他广告，应当在发布前由有关部门对广告内容进行审查；未经审查，不得发布。

《药品广告审查办法》规定，省、自治区、直辖市药品监督管理部门是药品广告审查机关，负责本行政区域内药品广告的审查工作。县级以上市场监督管理部门是药品广告的监督管理机关。国家药品监督管理局对药品广告审查机关的药品广告审查工作进行指导和监督，对药品广告审查机关违反《药品广告审查办法》的行为，依法予以处理。

（二）不得发布广告的药品

《药品广告审查发布标准》规定，下列药品不得发布广告：
（1）麻醉药品、精神药品、医疗用毒性药品、放射性药品；
（2）医疗机构配制的制剂；
（3）军队特需药品；
（4）国家药品监督管理局依法明令停止或者禁止生产、销售和使用的药品；
（5）批准试生产的药品。

除此之外，《广告法》规定，麻醉药品、精神药品、医疗用毒性药品、放射性药品等特殊药品，药品类易制毒化学品，以及戒毒治疗的药品、医疗器械和治疗方法等，不得做广告。上述规定以外的处方药，只能在国务院卫生行政部门和国务院药品监督管理部门共同指定的医学、药学专业刊物上做广告。

（三）药品广告中不得含有的内容

《广告法》规定，医疗、药品、医疗器械广告不得含有下列内容：①表示功效、安全性的断言或者保证；②说明治愈率或者有效率；③与其他药品、医疗器械的功效和安全性或者其他医疗机构比较；④利用广告代言人作推荐、证明；⑤法律、行政法规规定禁止的其他内容。

《药品广告审查发布标准》规定，药品广告应当宣传和引导合理用药，不得直接或者间接怂恿任意、过量地购买和使用药品，不得含有以下内容：

（1）含有不科学的表述或者使用不恰当的表现形式，引起公众对所处健康状况和所患疾病产生不必要的担忧和恐惧，或者使公众误解不使用该药品会患某种疾病或加重病情的；

（2）含有免费治疗、免费赠送、有奖销售、以药品作为礼品或者奖品等促销药品内容的；

（3）含有"家庭必备"或者类似内容的；

（4）含有"无效退款""保险公司保险"等保证内容的；

（5）含有评比、排序、推荐、指定、选用、获奖等综合性评价内容的。

另外，药品广告不得含有利用医药科研单位、学术机构、医疗机构或者专家、医生、患者的名义和形象作证明的内容。

（四）药品广告中不得出现的情形

《广告法》规定，药品广告的内容不得与国务院药品监督管理部门批准的说明书不一致，并应当显著标明禁忌证、不良反应。处方药广告应当显著标明"本广告仅供医学、药学专业人士阅读"，非处方药广告应当显著标明"请按药品说明书或者在药师指导下购买和使用"。除医疗、药品、医疗器械广告外，禁止其他任何广告涉及疾病治疗功能，并不得使用医疗用语或者易使推销的商品与药品、医疗器械相混淆的用语。广播电台、电视台、报刊音像出版单位、互联网信息服务提供者不得以介绍健康、养生知识等形式变相发布医疗、药品、医疗器械、保健食品广告。

《药品广告审查发布标准》规定，药品广告中有关药品功能疗效的宣传应当科学准确，不得出现下列情形：

（1）含有不科学地表示功效的断言或者保证的；

（2）说明治愈率或者有效率的；

（3）与其他药品的功效和安全性进行比较的；

（4）违反科学规律，明示或者暗示包治百病、适应所有症状的；

（5）含有"安全无毒副作用""毒副作用小"等内容的；含有明示或者暗示中成药为"天然"药品，因而安全性有保证等内容的；

（6）含有明示或者暗示该药品为正常生活和治疗病症所必需等内容的；

（7）含有明示或暗示服用该药能应付现代紧张生活和升学、考试等需要，能够帮助提高成绩、使精力旺盛、增强竞争力、增高、益智等内容的；

（8）其他不科学的用语或者表示，如"最新技术""最高科学""最先进制法"等。

第七节 法律责任

一、行政责任

（一）未取得相应资质或批准文件或编造相关文书

1）未取得药品生产许可证、药品经营许可证或者医疗机构制剂许可证生产、销售药品的，责令关闭，没收违法生产、销售的药品和违法所得，并处违法生产、销售的药品（包括已售出和未售出的药品，下同）货值金额15倍以上30倍以下的罚款；货值金额不足10万元的，按10万元计算。

2）有下列行为之一的，没收违法生产、进口、销售的药品和违法所得以及专门用于违法生产的原料、辅料、包装材料和生产设备，责令停产停业整顿，并处违法生产、进口、销售的药品货值金额15倍以上30倍以下的罚款；货值金额不足10万元的，按10万元计算；情节严重的，吊销药品批准证明文件直至吊销药品生产许可证、药品经营许可证或者医疗机构制剂许可证，对法定代表人、主要负责人、直接负责的主管人员和其他责任人员，没收违法行为发生期间自本单位所获收入，并处所获收入30%以上3倍以下的罚款，10年直至终身禁止从事药品生产经营活动，并可以由公安机关处5日以上15日以下的拘留：

（1）未取得药品批准证明文件生产、进口药品；

（2）使用采取欺骗手段取得的药品批准证明文件生产、进口药品；

（3）使用未经审评审批的原料药生产药品；

（4）应当检验而未经检验即销售药品；

（5）生产、销售国务院药品监督管理部门禁止使用的药品；

（6）编造生产、检验记录；

（7）未经批准在药品生产过程中进行重大变更。

3）有下列行为之一的，没收违法生产、销售的药品和违法所得以及包装材料、容器，责令停产停业整顿，并处50万元以上500万元以下的罚款；情节严重的，吊销药品批准证明文件、药品生产许可证、药品经营许可证，对法定代表人、主要负责人、直接负责的主管人员和其他责任人员处2万元以上20万元以下的罚款，10年直至终身禁止从事药品生产经营活动：

（1）未经批准开展药物临床试验；

（2）使用未经审评的直接接触药品的包装材料或者容器生产药品，或者销售该类药品；

（3）使用未经核准的标签、说明书。

4）伪造、变造、出租、出借、非法买卖许可证或者药品批准证明文件的，没收违法所得，并处违法所得1倍以上5倍以下的罚款;情节严重的,并处违法所得5倍以上15倍以下的罚款,吊销药品生产许可证、药品经营许可证、医疗机构制剂许可证或者药品批准证明文件,对法定代表人、主要负责人、直接负责的主管人员和其他责任人员,处2万元以上20万元以下的罚款,10年内禁止从事药品生产经营活动,并可以由公安机关处5日以上15日以下的拘留;违法所得不足10万元的,按10万元计算。

5)提供虚假的证明、数据、资料、样品或者采取其他手段骗取临床试验许可、药品生产许可、药品经营许可、医疗机构制剂许可或者药品注册等许可的,撤销相关许可,10年内不受理其相应申请,并处50万元以上500万元以下的罚款;情节严重的,对法定代表人、主要负责人、直接负责的主管人员和其他责任人员,处2万元以上20万元以下的罚款,10年内禁止从事药品生产经营活动,并可以由公安机关处5日以上15日以下的拘留。

6)进口已获得药品注册证书的药品,未按照规定向允许药品进口的口岸所在地药品监督管理部门备案的,责令限期改正,给予警告;逾期不改正的,吊销药品注册证书。

(二)生产、销售假劣药品或相关原材料、生产设备等

1)生产、销售假药的,没收违法生产、销售的药品和违法所得,责令停产停业整顿,吊销药品批准证明文件,并处违法生产、销售的药品货值金额15倍以上30倍以下的罚款;货值金额不足10万元的,按10万元计算;情节严重的,吊销药品生产许可证、药品经营许可证或者医疗机构制剂许可证,10年内不受理其相应申请;药品上市许可持有人为境外企业的,10年内禁止其药品进口。

2)生产、销售劣药的,没收违法生产、销售的药品和违法所得,并处违法生产、销售的药品货值金额10倍以上20倍以下的罚款;违法生产、批发的药品货值金额不足10万元的,按10万元计算,违法零售的药品货值金额不足1万元的,按1万元计算;情节严重的,责令停产停业整顿直至吊销药品批准证明文件、药品生产许可证、药品经营许可证或者医疗机构制剂许可证。

3)生产、销售假药,或者生产、销售劣药且情节严重的,对法定代表人、主要负责人、直接负责的主管人员和其他责任人员,没收违法行为发生期间自本单位所获收入,并处所获收入30%以上3倍以下的罚款,终身禁止从事药品生产经营活动,并可以由公安机关处5日以上15日以下的拘留。

4)对生产者专门用于生产假药、劣药的原料、辅料、包装材料、生产设备予以没收。

5)生产、销售的中药饮片不符合药品标准,尚不影响安全性、有效性的,责令限期改正,给予警告;可以处10万元以上50万元以下的罚款。

6)除依《药品管理法》应当按照假药、劣药处罚的外,药品包装未按照规定印有、贴有标签或者附有说明书,标签、说明书未按照规定注明相关信息或者印有规定标志的,责令改正,给予警告;情节严重的,吊销药品注册证书。

7)有下列行为之一的,在《药品管理法》规定的处罚幅度内从重处罚:
(1)以麻醉药品、精神药品、医疗用毒性药品、放射性药品、药品类易制毒化学品冒

充其他药品,或者以其他药品冒充上述药品;

(2)生产、销售以孕产妇、儿童为主要使用对象的假药、劣药;

(3)生产、销售的生物制品属于假药、劣药;

(4)生产、销售假药、劣药,造成人身伤害后果;

(5)生产、销售假药、劣药,经处理后再犯;

(6)拒绝、逃避监督检查,伪造、销毁、隐匿有关证据材料,或者擅自动用查封、扣押物品。

(三)药品临床研究期间或上市后对风险处理懈怠

1)有下列行为之一的,责令限期改正,给予警告;逾期不改正的,处10万元以上50万元以下的罚款:

(1)开展生物等效性试验未备案;

(2)药物临床试验期间,发现存在安全性问题或者其他风险,临床试验申办者未及时调整临床试验方案、暂停或者终止临床试验,或者未向国务院药品监督管理部门报告;

(3)未按照规定建立并实施药品追溯制度;

(4)未按照规定提交年度报告;

(5)未按照规定对药品生产过程中的变更进行备案或者报告;

(6)未制定药品上市后风险管理计划;

(7)未按照规定开展药品上市后研究或者上市后评价。

2)药品上市许可持有人未按照规定开展药品不良反应监测或者报告疑似药品不良反应的,责令限期改正,给予警告;逾期不改正的,责令停产停业整顿,并处10万元以上100万元以下的罚款。

药品经营企业未按照规定报告疑似药品不良反应的,责令限期改正,给予警告;逾期不改正的,责令停产停业整顿,并处5万元以上50万元以下的罚款。

医疗机构未按照规定报告疑似药品不良反应的,责令限期改正,给予警告;逾期不改正的,处5万元以上50万元以下的罚款。

3)药品上市许可持有人在省、自治区、直辖市人民政府药品监督管理部门责令其召回后,拒不召回的,处应召回药品货值金额5倍以上10倍以下的罚款;货值金额不足10万元的,按10万元计算;情节严重的,吊销药品批准证明文件、药品生产许可证、药品经营许可证,对法定代表人、主要负责人、直接负责的主管人员和其他责任人员,处2万元以上20万元以下的罚款。药品生产企业、药品经营企业、医疗机构拒不配合召回的,处10万元以上50万元以下的罚款。

(四)违反生产、经营、非临床研究和临床试验等管理规范

《药品管理法》第126条对相关机构和个人在药品生产、经营、非临床研究和临床试验过程中没有执行质量管理规范的情形作了专门规定。

除《药品管理法》另有规定的情形外,药品上市许可持有人、药品生产企业、药品经营企业、药物非临床安全性评价研究机构、药物临床试验机构等未遵守《药品生产质量管理规范》《药品经营质量管理规范》《药物非临床研究质量管理规范》《药物临床试验质量管理规范》等的,责令限期改正,给予警告;逾期不改正的,处10万元以上50万元以下的罚款;情节严重的,处50万元以上200万元以下的罚款,责令停产停业整顿直至吊销药品批准证明文件、药品生产许可证、药品经营许可证等,药物非临床安全性评价研究机构、药物临床试验机构等5年内不得开展药物非临床安全性评价研究、药物临床试验,对法定代表人、主要负责人、直接负责的主管人员和其他责任人员,没收违法行为发生期间自本单位所获收入,并处所获收入10%以上50%以下的罚款,10年直至终身禁止从事药品生产经营等活动。

(五)使用假药、劣药,为其提供便利条件或疏于管理销售平台

1)药品使用单位使用假药、劣药的,按照销售假药、零售劣药的规定处罚;情节严重的,法定代表人、主要负责人、直接负责的主管人员和其他责任人员有医疗卫生人员执业证书的,还应当吊销执业证书。

2)知道或者应当知道属于假药、劣药或者《药品管理法》第124条第1款第1~5项规定的药品,而为其提供储存、运输等便利条件的,没收全部储存、运输收入,并处违法收入1倍以上5倍以下的罚款;情节严重的,并处违法收入5倍以上15倍以下的罚款;违法收入不足5万元的,按5万元计算。

3)销售未取得药品批准证明文件生产、进口药品;采取欺骗手段取得的药品批准证明文件生产、进口药品;使用未经审评审批的原料药生产药品的,或者药品使用单位使用未取得药品批准证明文件生产、进口药品;使用采取欺骗手段取得的药品批准证明文件生产、进口药品;使用未经审评审批的原料药生产药品;应当检验而未经检验即销售药品;生产、销售国务院药品监督管理部门禁止使用的药品的,可以处以没收、罚款和吊销许可证等处罚。情节严重的,药品使用单位的法定代表人、主要负责人、直接负责的主管人员和其他责任人员有医疗卫生人员执业证书的,还应当吊销执业证书。

但是,未经批准进口少量境外已合法上市的药品,情节较轻的,可以依法减轻或者免予处罚。

4)药品上市许可持有人、药品生产企业、药品经营企业或者医疗机构未从药品上市许可持有人或者具有药品生产、经营资格的企业购进药品的,责令改正,没收违法购进的药品和违法所得,并处违法购进药品货值金额2倍以上10倍以下的罚款;情节严重的,并处货值金额10倍以上30倍以下的罚款,吊销药品批准证明文件、药品生产许可证、药品经营许可证或者医疗机构执业许可证;货值金额不足5万元的,按5万元计算。

5)药品经营企业购销药品未按照规定进行记录,零售药品未正确说明用法、用量等事项,或者未按照规定调配处方的,责令改正,给予警告;情节严重的,吊销药品经营许可证。

6）药品网络交易第三方平台提供者未履行资质审核、报告、停止提供网络交易平台服务等义务的，责令改正，没收违法所得，并处 20 万元以上 200 万元以下的罚款；情节严重的，责令停业整顿，并处 200 万元以上 500 万元以下的罚款。

（六）在经营活动中存在市场不正当竞争行为

除依照《反不正当竞争法》和《反垄断法》的规定外，下列情形还应当依据《药品管理法》的规定处理。

1）药品上市许可持有人、药品生产企业、药品经营企业或者医疗机构在药品购销中给予、收受回扣或者其他不正当利益的，药品上市许可持有人、药品生产企业、药品经营企业或者代理人给予使用其药品的医疗机构的负责人、药品采购人员、医师、药师等有关人员财物或者其他不正当利益的，由市场监督管理部门没收违法所得，并处 30 万元以上 300 万元以下的罚款；情节严重的，吊销药品上市许可持有人、药品生产企业、药品经营企业营业执照，并由药品监督管理部门吊销药品批准证明文件、药品生产许可证、药品经营许可证。

药品上市许可持有人、药品生产企业、药品经营企业在药品研制、生产、经营中向国家工作人员行贿的，对法定代表人、主要负责人、直接负责的主管人员和其他责任人员终身禁止从事药品生产经营活动。

2）药品上市许可持有人、药品生产企业、药品经营企业的负责人、采购人员等有关人员在药品购销中收受其他药品上市许可持有人、药品生产企业、药品经营企业或者代理人给予的财物或者其他不正当利益的，没收违法所得，依法给予处罚；情节严重的，5 年内禁止从事药品生产经营活动。

医疗机构的负责人、药品采购人员、医师、药师等有关人员收受药品上市许可持有人、药品生产企业、药品经营企业或者代理人给予的财物或者其他不正当利益的，由卫生健康主管部门或者本单位给予处分，没收违法所得；情节严重的，还应当吊销其执业证书。

3）医疗机构将其配制的制剂在市场上销售的，责令改正，没收违法销售的制剂和违法所得，并处违法销售制剂货值金额 2 倍以上 5 倍以下的罚款；情节严重的，并处货值金额 5 倍以上 15 倍以下的罚款；货值金额不足 5 万元的，按 5 万元计算。

（七）行政管理部门及相关专业机构存在违法行为

1）药品监督管理部门或者其设置、指定的药品专业技术机构参与药品生产经营活动的，由其上级主管机关责令改正，没收违法收入；情节严重的，对直接负责的主管人员和其他直接责任人员依法给予处分。药品监督管理部门或者其设置、指定的药品专业技术机构的工作人员参与药品生产、经营活动的，依法给予处分。

2）药品监督管理部门或者其设置、指定的药品检验机构在药品监督检验中违法收取检验费用的，由政府有关部门责令退还，对直接负责的主管人员和其他直接责任人员依法给予处分;情节严重的,撤销其检验资格。

3)药品检验机构出具虚假检验报告的,责令改正,给予警告,对单位并处 20 万元以上 100 万元以下的罚款;对直接负责的主管人员和其他直接责任人员依法给予降级、撤职、开除处分,没收违法所得,并处 5 万元以下的罚款;情节严重的,撤销其检验资格。药品检验机构出具的检验结果不实,造成损失的,应当承担相应的赔偿责任。

4)药品监督管理部门有下列行为之一的,应当撤销相关许可,对直接负责的主管人员和其他直接责任人员依法给予处分:

(1)不符合条件而批准进行药物临床试验;

(2)对不符合条件的药品颁发药品注册证书;

(3)对不符合条件的单位颁发药品生产许可证、药品经营许可证或者医疗机构制剂许可证。

5)县级以上地方人民政府有下列行为之一的,对直接负责的主管人员和其他直接责任人员给予记过或者记大过处分;情节严重的,给予降级、撤职或者开除处分:

(1)瞒报、谎报、缓报、漏报药品安全事件;

(2)未及时消除区域性重大药品安全隐患,造成本行政区域内发生特别重大药品安全事件,或者连续发生重大药品安全事件;

(3)履行职责不力,造成严重不良影响或者重大损失。

6)药品监督管理等部门有下列行为之一的,对直接负责的主管人员和其他直接责任人员给予记过或者记大过处分;情节较重的,给予降级或者撤职处分;情节严重的,给予开除处分:

(1)瞒报、谎报、缓报、漏报药品安全事件;

(2)对发现的药品安全违法行为未及时查处;

(3)未及时发现药品安全系统性风险,或者未及时消除监督管理区域内药品安全隐患,造成严重影响;

(4)其他不履行药品监督管理职责,造成严重不良影响或者重大损失。

7)药品监督管理人员滥用职权、徇私舞弊、玩忽职守的,依法给予处分。查处假药、劣药违法行为有失职、渎职行为的,对药品监督管理部门直接负责的主管人员和其他直接责任人员依法从重给予处分。

二、民事责任

药品上市许可持有人、药品生产企业、药品经营企业或者医疗机构违反《药品管理法》规定,给用药者造成损害的,依法承担赔偿责任。

因药品质量问题受到损害的,受害人可以向药品上市许可持有人、药品生产企业请求赔偿损失,也可以向药品经营企业、医疗机构请求赔偿损失。接到受害人赔偿请求的,应当实行首负责任制,先行赔付;先行赔付后,可以依法追偿。

生产假药、劣药或者明知是假药、劣药仍然销售、使用的，受害人或者其近亲属除请求赔偿损失外，还可以请求支付价款 10 倍或者损失 3 倍的赔偿金；增加赔偿的金额不足 1000 元的，为 1000 元。

三、刑事责任

（1）生产、销售假药罪。生产、销售假药的，处 3 年以下有期徒刑或者拘役，并处罚金；对人体健康造成严重危害或者有其他严重情节的，处 3 年以上 10 年以下有期徒刑，并处罚金；致人死亡或者有其他特别严重情节的，处 10 年以上有期徒刑、无期徒刑或者死刑，并处罚金或者没收财产。

（2）生产、销售劣药罪。生产、销售劣药，对人体健康造成严重危害的，处 3 年以上 10 年以下有期徒刑，并处销售金额 50% 以上 2 倍以下罚金；后果特别严重的，处 10 年以上有期徒刑或者无期徒刑，并处销售金额 50% 以上 2 倍以下罚金或者没收财产。

（3）非法提供麻醉药品、精神药品罪。依法从事生产、运输、管理、使用国家管制的麻醉药品、精神药品的人员，违反国家规定，向吸食、注射毒品的人提供国家规定管制的能够使人形成瘾癖的麻醉药品、精神药品的，处 3 年以下有期徒刑或者拘役，并处罚金；情节严重的，处 3 年以上 7 年以下有期徒刑，并处罚金。向走私、贩卖毒品的犯罪分子或者以牟利为目的，向吸食、注射毒品的人提供国家规定管制的能够使人形成瘾癖的麻醉药品、精神药品的，依照走私、贩卖、运输、制造毒品罪处罚。

复习思考题

1. 药品也是商品，为什么要实行专门管理？
2. 药品的通用名、商品名和商标名有什么异同？
3. 实行药品上市许可人制度的优点是什么？
4. 药品质量问题受害人或其近亲属有怎样的请求权？
5. 我国对假药与劣药是如何鉴定的？

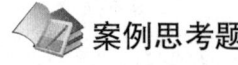

案例思考题

案例一

2013 年 3 月 6 日，张某在某酒店会议室，由聘请的假冒医学"专家"为到场的老人进行"健康义诊"，并播放"三清血通畅雪红"软胶囊的宣传片，介绍该胶囊成分及治疗心脑血管的功效，说明老年人服用该胶囊后能协助降血压、血糖。然后以每盒 898 元的价格向老年人推销该胶囊，3 位老人信以为真，当场购买了 3.9 万余元的胶囊。

经食品药品监督管理部门认定,"三清血通畅雪红"软胶囊为"国食健字G20041468号"保健品。

法院审理认为,被告人张某以非法占有为目的,违反国家药品管理法规,以非药品冒充药品,骗取公民财物,其行为已构成销售假药罪,判处被告人张某有期徒刑1年,并处罚金20万元。

案例讨论

试用《药品管理法》等法律、法规分析本案。

案例二

2016年3月,山东警方破获案值5.7亿元非法疫苗案。经查,自2011年以来,在未获取任何药品经营许可的情况下,犯罪嫌疑人庞红卫、孙琪(母女)二人通过网上QQ交流群和物流快递,联系国内十余个省(市)的100余名医药公司业务员或疫苗非法经营人员,购入防治乙脑、狂犬、流感等病毒的25种人用二类疫苗或生物制品,未经严格冷链存储、运输并销售给全国24个省的300余名疫苗非法经营人员和少量疾病与预防控制部门基层站点。2017年1月24日,山东省济南市中级人民法院对被告人庞红卫、孙琪非法经营案开庭宣判,认定被告人庞红卫犯非法经营罪,判处有期徒刑15年,并处没收个人全部财产;被告人孙琪犯非法经营罪,判处有期徒刑6年,并处没收个人财产人民币743万余元,扣押在案的疫苗等药品依法予以没收。

案例讨论

请结合本案说明我国现行有关药品运输与储存的管理规定。

(同济大学 宋晓亭)

第十四章 化妆品与医疗美容法律制度

第一节 化妆品卫生法律制度

一、概述

（一）化妆品的概念和特点

1. 化妆品的概念

化妆品在国际上尚无统一的定义。欧盟《化妆品指令》规定，化妆品是指用于人体外部器官（皮肤、毛发、指趾甲、口唇和外生殖器）或口腔内牙齿、口腔黏膜，以清洁、香化身体，保护或保持其健康，改善其外观，去除体味为目的的物质和制品。美国《联邦食品、药品和化妆品法》规定，化妆品是以涂抹、擦布、喷洒或类似方法用于人体使之清洁、美化、增加魅力或改变容颜，而不影响人体结构和功能的产品。德国《食品和日用品管理法》规定，化妆品是用于人体外表（皮肤、头发、指甲和口唇）或口腔，能清洁和护理人体或者影响人的外表和体味的物质或物质配制品。日本《新药事法》规定，化妆品是指为了达到清洁、美化身体，增加魅力，改变容颜，保护皮肤和头发健康的目的，以涂敷、撒布或其他类似方法在身体上使用，对人体作用缓和的制品。加拿大《食品及药物法》规定，化妆品是用于清洁、改善或改变面部、皮肤、头发或牙齿的外观而制造、销售或提供的任何物质或物质混合物，包括除臭剂和香精。从这些定义来看，各国法规对化妆品的界定大体上类似。但是，在对某些特定产品的具体分类中，在有些国家被归类为化妆品，在其他国家却可能被看成为药品或准药品。比如防蛀牙膏，在欧盟被认为是化妆品，在美国和加拿大属于非处方药，在日本归为准药品（医药部外品），导致其在各国的监管中也存在差异。

我国《化妆品卫生监督条例》规定，化妆品是指以涂擦、喷洒或者其他类似的方法，散布于人体表面任何部位（皮肤、毛发、指甲、口唇等），以达到清洁、消除不良气味、护肤、美容和修饰目的的日用化学工业产品。

2. 化妆品的特点

（1）可以长期使用。这是化妆品与药物的重要区别，它不会影响人体的生理功能，不会引起人体的病理改变。

（2）易被污染。化妆品由水、油、醇、颜料、香料、乳化剂及其他多种化学物质混合制成，在生产、储存和使用中容易被污染。

（3）选择性强。化妆品的功效因人而异。若使用不当，将达不到预期效果。

（二）化妆品的分类

1. 按照功能分类

化妆品可分为清洁类化妆品、护理类化妆品、美容/修饰类化妆品。

2. 按照使用部位分类

化妆品可分为皮肤用化妆品、毛发用化妆品、指（趾）甲用化妆品、口唇用化妆品。

3. 按照是否具有特殊用途分类

化妆品可分为特殊用途化妆品和非特殊用途化妆品。特殊用途化妆品是指用于育发、染发、烫发、脱毛、美乳、健美、除臭、祛斑、防晒的化妆品。除此之外的其他化妆品则属于非特殊用途化妆品。

4. 按照生产工艺和成品状态分类

化妆品可分为一般液态单元、膏霜乳液单元、粉单元、气雾剂及有机溶剂单元、蜡基单元、牙膏单元和其他单元。

二、化妆品管理立法

20世纪80年代后期，我国各省市相继制定了化妆品卫生监督的地方性法律文件。如1986年《上海市化妆品卫生监督办法》、1987年《北京市人民政府关于化妆品卫生监督管理的暂行规定》等。为加强化妆品的卫生监督，保证化妆品的卫生质量和使用安全，保护消费者健康，卫生部于1989年11月13日发布了《化妆品卫生监督条例》（2019年修正），该条例于1990年1月1日起施行，这是我国第一部化妆品卫生监督管理的行政法规。1991年3月，卫生部发布了《化妆品卫生监督条例实施细则》。此外，国家工商局1993年发布了《化妆品广告管理办法》；国家出入境检验检疫局2000年发布了《进出口化妆品监督检验管理办法》；卫生部2007年修订了《化妆品卫生规范》和《化妆品生产企业卫生规范》；国家食品药品监督管理局2010年发布了《化妆品行政许可检验管理办法》和《化妆品产品技术要求规范》；2011年发布了《国产非特殊用途化妆品备案管理办法》。国家食品药品监督管理总局2015年发布了《化妆品安全技术规范》。国家药品监督管理局2019年发布了《化妆品注册和备案检验工作规范》。2020年1月3日，国务院常务会议通过了《化妆品监督管理条例》。这一系列规范性法律性文件共同构成了我国化妆品监管法律体系。

在国外，欧盟于1976年发布了《化妆品指令》（76/768/EEC），并在以后进行了多次修订。2009年，欧盟公布了其第一部化妆品法规［Regulation（EC）No.1223/2009］，使欧盟化妆品监管的主要法律依据由"指令"上升为"法规"，并对化妆品的安全性提出了更加严格的要求。2013年7月11日，该法规在欧盟成员国中直接生效实施。美国的《联邦食品、药品和化妆品法》、日本的《药事法》、加拿大的《食品和药物法》、德国的《食品和日用品管理法》以及《化妆品条例》分别成为这些国家对化妆品进行监管的法律依据。

三、化妆品的基本安全要求

（一）一般要求

化妆品的一般要求是：在正常的、合理的、可预见的使用条件下，不得对人体健康产生危害；应符合化妆品生产规范的要求；上市前应进行必要的检验；应符合产品质量安全有关要求，经检验合格后方可出厂。

（二）其他要求

《化妆品安全技术规范》（2015年版）还对化妆品提出了配方要求、微生物学指标要求、有害物质限值要求、包装材料要求、标签要求、原料要求以及儿童用化妆品要求。

四、化妆品监督管理机构

国家实行化妆品卫生监督制度。国务院化妆品监督管理部门主管全国化妆品的卫生监督工作，县以上地方各级人民政府的化妆品监督管理部门主管本辖区内化妆品的卫生监督工作。

五、化妆品生产的卫生监督

（一）化妆品生产许可证制度

《化妆品卫生监督条例》第5条规定，对化妆品生产企业实行化妆品生产许可证制度。化妆品生产许可证由省、自治区、直辖市化妆品监督管理部门批准并颁发，有效期为5年。未取得化妆品生产许可证的单位，不得从事化妆品生产。

（二）化妆品产品许可和备案制度

我国实行化妆品产品许可和备案制度。化妆品行政许可是指化妆品新原料使用、国产特殊用途化妆品生产和化妆品首次进口需经过审批。《化妆品卫生监督条例》规定，使用化妆品新原料生产化妆品，必须经国务院卫生行政部门批准。化妆品新原料是指在国内首次使用于化妆品生产的天然或人工原料。生产特殊用途的化妆品，必须经国务院卫生行政部门批准，取得批准文号后方可生产。

企业生产非特殊用途化妆品无须申请产品行政许可。自2014年6月30日起，国产非特殊用途化妆品生产企业应当在产品上市前，按照《国产非特殊用途化妆品备案要求》，对产品信息进行网上备案。

(三）化妆品生产企业的卫生要求

化妆品生产企业的卫生要求：①生产企业应当建在清洁区域内，与有毒、有害场所保持符合卫生要求的间距；②厂房的建筑应当坚固、清洁，具有良好的采光（或照明）条件，并具有防止和消除鼠害以及其他有害昆虫及其滋生的设施和措施；③有与产品品种、数量相适应的化妆品原料、加工、包装、贮存等厂房或场所；④生产车间有适合产品特点的相应的生产设施，工艺规程符合卫生要求；⑤有能对所生产的化妆品进行微生物检验的仪器设备和检验人员。

（四）化妆品出厂前的检验

化妆品投放市场前，生产企业必须按照国家《化妆品卫生标准》对产品进行卫生质量检验，质量合格的产品应当附有合格标记。未经检验或者不符合卫生标准的产品不得出厂。

（五）化妆品标签要求

化妆品标签上应注明产品名称、厂名，并注明生产企业化妆品生产许可证编号；小包装或者说明书上应当注明生产日期和有效使用期限。特殊用途的化妆品，还应当注明批准文号。对可能引起不良反应的化妆品，说明书上应当注明使用方法、注意事项。化妆品标签、小包装或者说明书上不得注有适应证，不得宣传疗效，不得使用医疗术语。自2017年7月1日起生产的化妆品必须使用标注了化妆品生产许可证信息的新的包装标识。

（六）从业人员资质及健康检查要求

生产企业的管理者应熟悉化妆品有关卫生法规、标准和规范性文件，能按照卫生部门的有关规定依法生产，认真组织实施化妆品生产相关的卫生规范和要求。

直接从事化妆品生产的人员应参加化妆品生产卫生知识培训并经考核合格。

直接从事化妆品生产的人员，必须每年进行健康检查，取得健康证后方可从事化妆品的生产活动。凡患有手癣、指甲癣、手部湿疹、发生于手部的银屑病或者鳞屑、渗出性皮肤病以及痢疾、伤寒、病毒性肝炎、活动性肺结核等传染病的人员，不得直接从事化妆品生产活动。

六、化妆品经营的卫生监督

（一）禁止销售的化妆品

化妆品经营单位和个人不得销售下列化妆品：①未取得化妆品生产许可证的企业所生产的化妆品；②无质量合格标记的化妆品；③标签、小包装或者说明书不符合产品出厂法定要求的化妆品；④未取得批准文号的特殊用途化妆品；⑤超过使用期限的化妆品。

（二）进口化妆品的卫生监督

进口的化妆品必须经国家商检部门检验；检验合格的，方准进口。个人自用进口的少量化妆品，按照海关规定办理进口手续。首次进口的特殊用途化妆品，进口单位必须提供该化妆品的说明书、质量标准、检验方法等有关资料和样品以及出口国（地区）批准生产的证明文件，经国务院化妆品监督管理部门批准，方可签订进口合同。首次进口的其他化妆品，应当按照规定备案。

七、法律责任

（一）行政责任

未取得化妆品生产许可证的企业擅自生产化妆品；生产未取得批准文号的特殊用途的化妆品，或者使用化妆品禁用原料和未经批准的化妆品新原料；进口或者销售未经批准或者检验的进口化妆品；生产或者销售不符合国家《化妆品卫生标准》的化妆品；销售超过使用期限的化妆品以及违反其他有关规定的，卫生监督部门可以视具体情节，处以警告、没收产品及违法所得、罚款、责令限期改进、责令停产或者吊销化妆品生产许可证、撤销特殊用途化妆品批准文号等行政处罚。

（二）民事责任

对违反化妆品卫生监督法规，造成人体损伤或者发生中毒事故的，有直接责任的生产企业和经营单位或者个人应负损害赔偿责任。根据《产品质量法》《侵权责任法》有关产品责任的规定，被侵权人可以向生产者或者销售者请求赔偿。

（三）刑事责任

化妆品生产、经营单位或化妆品卫生监督员违反化妆品卫生监督法规的有关规定，造成严重后果，构成犯罪的，由司法机关依法追究刑事责任。

（1）生产不符合卫生标准的化妆品，或者销售明知是不符合卫生标准的化妆品，造成严重后果的，处3年以下有期徒刑或者拘役，并处或者单处销售金额50%以上2倍以下罚金。国家机关工作人员参与生产、销售不符合卫生标准的化妆品犯罪的，从重处罚。

（2）生产、销售不符合卫生标准的化妆品，不构成生产、销售不符合卫生标准的化妆品罪，但是销售金额在5万元以上的，依照生产、销售伪劣产品罪定罪处罚；构成生产、销售不符合卫生标准的化妆品罪，同时又构成生产、销售伪劣产品罪的，依照处罚较重的规定定罪处罚。

（3）单位犯生产、销售伪劣产品罪，生产、销售不符合卫生标准的化妆品罪的，对单位判处罚金，并对其直接负责的主管人员和其他直接责任人员，依照《刑法》有关规定定罪处罚。

第二节 医疗美容法律制度

一、概述

（一）医疗美容的概念

医疗美容是指运用手术、药物、医疗器械以及其他具有创伤性或者侵入性的医学技术方法对人的容貌和人体各部位形态进行的修复与再塑。

与医疗美容不同的是生活美容。生活美容是指采用各种非医学手段和方法来塑造和美化人体，如皮肤护理、化妆修饰等。

（二）医疗美容与生活美容的区别

1. 运用的手段与方法不同

医疗美容运用手术、药物、医疗器械以及其他具有创伤性或者侵入性的医学技术方法，对人的容貌和人体各部位形态进行修复与再塑；生活美容是运用一般美学知识，使用化妆或一般护理保养方法的修饰性美容，不使用创伤性或者侵入性的医学技术方法。

2. 服务的内容不同

医疗美容分为美容外科、美容牙科、美容皮肤科和美容中医科，具体服务内容包含在《医疗美容项目分级管理目录》中。以美容外科为例，包括重唇修复术、重睑成形术、眉修整术、鼻畸形矫正术、脂肪抽吸术、隆乳术、皮肤磨削术、除皱术、毛发移植术等多种项目；生活美容包括美容知识咨询与指导、皮肤护理、化妆修饰、形象设计和美体等服务项目。

3. 存在的风险不同

医疗美容由于对人体具有创伤性或者侵入性，因此风险较大；生活美容是对人体表皮以上进行护理、美化，没有创伤性或者侵入性，几乎无风险。

4. 美容机构的要求不同

医疗美容机构必须是经过卫生行政部门批准，取得医疗机构执业许可证，具有美容诊疗科目的医疗机构，需要接受卫生行政部门的监督管理；生活美容机构则不属于医疗机构，仅需由有关行政部门按开业标准和《职业技能鉴定规范》进行监督管理。

5. 从业人员的资格要求不同

医疗美容从业人员必须是经过卫生行政部门注册的执业医师或护士，并接受过医疗美容培训；生活美容从业人员则无须是医务人员，只要掌握基本的美容专业知识，在获得有关部门认可的资格证书后便可从业。

6. 服务的对象不同

医疗美容的服务对象包括患者和正常求美者；生活美容的服务对象是消费者，不包括患者。

（三）医疗美容立法

为了规范医疗美容服务，促进医疗美容事业的健康发展，维护就医者的合法权益，卫生部2002年1月22日发布了《医疗美容服务管理办法》，并于2009年2月进行了第一次修正，国家卫生和计划生育委员会于2016年1月进行了第二次修正。《医疗美容服务管理办法》对美容医疗机构的设置和登记、执业人员资格、执业规则、监督管理等作了专门规定。

2002年4月，卫生部印发了《美容医疗机构、医疗美容科（室）基本标准（试行）》。2009年12月，卫生部办公厅印发了《医疗美容项目分级管理目录》，指导各地卫生行政部门对以前的医疗美容项目和项目分级进行适当调整，并进行严格管理；明确了各类别医疗机构可以实施的美容手术范围，以保证医疗安全。

（四）有关医疗美容诊疗科目及诊疗项目的规定

医疗美容科为一级诊疗科目，美容外科、美容牙科、美容皮肤科和美容中医科为二级诊疗科目。

医疗美容项目分级管理的目的是为了对医疗美容项目进行严格管理，以保证医疗安全。其主要规定如下：

1. 美容外科项目及其分级

依据手术难度和复杂程度以及可能出现的医疗意外和风险大小，将美容外科项目分为四级：一级是指操作过程不复杂，技术难度和风险不大的美容外科项目；二级是指操作过程复杂程度一般，有一定技术难度，有一定风险，需使用硬膜外腔阻滞麻醉、静脉全身麻醉等完成的美容外科项目；三级是指操作过程较复杂，技术难度和风险较大，因创伤大需术前备血，并需要气管插管全身麻醉的美容外科项目；四级是指操作过程复杂，难度高、风险大的美容外科项目。

可开展一级项目的机构包括：设有医疗美容科或整形外科的一级综合医院和门诊部；设有医疗美容科的诊所。

可开展一级、二级项目的机构包括：设有医疗美容科或整形外科的二级综合医院；设有麻醉科及医疗美容科或整形外科的门诊部。

可开展一级、二级、三级项目的机构为美容医院。

可开展一级、二级、三级、四级项目的机构包括：三级整形外科医院；设有医疗美容科或整形外科的三级综合医院。

2. 美容牙科项目

包括牙齿美容修复技术、牙周美容技术操作、牙𬌗畸形美容矫治。

3. 美容皮肤科项目

包括无创治疗项目和有创治疗项目,其中有创治疗项目又包括微创治疗项目、手术项目。

4. 美容中医科项目

包括中药内服美容法、中药外治美容技术、针灸美容技术、中医推拿美容技术、其他中医美容技术。

二、医疗美容的监督管理

在我国,国家卫生行政部门(含国家中医药管理局)主管全国医疗美容服务管理工作。县级以上地方人民政府卫生行政部门(含中医药行政管理部门)负责本行政区域内医疗美容服务监督管理工作。

以上负责医疗美容监管工作的部门的具体职责包括:①对申办美容医疗机构的申请材料进行审查,批准设置的核发设置医疗机构批准书和医疗机构执业许可证;②对医疗机构增设医疗美容科目进行变更登记;③核定医疗美容的诊疗科目范围;④对美容医疗机构和医疗美容科室开展的医疗美容项目进行备案审核;⑤对违反《医疗美容服务管理办法》相关规定的行为予以处罚。

三、美容医疗机构的设置

(一)美容医疗机构的概念

美容医疗机构是指以开展医疗美容诊疗业务为主的医疗机构。

美容医疗机构作为一种特殊类型的医疗机构,对其管理既要遵循《医疗机构管理条例》《医疗机构管理条例实施细则》《执业医师法》《护士条例》等有关医疗机构和医疗技术人员管理的一般法律规定,又要遵循《医疗美容服务管理办法》中的特别规定。

(二)美容医疗机构的设置

1. 美容医疗机构的设置条件

申请举办美容医疗机构或医疗机构设置医疗美容科室必须同时具备下列条件:①具有承担民事责任的能力;②有明确的医疗美容诊疗服务范围;③符合《医疗机构基本标准(试行)》;④省级以上人民政府卫生行政部门规定的其他条件。

2. 美容医疗机构的申办

申请举办美容医疗机构的单位或者个人,应按照《医疗美容服务管理办法》以及《医疗机构管理条例》和《医疗机构管理条例实施细则》的有关规定办理设置审批和登记注册手续。

卫生行政部门自收到合格申办材料之日起 30 日内作出批准或不予批准的决定，并书面答复申办者。对于予以批准的申办者，卫生行政部门应在核发美容医疗机构设置医疗机构批准书和医疗机构执业许可证的同时，向上一级卫生行政部门备案。

美容医疗机构经卫生行政部门登记注册并获得医疗机构执业许可证后方可开展执业活动。

3. 医疗机构增设医疗美容科目

医疗机构增设医疗美容科目的，必须具备《医疗美容服务管理办法》规定的条件，按照《医疗机构管理条例》及其实施细则规定的程序，向登记注册机关申请变更登记。

美容医疗机构和医疗美容科室开展医疗美容项目应当由登记机关指定的专业学会核准，并向登记机关备案。

四、医疗美容从业人员资格

医疗美容从业人员分为主诊医师、非主诊医师和从事医疗美容护理工作的人员三类。

（一）主诊医师

主诊医师是指具备法定条件、负责实施医疗美容项目的执业医师。负责实施医疗美容项目的主诊医师必须同时具备下列条件：①具有执业医师资格，经执业医师注册机关注册；②具有从事相关临床学科工作经历。其中，负责实施美容外科项目的应具有 6 年以上美容外科或整形外科等相关专业临床工作经历；负责实施美容牙科项目的应具有 5 年以上从事美容牙科或口腔科专业临床工作经历；负责实施美容中医科和美容皮肤科项目的应分别具有 3 年以上中医专业和皮肤病专业临床工作经历；③经过医疗美容专业培训或进修并合格，或已从事医疗美容临床工作 1 年以上；④省级人民政府卫生行政部门规定的其他条件。

为了进一步加强对医疗美容主诊医师的管理，国家卫生和计划生育委员会于 2017 年 3 月 17 日发布了《关于加强医疗美容主诊医师管理有关问题的通知》，规定对医疗美容主诊医师的专业实行备案管理。医疗美容主诊医师的医师执业证书"备注"页应登记核定美容相关专业，并接受定期考核。县级以上地方卫生行政部门要将医疗美容主诊医师备案信息及时录入国家卫生行政部门的医师管理信息系统，并向社会公开，供群众查询，接受社会监督。

（二）非主诊医师

非主诊医师是指不具备医疗美容主诊医师资格而从事医疗美容临床技术服务工作的执业医师。根据国家卫生和计划生育委员会《关于修改〈外国医师来华短期行医暂行管理办法〉等 8 件部门规章的决定》，不具备《医疗美容服务管理办法》第 11 条规定的主诊医师条件的执业医师，可在主诊医师的指导下从事医疗美容临床技术服务工作。

（三）医疗美容护理人员

从事医疗美容护理工作的人员，应同时具备下列条件：①具有护士资格，并经护士注册机关注册；②具有 2 年以上护理工作经历；③经过医疗美容护理专业培训或进修并合格，或已从事医疗美容临床护理工作 6 个月以上。

未经卫生行政部门核定并办理执业注册手续的人员不得从事医疗美容诊疗服务。

五、有关医疗美容服务的执业规则

（1）实施医疗美容项目必须在相应的美容医疗机构或开设医疗美容科室的医疗机构中进行。

（2）美容医疗机构和医疗美容科室应根据自身条件和能力在卫生行政部门核定的诊疗科目范围内开展医疗服务，未经批准不得擅自扩大诊疗范围，不得开展未向登记机关备案的医疗美容项目。

（3）美容医疗机构执业人员要严格执行有关法律、法规和规章，遵守医疗美容技术操作规程；使用的医用材料须经有关部门批准。

（4）医疗美容服务实行主诊医师负责制。医疗美容项目必须由主诊医师负责或在其指导下实施。

（5）执业医师对就医者实施治疗前，必须向就医者本人或亲属书面告知治疗的适应证、禁忌证、医疗风险和注意事项等，并取得就医者本人或监护人的签字同意。未经监护人同意，不得为无行为能力或者限制行为能力人实施医疗美容项目。

（6）医疗美容从业人员要尊重就医者的隐私权，未经就医者本人或监护人同意，不得向第三方披露就医者病情及病历资料。

（7）发生重大医疗过失，要按规定及时报告当地人民政府卫生行政部门。

（8）加强医疗质量管理，不断提高服务水平。

复习思考题

1. 化妆品的基本卫生要求有哪些？
2. 法律规定禁止销售的化妆品有哪些？
3. 医疗美容与生活美容有哪些主要区别？
4. 美容医疗机构的设置条件是什么？

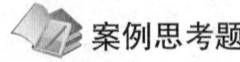 **案例思考题**

案例一

2019年8月1日,国家药品监督管理局发布了2批次不合格化妆品的通告(2019年第45号)。通告内容为:经江西省药品检验检测研究院检验,2家企业生产的2批次婴幼儿化妆品不合格。其中标示为广州腾跃生物科技有限公司生产的诺必行®婴宝特护膏检出禁用组分酮康唑;标示为平舆冰王生物工程有限公司生产的冰王®舒英宝母婴平安膏菌落总数超标。

该通告指出,上述不合格产品及相关企业违反了《化妆品卫生监督条例》的规定。国家药品监督管理局要求广东、河南省药品监管部门核实后依法督促相关生产企业对已上市销售相关产品及时采取召回等措施,立案调查,依法严肃处理;要求江西省、广东省药品监管部门责令相关经营单位立即采取下架等措施控制风险,对违法、违规行为,依法予以查处,涉嫌犯罪的依法移交公安机关。通告要求,上述省级药品监管部门自通告发布之日起3个月内公开对相关企业或单位的处理结果,相关情况及时在国家化妆品抽检信息系统中填报并报告国家药品监督管理局。

案例讨论

1. 我国目前由哪个部门承担化妆品卫生监督职责?
2. 生产或者销售不符合国家《化妆品卫生标准》的化妆品应当承担什么样的法律责任?

案例二

2000年11月30日,武汉市卫生局通报了"超女"王某整形死亡事件的调查情况。

王某于2000年11月13日10时在武汉A医疗美容门诊部实施颌面骨整形手术,术后出现烦躁不安、呼吸困难、生命体征不平稳症状。因病情危重,当日15时转入161医院,经抢救无效后死亡。湖北省卫生厅组织专家组对该病例进行了专题讨论,专家认为主要原因可能为气道梗阻引起缺氧,从而导致心搏骤停。

武汉市卫生局通报说,手术医生汪某持有医师资格证和医师执业证,系注册于广州B美容医院的执业医师,执业范围为外科专业,在武汉A美容门诊部办理会诊手续后,为患者实施手术,但A门诊部不能出示汪某医疗美容主诊医师培训合格证。江岸区卫生局核准A医疗美容门诊部的诊疗科目为医疗美容科(美容外科专业、美容皮肤科专业)、医学检验科、口腔科。

案例讨论

1. 根据《医疗美容服务管理办法》,负责实施医疗美容项目的主诊医师必须具备哪些条件?
2. 你认为应当如何加大对医疗美容的监管力度?

(河南中医药大学 段晓鹏)

第十五章 医疗器械管理法律制度

第一节 概 述

2019年12月28日颁布的《基本医疗卫生与健康促进法》规定国家加强对医疗器械的管理,完善医疗器械的标准和规范,提高医疗器械的安全有效水平。国务院卫生健康主管部门和省、自治区、直辖市人民政府卫生健康主管部门应当根据技术的先进性、适宜性和可及性,编制大型医用设备配置规划,促进区域内医用设备合理配置、充分共享。开展医疗器械临床试验和其他医学研究应当遵守医学伦理规范,依法通过伦理审查,取得知情同意。

一、医疗器械概述

(一)医疗器械的概念

根据2017年5月4日国务院修订公布的《医疗器械监督管理条例》第76条的规定,医疗器械是指直接或者间接用于人体的仪器、设备、器具、体外诊断试剂及校准物、材料以及其他类似或者相关的物品,包括所需要的计算机软件;其效用主要通过物理等方式获得,不是通过药理学、免疫学或者代谢的方式获得,或者虽然有这些方式参与但是只起辅助作用。

医疗器械的使用目的是:①疾病的诊断、预防、监护、治疗或者缓解;②损伤的诊断、监护、治疗、缓解或者功能补偿;③生理结构或者生理过程的检验、替代、调节或者支持;④生命的支持或者维持;⑤妊娠控制;⑥通过对来自人体的样本进行检查,为医疗或者诊断目的提供信息。

(二)医疗器械与药品的区别

医疗器械与药品所起的作用不同,但是有一部分医疗器械可能结合药物共同发挥作用。在这种情况下,根据医疗器械定义,其效用主要通过物理方式获得,不是通过药理学、免疫学或者代谢的手段获得,但是这些手段参与并起一定的辅助作用,应该作为医疗器械管理。

医疗器械与药物的区别主要表现在:①产品的预期目的不同;②产品的预期作用和机制不同。产品的预期作用和机制很重要,这些信息可以从生产企业提供的产品标签、说明书所记载的内容以及提供的产品作用机制的科学数据资料中获得。通常,医疗器械的功能是通过物理方式完成的,如机械作用、物理屏障、替换或者支持人体器官或人体某种功能等,而药物一般是通过药理学、免疫学或者新陈代谢方式达到预期目的。

二、医疗器械监督管理部门与技术支撑机构

(一)医疗器械监督管理部门

国务院药品监督管理部门负责全国医疗器械监督管理工作。国务院有关部门在各自的职责范围内负责与医疗器械有关的监督管理工作。县级以上地方人民政府药品监督管理部门负责本行政区域的医疗器械监督管理工作。县级以上地方人民政府有关部门在各自的职责范围内负责与医疗器械有关的监督管理工作。

(二)医疗器械技术支撑部门

医疗器械属于特殊产品,它的安全性和有效性直接关乎人身安全和健康。医疗器械作为机械、光学、电子学、医学、影像学、核物理等多学科交叉的高科技产品,技术特征非常明显,这就要求建立相应的技术规范,由相应的技术支持机构负责执行和落实与医疗器械监管相关的技术规范。我国医疗器械监管的技术支持机构主要包括医疗器械检测中心、医疗器械技术审评中心、国家药品不良反应监测中心以及医疗器械标准化委员会等机构,它们在我国医疗器械技术监督管理工作中发挥了十分重要的作用。

三、医疗器械全程监管立法

针对医疗器械产品从研发、分类、检验、注册、生产、经营、使用、不良事件监测、再评价到召回等全生命周期开展的管理,称之为全程监管。以医疗器械经营环节为界点,将医疗器械全程监管分为上市前管理和上市后管理。我国已基于医疗器械产品全生命周期构建医疗器械全程监管法规体系。医疗器械产品全生命周期各环节对应的配套规章如表 15.1 所示。

表 15.1 医疗器械产品全生命周期配套规章对应表

上市前环节	规范名称	实施时间	上市后环节	规范名称	实施时间
研制	《医疗器械标准管理办法》	2017.7	经营	《医疗器械经营监督管理办法》	2014.10
命名	《医疗器械通用名称命名规则》	2016.4	网络经营	《医疗器械网络销售监督管理办法》	2018.3
分类	《医疗器械分类规则》	2016.1			
临床试验	《医疗器械临床试验质量管理规范》	2016.6			

续表

上市前环节	规范名称	实施时间	上市后环节	规范名称	实施时间
注册	《医疗器械注册管理办法》	2014.10	使用	《医疗器械使用质量监督管理办法》	2016.2
	《体外诊断试剂注册管理办法》	2014.10	监测	《医疗器械不良事件监测和再评价管理办法》	2019.1
	《医疗器械说明书和标签管理规定》	2014.10	召回	《医疗器械召回管理办法》	2017.5
生产	《医疗器械生产监督管理办法》	2014.10	飞行检查	《药品医疗器械飞行检查办法》	2015.9

四、医疗器械飞行检查

医疗器械飞行检查是指药品监督管理部门针对医疗器械研制、生产、经营、使用等环节开展的不预先告知的监督检查。医疗器械飞行检查是行政检查的一种形式，是一种不事先告知的突击检查方式，具有突击性、独立性、高效性等特点。现行《药品医疗器械飞行检查办法》共5章35条，包括总则、启动、检查、处理及附则。

国家药品监督管理部门负责组织实施全国范围内的医疗器械飞行检查。地方各级药品监督管理部门负责组织实施本行政区域的药品医疗器械飞行检查。检查结果应当公开，对重大或者典型案件，可以采取新闻发布等方式向社会公开。

有下列情形之一的，可以开展医疗器械飞行检查：①投诉举报或者其他来源的线索表明可能存在质量安全风险的；②检验发现存在质量安全风险的；③医疗器械不良事件监测提示可能存在质量安全风险的；④对申报资料真实性有疑问的；⑤涉嫌严重违反质量管理规范要求的；⑥企业有严重不守信记录的；⑦其他需要开展飞行检查的情形。

根据飞行检查结果，药品监督管理部门可以依法采取限期整改、发告诫信、约谈被检查单位、监督召回产品、收回或者撤销相关资格认证认定证书，以及暂停研制、生产、销售、使用等风险控制措施。风险因素消除后，应当及时解除相关风险控制措施。检查组对被检查单位拒绝、逃避检查的行为应当进行书面记录，责令改正并及时报告组织实施飞行检查的食品药品监督管理部门；经责令改正后仍不改正、造成无法完成检查工作的，检查结论判定为不符合相关质量管理规范或者其他相关要求。飞行检查发现的违法行为涉嫌犯罪的，由负责立案查处的药品监督管理部门移送公安机关，并抄送同级检察机关。

第二节 医疗器械上市前管理

一、医疗器械分类管理

国家按照风险程度对医疗器械实行分类管理。

应当根据医疗器械的预期目的，通过结构特征、使用形式、使用状态、是否接触人体等因素综合判定医疗器械的风险程度。产品的预期目的，是指产品说明书、标签或者宣传资料载明的，使用医疗器械应当取得的作用。根据医疗器械结构特征的不同，分为无源医疗器械和有源医疗器械。按照风险程度由低到高，医疗器械管理类别依次分别为第一类、第二类和第三类。

第一类是风险程度低，实行常规管理可以保证其安全、有效的医疗器械。

第二类是具有中度风险，需要严格控制管理以保证其安全、有效的医疗器械。

第三类是具有较高风险，需要采取特别措施严格控制管理以保证其安全、有效的医疗器械。

国务院药品监督管理部门负责制定医疗器械的分类规则和分类目录，并根据医疗器械生产、经营、使用情况，及时对医疗器械的风险变化进行分析、评价，对分类目录进行调整。制定、调整分类目录，应当充分听取医疗器械生产经营企业以及使用单位、行业组织的意见，并参考国际医疗器械分类实践经验。影响医疗器械分类的因素主要有使用时间、作用部位、接触/非接触、有源/无源、作用形式、作用强度等。

2018年8月1日，新版《医疗器械分类目录》开始实施，该目录按照医疗器械技术专业和临床使用特点分为22个子目录，子目录由一级产品类别、二级产品类别、产品描述、预期用途、品名举例和管理类别组成。判定产品类别时，应当根据产品的实际情况，结合2018年版目录中产品描述、预期用途和品名举例进行综合判定。在分类时，对医疗器械通用名称的命名要遵循《医疗器械通用名称命名规则》的规定。

二、医疗器械技术评价

医疗器械技术评价，是指医疗器械审评部门及其生产企业运用标准和产品技术要求等技术规范来评价医疗器械产品安全性和有效性的活动，它包括注册检验、临床评价以及非临床评价等内容。

医疗器械技术规范是医疗器械安全有效性评价的主要依据，一直是影响企业产品质量和上市许可的关键因素。现行医疗器械技术规范体系主要由医疗器械标准、产品技术要求和注册技术审查指导原则构成。

医疗器械标准，是指由国家药品监督管理部门依据职责组织制订，依法定程序发布，在医疗器械研制、生产、经营、使用、监督管理等活动中遵循的统一的技术要求。现行《医疗器械标准管理办法》按照其效力将医疗器械标准分为强制性标准和推荐性标准。产品技术要求主要包括医疗器械成品的性能指标和检验方法，其中性能指标是指可进行客观判定的成品的功能性、安全性指标以及与质量控制相关的其他指标。在中国上市的医疗器械应当符合注册核准或者备案的产品技术要求。医疗器械注册申请人和备案人应当编制拟注册或者备案的医疗器械产品技术要求。

为了确保生物医用材料在临床研究时的安全性，在完成物理与化学性能、加工性能及外形等有效性设计后，必须进行生物学评价与试验，以便进一步提供有关安全性的数据和资料。生物学评价主要通过遗传毒性、致癌性和生殖毒性试验，细胞毒性试验，刺激与致敏试验，降解试验等来判断材料的安全性。医疗器械生物学评价相关标准主要有GB/T 16886 与国际标准化组织发布的 ISO10993。

1. 注册检验

申请第二类、第三类医疗器械注册，应当进行注册检验。申请人应当向检验机构提供注册检验所需要的有关技术资料（包括产品技术要求、产品使用说明书和相关安全性的证明材料等）、注册检验用样品（包括整机及安全零部件等）。注册检验样品的生产应当符合医疗器械质量管理体系的相关要求，注册检验合格的方可进行临床试验或者申请注册。医疗器械检验机构应当依据产品技术要求对相关产品进行注册检验。办理第一类医疗器械备案的，备案人可以提交产品自检报告。

2. 医疗器械临床评价

医疗器械临床评价是指申请人或者备案人通过临床文献资料、临床经验数据、临床试验等信息对产品是否满足使用要求或者适用范围进行确认的过程。《关于医疗器械临床评价技术指导原则的通告》（2015 年第 14 号）规定医疗器械临床评价技术指导原则适用于第二类、第三类医疗器械注册申报时的临床评价工作，不适用于按医疗器械管理的体外诊断试剂的临床评价工作。在境外进行临床试验获得的数据可以按照《接受医疗器械境外临床试验数据技术指导原则》的规定在国内注册使用。

通过临床试验获得有效数据是评估医疗器械是否安全有效的重要方式之一，也是对医疗器械产品进行技术评价最主要的手段，主要依据《医疗器械临床试验质量管理规范》进行。

第一类医疗器械产品备案，不需要进行临床试验。申请第二类、第三类医疗器械产品注册，应当进行临床试验；但是，有下列情形之一的，可以免于进行临床试验：

（1）工作机理明确，设计定型，生产工艺成熟，已上市的同品种医疗器械临床应用多年且无严重不良事件记录，不改变常规用途的；

（2）通过非临床评价能够证明该医疗器械安全、有效的；

（3）通过对同品种医疗器械临床试验或者临床使用获得的数据进行分析评价，能够证明该医疗器械安全、有效的。免于进行临床试验的医疗器械目录由国务院药品监督管理部门制定、调整并公布。

三、医疗器械产品注册与备案

国家对第二类、第三类医疗器械实行注册管理，对第一类医疗器械实行备案管理。医疗器械注册人、备案人以自己名义把产品推向市场，对产品负法律责任。

（一）医疗器械注册与备案的概念

医疗器械注册，是指药品监督管理部门根据医疗器械注册申请人的申请，依照法定程序，对其拟上市医疗器械的安全性、有效性研究及其结果进行系统评价，以决定是否同意其申请的过程。境内第二类、第三类医疗器械的注册申请分别由省级药品监督管理部门或国务院药品监督管理部门审查，经技术审评机构审评后，对符合安全、有效要求的，准予注册并发给医疗器械注册证。进口第一类医疗器械的备案，备案人向国家药品监督管理部门提交备案资料；进口第二类、第三类医疗器械由国务院药品监督管理部门审查，批准后发给医疗器械注册证。中国香港特别行政区、中国澳门特别行政区和中国台湾地区医疗器械的注册、备案，参照进口医疗器械办理。医疗器械注册证有效期为五年。

医疗器械备案是指医疗器械备案人提交备案资料，药品监督管理部门对提交的备案资料存档备查。第一类医疗器械产品备案，由备案人向所在地设区的市级药品监督管理部门提交备案资料。

（二）注册和备案基本要求

医疗器械注册申请人和备案人应当建立与产品研制、生产有关的质量管理体系，并保持有效运行。按照创新医疗器械特别审批程序审批的境内医疗器械申请注册时，样品委托其他企业生产的，应当委托具有相应生产范围的医疗器械生产企业；其他医疗器械申请注册时，样品不得委托其他企业生产。

办理医疗器械注册或者备案事务的人员应当具有相应的专业知识，熟悉医疗器械注册或者备案管理的法律、法规、规章和技术要求。

医疗器械申请人或者备案人申请注册或者办理备案，应当按照医疗器械安全有效基本要求，保证研制过程规范，所有数据真实、完整和可溯源。申请注册或者办理备案的资料应当使用中文。根据外文资料翻译的，应当同时提供原文。引用未公开发表的文献资料时，应当提供资料所有者许可使用的证明文件。对注册材料造假情节严重的行为，按照《最高人民法院、最高人民检察院关于办理药品、医疗器械注册申请材料造假刑事案件适用法律若干问题的解释》追究刑事责任。

申请注册或者办理备案的进口医疗器械，应当在申请人或者备案人注册地或者生产地所在国家（地区）已获准上市销售；当地未将该产品作为医疗器械管理的，申请人或者备案人需提供相关证明文件，包括注册地或者生产地所在国家（地区）准许该产品上市销售的证明文件。境外申请人或者备案人应当通过其在中国境内设立的代表机构或者指定中国境内的企业法人作为代理人，配合开展相关工作。

代理人除办理医疗器械注册或者备案事宜外，还应当承担以下责任：①与相应药品监督管理部门、境外申请人或者备案人的联络；②向申请人或者备案人如实、准确传达相关的法规和技术要求；③收集上市后医疗器械不良事件信息并反馈境外注册人或者备案人，同时向相应的药品监督管理部门报告；④协调医疗器械上市后的产品召回工作，并向相应的药品监督管理部门报告；⑤其他涉及产品质量和售后服务的连带责任。

四、医疗器械生产管理

医疗器械生产管理,是指对医疗器械生产环节的管理行为,包括对医疗器械的研发设计、生产备案、生产许可、委托生产等活动的监督管理活动。现行《医疗器械生产监督管理办法》是我国医疗器械生产监督管理的主要依据。

(一) 基本生产条件

从事医疗器械生产活动应当具备下列条件:①有与生产的医疗器械相适应的生产场地、环境条件、生产设备以及专业技术人员;②有对生产的医疗器械进行质量检验的机构或者专职检验人员以及检验设备;③有保证医疗器械质量的管理制度;④有与生产的医疗器械相适应的售后服务能力;⑤符合产品研制、生产工艺文件规定的要求。

(二) 医疗器械生产备案和许可

医疗器械生产备案,是指从事第一类医疗器械生产活动的企业应该向企业所在地的设区的市级药品监督管理部门提交相关资料,进行生产备案告知的行为。

医疗器械生产许可制度,是指在我国从事第二类、第三类医疗器械生产活动的企业,应向企业所在地的省级药品监督管理部门申请生产许可,并获得医疗器械生产许可证的制度。医疗器械生产许可证有效期为5年,载明许可证编号、企业名称、法定代表人、企业负责人、住所、生产地址、生产范围、发证部门、发证日期和有效期限等事项,并附有医疗器械生产产品登记表,载明生产产品名称、注册号等信息。

(三) 医疗器械委托生产

委托生产医疗器械,由委托方对所委托生产的医疗器械质量负责。委托方应当加强对受托方生产行为的管理,保证其按照法定要求进行生产。委托方是委托生产医疗器械的境内注册人或者备案人。

受托方是指取得受托生产医疗器械相应生产范围的生产许可或者办理第一类医疗器械生产备案的境内生产企业。受托方应当按照《医疗器械生产质量管理规范》、强制性标准、产品技术要求和委托生产合同组织生产,并保存所有受托生产文件和记录。委托方和受托方应当签署委托生产合同,明确双方的权利、义务和责任。

(四)《医疗器械生产质量管理规范》

《医疗器械生产质量管理规范》(Good Manufacturing Practice,GMP)是医疗器械生产过程质量管理的主要依据。医疗器械生产企业在医疗器械设计、开发、生产、销售和售后服务等过程中应当遵守《医疗器械生产质量管理规范》的要求。医疗器械注册申请人或备案人在进行产品研制时,也应当遵守《医疗器械生产质量管理规范》的相关要求。

第三节　医疗器械上市后管理

一、医疗器械经营管理

（一）医疗器械经营管理概述

经营流通过程的医疗器械监管，是保证医疗器械安全性、有效性的重要环节，也是上市后监管的重点。医疗器械经营管理主要针对医疗器械全过程监管中的经营环节，其内容主要包括经营许可、经营备案、经营质量管理、医疗器械GSP、经营监督、法律责任等。

医疗器械经营管理相关的规范性文件主要包括《医疗器械经营监督管理办法》《医疗器械网络销售监督管理办法》《医疗器械经营质量管理规范》《医疗器械经营质量管理规范现场检查指导原则》《医疗器械经营企业分类分级监督管理规定》《医疗器械经营环节重点监管目录及现场检查重点内容》。

（二）经营条件

从事医疗器械经营活动应该具备的基本条件：①具有与经营范围和经营规模相适应的质量管理机构或者质量管理人员，质量管理人员应当具有国家认可的相关专业学历或者职称；②具有与经营范围和经营规模相适应的经营、贮存场所；③具有与经营范围和经营规模相适应的贮存条件，全部委托其他医疗器械经营企业贮存的可以不设立库房；④具有与经营的医疗器械相适应的质量管理制度；⑤具备与经营的医疗器械相适应的专业指导、技术培训和售后服务的能力，或者约定由相关机构提供技术支持。从事第三类医疗器械经营的企业还应当具有符合医疗器械经营质量管理要求的计算机信息管理系统，保证经营的产品可追溯。鼓励从事第一类、第二类医疗器械经营的企业建立符合医疗器械经营质量管理要求的计算机信息管理系统。

从事医疗器械网络销售的企业、医疗器械网络交易服务第三方平台提供者应当按照《医疗器械网络销售监督管理办法》的要求，依法取得医疗器械生产许可、经营许可或者办理备案，保证医疗器械质量安全。

（三）经营备案与许可

按照所经营的医疗器械风险程度高低，医疗器械经营实施分类管理。经营第一类医疗器械不需许可和备案，经营第二类医疗器械实行备案管理，经营第三类医疗器械实行许可管理。

从事第二类医疗器械经营的，由经营企业向所在地市级药品监督管理部门备案并提交其相关证明资料。申请经营备案需要提交的资料有：①营业执照复印件；②法定代表人、企业负责人、质量负责人的身份证明、学历或者职称证明复印件；③组织机构与部门设置说明；④经营范围、经营方式说明；⑤经营场所、库房地址的地理位置图、平面图、房屋产权证明文件或者租赁协议（附房屋产权证明文件）复印件；⑥经营设施、设备目录；⑦经营质量管理制度、工作程序等文件目录；⑧经办人授权证明；⑨其他证明材料。

从事第三类医疗器械经营的，经营企业应当向所在地设区的市级药品监督管理部门申请经营许可并提交相关证明资料。

（四）《医疗器械经营质量管理规范》

2014年12月12日施行的《医疗器械经营质量管理规范》（Good Supply Practice，GSP）是医疗器械经营质量管理体系的基本准则，适用于医疗器械的采购、验收、储存、销售、运输和售后服务整个过程。

（五）医疗器械广告管理

医疗器械广告应当真实合法，不得含有虚假、夸大、误导性的内容。医疗器械广告应当经医疗器械生产企业或者进口医疗器械代理人所在地省级药品监督管理部门审查批准，并取得医疗器械广告批准文件。广告发布者发布医疗器械广告，应当事先核查广告的批准文件及其真实性；不得发布未取得批准文件、批准文件的真实性未经核实或者广告内容与批准文件不一致的医疗器械广告。

县级以上工商行政管理部门负责医疗器械广告监督工作。

二、医疗器械使用管理

医疗器械使用管理是指医疗器械使用环节的各项维护产品安全性、有效性的活动，既指医疗器械使用单位对在用医疗器械进行的内部管理，也指监管部门对在用医疗器械的情况和质量进行的行政管理活动。医疗器械使用管理是医疗器械上市后监管阶段的一大内容，侧重于医疗器械使用行为和使用质量的管理。

（一）在用医疗器械管理

医疗器械使用单位是指使用医疗器械为他人提供医疗等技术服务的机构，包括医疗机构、计划生育技术服务机构、血站、单采血浆站、康复辅助器具适配机构等。

药品监督管理部门和卫生行政部门依据各自职责，分别对使用环节的医疗器械质量和医疗器械使用行为进行监督管理。

医疗器械使用单位应当按照规定，配备与其规模相适应的医疗器械质量管理机构或者质量管理人员，建立使用质量管理制度，承担本单位使用医疗器械的质量管理责任。

医疗器械使用单位应当对医疗器械采购实行统一管理，由其指定的部门或者人员统一采购医疗器械。医疗器械使用单位应当从具有资质的医疗器械生产经营企业购进医疗器械，索取、查验供货者资质、医疗器械注册证或者备案凭证等证明文件。对购进的医疗器械应当验明产品合格证明文件,并按规定进行验收。对有特殊储运要求的医疗器械还应当核实储运条件是否符合产品说明书和标签标示的要求。医疗器械使用单位应当妥善保存购入第三类医疗器械的原始资料。医疗器械进货查验记录应当保存至医疗器械规定使用期限届满后 2 年或者使用终止后 2 年,大型医疗器械进货查验记录应当保存至医疗器械规定使用期限届满后 5 年或者使用终止后 5 年,植入性医疗器械进货查验记录应当永久保存。

使用大型医疗器械以及植入和介入类医疗器械的,应当将医疗器械的名称、关键性技术参数等信息以及与使用质量安全密切相关的必要信息记载到病历等相关记录中。

(二)大型医用设备管理

大型医用设备是指使用技术复杂、资金投入量大、运行成本高、对医疗费用影响大且纳入目录管理的大型医疗器械。《医疗器械监督管理条例》将大型医用设备的配置从行政内部审批转变为行政许可,大型医用设备配置许可正式成为一种新的行政许可。

医疗器械使用单位配置大型医用设备,应当符合国务院卫生行政部门制定的大型医用设备配置规划,与其功能定位、临床服务需求相适应,具有相应的技术条件、配套设施,具备相应资质、能力的专业技术人员,并经省级以上人民政府卫生行政部门批准,取得大型医用设备配置许可证。

三、医疗器械不良事件监测与再评价

医疗器械被批准上市,只说明根据上市前评价研究结果,其已知风险和已知效益相比是一个风险可接受的产品,相对于整个产品的生命周期和使用范围来说,这仅是产品风险评价的阶段性结论。鉴于医疗器械的风险存在于产品的整个生命周期,为全面促进和保障医疗器械使用安全有效,必须实施医疗器械不良事件监测和再评价。

医疗器械不良事件是指已上市的医疗器械,在正常使用情况下发生的导致或者可能导致人体伤害的各种有害事件。根据不良事件发生的范围大小不同,可以将其分为个例医疗器械不良事件和群体医疗器械不良事件。医疗器械不良事件监测,是指对医疗器械不良事件的收集、报告、调查、分析、评价和控制的过程。医疗器械再评价是指对已注册或者备案、上市销售的医疗器械的安全性、有效性进行重新评价,并采取相应措施的过程。

国家建立医疗器械不良事件监测和再评价制度,对医疗器械不良事件及时进行收集、分析、评价、控制并及时进行再评价。我国于 2019 年 1 月 1 日起施行《医疗器械不良事件监测和再评价管理办法》。

四、医疗器械召回管理

医疗器械召回是指医疗器械生产企业按照规定的程序对其已上市销售的某一类别、型号或者批次的存在缺陷的医疗器械产品,采取警示、检查、修理、重新标签、修改并完善说明书、软件更新、替换、收回、销毁等方式进行处理的行为。缺陷是指医疗器械在正常使用情况下存在可能危及人体健康和生命安全的不合理风险。

医疗器械生产企业应当按照规定建立健全医疗器械质量管理体系和医疗器械不良事件监测系统，收集、记录医疗器械的质量投诉信息和医疗器械不良事件信息，对收集的信息进行分析，对可能存在的缺陷进行调查和评估。医疗器械经营企业、使用单位应当配合医疗器械生产企业对有关医疗器械缺陷进行调查，并提供有关资料。

《医疗器械召回管理办法》规定了召回缺陷产品的范围：①正常使用情况下存在可能危及人体健康和生命安全的不合理风险的产品；②不符合强制性标准、经注册或者备案的产品技术要求的产品；③不符合医疗器械生产、流通质量管理有关规定可能存在不合理风险的产品；④其他需要召回的产品。

根据医疗器械缺陷的严重程度，医疗器械召回分为：①一级召回：使用该医疗器械可能或者已经引起严重健康危害的；②二级召回：使用该医疗器械可能或者已经引起暂时的或者可逆的健康危害的；③三级召回：使用该医疗器械引起危害的可能性较小但仍需要召回的。医疗器械生产企业应当根据具体情况确定召回级别并根据召回级别与医疗器械的销售和使用情况，科学设计召回计划并组织实施。

根据生产企业是否主动召回医疗器械，召回可分为主动召回和责令召回。药品监督管理部门经过调查评估，认为医疗器械生产企业应当召回存在缺陷的医疗器械产品而未主动召回的，应当责令医疗器械生产企业召回医疗器械。

第四节 法律责任

根据违法行为的主体不同，医疗器械安全法律责任可以分为市场主体的法律责任以及监管部门的法律责任，前者如医疗器械生产经营企业、使用单位、临床试验机构的法律责任，后者如医疗器械审评审批部门、技术支撑机构的法律责任。

一、行政责任

医疗器械安全行政责任，是指医疗器械生产企业、经营企业、使用单位以及医疗器械管理部门与机构等主体违反医疗器械安全相关行政法律、法规的规定所承担的不利行政后果。医疗器械安全行政责任包括行政处分和行政处罚。行政处分主要适用于医疗器械管理部门及其工作人员，对不履行医疗器械监督管理职责或者滥用职权、玩忽职守、徇私舞弊的，由监察机关或者任免机关对直接负责的主管人员和其他直接责任人员依法给予警告、记过或者记大过的处分；造成严重后果的，给予降级、撤职或者开除的处分。另外，对出具虚假报告的医疗器械临床试验机构和医疗器械检验机构中直接负责的主管人员和其他直接责任人员，依法给予撤职或者开除的处分。受到开除处分的医疗器械检验机构工作人员，自处分决定作出之日起 10 年内不得从事医疗器械检验工作。

医疗器械行政处罚是指在医疗器械研发、检验、临床评价、生产、经营及其使用环节中相关市场主体的法律责任，其处罚形式包括责令限期改正；没收违法所得、违法生产经营的医疗器械和用于违法生产经营的工具、设备、原材料等物品；罚款；责令停产、停业；吊销许可证照等。

二、民事责任

医疗器械安全民事责任，是指违法者违反医疗器械安全相关法律、法规的规定，侵犯他人合法权益并造成损害需承担的不利后果。如医疗器械使用单位、消费者因医疗器械的质量问题或存在的缺陷导致合法权益受损的，可以依法请求赔偿。我国《侵权责任法》第59条规定，因药品、消毒药剂、医疗器械的缺陷，或者输入不合格的血液造成患者损害的，患者可以向生产者或者血液提供机构请求赔偿，也可以向医疗机构请求赔偿。患者向医疗机构请求赔偿的，医疗机构赔偿后，有权向负有责任的生产者或者血液提供机构追偿。

三、刑事责任

医疗器械安全刑事责任，是指我国《刑法》及其修正案规定的医疗器械安全犯罪的法律责任。

（1）生产、销售不符合标准的医用器材罪。生产不符合保障人体健康的国家标准、行业标准的医疗器械、医用卫生材料，或者销售明知是不符合保障人体健康的国家标准、行业标准的医疗器械、医用卫生材料，足以严重危害人体健康的，处 3 年以下有期徒刑或者拘役，并处销售金额 50% 以上 2 倍以下罚金；对人体健康造成严重危害的，处 3 年以上 10 年以下有期徒刑，并处销售金额 50% 以上 2 倍以下罚金；后果特别严重的，处 10 年以上有期徒刑或者无期徒刑，并处销售金额 50% 以上 2 倍以下罚金或者没收财产。

（2）提供虚假证明文件罪。医疗器械临床试验机构工作人员在医疗器械注册申请材料中故意提供虚假证明文件，情节严重的，处 5 年以下有期徒刑或者拘役，并处罚金。上述人员，索取他人财物或者非法收受他人财物，犯前款罪的，处 5 年以上 10 年以下有期徒刑，并处罚金。

（3）出具证明文件重大失实罪。医疗器械临床试验机构在医疗器械注册申请材料中出具的证明文件有重大失实，造成严重后果的，处 3 年以下有期徒刑或者拘役，并处或者单处罚金。

（4）滥用职权罪。对医疗器械注册申请负有核查职责的国家机关工作人员，滥用职权导致使用虚假证明材料的医疗器械获得注册，致使公共财产、国家和人民利益遭受重大损失的，应当依照《刑法》第 397 条规定，处 3 年以下有期徒刑或者拘役；情节特别严重的，处 3 年以上 7 年以下有期徒刑。国家机关工作人员徇私舞弊，犯前款罪的，处 5 年以下有期徒刑或者拘役；情节特别严重的，处 5 年以上 10 年以下有期徒刑。

（5）玩忽职守罪。对医疗器械注册申请负有核查职责的国家机关工作人员，玩忽职守导致使用虚假证明材料的医疗器械获得注册，致使公共财产、国家和人民利益遭受重大损失的，应当依照《刑法》第 397 条规定，处 3 年以下有期徒刑或者拘役；情节特别严重的，处 3 年以上 7 年以下有期徒刑。国家机关工作人员徇私舞弊，犯前款罪的，处 5 年以下有期徒刑或者拘役；情节特别严重的，处 5 年以上 10 年以下有期徒刑。

复习思考题

1. 医疗器械管理与药品管理有何联系与区别？
2. 医疗器械上市前管理与上市后管理有何联系？
3. 大型医用设备配置许可证对非公立医疗机构有何影响？
4. 医疗器械召回与药品召回有哪些区别？

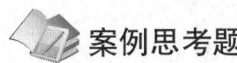

案例思考题

案例一

A 市场监督管理部门在监督检查中发现，B 医院使用的一次性使用麻醉穿刺包是 C 厂生产的。B 医院提供了该产品注册证书复印件，其中产品性能结构与组成栏标示"产品由穿刺针、硬膜外导管、空气过滤器、全玻璃注射器、脱脂纱布、消毒刷等构成，一次性使用无菌注射器除外"。经发函至 C 厂所在地省级市场监督管理局协查，证实该注册证真实有效。一次性使用麻醉穿刺包在《医疗器械分类目录》中属三类医疗器械。C 厂生产的一次性使用的麻醉穿刺包却被当作二类医疗器械予以了注册，对这种高类低批的器械产品如何定性，执法人员产生了不同意见：

第一种意见认为，应将上述一次性使用麻醉穿刺包定性为未取得医疗器械注册证的医疗器械。因为一次性使用的麻醉穿刺包属于三类医疗器械，审批权应当在国家市场监督管理总局，省级市场监督管理局不具备审批权，所以该产品的注册证是无效的。第二种意见认为，不能将上述一次性使用麻醉穿刺包定性为未取得医疗器械注册证的医疗器械。省级市场监督管理局已对 C 厂生产的一次性使用麻醉穿刺包进行了审批，并发放了产品注册证书，这说明该产品是经过审批的合法产品。

案例讨论

以上哪种意见正确？为什么？

案例二

某市市场监督管理局在监督检查中，发现 A 医疗器械生产企业生产的 B 医疗器械（第三类一次性使用无菌医疗器械）涉嫌为无产品注册证的医疗器械。具体情况如下：B 医疗器械的产品注册证于 2011 年 11 月 14 日到期。B 医疗器械外包装标识批号为 1106010，生产日期为 2011 年 10 月，生产日期在注册证有效期范围之内；产品灭菌合格证标示灭菌批号为 2163，灭菌日期为 2012 年 2 月 6 日，灭菌日期超出注册证有效期范围。

案例讨论

医疗器械灭菌日期超过注册证有效期，能否定性为无证器械？为什么？

（上海健康医学院　蒋海洪）

第十六章 医疗机构管理法律制度

第一节 医疗机构概述

一、医疗机构的概念、类型及规模

（一）医疗机构的概念

医疗机构是指依法设立的，以救死扶伤，防病治病，为公民的健康服务为宗旨，从事疾病的诊断、治疗和康复活动的社会组织。

第一，医疗机构必须依法成立。医疗机构的设立应当依据《医疗机构管理条例》及其实施细则的规定设立和登记，必须依法取得行政许可，即经登记取得医疗机构执业许可证后，才能从事疾病预防、诊断、治疗等医疗执业活动。

第二，医疗机构的宗旨应当是救死扶伤，防病治病，为公民的健康服务。

第三，医疗机构是从事疾病诊断、治疗和康复活动的社会组织。医疗机构是我国从事疾病诊断、治疗和康复活动的一类卫生机构的总称，它与以开展卫生防疫、疾病预防与控制活动为主的疾病预防控制机构不同。

（二）医疗机构的类型

1. 根据医疗机构的功能、任务、规模分类

根据医疗机构的功能、任务、规模不同，医院可分为：①综合医院、中医医院、中西医结合医院、民族医医院、专科医院、康复医院；②妇幼保健院、妇幼保健计划生育服务中心；③社区卫生服务中心、社区卫生服务站；④中心卫生院、乡（镇）卫生院、街道卫生院；⑤疗养院；⑥综合门诊部、专科门诊部、中医门诊部、中西医结合门诊部、民族医门诊部；⑦诊所、中医诊所、民族医诊所、卫生所、医务室、卫生保健所、卫生站；⑧村卫生室（所）；⑨急救中心、急救站；⑩临床检验中心；⑪专科疾病防治院、专科疾病防治所、专科疾病防治站；⑫护理院、护理站；⑬医学检验实验室、病理诊断中心、医学影像诊断中心、血液透析中心、安宁疗护中心；⑭其他诊疗机构。

2. 根据医疗机构的性质、社会功能及其承担的任务分类

根据医疗机构是否以营利为目的，医疗机构可分为营利性和非营利性医疗机构两类。营利性医疗机构是指医疗服务所得收益可以用于投资者经济回报的医疗机构，政府不举办营利性医疗机构。非营利性医疗机构是为社会公众利益服务而设立和运营的医疗机构，不以营利为目的，其收入用于弥补医疗服务成本，实际运营中的收支结余只能用于自身的发展，如改善医疗条件、引进技术、开展新的医疗服务项目等。目前医疗机构应以公立医疗卫生机构为主导，坚持以非营利性医疗机构为主体，以营利性医疗机构为补充的总体布局，鼓励社会力量举办医疗卫生机构。

3. 根据所有制性质或资本构成分类

医疗机构又可以分为公立医疗机构和非公立医疗机构（包括民营医疗机构、中外合资医疗机构、股份制医疗机构等）。

（三）医疗机构的规模

截至2018年9月底，全国医疗卫生机构数达100.0万个。其中，医院3.212万个，公立医院1.2109万个，民营医院2.0011万个。基层医疗卫生机构94.6万个，其中，社区卫生服务中心（站）3.5万个，乡镇卫生院3.6万个，村卫生室63.1万个，诊所（医务室）22.4万个。专业公共卫生机构2.0万个，其中，疾病预防控制中心0.3469万个，卫生监督所（中心）0.3144万个。

二、医疗机构管理立法

1951年政务院颁布的《医院诊所管理暂行条例》是新中国成立后我国第一个关于医疗机构管理的行政法规。随着改革开放，我国医疗卫生事业不断发展，医疗机构管理也进入了法制化轨道。1989年，卫生部先后颁布了《医院分级管理办法（试行）》和《医院评审委员会章程》。1994年，国务院颁布了《医疗机构管理条例》，其中明确规定了医疗机构的规划布局、设置审批、登记、执业、监督管理规则和相应的法律责任。此后又陆续颁布了《医疗机构管理条例实施细则》《医疗机构基本标准》《医疗机构评审标准》等配套法规。

近年来，卫生部单独或与有关部门联合制定了一些新的法规。如关于规范医疗服务主体的法规：《关于医疗机构冠名红十字（会）的规定》《医疗美容服务管理办法》；关于规范医疗机构医疗行为的法规：《处方管理办法》《医疗机构临床用血管理办法》《医疗技术临床应用管理办法》；关于监督管理医疗机构方面的法规：《大型医用设备配置与使用管理办法》《医学教育临床实践管理暂行规定》《医疗广告管理办法》《中医病历书写基本规范》《医疗机构病历管理规定（2019年版）》等。这些法规以《医疗机构管理条例》为核心，逐渐覆盖医疗机构执业所涉及的各个环节，逐渐形成比较全面的医疗机构管理法律体系；但也存在立法层级较低，不适应社会发展需求的问题。

为了适应社会的发展，《医疗机构管理条例》经修订完善后于2016年2月6日颁布施行。2016年12月25日通过的《中医药法》，明确规定举办中医诊所的，将诊所的名称、地址、诊疗范围、人员配备情况等报所在地县级人民政府中医药主管部门备案后即可开展执业活动。2018年6月15日，国家卫生健康委员会和国家中医药管理局联合发布《关于进一步改革完善医疗机构、医师审批工作的通知》，规定二级以下医疗机构设置审批与执业登记"两证合一"。

2019年12月28日颁布的《基本医疗卫生与健康促进法》对医疗卫生机构的服务体系、服务范围、服务内容、设立条件、分类管理、机构性质、人才培养、质量控制、风险分担、人工智能及医疗大数据的应用以及发生灾害等严重威胁人民群众生命健康的突发事件时，服从政府调遣的责任担当作了原则性的规定。

三、医疗机构的设置规划与审批

（一）医疗机构的设置规划

医疗机构的设置规划以卫生区域内居民的实际医疗服务需求为依据，以合理配置、利用卫生资源，向全体公民提供公平、公正、高质量的基本卫生服务为目的。医疗机构的设置规划应遵循公平性、可及性、整体效益、分级管理、公有制主导、中西医并重等基本原则。《医疗机构设置规划》由县级以上地方卫生行政部门依据《医疗机构设置规划指导原则》制定，经上一级卫生行政部门审核，报同级人民政府批准，在本行政区域内发布实施。

（二）医疗机构的设置审批

任何单位或者个人设置医疗机构，必须经县级以上地方人民政府卫生行政部门审查批准后，方可向有关部门办理其他手续。申请设置医疗机构，应当提交下列文件：①设置医疗机构申请书；②设置医疗机构可行性研究报告；③选址报告和建筑设计平面图。

有下列情形之一的，不得申请设置医疗机构：①不能独立承担民事责任的单位；②正在服刑或者不具有完全民事行为能力的个人；③发生二级以上医疗事故未满五年的医务人员；④因违反有关法律、法规和规章，已被吊销执业证书的医务人员；⑤被吊销医疗机构执业许可证的医疗机构法定代表人或者主要负责人；⑥省、自治区、直辖市卫生行政部门规定的其他情形。

在城市设置个人诊所的，必须同时具备下列条件：①经医师执业技术考核合格，取得医师执业证书；②取得医师执业证书或者医师职称后，从事同一专业的临床工作五年以上；③省、自治区、直辖市卫生行政部门规定的其他条件。

不予批准设置医疗机构的情形包括：①不符合当地医疗机构设置规划；②设置人不符合规定的条件；③不能提供满足投资总额的资信证明；④投资总额不能满足各项预算开支；⑤医疗机构选址不合理；⑥污水、污物、粪便处理方案不合理；⑦省、自治区、直辖市卫生行政部门规定的其他情形。

县级以上地方人民政府卫生行政部门应当自受理设置申请之日起30日内作出批准或者不批准的书面答复。批准设置三级医疗机构的，发给设置医疗机构批准书。批准设置二级及以下医疗机构的，依照国家卫生健康委员会最新的通知（国卫医发〔2018〕19号），不再核发设置医疗机构批准书，仅在执业登记时发放医疗机构执业许可证。在核发设置医疗机构批准书的同时，向上一级卫生行政部门备案。上级卫生行政部门在接到备案报告之日起30日内有权纠正或者撤销下级卫生行政部门作出的不符合当地医疗机构设置规划的设置审批。

变更设置医疗机构批准书中核准的医疗机构的类别、规模、选址和诊疗科目，必须按照规定重新申请办理设置审批手续。

四、医疗机构执业登记和校验

（一）医疗机构的执业登记

1. 申请执业登记的条件

申请医疗机构执业登记，应当具备下列条件：①有设置医疗机构批准书；②符合医疗机构的基本标准；③有适合的名称、组织机构和场所；④有与其开展的业务相适应的经费、设施、设备和专业卫生技术人员；⑤有相应的规章制度；⑥能够独立承担民事责任。

2. 执业登记申请材料

申请医疗机构执业登记必须填写医疗机构申请执业登记注册书，并向登记机关提交下列材料：①设置医疗机构批准书或者设置医疗机构备案回执；②医疗机构用房产权证明或者使用证明；③医疗机构建筑设计平面图；④验资证明、资产评估报告；⑤医疗机构规章制度；⑥医疗机构法定代表人或者主要负责人以及各科室负责人名录和有关资格证书、执业证书复印件；⑦省、自治区、直辖市卫生行政部门规定提供的其他材料。

3. 执业登记审核批准

登记机关在受理医疗机构执业登记申请后，应当依法进行审查和实地考察、核实，并对有关执业人员进行消毒、隔离和无菌操作等基本知识和技能的现场抽查考核。经审核合格的，发给医疗机构执业许可证；审核不合格的，将审核结果和不予批准的理由以书面形式通知申请人。

4. 不予登记的情形

有下列情形之一的不予登记：①不符合设置医疗机构批准书核准的事项；②不符合《医疗机构基本标准》；③投资不到位；④医疗机构用房不能满足诊疗服务功能；⑤通信、供电、上下水道等公共设施不能满足医疗机构正常运转的需要；⑥医疗机构规章制度不符合要求；⑦消毒、隔离和无菌操作等基本知识和技能的现场抽查考核不合格；⑧省、自治区、直辖市卫生行政部门规定的其他情形。

5. 执业登记的事项

执业登记事项如下所述：①类别、名称、地址、主要负责人；②所有制形式；③注册资金、床位数；④诊疗科目；⑤医疗机构执业许可证登记号等。

医疗机构登记的名称由识别名称和通用名称依次组成，应当遵循组成法定、名副其实、与医疗机构类别或者诊疗科目相适应等原则。此外,医疗机构使用的名称不得侵害国家、社会、公共利益或他人利益,不得由外文字母、汉语拼音组成,不得以医疗仪器、药品、医用产品命名,不得含有"疑难病""专治""专家""名医"或者同类含义的文字以及其他宣传或者暗示诊疗效果的文字,不得超出登记的诊疗科目范围。

6. 变更登记与注销登记

医疗机构改变名称、场所、主要负责人、诊疗科目、床位,必须向原登记机关办理变更登记。医疗机构歇业,必须向原登记机关办理注销登记,经登记机关核准后,收缴医疗机构执业许可证。

(二)医疗机构的执业校验

床位在 100 张以上的医疗机构的校验期为 3 年,其他医疗机构的校验期为 1 年。医疗机构应当于校验期满前 3 个月向登记机关申请办理校验手续。校验应当交验医疗机构执业许可证,并提交下列文件:①医疗机构校验申请书;②医疗机构执业许可证副本;③省级卫生行政部门规定提交的其他材料。

卫生行政部门应当在受理校验申请后的 30 日内完成校验。医疗机构有下列情形之一的,登记机关可以根据情况,给予 1 至 6 个月的暂缓校验期:①不符合《医疗机构基本标准》;②限期改正期间;③省、自治区、直辖市卫生行政部门规定的其他情形。不设床位的医疗机构在暂缓校验期内不得执业。暂缓校验期满仍不能通过校验的,由登记机关注销其医疗机构执业许可证。

五、医疗机构的主要义务

(一)执业管理义务

1. 依法执业义务

医疗机构执业,必须进行登记,领取医疗机构执业许可证。任何单位或者个人,未取得医疗机构执业许可证,不得开展诊疗活动。医疗机构被吊销或者注销执业许可证后,不得继续开展诊疗活动。为内部职工服务的医疗机构未经许可和变更登记不得向社会开放。

医疗机构执业,必须遵守有关法律、法规和医疗技术规范。医疗机构的印章、银行账户、牌匾以及医疗文件中使用的名称应当与核准登记的医疗机构名称相同;使用两个以上名称的,应当与第一名称相同。

医疗机构停业,必须经登记机关批准。除改建、扩建、迁建原因,医疗机构停业不得超过 1 年。

医疗机构应当按照医疗机构执业许可证核准登记的诊疗科目开展诊断、治疗活动,未经允许不得擅自扩大业务范围。需要改变诊疗科目的,应当按照规定的程序和要求,办理变更登记手续。

2. 公示义务

医疗机构必须将医疗机构执业许可证、诊疗科目、诊疗时间和收费标准悬挂于明显处。医疗机构工作人员上岗工作，必须佩带载有本人姓名、职务或者职称的标牌。

3. 安全保障义务

医疗机构执业场所是医疗机构提供医疗服务的公共场所，应当依法维护公共秩序，保障执业活动顺利进行。医疗机构应当严格执行无菌消毒、隔离制度，采取科学有效的措施处理污水和废弃物，预防和减少医院感染。

4. 选任、监督适任医务人员义务

医疗机构应当加强对医务人员的医德教育；医疗机构不得使用非卫生技术人员从事医疗卫生技术工作。医疗机构应当定期检查、考核各项规章制度和各级各类人员岗位责任制的执行和落实情况。医疗机构应当经常对医务人员进行"基础理论、基本知识、基本技能"的训练与考核，把"严格要求、严密组织、严谨态度"落实到各项工作中。

5. 病历管理义务

医疗机构的门诊病历的保存期不得少于15年；住院病历的保存期不得少于30年。

（二）执业规则

1. 危重病人的抢救

对危重病人应当立即抢救，对限于设备或者技术条件不能诊治的病人，应当及时转诊。

2. 医学文书的出具

未经医师亲自诊查，医疗机构不得出具疾病诊断书、健康证明书或者死亡医学证明书等证明文件。未经医师、助产人员亲自接产，医疗机构不得出具出生证明书或者死产报告书。为死因不明者出具的死亡医学证明书，只作为是否死亡的诊断，不作为死亡原因的诊断。如要求进行死亡原因诊断的，医疗机构应当指派医生对尸体进行解剖，查明有关死因后，方能作出死因诊断。

3. 知情同意制度的执行

《医疗机构管理条例》规定，医疗机构施行手术、特殊检查或者特殊治疗时，必须征得患者同意，并应当取得其家属或者关系人同意并签字；无法取得患者意见时，应当取得家属或者关系人同意并签字；无法取得患者意见又无家属或者关系人在场，或者遇到其他特殊情况时，经治医师应当提出医疗处置方案，在取得医疗机构负责人或者被授权负责人员的批准后实施。此外，《医疗机构管理条例实施细则》还要求，对需要实施保护性医疗措施的，应当取得患者家属和有关人员的配合，但《侵权责任法》明确了知情同意权的权利主体是患者，医疗机构告知的对象应是患者本人。

4. 特殊疾病的诊治

医疗机构对传染病、精神病、职业病等患者，应当按照《传染病防治法》《精神卫生法》《职业病防治法》等法律、法规、规章的规定予以诊治和处理。

5. 药品的规范使用

医疗机构应当按照有关药品的法律、法规，加强药品管理。不得使用假劣药品、失效药品及违禁药品。门诊部、诊所、卫生所、医务室、卫生保健所和卫生站附近设药房（柜）的药品种类由登记机关核定。

6. 医疗事故的处理

医疗机构发生医疗事故，按照国家有关规定处理。

7. 社会责任承担

医疗机构必须承担相应的预防保健工作，承担县级以上人民政府卫生行政部门委托的支援农村、指导基层医疗卫生工作等任务。发生重大灾害、事故、疾病流行或者其他意外情况时，医疗机构及其卫生技术人员必须服从县级以上人民政府卫生行政部门的调遣。

六、医疗机构的监督管理

国务院卫生行政部门负责全国医疗机构的监督管理工作。县级以上地方人民政府卫生行政部门负责本行政区域医疗机构的监督管理工作。中国人民解放军卫生主管部门负责对军队的医疗机构实施监督管理。

县级以上人民政府卫生行政部门行使下列监督管理职权：①负责医疗机构的设置审批、执业登记和校验；②对医疗机构的执业活动进行检查指导；③负责组织对医疗机构的评审；④对违反《医疗机构管理条例》的行为给予处罚。

各级卫生行政部门负责所辖区域内医疗机构的监督管理工作。县级以上卫生行政部门设立医疗机构监督管理办公室。各级医疗机构监督管理办公室在同级卫生行政部门的领导下开展工作。医疗机构监督员有权对医疗机构进行现场检查，无偿索取有关资料，医疗机构不得拒绝、隐匿或者隐瞒。

七、法律责任

（一）行政责任

未取得医疗机构执业许可证擅自执业的，由县级以上人民政府卫生行政部门责令其停止执业活动，没收非法所得和药品、器械，并可以根据情节处以 10000 元以下的罚款。

逾期不校验医疗机构执业许可证仍从事诊疗活动的，由县级以上人民政府卫生行政部门责令其限期补办校验手续；拒不校验的，吊销其医疗机构执业许可证。

出卖、转让、出借医疗机构执业许可证的，由县级以上人民政府卫生行政部门没收非法所得，并可以处以 5000 元以下的罚款；情节严重的，吊销其医疗机构执业许可证。

诊疗活动超出登记范围的，由县级以上人民政府卫生行政部门予以警告，责令其改正，并可以根据情节处以 3000 元以下的罚款；情节严重的，吊销其医疗机构执业许可证。

使用非卫生技术人员从事医疗卫生技术工作的,由县级以上人民政府卫生行政部门责令其限期改正,并可以处以5000元以下的罚款;情节严重的,吊销其医疗机构执业许可证。

出具虚假证明文件的,由县级以上人民政府卫生行政部门予以警告,对造成危害后果的,可以处以1000元以下的罚款;对直接责任人员,由其所在单位或者上级机关给予行政处分。

医疗机构有下列情形之一的,登记机关可以责令其限期改正:①发生重大医疗事故;②连续发生同类医疗事故,不采取有效防范措施;③连续发生原因不明的同类患者死亡事件,同时存在管理不善因素;④管理混乱,有严重事故隐患,可能直接影响医疗安全;⑤省、自治区、直辖市卫生行政部门规定的其他情形。

(二) 民事责任

医疗机构对医务人员造成的医疗损害承担民事责任,但可向当事医务人员追偿。在以下情况下,患者可对医疗机构主张民事法律责任:一是基于医疗服务合同纠纷;二是基于医疗损害责任纠纷。医疗机构的民事责任包括违约责任和侵权责任。从违约责任角度看,当医疗机构不履行医疗服务合同或履行合同义务不符合约定的,应当承担违约责任。从侵权责任角度看,因医疗机构及其医务人员过错,医务人员未尽说明义务,未尽到与当时的医疗水平相应的诊疗义务或泄露患者隐私等情形,造成患者损害的,医疗机构承担赔偿责任。

(三) 刑事责任

我国《刑法》规定的与医疗机构相关的罪名主要有:

(1) 生产、销售假药罪。医疗机构生产、销售假药的,对单位判处罚金,并对其直接负责的主管人员和其他直接责任人员处3年以下有期徒刑或者拘役,并处罚金;对人体健康造成严重危害或者有其他严重情节的,处3年以上10年以下有期徒刑,并处罚金;致人死亡或者有其他特别严重情节的,处10年以上有期徒刑、无期徒刑或者死刑,并处罚金或者没收财产。

(2) 生产、销售劣药罪。医疗机构生产、销售劣药,对人体健康造成严重危害的,对单位判处罚金,并对其直接负责的主管人员和其他直接责任人员处3年以上10年以下有期徒刑,并处销售金额50%以上2倍以下罚金;后果特别严重的,处10年以上有期徒刑或者无期徒刑,并处销售金额50%以上2倍以下罚金或者没收财产。

(3) 生产、销售不符合标准的医用器材罪。医疗机构生产不符合保障人体健康的国家标准、行业标准的医疗器械、医用卫生材料,或者销售明知是不符合保障人体健康的国家标准、行业标准的医疗器械、医用卫生材料,足以严重危害人体健康的,对单位判处罚金,并对其直接负责的主管人员和其他直接责任人员处3年以下有期徒刑或者拘役,并处销售金额50%以上2倍以下罚金;对人体健康造成严重危害的,处3年以上10年以下有期徒刑,并处销售金额50%以上2倍以下罚金;后果特别严重的,处10年以上有期徒刑或者无期徒刑,并处销售金额50%以上2倍以下罚金或者没收财产。

(4)妨害传染病防治罪。医疗机构违反《传染病防治法》的规定,准许或者纵容传染病病人、病原携带者和疑似传染病病人从事国务院卫生行政部门规定禁止从事的易使该传染病扩散的工作的;拒绝执行卫生防疫机构依照《传染病防治法》提出的预防、控制措施的,引起甲类传染病传播或者有传播严重危险的,对单位判处罚金,并对其直接负责的主管人员和其他直接责任人员处3年以下有期徒刑或者拘役;后果特别严重的,处3年以上7年以下有期徒刑。

(5)非法采集、供应血液罪和非法制作、供应血液制品罪。医疗机构非法采集、供应血液或者非法制作、供应血液制品,不符合国家规定的标准,足以危害人体健康的,对单位判处罚金,并对其直接负责的主管人员和其他直接责任人员处5年以下有期徒刑或者拘役,并处罚金;对人体健康造成严重危害的,处5年以上10年以下有期徒刑,并处罚金;造成特别严重后果的,处10年以上有期徒刑或者无期徒刑,并处罚金或者没收财产。

(6)非法提供麻醉药品、精神药品罪。依法管理、使用国家管制的麻醉药品、精神药品的医疗机构,违反国家规定,向吸食、注射毒品的人提供国家规定管制的能够使人形成瘾癖的麻醉药品、精神药品的,对单位判处罚金,并对其直接负责的主管人员和其他直接责任人员处3年以下有期徒刑或者拘役,并处罚金;情节严重的,处3年以上7年以下有期徒刑,并处罚金。

(7)侵犯公民个人信息罪。医疗机构违反国家有关规定,向他人出售或者提供公民个人信息,情节严重的,对单位判处罚金,并对其直接负责的主管人员和其他直接责任人员处3年以下有期徒刑或者拘役,并处或者单处罚金;情节特别严重的,处3年以上7年以下有期徒刑,并处罚金。违反国家有关规定,将在履行职责或者提供服务过程中获得的公民个人信息,出售或者提供给他人的,依照前款的规定从重处罚。窃取或者以其他方法非法获取公民个人信息的,依照第1款的规定处罚。

第二节 医 院 管 理

一、医院概念及类型

医院是以实施诊疗活动为主要目的,拥有一定数量的病床设施,具备相应的医务人员和医疗设施,通过医务人员的集体协作,达到防病、治病、促进人体健康的医疗机构。医院的任务是以医疗工作为中心,在提高医疗质量的基础上,保证教学和科研任务的完成,并不断提高教学质量和科研水平,同时做好预防、指导基层和计划生育工作。

根据医院诊治疾病的范围不同,医院可以分为综合医院和专科医院。根据医院规模、医疗技术水平和服务范围不同,医院可以分为一级医院、二级医院、三级医院。根据医院登记注册类型不同，医院可以分为公立医院、民营医院、中外合资医院以及股份制医院等。

二、医院的主要职责

医院的主要职责包括：疾病诊治以及急危重症和疑难病症的诊疗；突发公共卫生事件处理和救援；对基层医疗卫生机构的业务指导；医学教育、医疗卫生人员培训；医学科学研究；公共卫生服务。

三、医院的管理制度

（一）医院组织管理制度

公立医院一般实行党委领导下的院长负责制。党的领导主要是政治思想领导。院长负责全院行政、业务的领导工作，副院长在院长领导下分管相应的工作。党委书记和院长都要对党委负责，贯彻执行党委的决议，工作中要互相尊重、互相支持。

医院一般实行院和科室两级领导制，院一级设置精干有力的办事机构。医院按照规模、任务、特长和技术发展情况，设立业务科室。行政科室和业务科室的设置或撤销，一般须经主管卫生行政部门核准。

（二）医院分级管理制度

根据任务和功能的不同，医院分为三级，即一级医院、二级医院和三级医院。还可以根据各级医院的技术水平、质量水平和管理水平的不同，并参照必要的设施条件，将不同级别的医院划分为甲、乙、丙等，三级医院增设特等。

（三）分级诊疗制度

分级诊疗的主要内涵包括：①基层首诊，常见病、多发病患者首先到基层医疗卫生机构就诊；②双向转诊，实现不同级别、不同类别医疗机构之间的有序转诊；③急慢分治，完善治疗—康复—长期护理服务链，急危重症患者可以直接到二级以上医院就诊；④上下联动，建立目标明确、权责清晰的分工协作机制。

（四）医疗质量安全制度

保障医疗质量的制度主要有：首诊负责制度、三级查房制度、会诊制度、分级护理制度、值班和交接班制度、疑难病例讨论制度、急危重症患者抢救制度、术前讨论制度、死亡病例讨论制度、查对制度、手术安全核查制度、手术分级管理制度、新技术和新项目准入制度、危急值报告制度、病历管理制度、抗菌药物分级管理制度、临床用血审核制度、信息安全管理制度等。

第三节　急救医疗机构管理

一、概念

急救医疗机构是指为了应对紧急医疗状况，对伤病员提供医疗急救、转运和护送服务的公益性医疗组织，包括大中城市的各级急救站（中心）和医院的急诊科（室）。

目前，我国急救医疗的基本运行方式为：120受理电话→出动救护车→现场急救→途中监护下合理转送分流。主要由院前急救和医疗机构急救两部分组成。其中，院前医疗急救是指按照统一指挥调度，在患者送达医疗机构救治前，急救中心（站）和承担院前医疗急救任务的网络医院（以下简称急救网络医院）工作人员在医疗机构外开展的以现场抢救、转运途中紧急救治以及监护为主的医疗活动。而医院急诊科室则主要承担病人的医疗救治、现场急救和转院工作，是所有急诊病人入院治疗的必经之路。

二、开设

院前医疗急救网络由县级以上地方卫生行政部门设置规划，按照就近、安全、迅速、有效的原则设立，统一规划，统一设置，统一管理。急救中心（站）由卫生行政部门按照《医疗机构管理条例》设置、审批和登记。

设区的市设立一个急救中心。因地域或者交通原因，设区的市院前医疗急救网络未覆盖的县（县级市），可以依托县级医院或者独立设置一个县级急救中心（站）。设区的市级急救中心统一指挥调度县级急救中心（站）并提供业务指导。

急救中心（站）负责院前医疗急救工作的指挥和调度，按照院前医疗急救需求配备通信系统、救护车和医务人员，开展现场抢救和转运途中救治、监护工作。急救网络医院按照急救中心（站）指挥和调度，开展院前医疗急救工作。县级以上地方卫生行政部门根据区域服务人口、服务半径、地理环境、交通状况等因素，合理配置救护车。

全国院前医疗急救呼叫号码为"120"。急救中心（站）设置"120"呼叫受理系统和指挥中心。急救中心（站）通信系统应当具备系统集成、救护车定位追踪、呼叫号码和位置显示、计算机辅助指挥、移动数据传输、无线集群语音通信等功能。

三、管理

国家卫生和计划生育委员会负责规划和指导全国院前医疗急救体系建设，监督管理全国院前医疗急救工作。县级以上地方卫生行政部门负责规划和实施本辖区院前医疗急救体系建设，监督管理本辖区院前医疗急救工作。

急救中心（站）和急救网络医院开展院前医疗急救工作应当遵守医疗卫生管理法律、法规、规章和技术操作规范、诊疗指南。从事院前医疗急救的专业人员包括医师、护士和医疗救护员，上岗前都应当经设区的市级急救中心培训考核合格。

医疗救护员可以从事的相关辅助医疗救护工作包括：①对常见急症进行现场初步处理；②对患者进行通气、止血、包扎、骨折固定等初步救治；③搬运、护送患者；④现场心肺复苏；⑤现场指导群众自救、互救。

急救中心（站）应当配备专人每天24小时受理"120"院前医疗急救呼叫。急救中心（站）应当在接到"120"院前医疗急救呼叫后，根据院前医疗急救需要，迅速派出或者从急救网络医院派出救护车和院前医疗急救专业人员；不得因指挥调度或者费用等因素拒绝、推诿或者延误院前医疗急救服务；不得将救护车用于非院前医疗急救服务。

急救中心（站）和急救网络医院应当按照就近、就急、满足专业需要、兼顾患者意愿的原则，将患者转运至医疗机构救治。院前医疗急救服务费用按照国家有关规定收取，不得因费用问题拒绝或者延误院前医疗急救服务。

急救中心（站）和急救网络医院应当按照相关规定作好应急储备物资管理等相关工作，并向公众提供有关急救知识和技能的科普宣传和培训，提高公众急救意识和能力。

第四节　社区卫生服务机构管理

一、概念

社区卫生服务机构，是指为辖区内的常住居民、暂住居民及其他有关人员提供公共卫生服务和基本医疗服务，不以营利为目的的医疗机构。它以居民的卫生服务需求为导向，以人的健康为目的，以社区为范围，合理使用社区资源和适宜技术，为居民提供有效、经济、方便、综合、连续的，集医疗、预防、保健、康复、健康教育、计划生育技术指导于一体的公共卫生服务。

社区卫生服务是城市卫生工作的重要组成部分，是实现人人享有初级卫生保健目标的基础环节。大力发展社区卫生服务，构建以社区卫生服务为基础，社区卫生服务机构与医院和预防保健机构分工合理、协作密切的新型城市卫生服务体系，坚持预防为主、防治结合的方针，优化城市卫生服务结构，方便群众就医，减轻费用负担，建立和谐医患关系，具有重要意义。

二、开设

地方政府应制订发展规划，有计划、有步骤地建立健全以社区卫生服务中心和社区卫生服务站为主体，以诊所、医务所（室）、护理院等其他基层医疗机构为补充的社区卫生服务网络。在大中型城市，政府原则上按照3万~10万居民或按照街道办事处所辖范围规划设置1所社区卫生服务中心，根据需要可设置若干社区卫生服务站。社区卫生服务中心与社区卫生服务站可实行一体化管理。

根据《关于进一步规范社区卫生服务管理和提升服务质量的指导意见》，各地应综合考虑区域内卫生资源、服务半径、服务人口以及城镇化、老龄化、人口流动迁移等因素，制定科学、合理的社区卫生服务机构设置规划，按照规划逐步健全社区卫生服务网络。在城市新建居住区或旧城改造过程中，要按有关要求同步规划建设社区卫生服务机构，鼓励与区域内养老机构联合建设社区卫生服务机构。实施好国家基本公共卫生服务项目，不断扩大受益人群覆盖面。

必须按照社区卫生服务机构设置规划开设社区卫生服务机构，由政府卫生行政部门根据相关法律、法规进行设置审批和执业登记，同时报上一级政府卫生行政部门备案。

城市社区卫生服务中心（站）应根据相应的标准足额配备医护人员、日间观察床、相应诊疗科室等。

三、管理

各级政府卫生行政部门负责对社区卫生服务机构实施日常监督与管理，建立健全监督考核制度，实行信息公示和奖惩制度。疾病预防控制中心、妇幼保健院（所）、专科防治院（所）等预防保健机构在其职能范围内，对社区卫生服务机构所承担的公共卫生服务工作进行业务评价与指导。

各级卫生行政部门、中医药管理部门要推动落实社区卫生服务机构建设、财政补助、人事分配等相关保障政策，充分调动社区医务人员的积极性，进一步加强对社区卫生服务机构的监督管理，建立健全各项管理制度，加强社区卫生服务机构文化和医德医风建设。各地要不断完善绩效考核制度，将提升服务质量等内容纳入社区卫生服务机构考核重点内容，推动社区卫生服务机构持续改善服务，提高居民信任度和利用率。

在执业过程中，社区卫生服务机构应当遵循以下规则：①必须严格遵守国家有关法律、法规、规章和技术规范，加强对医务人员的教育，实施全面质量管理，预防服务差错和事故，确保服务安全；②必须建立健全各项规章制度，依据政府卫生行政部门规定，履行提供社区公共卫生服务和基本医疗服务的职能；③应妥善保管居民健康档案，保护居民个人隐私；④应严格掌握家庭诊疗、护理和家庭病床服务的适应证，切实规范家庭医疗服务行为；⑤社区卫生服务机构应配备与其服务功能和执业范围相适应的基本药品。

第五节　中外合资、合作医疗机构

一、概念

中外合资、合作医疗机构是指外国医疗机构、公司、企业和其他经济组织（以下称合资、合作外方），按照平等互利的原则，经中国政府主管部门批准，在中国境内（中国香港特别行政区、中国澳门特别行政区及中国台湾地区除外，下同）与中国的医疗机构、公司、企业和其他经济组织（以下称合资、合作中方）以合资或者合作形式设立的医疗机构。

在医疗服务行业，外资参与的医疗机构是医疗行业的重要组成部分。它们的出现不仅使我国医疗机构的发展获得了非政府资金的支持，还及时有效地引入了国外先进的诊疗技术、管理经验、成果、模式和人才培养经验，及时带动了我国医学、器械、技术、管理等方面的发展和完善，有力地改善和提高了我国各地区各层次的医疗服务能力。

二、开设

中外合资、合作医疗机构的设置与发展必须符合当地区域卫生规划和医疗机构设置规划，并执行国家卫生行政部门制定的《医疗机构基本标准》。申请设立中外合资、合作医疗机构的中外双方应是能够独立承担民事责任的法人。合资、合作的中外双方应当具有直接或间接从事医疗卫生投资与管理的经验，并符合下列要求之一：①能够提供国际先进的医疗机构管理经验、管理模式和服务模式；②能够提供具有国际领先水平的医学技术和设备；③可以补充或改善当地在医疗服务能力、医疗技术、资金和医疗设施方面的不足。

设立的中外合资、合作医疗机构应当符合以下条件：①必须是独立的法人；②投资总额不得低于2000万人民币；③合资、合作中方在中外合资、合作医疗机构中所占的股权比例或权益不得低于30%；④合资、合作期限不超过20年；⑤省级以上卫生行政部门规定的其他条件。合资、合作中方以国有资产参与投资（包括作价出资或作为合作条件），应当经相应主管部门批准，并按国有资产评估管理有关规定，由国有资产管理部门确认的评估机构对拟投入国有资产进行评估。经省级以上国有资产管理部门确认的评估结果，可以作为拟投入的国有资产的作价依据。

设置中外合资、合作医疗机构应该提供：①《中外合资、合作医疗机构管理暂行办法》所规定的材料，向所在地设区的市级卫生行政部门、省级卫生行政部门申请审核；②报国家卫生行政部门审批，获得设置许可；③向对外贸易经济合作部申请外商投资企业批准证书；④在工商行政管理部门办理注册登记手续；⑤依法向所在地的卫生行政部门申请执业登记，领取医疗机构执业许可证。

三、管理

国家卫生行政部门和对外贸易经济合作部在各自的职责范围内负责全国中外合资、合作医疗机构管理工作。县级以上地方人民政府卫生行政部门和对外贸易经济合作行政部门在各自职责范围内负责本行政区域内中外合资、合作医疗机构的日常监督管理工作。

中外合资、合作医疗机构作为独立法人实体，自负盈亏，独立核算，独立承担民事责任。在执业过程中，应当遵守以下执业规则：①应当执行《医疗机构管理条例》和《医疗机构管理条例实施细则》中有关医疗机构执业的规定;②必须执行医疗技术准入规范和临床诊疗技术规范,遵守新技术、新设备及大型医用设备临床应用的有关规定;③发生医疗事故,依照国家有关法律、法规处理;④聘请外籍医师、护士,按照《执业医师法》和《中华人民共和国护士管理办法》等有关规定办理;⑤发生重大灾害、事故、疾病流行或者其他意外情况时,要服从卫生行政部门的调遣;⑥发布医疗广告,要按照《中华人民共和国广告法》和《医疗广告管理办法》办理;⑦医疗收费价格按照国家有关规定执行;⑧税收政策按照国家有关规定执行。

复习思考题

1. 医疗机构的概念和分类是什么?
2. 医疗机构在执业中应承担哪些执业义务?
3. 我国急救医疗的基本运行方式是什么?院前急救有什么意义?

案例思考题

案例

2017年8月31日,榆林市第一医院绥德院区妇产科二病区发生了一名待产孕妇跳楼身亡事件。

事发后医院发表声明:此前,根据产妇情况,医院曾三次提出剖宫产分娩建议,但家属都坚持顺产。医院称,产妇两次跟家属要求剖宫产,但被家属拒绝。当天20时左右,该产妇从5楼分娩中心坠下身亡。但产妇的丈夫延先生表示不认可医院的声明。他说他曾两次主动跟医生要求剖宫产,但医生说,检查后产妇一切正常,快要生了,不用剖宫产。

案例讨论

1. 事件的真相到底是什么?
2. 知情同意权的主体应当是谁?
3. 医院在本案中是否存在过错?
4. 你对这个案件有什么看法?

(东南大学 刘建利)

第十七章 卫生技术人员管理法律制度

第一节 概 述

一、卫生技术人员的概念

卫生技术人员是指受过高等或中等医药卫生教育或培训，掌握医药卫生知识，经卫生行政部门考试或考核合格并进行执业登记注册，从事医疗、预防、药剂、护理及其他相关卫生专业技术工作的人员。

在我国，卫生技术人员有狭义和广义之分。狭义上的卫生技术人员主要是指医师（包括乡村医生）、药师、护师、技师4类，需要按照相关规定进行登记和注册。广义上的卫生技术人员，除狭义上的卫生技术人员外，还包括卫生技术管理人员，其一般按照行政职务的序列进行评定，并无强制登记和注册的要求。一般而言，卫生技术人员的概念仅在狭义上使用。

二、卫生技术人员的分类

1. 医疗卫生人员

医疗卫生人员指从事医疗、卫生防疫、妇幼卫生等专业工作的医师。主要包括西医、中医（包括民族医、中西医结合）、公共卫生医师和口腔医师4类。其技术职务由高到低依次为主任医师、副主任医师、主治医师、医师和医士。需要注意的是，乡村医生虽属医疗卫生人员，但其技术职务当前并无高低之分。

2. 药剂人员

药剂人员指从事药剂、药检工作的卫生技术人员。其技术职务由高到低依次为主任药师、副主任药师、主管药师、药师和药士。

3. 护理人员

护理人员指在医院、门诊部和其他医疗预防保健机构内担任各种护理工作的技术人员。其技术职务由高到低依次为主任护师、副主任护师、主管护师、护师和护士。

4. 医技人员

医技人员指从事检验、心电图、超声波、放射、同位素检查、理疗、病理、营养、口腔、生物制品生产等专业的卫生技术人员。其技术职务由高到低依次为主任技师、副主任技师、主管技师、技师和技士。在我国，盲人医疗按摩属于医疗行为，应当在医疗机构中开展。因此，盲人医疗按摩人员亦属卫生技术人员，不同于社会上出于保健目的的普通盲人按摩人员。

根据《2018年中国卫生健康事业发展统计公报》的统计数据，截至2018年末，我国共有卫生技术人员952.9万人，乡村医生和卫生员90.7万人，其他技术人员47.7万人，管理人员52.9万人，工勤技能人员85.8万人。在卫生技术人员中，执业（助理）医师360.7万人，注册护士409.9万人。

三、卫生技术人员管理立法

新中国成立后，我国逐步加强了对卫生技术人员的管理，使其逐步纳入法治化的轨道。1951年颁布了《医师暂行条例》和《中医师暂行条例》。十一届三中全会以后，我国加速了立法进程，先后出台的法律规范性文件主要有《卫生技术人员职称及晋升条例（试行）》（1979年）、《医院工作人员职责》（1982年）、《关于放射工作人员个人剂量监测管理规定》（1985年）、《卫生技术人员职务试行条例》（1986年）、《医师、中医师个体开业暂行管理办法》（1988年）、《外国医师来华短期行医暂行管理办法》（1992年颁布、2003年第1次修正、2016年第2次修正）、《护士管理办法》（1993年）、《执业药师资格制度暂行规定》（1994年）、《执业中药师资格制度暂行规定》（1995年）、《执业医师法》（1998年）、《乡村医生从业管理条例》（2003年）、《放射工作人员职业健康管理办法》（2007年）、《护士条例》（2008年）、《盲人医疗按摩管理办法》（2009年）、《村卫生室管理办法（试行）》（2014年）、《中医药法》（2016年）、《医师执业注册管理办法》（2017年）、《执业药师职业资格制度规定》（2019年）、《基本医疗卫生与健康促进法》（2019年）等。同时，为了加强中国香港特别行政区、澳门特别行政区医师在内地行医和中国台湾地区医师在中国大陆行医的管理，我国卫生部又陆续出台了《香港、澳门特别行政区医师在内地短期行医管理规定》（2008年）、《香港和澳门特别行政区医师获得内地医师资格认定管理办法》（2009年）、《台湾地区医师在大陆短期行医管理规定》（2009年）、《台湾地区医师获得大陆医师资格认定管理办法》（2009年）、《香港和澳门特别行政区医疗专业技术人员在内地短期执业管理暂行规定》（2010年）等。

2019年12月28日颁布的《基本医疗卫生与健康促进法》对医疗卫生人员的医德医风教育、培养、执业注册、诊疗操作技术规范、医学伦理规范、薪酬及奖励制度等作了规定。

第二节　执业医师管理法律制度

一、执业医师的概念

医师包括执业医师和执业助理医师。执业医师是指依法取得执业医师资格并经注册，在医疗、预防、保健机构中按照其注册的执业类别和范围，独立从事相应医疗工作的人员。

执业助理医师是指依法取得执业助理医师资格并经注册，在医疗、预防、保健机构中，在执业医师的指导下，按照其注册的执业类别和执业范围，从事相应医疗工作的人员。

在我国的医疗实践中，尚存在第三种医师资格，即乡镇执业助理医师。在现行执业助理医师资格考试中增设针对乡镇卫生院在岗行医但无执业助理医师资格人员的单独考试，单独划线，主要在江西、贵州、云南、甘肃等省试点，目的是为了缓解我国中西部地区尤其是基层医疗卫生机构医师队伍不足、患者就医困难等现实问题。乡镇执业助理医师只允许在特定地区乡镇医疗机构执业，不允许跨区域自由流动。

二、医师资格考试和注册

（一）医师资格考试

1. 医师资格考试的分类与组织实施

国家实行医师资格考试制度，医师资格考试分为执业医师资格考试和执业助理医师资格考试。实行国家统一考试，每年举行一次，考试内容为实践技能考试和医学综合笔试。医师资格考试的办法由国务院卫生行政部门制定。医师资格考试由省级以上人民政府卫生行政部门组织实施。

2. 报考条件

（1）执业医师资格的报考条件：①具有高等学校医学专业本科以上学历，在执业医师指导下，在医疗、预防、保健机构中试用期满1年的；②取得执业助理医师执业证书后，具有高等学校医学专科学历，在医疗、预防、保健机构中工作满2年的；具有中等专业学校医学专业学历，在医疗、预防、保健机构中工作满5年的；③以师承方式学习传统医学满3年或者经多年实践医术确有专长的，经县级以上人民政府卫生行政部门确定的传统医学专业组织或者医疗、预防、保健机构考核合格并推荐。

（2）执业助理医师资格的报考条件：①具有高等学校医学专科学历或者中等专业学校医学专业学历，在执业医师指导下，在医疗、预防、保健机构中试用期满一年的，可以参加执业助理医师资格考试；②以师承方式学习传统医学满3年或者经多年实践医术确有专长的，经县级以上人民政府卫生行政部门确定的传统医学专业组织或者医疗、预防、保健机构考核合格并推荐。

3. 医师资格证书

医师资格考试成绩合格的，由省级卫生行政部门颁发国家卫生行政部门统一印制的医师资格证书，授予执业医师资格或者执业助理医师资格。

（二）医师执业注册

1. 医师执业注册的变革与医师多点执业

（1）医师执业注册的变革。我国《执业医师法》规定，国家实行医师执业注册制度。

取得医师资格的，可以向所在地县级以上人民政府卫生行政部门申请注册。在实践中，通常由医疗、预防、保健机构为本机构中的医师集体办理注册手续。医师经注册后，可以在医疗、预防、保健机构中按照注册的执业地点、执业类别、执业范围执业。未经医师注册取得执业证书，不得从事医师执业活动。

随着我国医药卫生体制改革的不断深化，健康服务业快速发展，医师执业注册管理也面临着新形势和新任务。2017年2月3日通过并于同年4月1日起实施的《医师执业注册管理办法》规定，医师执业注册实行区域注册制度、电子注册制度、注册信息公开和查询制度，执业医师注册地点为省级行政区域，执业助理医师注册地点为县级行政区域。

（2）医师多点执业。医师多点执业是指医师于有效注册期内在两个或两个以上医疗机构定期从事执业活动的行为。医师参加慈善或公益性巡回医疗、义诊、突发事件或灾害事故医疗救援工作，参与实施基本和重大公共卫生服务项目，不属于医师多点执业。医师外出会诊按照《医师外出会诊管理暂行规定》等有关规定执行。我国医师多点执业实行分类管理。

2. 申请注册

凡取得医师资格的，均可申请医师执业注册。医师执业注册内容包括执业地点、执业类别、执业范围。执业地点是指执业医师执业的医疗、预防、保健机构所在地的省级行政区划和执业助理医师执业的医疗、预防、保健机构所在地的县级行政区划。执业类别是指临床、中医（包括中医、民族医和中西医结合）、口腔、公共卫生。执业范围是指医师在医疗、预防、保健活动中从事的与其执业能力相适应的专业。

拟在医疗、保健机构中执业的人员，应当向批准该机构执业的卫生行政部门申请注册；拟在预防机构中执业的人员，应当向该机构的同级卫生行政部门申请注册；在同一执业地点多个机构执业的医师，应当确定一个机构作为其主要执业机构，并向批准该机构执业的卫生行政部门申请注册；对于拟执业的其他机构，应当向批准该机构执业的卫生行政部门分别申请备案，注明所在执业机构的名称。医师只有一个执业机构的，视为其主要执业机构。执业助理医师取得执业医师资格后，继续在医疗、预防、保健机构中执业的，应当按照《医师执业注册管理办法》的相关规定，申请执业医师注册。医师跨执业地点增加执业机构，应当向批准该机构执业的卫生行政部门申请增加注册。执业助理医师只能注册一个执业地点。

申请医师执业注册，应当提交下列材料：①医师执业注册申请审核表；②近6个月2寸白底免冠正面半身照片；③医疗、预防、保健机构的聘用证明；④省级以上卫生行政部门规定的其他材料。应当注意的是，获得医师资格后2年内未注册者、中止医师执业活动2年以上或者《医师执业注册管理办法》第6条规定不予注册的情形消失的医师申请注册时，还应当提交在省级以上卫生行政部门指定的机构接受连续6个月以上的培训，并经考核合格的证明。

注册主管部门应当自收到注册申请之日起20个工作日内，对申请人提交的申请材料进行审核。审核合格的，予以注册并发放医师执业证书。对不符合注册条件不予注册的，注册主管部门应当自收到注册申请之日起20个工作日内书面通知聘用单位和申请人，并说明理由。申请人如有异议的，可以依法申请行政复议或者向人民法院提起行政诉讼。

中国香港特别行政区、澳门特别行政区、台湾地区人员申请在内地（大陆）注册执业的，按照国家有关规定办理。外籍人员申请在中国境内注册执业的，按照国家有关规定办理。

3. 不予注册

不予注册的情形：①不具有完全民事行为能力的；②因受刑事处罚，自刑罚执行完毕之日起至申请注册之日止不满2年的；③受吊销医师执业证书行政处罚，自处罚决定之日起至申请注册之日止不满2年的；④甲类、乙类传染病传染期和精神疾病发病期以及身体残疾等健康状况不适宜或者不能胜任医疗、预防、保健业务工作的；⑤重新申请注册，经考核不合格的；⑥在医师资格考试中参与有组织作弊的；⑦被查实曾使用伪造医师资格或者冒名使用他人医师资格进行注册的；⑧国家卫生行政部门规定不宜从事医疗、预防、保健业务的其他情形的。

4. 注销注册

医师注册后有下列情形之一的，医师个人或者其所在的医疗、预防、保健机构应当自知道或者应当知道之日起30日内报告注册主管部门，办理注销注册：①死亡或者被宣告失踪的；②受刑事处罚的；③受吊销医师执业证书行政处罚的；④医师定期考核不合格，并经培训后再次考核仍不合格的；⑤连续两个考核周期未参加医师定期考核的；⑥中止医师执业活动满2年的；⑦身体健康状况不适宜继续执业的；⑧出借、出租、抵押、转让、涂改医师执业证书的；⑨在医师资格考试中参与有组织作弊的；⑩本人主动申请的；⑪国家卫生行政部门规定不宜从事医疗、预防、保健业务的其他情形的。

医师注册后有下列情况之一的，其所在的医疗、预防、保健机构应当自办理相关手续之日起30日内报注册主管部门，办理备案：①调离、退休、退职；②被辞退、开除；③省级以上卫生行政部门规定的其他情形。上述备案满2年且未继续执业的，应当予以注销。

5. 变更注册

医师变更执业地点、执业类别、执业范围等注册事项的，应当通过国家医师管理信息系统提交医师变更执业注册申请及省级以上卫生行政部门规定的其他材料。医师因参加培训需要注册或者变更注册的，应当按照《医师执业注册管理办法》的规定办理相关手续。医师变更主要执业机构的，应当按照《医师执业注册管理办法》第12条的规定重新办理注册。值得注意的是，医师承担经主要执业机构批准的卫生支援、会诊、进修、学术交流、政府交办事项等任务和参加卫生行政部门批准的义诊，以及在签订帮扶或者托管协议医疗机构内执业等，不需办理执业地点变更和执业机构备案手续。

注册主管部门应当自收到变更注册申请之日起20个工作日内办理变更注册手续。对因不符合变更注册条件不予变更的，应当自收到变更注册申请之日起 20 个工作日内书面通知申请人，并说明理由。

三、医师执业的权利、义务及保护

（一）医师的权利

医师在执业活动中享有下列权利：①在注册的执业范围内，进行医学诊查、疾病调查、医学处置，出具相应的医学证明文件，选择合理的医疗、预防、保健方案；②按照国务院卫生行政部门规定的标准，获得与本人执业活动相当的医疗设备基本条件；③从事医学研究、学术交流，参加专业学术团体；④参加专业培训，接受继续医学教育；⑤在执业活动中，人格尊严、人身安全不受侵犯；⑥获取工资报酬和津贴，享受国家规定的福利待遇；⑦对所在机构的医疗、预防、保健工作和卫生行政部门的工作提出意见和建议，依法参与所在机构的民主管理。

（二）医师的义务

医师在执业活动中履行下列义务：①遵守法律、法规，遵守技术操作规范；②树立敬业精神，遵守职业道德，履行医师职责，尽职尽责为患者服务；③关心、爱护、尊重患者，保护患者的隐私；④努力钻研业务，更新知识，提高专业技术水平；⑤宣传卫生保健知识，对患者进行健康教育。

（三）医师的执业保护

2019 年 12 月 28 日颁布的《基本医疗卫生与健康促进法》明确规定了国家采取措施，保障医疗卫生人员执业环境。全社会应当关心、尊重医疗卫生人员，维护良好安全的医疗卫生服务秩序，共同构建和谐医患关系。医疗卫生人员的人身安全、人格尊严不受侵犯，其合法权益受法律保护。禁止任何组织或者个人威胁、危害医疗卫生人员人身安全，侵犯医疗卫生人员人格尊严。

四、医师的执业规则

（1）医师实施医疗、预防、保健措施，签署有关医学证明文件，必须亲自诊查、调查，并按照规定及时填写医学文书，不得隐匿、伪造或者销毁医学文书及有关资料。医师不得出具与自己执业范围无关或者与执业类别不相符的医学证明文件。

（2）对急危患者，医师应当采取紧急措施及时进行诊治；不得拒绝急救处置。

（3）医师应当使用经国家有关部门批准使用的药品、消毒药剂和医疗器械。除正当治疗外，不得使用麻醉药品、医疗用毒性药品、精神药品和放射性药品。

（4）医师应当如实向患者或者其家属介绍病情，但应注意避免对患者产生不利后果。医师进行实验性临床医疗，应当经医院批准并征得患者本人或者其家属同意。

（5）医师不得利用职务之便，索取、非法收受患者财物或者牟取其他不正当利益。

（6）遇有自然灾害、传染病流行、突发重大伤亡事故及其他严重威胁人民生命健康的紧急情况时，医师应当服从县级以上人民政府卫生行政部门的调遣。

（7）医师发生医疗事故或者发现传染病疫情时，应当依照有关规定及时向所在机构或者卫生行政部门报告。医师发现患者涉嫌伤害事件或者非正常死亡时，应当按照有关规定向有关部门报告。

（8）执业助理医师应当在执业医师的指导下，在医疗、预防、保健机构中按照其执业类别执业。在乡（民族乡）、镇的医疗、预防、保健机构中工作的执业助理医师，可以根据医疗诊治的情况和需要，独立从事一般的执业活动。

五、医师考核和培训

（一）医师考核

为了加强医师的执业管理，提高医师素质，保证医疗质量和医疗安全，我国《执业医师法》规定了医师的考核制度。医师考核制度分为平时考核和定期考核两大部分。

县级以上人民政府卫生行政部门负责指导、检查和监督医师考核工作。受县级以上人民政府卫生行政部门委托的机构或者组织应当按照医师执业标准，对医师的业务水平、工作成绩和职业道德状况进行定期考核。对医师的考核结果，考核机构应当报告准予注册的卫生行政部门备案。对考核不合格的医师，县级以上人民政府卫生行政部门可以责令其暂停执业活动3个月至6个月，并接受培训和继续医学教育。暂停执业活动期满，再次进行考核，对考核合格的，允许其继续执业；对考核不合格的，由县级以上人民政府卫生行政部门注销注册，收回医师执业证书。

（二）医师培训

医师培训旨在不断更新医师专业知识，提高医师业务水平，增强医师职业道德素质，医师培训主要包括岗位培训、全科医师培训、进修培训、毕业后医学教育、继续医学教育以及住院医师规范化培训等。

2013年12月31日，国家卫生行政部门等七部门联合出台了《关于建立住院医师规范化培训制度的指导意见》，要求到2015年，各省（区、市）须全面启动住院医师规范化培训工作；到2020年，基本建立住院医师规范化培训制度，所有新进医疗岗位的本科及以上学历临床医师，全部接受住院医师规范化培训。"5+3"是住院医师规范化培训的主要模式，即完成5年医学类专业本科教育的毕业生，在培训基地接受3年住院医师规范化培训。合格者颁发统一制式的住院医师规范化培训合格证书，该证作为临床医学专业中级技术岗位聘用的条件之一。

县级以上人民政府卫生行政部门应当制定医师培训计划,对医师进行多种形式的培训,为医师接受继续医学教育提供条件。县级以上人民政府卫生行政部门应当采取措施,对在农村和少数民族地区从事医疗、预防、保健业务的医务人员实施培训。医疗、预防、保健机构应当依照规定和计划保证本机构医师的培训和继续医学教育。县级以上人民政府卫生行政部门委托的承担医师考核任务的医疗卫生机构,应当为医师参加培训和接受继续医学教育提供和创造条件。

六、法律责任

(一)行政责任

根据我国《执业医师法》的相关规定,医师承担的行政责任主要有吊销医师执业证书、警告、暂停执业、取缔、罚款和没收等。

1. 吊销执业证书

(1)以不正当手段取得医师执业证书的,由发给证书的卫生行政部门予以吊销;对负有直接责任的主管人员和其他直接责任人员,依法给予行政处分。

(2)未经批准擅自开办医疗机构行医或者非医师行医的,由县级以上人民政府卫生行政部门吊销医师执业证书。

2. 警告或者暂停执业

医师在执业活动中,违反规定,有下列行为之一的,由县级以上人民政府卫生行政部门给予警告或者责令暂停6个月以上1年以下执业活动:①违反卫生行政规章制度或者技术操作规范,造成严重后果的;②由于不负责任延误急危患者的抢救和诊治,造成严重后果的;③造成医疗责任事故的;④未经亲自诊查、调查,签署诊断、治疗、流行病学等证明文件或者有关出生、死亡等证明文件的;⑤隐匿、伪造或者擅自销毁医学文书及有关资料的;⑥使用未经批准使用的药品、消毒药剂和医疗器械的;⑦不按照规定使用麻醉药品、医疗用毒性药品、精神药品和放射性药品的;⑧未经患者或者其家属同意,对患者进行实验性临床医疗的;⑨泄露患者隐私,造成严重后果的;⑩利用职务之便,索取、非法收受患者财物或者牟取其他不正当利益的;⑪发生自然灾害、传染病流行、突发重大伤亡事故以及其他严重威胁人民生命健康的紧急情况时,不服从卫生行政部门调遣的;⑫发生医疗事故或者发现传染病疫情,患者涉嫌伤害事件或者非正常死亡,不按照规定报告的。

以上行为情节严重的,县级以上卫生行政部门还可以吊销其医师执业证书。

3. 取缔、罚款和没收

未经批准擅自开办医疗机构行医或者非医师行医的,由县级以上人民政府卫生行政部门予以取缔,没收其违法所得及其药品、器械,并处十万元以下的罚款。

（二）民事责任

我国《执业医师法》第 39 条规定，未经批准擅自开办医疗机构行医或者非医师行医的，给患者造成损害的，依法承担赔偿责任。

（三）刑事责任

违反《执业医师法》，构成犯罪的，依《刑法》追究刑事责任。

（1）医疗事故罪。医务人员由于严重不负责任，造成就诊人死亡或者严重损害就诊人身体健康的，处 3 年以下有期徒刑或者拘役。

（2）非法行医罪。非法行医罪应处 3 年以下有期徒刑、拘役或者管制，并处或者单处罚金；严重损害就诊人身体健康的，处 3 年以上 10 年以下有期徒刑，并处罚金；造成就诊人死亡的，处 10 年以上有期徒刑，并处罚金。

（3）非法进行节育手术罪。非法进行节育手术罪应处 3 年以下有期徒刑、拘役或者管制，并处或者单处罚金；严重损害就诊人身体健康的，处 3 年以上 10 年以下有期徒刑，并处罚金；造成就诊人死亡的，处 10 年以上有期徒刑，并处罚金。

第三节　乡村医生管理法律制度

一、乡村医生的概念

乡村医生是指尚未取得执业医师资格或者执业助理医师资格，经注册在村医疗卫生机构从事预防、保健和一般医疗服务的卫生技术人员。

通说认为，我国乡村医生肇始于 20 世纪 60 年代中期的赤脚医生。1985 年 1 月 24 日，在全国卫生厅局长会议的闭幕式上，时任卫生部副部长陈敏章宣布：卫生部决定不再使用含义不确切的"赤脚医生"名称。今后，凡经过考试考核已达到医士水平的，称为乡村医生；达不到医士水平的，都改称为卫生员。《基本医疗卫生与健康促进法》明确规定医疗卫生人员包括乡村医生。

二、乡村医生的执业注册

（一）组织和管理

我国实行乡村医生执业注册制度。县级人民政府卫生行政主管部门负责乡村医生执业注册工作，负责办理乡村医生执业注册、再注册、注销注册，并公告和上报相关信息。

(二)申请注册

我国《乡村医生从业管理条例》公布前的乡村医生,取得县级以上地方人民政府卫生行政主管部门颁发的乡村医生证书,并符合下列条件之一的,可以申请乡村医生执业注册,取得执业证书后,继续在村医疗卫生机构执业:①已经取得中等以上医学专业学历的;②在村医疗卫生机构连续工作20年以上的;③按照省、自治区、直辖市人民政府卫生行政主管部门制定的培训规划,接受培训取得合格证书的。

对具有县级以上地方人民政府卫生行政主管部门颁发的乡村医生证书,但不符合上述条件的乡村医生,县级人民政府卫生行政主管部门应当进行有关预防、保健和一般医疗服务基本知识的培训,并根据省、自治区、直辖市人民政府卫生行政主管部门确定的考试内容、考试范围进行考试。乡村医生经培训并考试合格的,可以申请乡村医生执业注册;经培训但考试不合格的,县级人民政府卫生行政主管部门应当组织对其再次培训和考试。不参加再次培训或者再次考试仍不合格的,不得申请乡村医生执业注册。

乡村医生申请执业注册,应当持乡村医疗卫生机构出具的拟聘用证明和相关学历证明、证书,向村医疗卫生机构所在地的县级人民政府卫生行政主管部门申请执业注册。县级人民政府卫生行政主管部门应当自受理申请之日起15日内完成审核工作,对符合《乡村医生从业管理条例》规定条件的,准予执业注册,发给乡村医生执业证书;对不符合《乡村医生从业管理条例》规定条件的,不予注册,并书面说明理由。

(三)不予注册

乡村医生有下列情形之一的,不予注册:①不具有完全民事行为能力的;②受刑事处罚,自刑罚执行完毕之日起至申请执业注册之日止不满2年的;③受吊销乡村医生执业证书行政处罚,自处罚决定之日起至申请执业注册之日止不满2年的。

(四)再注册

乡村医生执业证书有效期为5年,有效期满需要继续执业的,应当在有效期满前3个月申请再注册。县级人民政府卫生行政主管部门应当自受理申请之日起15日内进行审核,对符合省、自治区、直辖市人民政府卫生行政主管部门规定条件的,准予再注册,换发乡村医生执业证书;对不符合条件的,不予再注册,由发证部门收回原乡村医生执业证书。

(五)变更注册

乡村医生应当在聘用其执业的村医疗卫生机构执业;变更执业的村医疗卫生机构的,应当依照首次申请注册的程序办理变更注册手续。

（六）注销注册

乡村医生有下列情形之一的，由原注册的卫生行政主管部门注销执业注册，收回乡村医生执业证书：①死亡或者被宣告失踪的；②受刑事处罚的；③中止执业活动满2年的；④考核不合格，逾期未提出再次考核申请或者经再次考核仍不合格的。

三、乡村医生的权利和义务

（一）乡村医生执业的权利

乡村医生在执业活动中享有下列权利：①进行一般医学处置，出具相应的医学证明；②参与医学经验交流，参加专业学术团体；③参加业务培训和教育；④在执业活动中，人格尊严、人身安全不受侵犯；⑤获取报酬；⑥对当地的预防、保健、医疗工作和卫生行政主管部门的工作提出意见和建议。

（二）乡村医生执业的义务

乡村医生在执业活动中应当履行下列义务：①遵守法律、法规、规章和诊疗护理技术规范、常规；②树立敬业精神，遵守职业道德，履行乡村医生职责，为村民健康服务；③关心、爱护、尊重患者，保护患者的隐私；④努力钻研业务，更新知识，提高专业技术水平；⑤向村民宣传卫生保健知识，对患者进行健康教育。

四、乡村医生的执业规则

（1）乡村医生应当协助有关部门做好初级卫生保健服务工作；按照规定及时报告传染病疫情和中毒事件，如实填写并上报有关卫生统计报表，妥善保管有关资料。

（2）乡村医生在执业活动中，不得重复使用一次性医疗器械和卫生材料。对使用过的一次性医疗器械和卫生材料，应当按照规定处置。

（3）乡村医生应当如实向患者或者其家属介绍病情，对超出一般医疗服务范围或者限于医疗条件和技术水平不能诊治的病人，应当及时转诊；情况紧急不能转诊的，应当先行抢救并及时向有抢救条件的医疗卫生机构求助。

（4）乡村医生不得出具与执业范围无关或者与执业范围不相符的医学证明，不得进行实验性临床医疗活动。

（5）省、自治区、直辖市人民政府卫生行政主管部门应当按照乡村医生一般医疗服务范围，制定《乡村医生基本用药目录》。乡村医生应当在《乡村医生基本用药目录》规定的范围内用药。

五、乡村医生的培训与考核

（一）乡村医生的培训

省、自治区、直辖市人民政府组织制定乡村医生培训规划，保证乡村医生至少每2年接受一次培训。县级人民政府根据培训规划制定本地区乡村医生培训计划。对承担国家规定的预防、保健等公共卫生服务的乡村医生，其培训所需经费列入县级财政预算。设区的市级以上地方人民政府应当对边远贫困地区给予适当经费支持。国家鼓励社会组织和个人支持乡村医生培训工作。县级人民政府卫生行政主管部门根据乡村医生培训计划，负责组织乡村医生的培训工作。乡、镇人民政府以及村民委员会应当为乡村医生开展工作和学习提供条件，保证乡村医生接受培训和继续教育。乡村医生应当按照培训规划的要求至少每2年接受一次培训，更新医学知识，提高业务水平。

（二）乡村医生的考核

县级人民政府卫生行政主管部门负责组织本地区乡村医生的考核工作；对乡村医生的考核，每2年组织一次。乡村医生经考核合格的，可以继续执业；经考核不合格的，在6个月之内可以申请进行再次考核。逾期未提出再次考核申请或者经再次考核仍不合格的乡村医生，原注册部门应当注销其执业注册，并收回乡村医生执业证书。

六、法律责任

（一）行政责任

乡村医生在执业活动中，违反《乡村医生管理条例》规定，有下列行为之一的，由县级人民政府卫生行政主管部门责令限期改正，给予警告；逾期不改正的，责令暂停3个月以上6个月以下执业活动；情节严重的，由原发证部门暂扣乡村医生执业证书：①执业活动超出规定的执业范围，或者未按照规定进行转诊的；②违反规定使用《乡村医生基本用药目录》以外的处方药品的；③违反规定出具医学证明，或者伪造卫生统计资料的；④发现传染病疫情、中毒事件不按规定报告的。

乡村医生在执业活动中，违反规定进行实验性临床医疗活动，或者重复使用一次性医疗器械和卫生材料的，由县级人民政府卫生行政主管部门责令停止违法行为，给予警告，可以并处1000元以下的罚款；情节严重的，由原发证部门暂扣或者吊销乡村医生执业证书。

乡村医生变更执业的村医疗卫生机构，未办理变更执业注册手续的，由县级人民政府卫生行政主管部门给予警告，责令限期办理变更注册手续。

以不正当手段取得乡村医生执业证书的，由发证部门收缴乡村医生执业证书。未经注册在村医疗卫生机构从事医疗活动的,由县级以上地方人民政府卫生行政主管部门予以取缔,没收其违法所得以及药品、医疗器械,违法所得5000元以上的,并处违法所得1倍以上3倍以下的罚款;没有违法所得或者违法所得不足5000元的,并处1000元以上3000元以下的罚款。

(二)民事责任

乡村医生与执业医师的相同之处在于,其民事责任主要是损害赔偿责任;其不同之处在于,由于乡村医生在管理体制、运行机制上的特殊性,即便是其职务行为发生的医疗损害,也可能由其自身承担损害赔偿责任,而非一律由聘用其执业的医疗机构先行承担责任。根据我国《乡村医生从业管理条例》规定,乡村医生承担民事赔偿责任主要包括以下三种情形:①乡村医生存在过错造成患者损害的,依法承担民事责任;②以不正当手段取得乡村医生执业证书造成患者人身损害的,依法承担民事赔偿责任;③未经注册在村医疗卫生机构从事医疗活动造成患者人身损害的,依法承担民事赔偿责任。

(三)刑事责任

与执业医师相同,乡村医生亦可构成医疗事故罪、非法行医罪和非法进行节育手术罪的犯罪主体。构成犯罪的,依照我国《刑法》第335条、第336条的规定进行刑事处罚。

第四节 执业药师管理法律制度

一、执业药师的概念

执业药师是指经全国统一考试合格,取得中华人民共和国执业药师职业资格证书(以下简称执业药师职业资格证书)并经注册,在药品生产、经营、使用和其他需要提供药学服务的单位中执业的药学技术人员。

执业药师应当遵守执业标准和业务规范,以保障和促进公众用药安全、有效。执业药师负责处方的审核及调配,提供用药咨询与信息,指导合理用药,开展治疗药物监测及药品疗效评价等临床药学工作。执业药师在执业范围内负责对药品质量的监督和管理,参与制定和实施药品全面质量管理制度,参与单位对内部违反规定行为的处理工作。此外,执业药师必须严格遵守《药品管理法》及国家有关药品研制、生产、经营、使用的各项法规及政策,对违反《药品管理法》及有关法规、规章的行为或决定,有责任提出劝告、制止、拒绝执行,并向当地负责药品监督管理的部门报告。

二、执业药师资格考试

（一）考试管理

执业药师职业资格考试实行全国统一大纲、统一命题、统一组织的考试制度。每年举行一次，原则上安排在每年10月份进行。国家药品监督管理局负责组织拟定考试科目和考试大纲，建立试题库，组织命审题工作，提出考试合格标准建议。人力资源和社会保障部负责组织审定考试科目、考试大纲，会同国家药品监督管理局对考试工作进行监督、指导并确定合格标准。执业药师职业资格考试合格者，由各省、自治区、直辖市人力资源和社会保障部门颁发执业药师职业资格证书，该证书在全国范围内有效。

（二）报考条件

按照国家药品监督管理局与人力资源和社会保障部于2019年联合颁发的《关于印发执业药师职业资格制度规定和执业药师职业资格考试实施办法的通知》（国药监人〔2019〕12号）的要求，凡中华人民共和国公民和获准在我国境内就业的外籍人员，具备以下条件之一者，均可申请参加执业药师职业资格考试：①取得药学类、中药学类专业大专学历，在药学或中药学岗位工作满5年；②取得药学类、中药学类专业大学本科学历或学士学位，在药学或中药学岗位工作满3年；③取得药学类、中药学类专业第二学士学位、研究生班毕业或硕士学位，在药学或中药学岗位工作满1年；④取得药学类、中药学类专业博士学位；⑤取得药学类、中药学类相关专业相应学历或学位的人员，在药学或中药学岗位工作的年限相应增加1年。

（三）考试科目与免试

1. 考试科目

执业药师职业资格考试分为药学、中药学两个专业类别。药学类考试科目包含药学专业知识（一）、药学专业知识（二）、药事管理与法规、药学综合知识与技能四个科目。中药学类考试科目包含中药学专业知识（一）、中药学专业知识（二）、药事管理与法规、中药学综合知识与技能四个科目。考试以四年为一个周期，参加全部科目考试的人员须在连续四个考试年度内通过全部科目的考试。

2. 免试

符合《执业药师职业资格制度规定》的报考条件，按照国家有关规定取得药学或医学专业高级职称并在药学岗位工作的，可免试药学专业知识（一）、药学专业知识（二），只参加药事管理与法规、药学综合知识与技能两个科目的考试；取得中药学或中医学专业高级职称并在中药学岗位工作的，可免试中药学专业知识（一）、中药学专业知识（二），只参加药事管理与法规、中药学综合知识与技能两个科目的考试。免试部分科目的人员须在连续两个考试年度内通过应试科目。

三、执业药师注册

（一）管理机构与申请条件

1. 管理机构

国家药品监督管理局负责执业药师注册的政策制定和组织实施，指导全国执业药师注册管理工作。各省、自治区、直辖市药品监督管理部门负责本行政区域内的执业药师注册管理工作。取得执业药师职业资格证书者，应当通过全国执业药师注册管理信息系统向所在地注册管理机构申请注册。经注册后，方可从事相应的执业活动。未经注册者，不得以执业药师身份执业。

2. 注册申请条件

注册申请条件如下所述：①取得执业药师职业资格证书；②遵纪守法，遵守执业药师职业道德，无不良信息记录；③身体健康，能坚持在执业药师岗位工作；④经所在单位考核同意。

（二）首次注册

首次申请注册的人员，须填写"执业药师首次注册申请表"，并提交以下材料：①执业药师职业资格证书；②身份证明复印件；③近期1寸免冠正面半身照片5张；④县级（含）以上医院出具的本人6个月内的健康体检表；⑤执业单位证明；⑥执业单位合法开业的证明复印件。执业药师注册机构须在收到申请之日起30个工作日内，对符合条件者予以注册；对不符合条件者不予注册，同时书面通知申请人并说明理由。

（三）不予注册

有下列情况之一者，不予注册：①不具有完全民事行为能力的；②因受刑事处罚，自刑罚执行完毕之日到申请注册之日不满2年的；③受过取消执业药师执业资格处分不满2年的；④国家规定不宜从事执业药师业务的其他情形的。

（四）再次注册

执业药师注册有效期为3年。持证者须在有效期满前3个月到原执业药师注册机构申请办理再次注册手续。超过期限不办理再次注册手续的人员，其执业药师注册证自动失效，并且不能再以执业药师身份执业。

申请再次注册者，须填写"执业药师再次注册申请表"，并提交以下材料：①执业药师职业资格证书和执业药师注册证；②执业单位考核材料；③执业药师继续教育登记证书；④县级（含）以上医院出具的本人6个月内的健康体检表。

（五）变更注册

执业药师应当按照执业类别、执业范围、执业地区注册。执业类别为药学类、中药学类；执业范围为药品生产、药品经营、药品使用；执业地区为省、自治区、直辖市。执业药师只能在一个执业药师注册机构注册，在一个执业单位按照注册的执业类别、执业范围执业。执业药师在同一执业地区变更执业单位或范围的，须到原执业药师注册机构办理变更注册手续，填写执业药师变更注册登记表，并提交以下材料：①执业药师职业资格证书和执业药师注册证；②新执业单位合法开业的证明复印件。

执业药师变更执业地区的，须到原执业药师注册机构办理变更注册手续，填写"执业药师变更注册登记表"，并向新执业地区的执业药师注册机构重新申请注册。新的执业药师注册机构在办理执业注册手续时，应收回原执业药师注册证，并发给新的执业药师注册证。

（六）注销注册

执业药师注册后如有下列情况之一的，予以注销注册：①死亡或被宣告失踪的；②受刑事处罚的；③被吊销执业药师职业资格证书的；④受开除行政处分的；⑤因健康或其他原因不能从事执业药师业务的。

注销注册手续由执业药师所在单位在30个工作日内向注册机构申请办理，并填写"执业药师注销注册登记表"。执业药师注册机构经核实后办理注销注册，收回执业药师注册证。

四、法律责任

（一）行政责任

（1）未按规定配备执业药师的单位，由所在地县级以上负责药品监督管理的部门责令限期配备，按照规定给予处罚。

（2）执业药师注册机构工作人员，在注册工作中玩忽职守、滥用职权、徇私舞弊，由其所在单位根据有关规定给予行政处分。

（3）以骗取、转让、借用、伪造执业药师职业资格证书、执业药师注册证、执业药师继续教育登记证书等不正当手段进行注册的人员，由执业药师注册机构收缴注册证并注销注册。

（4）执业药师注册证持证人注册单位与实际工作单位不符的，发证部门撤销执业药师注册证，并由负责药品监督管理的部门将该持证人的个人不良信息记入全国执业药师注册管理信息系统。

（5）涂改、伪造或以虚假和不正当手段获取执业药师职业资格证书或执业药师注册证的，发证机构应收回证书，取消其执业药师资格，注销注册。对直接责任者给予行政处分。

（6）以欺骗、贿赂等不正当手段取得执业药师注册证的，发证部门撤销执业药师注册证，3年内不予执业药师注册。

（7）买卖、租借执业药师注册证的单位，按照相关法律、法规给予处罚。

（二）民事责任

执业药师最主要的民事责任是损害赔偿责任，因其职务行为造成的损害，由聘用其执业的机构先行承担替代责任。

（三）刑事责任

（1）执业药师在执业期间违反《药品管理法》及其他法律、法规构成犯罪的，由司法机关依法追究其刑事责任。

（2）执业药师注册机构工作人员，在注册工作中玩忽职守、滥用职权、徇私舞弊，构成犯罪的，依法追究刑事责任。

（3）以欺骗、贿赂等不正当手段取得执业药师注册证构成犯罪的，依法追究刑事责任。

第五节　护士管理法律制度

一、护士的概念

护士是指经执业注册取得护士执业证书，依法从事护理活动，履行保护生命、减轻痛苦、增进健康职责的卫生技术人员。

护士是卫生技术人员中较大的一个执业群体，除了可以在医院从事临床护理工作之外，还可以在卫生保健机构从事保健工作，在学校从事护理教育工作，在企业、社区、家庭等从事保健护理服务工作等。

二、护士执业考试

（一）组织和管理

护士执业资格考试实行国家统一考试制度。统一考试大纲，统一命题，统一合格标准。护士执业资格考试原则上每年举行一次。国家卫生行政部门负责组织实施护士执业资格考试，并与人力资源和社会保障部成立全国护士执业资格考试委员会。省、自治区、直辖市人民政府卫生行政部门及新疆生产建设兵团卫生局负责本辖区的考试工作。

（二）报考条件

在中等职业学校、高等学校完成国务院教育主管部门和卫生主管部门规定的普通全日制 3 年以上的护理、助产专业课程学习，包括在教学、综合医院完成 8 个月以上护理临床实习，并取得相应学历证书的，可以申请参加护士执业资格考试。中国香港特别行政区、澳门特别行政区、台湾地区居民符合《护士执业资格考试办法》《内地与香港关于建立更紧密经贸关系的安排》《内地与澳门关于建立更紧密经贸关系的安排》或者内地有关主管部门规定的，可以申请参加护士执业资格考试。

（三）考试申请

申请参加护士执业资格考试的人员，应当在公告规定的期限内报名，并提交以下材料：①护士执业资格考试报名申请表；②本人身份证明；③近 6 个月 2 寸免冠正面半身照片 3 张；④本人毕业证书；⑤报考所需的其他材料。

申请人为在校应届毕业生的，应当持所在学校出具的应届毕业生毕业证明，到学校所在地的考点报名。学校可以为本校应届毕业生集体报名。申请人为非应届毕业生的，可以选择到人事档案所在地报名。

三、护士执业注册

（一）护士执业注册管理

国家卫生行政部门负责全国护士执业注册监督管理工作。省、自治区、直辖市人民政府卫生行政部门是护士执业注册的主管部门，负责本行政区域的护士执业注册管理工作。

（二）护士执业注册的申请条件

申请护士执业注册，应当具备下列条件：①具有完全民事行为能力；②在中等职业学校、高等学校完成教育部和卫生部规定的普通全日制 3 年以上的护理、助产专业课程学习，包括在教学、综合医院完成 8 个月以上护理临床实习，并取得相应学历证书；③通过卫生部组织的护士执业资格考试；④符合规定的健康标准：无精神病史，无色盲、色弱、双耳听力障碍，无影响履行护理职责的疾病、残疾或者功能障碍。

（三）首次注册

申请护士执业注册，应当提交下列材料：①护士执业注册申请审核表；②申请人身份证明；③申请人学历证书及专业学习中的临床实习证明；④护士执业资格考试成绩合格证明；⑤省、自治区、直辖市人民政府卫生行政部门指定的医疗机构出具的申请人 6 个月内健康体检证明；⑥医疗卫生机构拟聘用的相关材料。护士执业注册申请，应当自通过护士执业资格考试之日起 3 年内提出；逾期提出申请的，除提交上述 6 项材料外，还应当提交在省、自治区、直辖市人民政府卫生行政部门规定的教学、综合医院接受 3 个月临床护理培训并考核合格的证明。

卫生行政部门应当自受理申请之日起20个工作日内，对申请人提交的材料进行审核。审核合格的，准予注册，发给护士执业证书；对不符合规定条件的，不予注册，并书面说明理由。护士执业证书上应当注明护士的姓名、性别、出生日期等个人信息及证书编号、注册日期和执业地点。护士执业证书由国家卫生行政部门统一印制。

（四）延续注册

护士执业注册有效期为5年，有效期届满需要继续执业的，应当在有效期届满前30日，向原注册部门申请延续注册。护士申请延续注册，应当提交下列材料：①护士延续注册申请审核表；②申请人的护士执业证书；③省、自治区、直辖市人民政府卫生行政部门指定的医疗机构出具的申请人6个月内健康体检证明。医疗卫生机构可以为本机构聘用的护士集体申请办理护士执业注册和延续注册。

注册部门自受理延续注册申请之日起20日内进行审核。审核合格的，予以延续注册。有下列情形之一的，不予延续注册：①不符合《护士管理办法》第6条规定的健康标准的；②被处暂停执业活动处罚期限未满的。

（五）重新注册

有下列情形之一的，拟在医疗卫生机构执业时，应当重新申请注册：①注册有效期届满未延续注册的；②受吊销护士执业证书处罚，自吊销之日起满2年的。

重新申请注册的，按照首次申请注册的规定提交材料；中断护理执业活动超过3年的，还应当提交在省、自治区、直辖市人民政府卫生行政部门规定的教学、综合医院接受3个月临床护理培训并考核合格的证明。

（六）变更注册

护士在其执业注册有效期内变更执业地点等注册项目，应当办理变更注册。但承担卫生行政部门交办或者批准的任务以及履行医疗卫生机构职责的护理活动，包括经医疗卫生机构批准的进修、学术交流等除外。

护士在其执业注册有效期内变更执业地点的，应当向拟执业地注册主管部门报告，并提交下列材料：①护士变更注册申请审核表；②申请人的护士执业证书。

注册部门应当自受理之日起7个工作日内为其办理变更手续。护士跨省、自治区、直辖市变更执业地点的，收到报告的注册部门还应当向其原执业地注册部门通报。省、自治区、直辖市人民政府卫生行政部门应当通过护士执业注册信息系统，为护士变更注册提供便利。

（七）注销注册

护士执业注册后有下列情形之一的，原注册部门办理注销执业注册：①注册有效期届满未延续注册；②受吊销护士执业证书处罚；③护士死亡或者丧失民事行为能力。

四、护士执业权利与义务

（一）护士执业权利

（1）护士执业有按照国家有关规定获取工资报酬、享受福利待遇、参加社会保险的权利。任何单位或者个人不得克扣护士工资，降低或者取消护士福利等待遇。

（2）护士执业有获得与其所从事的护理工作相适应的卫生防护、医疗保健服务的权利。从事直接接触有毒和有害物质、有感染传染病危险工作的护士，有依照有关法律、行政法规的规定接受职业健康监护的权利；患职业病的，有依照有关法律、行政法规的规定获得赔偿的权利。

（3）护士有按照国家有关规定获得与本人业务能力和学术水平相应的专业技术职务、职称的权利；有参加专业培训、从事学术研究和交流、参加行业协会和专业学术团体的权利。

（4）护士有获得疾病诊疗、护理相关信息的权利以及其他与履行护理职责相关的权利，可以对医疗卫生机构和卫生主管部门的工作提出意见和建议。

（二）护士执业义务

（1）护士执业应当遵守法律、法规、规章和诊疗技术规范的规定。

（2）护士在执业活动中，发现患者病情危急，应当立即通知医师；在紧急情况下，为抢救垂危患者生命，应当先行实施必要的紧急救护。护士发现医嘱违反法律、法规、规章或者诊疗技术规范规定的，应当及时向开具医嘱的医师提出；必要时，应当向该医师所在科室的负责人或者医疗卫生机构负责医疗服务管理的人员报告。

（3）护士应当尊重、关心、爱护患者，保护患者的隐私。

（4）护士有义务参与公共卫生和疾病预防控制工作。发生自然灾害、公共卫生事件等严重威胁公众生命健康的突发事件，护士应当服从县级以上人民政府卫生主管部门或者所在医疗卫生机构的安排，参加医疗救护。

五、法律责任

（一）行政责任

护士在执业活动中有下列情形之一的，由县级以上地方人民政府卫生主管部门依据职责分工责令其改正，给予警告；情节严重的，暂停其6个月以上1年以下执业活动，直至由原发证部门吊销其护士执业证书：①发现患者病情危急未立即通知医师的；②发现医嘱违反法律、法规、规章或者诊疗技术规范的规定，未依照《护士条例》第17条的规定提出或者报告的；③泄露患者隐私的；④发生自然灾害、公共卫生事件等严重威胁公众生命健康的突发事件，不服从安排参加医疗救护的。

(二)民事责任

护士最主要的民事责任是损害赔偿责任,因其职务行为造成的损害由聘用其执业的机构承担替代责任。

(三)刑事责任

护士在执业活动中造成医疗事故的,依照医疗事故处理的有关规定承担法律责任,情节严重构成犯罪的,按医疗事故罪承担刑事责任。

复习思考题

1. 我国卫生技术人员的内涵和外延是什么?非法行医与非法行医罪有何区别?
2. 我国医师多点执业主要包括哪几种类型?在实践中遭遇了哪些困境?未来应当如何加以解决?
3. 我国是否有必要建立乡村医生医疗损害赔偿责任的分解机制?为什么?
4. 我国药师的职责有哪些?药师不履行职责,将有可能承担何种法律责任?
5. 护士的权利和义务有哪些?护士应当遵循哪些执业规则?

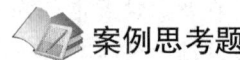
案例思考题

案例一

2005年12月,北京某大学附属医院心血管研究所研究员熊某因腰椎轻度滑脱就诊于某医院。住院后第二天,医院骨科主任李某给熊某做了骨科手术。手术后,熊某不但没有恢复,病情反倒加重起来。术后的第7天,熊某因术后并发症肺栓塞抢救无效死亡。后来,熊某的丈夫王某发现负责观察、诊疗、抢救的主治医师段某、于某和肖某均没有执业医师资格。对段某等3名工作人员没有执业医师资格的事实,医院并不否认,但是医院强调,病人死于术后并发症肺栓塞,跟学生行医没有直接关系,医院对此无须承担责任。为了弄清妻子的死因,王某从医院复印了病历,当他准备和医院对簿公堂的时候,他发现病历当中多处被修改。王某认为,这些没有行医资格的学生缺少从医经验,在许多环节上处置不当,医院为了隐瞒真相,不得不事后修改病历。2007年10月,王某将医院告上法庭,他认为医院的医疗过失造成熊某死亡,索赔500万元,同时要求法院认定医院"非法行医"。北京市第一中级人民法院认为,医院存在医疗过失,造成熊某死亡的后果,一审判决医院赔偿患方70余万元,但没有将段某等人的行为认定为非法行医。

案例讨论

1. 实习医生的医疗实践是否构成非法行医?为什么?
2. 我国法律对医师资格的取得作了哪些规定?

3. 如果你是一名实习医生，在实习过程中应当注意哪些法律问题？

案例二

王某因为身体不适到医院就诊，经医生诊断为低钾血症，当天王某就办理了住院手续接受治疗。凌晨输液时，王某感觉到手臂异常疼痛，他马上告诉了值班护士。值班护士简单查看后，告诉王某一切正常，并解释称补钾疼痛属于正常现象。实际上，疼痛的原因是液体发生外漏渗入皮肤，由于值班护士疏忽和不负责任，没有及时发现该原因，直到第二天一早医生查房时才发现，但此时王某已经出现了皮肤坏死现象。

案例讨论

1. 在本案中，护士存在哪些违法行为？
2. 在本案中，护士可能会承担何种法律责任？为什么？

（中国政法大学　刘炫麟）

第十八章 中医药法律制度

第一节 概　述

一、中医药的概念

中医药是包括汉族和少数民族医药在内的我国各民族医药的统称，是反映中华民族对生命、健康和疾病的认识，具有悠久历史传统和独特理论及技术方法的医药学体系。

二、中医药立法概况

新中国成立后，党和国家非常重视中医药事业的发展。1982年通过的《宪法》第21条明确规定"国家发展医药卫生事业，发展现代医药和我国传统医药"。它从根本上确立了中医药的法律地位，为我国中医药法治体系的构建提供了根本保障。

目前，我国中医药法律体系由中医药专门性法律规范和其他涉及中医药内容的法律规范组成。

第一类是中医药专门性法律规范。主要有《关于中医医院工作若干问题的规定》（1980年）、《野生药材资源保护管理条例》（1987年）、《中药品种保护条例》（2018年修正）、《医疗气功管理暂行规定》（2000年）、《中华人民共和国中医药条例》（2003年）、《传统医学师承和确有专长人员医师资格考核考试办法》（2006年）、《中医药法》（2016年）、《中医诊所备案管理暂行办法》（2017年）、《中医医术确有专长人员医师资格考核注册管理暂行办法》（2017年）、《古代经典名方中药复方制剂简化注册审批管理规定》（2018年）。

第二类是其他涉及中医药内容的法律规范。主要有《药品管理法》（2019年修订）、《医疗机构管理条例》（1994年）、《执业医师法》（1998年）、《医疗事故处理条例》（2002年）、《侵权责任法》（2009年）、《医疗纠纷预防和处理条例》（2018年）、《基本医疗卫生与健康促进法》（2019年）等。

三、发展中医药事业的方针和基本原则

（一）中西医并重的方针

中医药事业是我国医药卫生事业的重要组成部分。国家大力发展中医药事业，实行中

西医并重的方针，建立符合中医药特点的管理制度，发挥中医药在我国医疗卫生与健康事业中的独特作用。

比如在2019年年末暴发的新型冠状病毒肺炎疫情防治工作中，国家卫生健康委员会、国家中医药管理局多次发文强调建立健全中西医协作机制。全国各地中西医充分发挥各自所长，协同作战，优势互补，取得了较好的效果。

（二）继承与创新相结合的原则

发展中医药事业应当遵循中医药发展规律，坚持继承和创新相结合，保持和发挥中医药特色和优势，运用现代科学技术，促进中医药理论和实践的发展。国家鼓励中西医相互学习，相互补充，协调发展，发挥各自优势，促进中西医结合。

四、中医药管理体制

国务院中医药管理部门负责全国中医药管理工作。国务院有关部门在各自的职责范围内负责与中医药有关的工作。县级以上地方人民政府负责中医药管理的部门负责本行政区域内的中医药管理工作。县级以上地方人民政府有关部门在各自的职责范围内负责与中医药有关的工作。

五、发展中医药事业的保障措施

（一）政策支持和条件保障

2019年12月28日全国人民代表大会常务委员会通过的《基本医疗卫生与健康促进法》规定：医疗卫生事业应当坚持公益性原则。各级人民政府应当把人民健康放在优先发展的战略地位，将健康理念融入各项政策，坚持预防为主，完善健康促进工作体系，组织实施健康促进的规划和行动，推进全民健身，建立健康影响评估制度，将公民主要健康指标改善情况纳入政府目标责任考核。

基本医疗保险基金支付范围由国务院医疗保障主管部门组织制定，并应当听取国务院卫生健康主管部门、中医药主管部门、药品监督管理部门、财政部门等的意见。

县级以上人民政府应当为中医药事业发展提供政策支持和条件保障，将中医药事业发展经费纳入本级财政预算。县级以上人民政府及其有关部门制定基本医疗保险支付政策、药物政策等医药卫生政策，应当有中医药主管部门参加，注重发挥中医药的优势，支持、提供和利用中医药服务。

（二）中医医疗服务收费

县级以上人民政府及其有关部门应当按照法定价格管理权限，合理确定中医医疗服务的收费项目和标准，体现中医医疗服务成本和专业技术价值。

(三)纳入基本医疗保险

县级以上地方人民政府有关部门应当按照国家规定,将符合条件的中医医疗机构纳入基本医疗保险定点医疗机构范围,将符合条件的中医诊疗项目、中药饮片、中成药和医疗机构中药制剂纳入基本医疗保险基金支付范围。

(四)中医药标准体系建设

国家加强中医药标准体系建设,根据中医药特点对需要统一的技术要求制定标准并及时修订。中医药国家标准、行业标准由国务院有关部门依据职责制定或者修订,并在其网站上公布,供公众免费查阅。

(五)与中医药有关的评审等活动的要求

开展法律、行政法规规定的与中医药有关的评审、评估、鉴定活动,应当成立中医药评审、评估、鉴定的专门组织,或者有中医药专家参加。

第二节 中医药服务

一、中医医疗机构

(一)中医医疗机构的概念及类别

1. 中医医疗机构的概念

中医医疗机构是指依法设立的能够提供中医药(含民族医药)医疗服务的医疗机构。

2. 中医医疗机构的类别

中医医疗机构包括中医类医院(包括中医医院、中西医结合医院、民族医医院),中医类门诊部(包括中医门诊部、中西医结合门诊部、民族医门诊部),中医类诊所(包括中医诊所、中西医结合诊所、民族医诊所)等。

(二)中医医疗机构设置

1. 政府在举办中医医疗机构方面的责任

县级以上人民政府应当将中医医疗机构建设纳入医疗机构设置规划,举办规模适宜的中医医疗机构,扶持有中医药特色和优势的医疗机构发展。合并、撤销政府举办的中医医疗机构或者改变其中医医疗性质,应当征求上一级人民政府中医药主管部门的意见。

2. 设置中医药科室的要求

政府举办的综合医院、妇幼保健机构和有条件的专科医院、社区卫生服务中心、乡镇卫生院，应当设置中医药科室；社会力量举办的医疗机构可根据自身情况决定是否设置中医药科室。县级以上人民政府应当采取措施，增强社区卫生服务站和村卫生室提供中医药服务的能力。

（三）中医医疗机构的登记

举办中医医疗机构应当按照国家有关医疗机构管理的规定办理审批或备案手续，方可执业。

1. 中医医疗机构的审批

举办中医医疗机构应当按照国家有关医疗机构管理的规定办理审批手续，并遵守医疗机构管理及其实施细则的有关规定。

2. 中医诊所的备案

中医诊所，是在中医药理论指导下，运用中药和针灸、拔罐、推拿等非药物疗法开展诊疗服务，以及提供中药调剂、汤剂煎煮等中药药事服务的诊所。《中医诊所备案管理暂行办法》主要根据《中医药法》对中医诊所备案管理进行了具体规定。举办中医诊所的，将诊所的名称、地址、诊疗范围、人员配备情况等报所在地县级人民政府中医药主管部门备案后即可开展执业活动。举办中医诊所应当同时具备下列条件：①个人举办中医诊所的，应当具有中医类别医师资格证书并经注册后在医疗、预防、保健机构中执业满3年，或者具有中医（专长）医师资格证书；法人或者其他组织举办中医诊所的，诊所主要负责人应当符合上述要求；②符合《中医诊所基本标准》；③中医诊所名称符合《医疗机构管理条例实施细则》的相关规定；④符合环境保护、消防的相关规定；⑤能够独立承担民事责任；⑥《医疗机构管理条例实施细则》规定不得申请设置医疗机构的单位和个人，不得举办中医诊所。

中医诊所应当按照备案的诊疗科目、技术开展诊疗活动，加强对诊疗行为、医疗质量、医疗安全的管理，并符合《中医医疗技术相关性感染预防与控制指南》等有关规定。实行备案管理的中医诊所的诊疗范围不能超出《中医诊所备案管理暂行办法》规定的内容，如超出则继续实行审批管理，在审批和校验时按照中医（综合）诊所进行管理。举办中医诊所除遵守《中医药法》第14条第2款所作的特别规定外，还应当遵守《医疗机构管理条例》及其实施细则的其他有关规定。若要开展中西医两法诊疗服务，则必须按照《中医（综合）诊所基本标准》等规定办理审批手续，不再适用备案管理。

3. 开业申请资料

中医医疗机构在申请开业时，应按照《医疗机构管理条例》的规定，提交相关材料。

中医诊所备案，应当提交下列材料：中医诊所备案信息表；中医诊所主要负责人有效身份证明、医师资格证书、医师执业证书；其他卫生技术人员名录、有效身份证明、执业资格证件；中医诊所管理规章制度；医疗废物处理方案、诊所周边环境情况说明；消防应急预案。

（四）开展中医药服务的要求

中医医疗机构开展中医药服务，应当以中医药理论为指导，充分发挥中医药特色和优势，遵循中医药自身发展规律，运用传统理论和方法，结合现代科学技术手段，发挥中医药在防治疾病、保健、康复中的作用，为群众提供价格合理、质量优良的中医药服务。

（五）中医医院管理

中医医院包括县及县以上综合中医医院和专科中医医院。

1. 医疗业务

中医医院要办成以中医药为主，体现中医药防治疾病特点的医疗机构。中医医院必须以医疗工作为中心，结合医疗搞好教学和科学研究工作，成为继承发扬中医药学，培养中医药人才的基地。

2. 管理工作

《中医药法》规定，与中医药有关的评审或者鉴定活动，应当体现中医药特色，遵循中医药自身的发展规律。2012年国家中医药管理局发布的《中医医院评审暂行办法》规定，中医医院评审坚持政府主导、分级负责、公平公正的原则和以评促建、以评促改、评建并举、重在内涵的方针，围绕中医特色、中医疗效、质量、安全、服务、管理，体现以病人为中心的理念。

3. 科室设置和编制

业务科室设置和病床分配比例，可根据中医专科的特色和各自的规模、任务、特长及技术发展情况确定，科室设置力求齐全。中医医院人员编制按病床数量与工作人员数量（1∶1.3）～（1∶1.7）计算。病床数与门诊量之比按1∶3计算，不符合1∶3时，按每增减100门诊人次增减6～8人。医生和药剂人员要高于西医综合医院的比例，护理人员可低于西医综合医院的比例。在医生和药剂人员中，中医、中药人员要占绝对多数。

4. 药剂管理

要建立和办好中药房，中药加工炮制、储藏保管、调剂煎熬配方必须严格遵守操作规程和规章制度，保证药品质量；在坚持以中药为主的前提下，以饮片为主，以中成药为辅，重治轻补，并开展中药剂型改革。

5. 中医医疗广告管理

依据《广告法》以及《中医药法》规定，医疗机构发布中医医疗广告，应当经所在地省、自治区、直辖市人民政府中医药主管部门审查批准；未经审查批准，不得发布。发布的中医医疗广告内容应当与审查批准的内容相符合，并符合《广告法》的有关规定。

二、中医从业人员

（一）中医从业人员概念

中医从业人员是指具备中医医学专业学历，取得医师资格并经注册，在中医医疗机构、中医院校、中医科研单位、综合医院的中医专科工作的医务人员以及未取得医学专业学历，以师承方式学习传统医学或者经多年实践医术确有专长，并按照《中医药法》的规定经过考核合格和注册取得执业证书的人员。

（二）中医从业人员资格

从事中医医疗活动的人员，应当通过医师资格考试，取得医师资格证书，并经注册取得医师执业证书后，方可从事中医服务活动。参加中医执业医师资格考试的人员应具备中医专业的学历，并符合《执业医师法》的相关规定。中医医师资格考试的内容应当体现中医药特点。

《中医药法》明确了以师承方式学习中医和经多年实践、医术确有专长人员的中医医师资格准入和注册制度。《中医医术确有专长人员医师资格考核注册管理暂行办法》根据《中医药法》对中医医术确有专长人员医师资格考核注册作出了规定，既体现《中医药法》的统一性和权威性，又做好与《执业医师法》《医师执业注册管理办法》《传统医学师承和确有专长人员医师资格考核考试办法》等法律及部门规章的衔接。以师承方式学习中医或者经多年实践、医术确有专长的人员，由至少两名中医医师推荐，经省、自治区、直辖市人民政府中医药主管部门组织实践技能和效果考核合格后，即可取得中医医师资格；按照考核内容进行执业注册后，即可在注册的执业范围内，以个人开业的方式或者在医疗机构内从事中医医疗活动。

（三）中医从业人员的管理

中医医疗机构配备医务人员应当以中医药专业技术人员为主，主要提供中医药服务；经考试取得医师资格的中医医师按照国家有关规定，经培训、考核合格后，可以在执业活动中采用与其专业相关的现代科学技术方法。在医疗活动中采用现代科学技术方法的，应当有利于保持和发挥中医药特色和优势。社区卫生服务中心、乡镇卫生院、社区卫生服务站以及有条件的村卫生室应当合理配备中医药专业技术人员，并运用和推广适宜的中医药技术方法。

三、中医药在公共卫生工作中的作用

中医药的独特优势不仅体现在医疗服务中，也同样体现在公共卫生服务中。县级以上人民政府应当发展中医药预防、保健服务，并按照国家有关规定将其纳入基本公共卫生服务项目统筹实施。县级以上人民政府应当发挥中医药在突发公共卫生事件应急工作中的作用，加强中医药应急物资、设备、设施、技术与人才资源储备。医疗卫生机构应当在疾病预防与控制中积极运用中医药理论和技术方法。

四、中医医疗服务监管

中医药主管部门作为中医药服务的主要监管部门，对中医药服务进行日常的监督检查是其重要的工作职责。县级以上人民政府中医药主管部门应当加强对中医药服务的监督检查，并将下列事项作为监督检查的重点：①中医医疗机构、中医医师是否超出规定的范围开展医疗活动；②开展中医药服务是否符合国务院中医药主管部门制定的中医药服务基本要求；③中医医疗广告发布行为是否符合《中医药法》的规定。中医药主管部门依法开展监督检查，有关单位和个人应当予以配合，不得拒绝或者阻挠。

第三节　中药保护与发展

2019年12月28日全国人民代表大会常务委员会通过的《基本医疗卫生与健康促进法》规定：国家加强中药的保护与发展，充分体现中药的特色和优势，发挥其在预防、保健、医疗、康复中的作用。

一、中药的研发与注册管理

中药是指在中医理论的指导下，运用传统的独特方法进行加工炮制并用于疾病的预防、诊断和治疗，有明确的适应证和用法、用量的植物、动物和矿物质及其天然加工品等。中药包括中药材、中药饮片、中成药。

（一）中药新药的研制

国家鼓励和支持中药新药的研制和生产。国家保护传统中药加工技术和工艺，支持传统剂型中成药的生产，鼓励运用现代科学技术研究开发传统中成药。《中医药发展战略规划纲要（2016—2030年）》指出，探索适合中药特点的新药开发模式，推动重大新药创制。鼓励基于经典名方、医疗机构制剂等的中药新药研发。

（二）中药的注册管理

在我国境内申请进行药物临床试验、药品生产或者进口、进行相关的药品注册检验以及监督管理适用《药品注册管理办法》。实施批准文号管理的中药材、中药饮片以及进口中药材的注册管理规定，由国家药品监督管理部门另行制定。

根据《中医药法》规定，生产符合国家规定条件的来源于古代经典名方的中药复方制剂，在申请药品批准文号时，可以仅提供非临床安全性研究资料。古代经典名方是指至今仍广泛应用、疗效确切、具有明显特色与优势的古代中医典籍所记载的方剂。具体目录由国务院中医药主管部门会同药品监督管理部门制定。《古代经典名方中药复方制剂简化注册审批管理规定》共22条，内容依次涉及经典名方目录、简化审批的条件、申请人资质、物质基准的申报与发布、经典名方制剂的注册程序及管理要求、各相关方责任等。根据《古代经典名方中药复方制剂简化注册审批管理规定》，生产我国古代经典名方中药复方制剂的，仅允许在我国境内依法设立、能够独立承担药品质量安全等责任的药品生产企业进行生产和注册申报。

二、中药材生产管理

（一）药品生产企业的开办

开办生产中药的企业应该遵守《药品管理法》规定。

（二）中药材种植、养殖与生产管理

1. 中药材种植、养殖

为确保中药材质量安全，依据《中医药法》的规定，国家制定中药材种植、养殖、采集、贮存和初加工的技术规范、标准，加强对中药材生产流通全过程的质量监督管理。国家鼓励发展中药材规范化种植、养殖，严格管理农药、肥料等农业投入品的使用，禁止在中药材种植过程中使用剧毒、高毒农药，支持中药材良种繁育，提高中药材质量。

2. 中药材生产质量管理

国务院药品监督管理部门应当组织并加强对中药材质量的监测，定期向社会公布监测结果。国务院有关部门应当协助做好中药材质量监测有关工作。采集、贮存中药材以及对中药材进行初加工，应当符合国家有关技术规范、标准和管理规定。2016年3月，国家食品药品监督管理总局发布《取消中药材生产质量管理规范认证有关事宜的通知》。根据《国务院关于取消和调整一批行政审批项目等事项的决定》（国发〔2016〕10号），取消《中药材生产质量管理规范》[Good Agricultural Practice of Medicinal Plants and Animals，GAP，以下简称中药材GAP]认证行政许可事项，对中药材GAP实施备案管理。

（三）道地中药材管理

道地中药材，是指经过中医临床长期应用优选出来的，产在特定地域，与其他地区所产同种中药材相比，品质和疗效更好，且质量稳定，具有较高知名度的中药材。

《中医药法》规定，国家建立道地中药材评价体系，支持道地中药材品种选育，扶持道地中药材生产基地建设，加强道地中药材生产基地生态环境保护，鼓励采取地理标志产品保护等措施保护道地中药材。

（四）药用野生动植物资源保护

《中医药法》规定，国家保护药用野生动植物资源，对药用野生动植物资源实行动态监测和定期普查，建立药用野生动植物资源种质基因库，鼓励发展人工种植、养殖，支持依法开展珍贵、濒危药用野生动植物的保护、繁育及其相关研究。《野生药材资源保护管

理条例》也规定,国家对野生药材资源实行保护、采猎相结合的原则,并创造条件开展人工种养。

(五)规范中药材自种、自采、自用

在村医疗机构执业的中医医师、具备中药材知识和识别能力的乡村医生,按照国家有关规定可以自种、自采当地产中药材并在其执业活动中使用。《国家中医药管理局、卫生部关于加强乡村中医药技术人员自种、自采、自用中草药管理的通知》(2006年)规定乡村中医药技术人员不得自种、自采、自用下列中草药:①国家规定需特殊管理的医疗用毒性中草药;②国家规定需特殊管理的麻醉药品原植物;③国家规定需特殊管理的濒危、稀少野生植物药材。

(六)中药饮片的生产、销售管理

中药饮片是指在中医药理论的指导下,可直接用于调配或制剂的中药材及其加工炮制品。目前的中药饮片有两种:一是传统的饮片;二是中药配方颗粒。

1. 中药饮片炮制技术工艺

中药炮制是中药行业特有的传统制药技术。《中医药法》规定,国家保护中药饮片传统炮制技术和工艺,支持应用传统工艺炮制中药饮片,鼓励运用现代科学技术开展中药饮片炮制技术研究。

2. 医疗机构炮制中药饮片

医疗机构可以根据本医疗机构医师处方的需要,在本医疗机构内炮制、使用市场上没有供应的中药饮片。医疗机构应当遵守中药饮片炮制的有关规定,对其炮制的中药饮片的质量负责,保证药品安全。医疗机构炮制中药饮片,应当向所在地设区的市级人民政府药品监督管理部门备案。根据临床用药需要,医疗机构可以凭本医疗机构医师的处方对中药饮片进行再加工。

3. 中药饮片的生产、销售管理相关规定

《药品管理法》规定:中药饮片生产企业履行药品上市许可持有人的相关义务,对中药饮片生产、销售实行全过程管理,建立中药饮片追溯体系,保证中药饮片安全、有效、可追溯。

《药品管理法》规定,中药饮片必须按照国家药品标准炮制;国家药品标准没有规定的,必须按照省、自治区、直辖市人民政府药品监督管理部门制定的炮制规范炮制,但该规范应当报国务院药品监督管理部门备案。对于中药饮片的生产管理,必须按照《药品生产质量管理规范》中有关"中药制剂"的要求进行,主要包括专职负责中药材和中药饮片质量管理的人员需具备的条件、在文件管理和生产管理方面的要求、在质量管理方面的规范等。2018年4月,为加强对中药饮片的管理,规范省级中药饮片炮制规范的修订工作,增强中药饮片质量的可控性,国家药品监督管理局组织制定了《省级中药饮片炮制规范修订的技术指导原则》。

三、中药经营管理

（一）经营中药的资格

《药品管理法》规定无药品经营许可证的，不得经营药品。该法同时规定城乡集市贸易市场可以出售中药材，但国务院另有规定的除外。

（二）中药经营管理

《中医药法》规定，国家鼓励发展中药材现代流通体系，提高中药材包装、仓储等技术水平，建立中药材流通追溯体系。药品生产企业购进中药材应当建立进货查验记录制度。中药材经营者应当建立进货查验和购销记录制度，并标明中药材产地。

药品上市许可持有人、药品生产企业、药品经营企业和医疗机构应当从药品上市许可持有人或者具有药品生产、经营资格的企业购进药品；但是，购进未实施审批管理的中药材除外。发运中药材应当有包装。在每件包装上，应当注明品名、产地、日期、供货单位，并附有质量合格的标志。

四、医疗机构配制中药制剂管理

（一）医疗机构配制中药制剂

国家鼓励医疗机构根据本医疗机构临床用药需要配制和使用中药制剂，支持应用传统工艺配制中药制剂，支持以中药制剂为基础研制中药新药。医疗机构配制中药制剂，应当依照《药品管理法》的规定取得医疗机构制剂许可证，或者委托取得药品生产许可证的药品生产企业、取得医疗机构制剂许可证的其他医疗机构配制中药制剂。委托配制中药制剂，应当向委托方所在地省、自治区、直辖市人民政府药品监督管理部门备案。因为对中药制剂采用的是备案制而不是审批制，所以《中医药法》要求医疗机构对其配制的中药制剂的质量负责；委托配制中药制剂的，委托方和受托方对所配制的中药制剂的质量分别承担相应责任。

（二）仅应用传统工艺配制的中药制剂

医疗机构配制的中药制剂品种，应当依法取得制剂批准文号，但是仅应用传统工艺配制的中药制剂品种，向医疗机构所在地省、自治区、直辖市人民政府药品监督管理部门备案后即可配制，不需要取得制剂批准文号。因为采取的是备案制，所以《中医药法》要求医疗机构应当加强对备案的中药制剂品种的不良反应监测，并按照国家有关规定进行报告。药品监督管理部门应当加强对备案的中药制剂品种配制、使用的监督检查。

五、中药品种保护

《药品管理法》规定，国家实行中药品种保护制度。为提高中药品种的质量，鼓励研究开发中药新品种，促进中药事业的发展，《中药品种保护条例》规定，对质量稳定、疗效确切的中药品种实行分级保护制度。《中药品种保护条例》适用于中国境内生产制造的中药品种，包括中成药、天然药物的提取物及其制剂和中药人工制成品。申请专利的中药品种，依照《专利法》的规定办理，不适用《中药品种保护条例》。国务院药品监督管理部门负责全国中药品种保护的监督管理工作。依照《中药品种保护条例》，受保护的中药品种必须是列入国家药品标准的品种。经国务院药品监督管理部门认定，列为省、自治区、直辖市药品标准的品种，也可以申请保护。受保护的中药品种分为两级（一、二级）。中药一级保护品种的保护期限分别为 30 年、20 年、10 年。中药二级保护品种的保护期限为 7 年。

第四节　中医药人才培养

一、中医药教育遵循的原则

（一）遵循中医药人才成长规律

《国务院关于扶持和促进中医药事业发展的若干意见》指出"中医药院校教育应坚持以中医药专业为主体，按照中医药人才成长规律施教，强化中医药基础理论教学和基本实践技能培养"。中医药教育要注重传统文化和知识的学习，强调教学的实践性，重视临床技能的培养，因材施教。

（二）以中医药内容为主，体现中医药文化特色

设置高等中医药院校的核心目标是培养中医药人才，发展中医药学术，因此，中医药教育在教学内容上应以中医学为主，体现中医药文化特色，使学生掌握中医学理论、中医学思维，并掌握一定的中医临床诊治技能。

（三）注重中医药经典理论和中医药临床实践相结合

加强中医药经典理论教学，保持和发扬中医药特色和优势，是继承和发展中医药事业的关键之一。中医是一门实践性很强的学科，中医专业人才培养必须重视临床实践，必须加强学生临床能力的训练。

二、中医药院校教育

中医药院校是培养中医药人才的主要基地,应充分发挥中医药院校在培养中医药人才中的主渠道作用。

(一)完善中医药学校教育体系

国家应当完善中医药学校教育体系,支持专门实施中医药教育的高等学校、中等职业学校和其他教育机构的发展。

(二)体现中医药学科特色

2019年10月,《中共中央、国务院关于促进中医药传承创新发展的意见》指出"强化中医思维培养,改革中医药院校教育,调整优化学科专业结构,强化中医药专业主体地位,提高中医类专业经典课程比重,开展中医药经典能力等级考试,建立早跟师、早临床学习制度。"

三、中医药师承教育

为推进中医药师承教育,《国务院关于扶持和促进中医药事业发展的若干意见》明确规定:"总结中医药师承教育经验,制订师承教育标准和相关政策措施,探索不同层次、不同类型的师承教育模式,丰富中医药人才培养方式和途径。"《中医药发展战略规划纲要(2016—2030年)》要求:"建立中医药师承教育培养体系,将师承教育全面融入院校教育、毕业后教育和继续教育。鼓励医疗机构发展师承教育,实现师承教育常态化和制度化。建立传统中医师管理制度。"《中医药法》规定,国家应发展中医药师承教育,支持有丰富临床经验和技术专长的中医医师、中药专业技术人员在执业、业务活动中带徒授业,传授中医药理论和技术方法,培养中医药专业技术人员。加强名老中医药专家传承工作室建设,吸引、鼓励名老中医药专家和长期服务基层的中医药专家通过师承模式培养多层次的中医药骨干人才。

四、中医药专业技术人员的培养、培训

中医药人才是中医药事业发展的基础和保障。《中医药法》规定,国家加强对中医医师和城乡基层中医药专业技术人员的培养和培训,国家发展中西医结合教育,培养高层次的中西医结合人才。一方面需要深化医教协同,全面实施中医住院医师规范化培训,建立符合中医药特点的毕业后教育制度;另一方面需要强化以全科医生为重点的基层中医药人才队伍建设,推进中医类别全科医生、助理全科医生培养。

五、中医药继续教育

中医药继续教育是对从事中医药专业技术工作的中医药专业技术人员进行的终身教育活动。《中医药法》规定，县级以上地方人民政府中医药主管部门应当组织开展中医药继续教育，加强对医务人员，特别是城乡基层医务人员中医药基本知识和技能的培训。中医药专业技术人员应当按照规定参加继续教育，所在机构应当为其接受继续教育创造条件。

第五节　中医药科学研究

一、国家鼓励中医药科学研究

（一）研究主体

中医药科学研究主体分别是科研机构、高等学校、医疗机构和药品生产企业等机构。《中医药发展战略规划纲要（2016—2030年）》明确提出："健全以国家和省级中医药科研机构为核心，以高等院校、医疗机构和企业为主体，以中医科学研究基地（平台）为支撑，多学科、跨部门共同参与的中医药协同创新体制机制，完善中医药领域科技布局。统筹利用相关科技计划（专项基金等），支持中医药相关科技创新工作。"

（二）研究方法

运用现代科学技术和传统中医药研究方法，开展中医药科学研究。重视运用传统的方法进行中医药科学研究，要遵循中医药自身发展特点和规律，坚持中医药原创优势，注重继承发掘中医理论精髓。积极利用现代科学技术方法发展中医药理论与实践，把保持中医药特色与现代科学知识、技术方法的应用协调起来。

（三）研究任务

中医科学研究的任务是加强中西医结合研究，促进中医药理论和技术方法的继承和创新。《中医药发展战略规划纲要（2016—2030年）》明确提出："促进中西医结合。运用现代科学技术，推进中西医资源整合、优势互补、协同创新。"中医药学要遵循中医药自身发展规律，坚持继承与创新相结合。

《中医药法》鼓励科研机构、高等学校、医疗机构和药品生产企业等，运用现代科学技术和传统中医药研究方法，开展中医药科学研究，加强中西医结合研究，促进中医药理论和技术方法的继承和创新。

二、整理、研究、利用中医药古典文献

《中医药法》规定,国家应当采取措施支持对中医药古籍文献、著名中医药专家的学术思想和诊疗经验以及民间中医药技术方法的整理、研究和利用。国家鼓励组织和个人捐献有科学研究和临床应用价值的中医药文献、秘方、验方、诊疗方法和技术。

三、科学技术创新体系、评价体系和管理体制

《中医药法》规定,国家建立和完善符合中医药特点的科学技术创新体系、评价体系和管理体制,推动中医药科学技术进步与创新。

(一)建立和完善符合中医药特点的科学技术创新体系

中医药科技创新体系建设是建设创新型国家的重要内容,也是提高中医药科技创新能力的必然要求。要发挥创新主体优势,促进协同创新;优化资源配置,加强中医药科技平台与体系建设;完善中医药科技创新机制,优化创新政策与环境;加强政府指导,完善、落实政策措施。

(二)建立和完善符合中医药特点的科学评价体系

《中医药发展战略规划纲要(2016—2030年)》指出"建立和完善符合中医药特点的科研评价标准和体系,研究完善有利于中医药创新的激励政策"。针对不同创新主体和创新领域,改进科研评价机制,建立符合中医药特点的疗效评价体系,完善中医药科研人才评价和激励机制。

(三)建立和完善符合中医药特点的管理体制

《中医药发展战略规划纲要(2016—2030年)》指出"通过同行评议和引进第三方评估,提高项目管理效率和研究水平,不断提高中医药科研成果转化效率"。建立中医药咨询专家库,充分发挥专家在科技政策制定与项目管理中的咨询作用,推进科技资源和数据信息开放共享,促进中医药科技中介服务体系建设与成果转化。

四、加强重大项目科学研究

中医药科研要立足发展中医药理论,提高临床疗效,中医药理论研究必须要与临床研究相结合,而辨证论治是中医临床的精髓,是中医临床治疗的重要方法。因此,《中医药法》规定国家应当采取措施,加强对中医药基础理论和辨证论治方法,常见病、多发病、慢性病和重大疑难疾病、重大传染病的中医药防治,以及其他对中医药理论和实践发展有

重大促进作用的项目的科学研究。

第六节　中医药传承与文化传播

一、遴选中医药学术传承项目和传承人

（一）省级以上中医药主管部门的职责

对具有重要学术价值的中医药理论和技术方法，省级以上人民政府中医药主管部门应当公平、公正地组织遴选本行政区域内的中医药学术传承项目和传承人，并为传承活动提供必要的条件，例如为传承人的传承活动提供必要的场地、经费资助等。

（二）中医药学术传承人的义务

中医药学术传承人应当具有使命意识，积极开展中医药学术传承活动，培养后继人才，收集整理并妥善保存相关的学术资料。

（三）处理好与《中华人民共和国非物质文化遗产法》的衔接关系

具有重要学术价值的中医药理论和技术方法的学术传承项目同时属于非物质文化遗产代表性项目，应当依照《中华人民共和国非物质文化遗产法》的有关规定开展传承活动。

二、保护中医药传统知识

（一）中医药传统知识的概念

中医药传统知识是指在中华民族繁衍发展过程中，基于中华民族长期实践积累、世代传承并持续发展，具有现实或潜在商业价值的医药卫生知识，包括中医药理论知识、中药方剂、诊疗技术以及与中医药传统知识有关的药材资源、中药材加工炮制技术、中医药特有标志符号等。

（二）中医药传统知识保护途径

国家建立中医药传统知识保护数据库、保护名录和保护制度。中医药传统知识持有人对其持有的中医药传统知识享有传承使用的权利，对他人获取、利用其持有的中医药传统知识享有知情同意和利益分享等权利。国家对经依法认定属于国家秘密的传统中药处方组成和生产工艺实行特殊保护。

三、加强中医药文化宣传

（一）政府加强中医药文化宣传的责任

传播中华优秀传统文化，普及中医药知识是政府应承担的重要责任。因此，《中医药法》要求县级以上人民政府应当依法加强中医药文化宣传，普及中医药知识，鼓励组织和个人创作中医药文化和科普作品。

（二）开展中医药文化宣传和知识普及的要求

开展中医药文化宣传和知识普及活动，应当遵守国家有关规定；任何组织或者个人不得对中医药作虚假、夸大宣传，不得冒用中医药名义牟取不正当利益；广播、电视、报刊、互联网等媒体开展中医药知识宣传，应当聘请中医药专业技术人员。

四、发展和规范中医养生保健服务

中医养生保健文化历史悠久，理念上注重人与自然、人与社会的和谐统一，服务内容丰富，手段方法多样，效果明显，作用独特。《中医药法》规定，国家发展中医养生保健服务，支持社会力量举办规范的中医养生保健机构。中医养生保健服务规范、标准由国务院中医药主管部门制定。

第七节 法律责任

一、行政责任

（一）中医诊所超出备案范围开展医疗活动的法律责任

违反《中医药法》规定，中医诊所超出备案范围开展医疗活动的，由所在地县级人民政府中医药主管部门责令改正，没收违法所得，并处1万元以上3万元以下罚款；情节严重的，责令停止执业活动。

中医诊所被责令停止执业活动的，其直接负责的主管人员自处罚决定作出之日起5年内不得在医疗机构内从事管理工作。医疗机构聘用上述不得从事管理工作的人员从事管理工作的，由原发证部门吊销医疗机构执业许可证或者由原备案部门责令停止执业活动。

（二）中医医师超出注册的执业范围从事医疗活动的法律责任

违反《中医药法》规定，经考核取得医师资格的中医医师超出注册的执业范围从事医疗活动的，由县级以上人民政府中医药主管部门责令暂停6个月以上1年以下执业活动，并处1万元以上3万元以下罚款；情节严重的，吊销执业证书。

（三）应当备案而未备案，或者备案时提供虚假材料的法律责任

违反《中医药法》规定，举办中医诊所、炮制中药饮片、委托配制中药制剂应当备案而未备案，或者备案时提供虚假材料的，由中医药主管部门和药品监督管理部门按照各自职责分工责令改正，没收违法所得，并处3万元以下罚款，向社会公告相关信息；拒不改正的，责令停止执业活动或者责令停止炮制中药饮片、委托配制中药制剂活动，其直接责任人员5年内不得从事中医药相关活动。

医疗机构应用传统工艺配制中药制剂未依照《中医药法》规定备案，或者未按照备案材料载明的要求配制中药制剂的，按生产假药给予处罚。

（四）在中药材种植过程中使用剧毒、高毒农药的法律责任

违反《中医药法》规定，在中药材种植过程中使用剧毒、高毒农药的，依照有关法律、法规规定给予处罚；情节严重的，可以由公安机关对其直接负责的主管人员和其他直接责任人员处5日以上15日以下拘留。

（五）篡改经批准的中医医疗广告内容的法律责任

违反《中医药法》规定，发布的中医医疗广告内容与经审查批准的内容不相符的，由原审查部门撤销该广告的审查批准文件，1年内不受理该医疗机构的广告审查申请。

违反《中医药法》规定，发布中医医疗广告有前款规定以外违法行为的，依照《广告法》的规定给予处罚。

（六）医药管理部门玩忽职守的法律责任

县级以上人民政府中医药主管部门及其他有关部门未履行《中医药法》规定的职责的，由本级人民政府或者上级人民政府有关部门责令改正；情节严重的，对直接负责的主管人员和其他直接责任人员，依法给予处分。

二、民事责任

违反《中医药法》规定，造成人身、财产损害的，依法承担民事责任。

三、刑事责任

违反《中医药法》规定，构成犯罪的，依法追究刑事责任。

复习思考题

1. 发展中医药事业的保障措施有哪些?
2. 举办中医诊所与中医医疗机构有何异同?
3. 中医医术确有专长人员医师资格考核注册管理有哪些特殊之处?
4. 医疗机构配制中药制剂的法律规定有哪些?

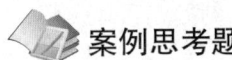 案例思考题

曾被称为"神医"的胡万林,从20世纪70年代开始,先后多次入狱服刑。胡万林于2011年12月11日刑满释放后,结识了吕伟,并授意吕伟在新浪网注册名为"自然科学"的博客,称胡万林的"五味疗法"可免除吃药打针等传统医疗方式,对糖尿病、高血压、白血病、艾滋病、心脑血管病、各类癌症等有特殊疗效。

2013年8月30日和31日,吕伟与贺桂芝组织身患不同疾病或痴迷中医的云旭阳、黄忠等十余人参加"自然大法培训班",由胡万林先后在洛阳市某宾馆和新安县龙潭大峡谷某宾馆对云旭阳等人传授其创造的"五味疗法"和"吐故纳新疗法"。多名学员在饮用"五味汤"后出现上吐下泻的反应,云旭阳于31日19时出现严重呕吐、抽搐、昏迷等症状,胡万林指使吕伟等人采取将泥土涂抹到云旭阳身上后浇凉水和向云旭阳口中灌其配制的液体等方法进行医治,学员马永群提出拨打120急救电话,但遭到贺桂芝阻止。后云旭阳因机体脱水、电解质平衡紊乱和急性呼吸、循环功能障碍,经抢救无效死亡。

经法医鉴定,云旭阳服用加芒硝的中药水后,出现反复呕吐、腹泻,引起严重脱水、电解质紊乱而死亡。对现场勘查提取的物品进行检测,在吕伟汽车后备厢内提取的3瓶液体和案发现场306房间提取的两瓶液体内,均检出了硫酸根离子和钠离子成分,且在死者云旭阳的胃内容物中,也检出了这两种离子成分。

案例讨论

1. 胡某的行为是否属于传统医疗诊疗行为?
2. 结合《中医药法》《执业医师法》《刑法》,如何认定胡某的行为?

(湖北中医药大学 岳远雷)

第十九章 医疗纠纷预防和处理法律制度

第一节 概 述

一、医疗纠纷相关概念

（一）医疗纠纷的概念

根据《医疗纠纷预防和处理条例》的规定，医疗纠纷是指医患双方因诊疗活动引发的争议。医疗纠纷具有以下特点：

第一，必须是发生于医方和患方之间的纠纷。医方包括医疗机构和医务人员，患方包括患者及其近亲属，或者其他相关人员。

第二，必须是因诊疗活动而起。依据《医疗机构管理条例实施细则》第88条规定，诊疗活动是指通过各种检查，使用药物、器械及手术等方法，对疾病作出判断和消除疾病、缓解病情、减轻痛苦、改善功能、延长生命、帮助患者恢复健康的活动。为了更好地保护患者权益和解决医疗纠纷，这里的"诊疗活动"宜做扩大解释，即诊疗活动等同于"医疗活动"的概念：既包括诊断、治疗的活动，也包括医疗美容活动；既包括积极地提供诊疗的活动，也包括消极地拒绝提供诊疗的活动；既包括卫生技术人员提供的诊疗服务，也包括医疗管理和医疗后勤人员提供的管理服务。

第三，必须存在争议。无争议则无纠纷。引起医疗纠纷的争议具有三个特征：其一，争议必须是因诊疗活动而起。其二，争议的内容包括但不限于诊疗服务的态度、方式、内容，以及因诊疗服务而引发的损害赔偿等问题。医患双方之间的争议不以导致患者人身损害为必要条件，在没有造成患者人身损害的情况下，只要患者对于诊疗活动及其结果提出不满，均可以构成医疗纠纷。其三，争议是双向的，既包括患方对医方提出争议诉求，也包括医方对患方提出争议诉求，前者的典型是患方因遭受医疗损害要求医方承担损害赔偿责任，后者的典型是医方因患方拒不缴费而起诉患者要求给付医疗费用。

（二）医疗事故的概念

根据《医疗事故处理条例》的规定，医疗事故是指医疗机构及其医务人员在医疗活动中，违反医疗卫生管理法律、行政法规和部门规章及诊疗规范、常规，过失造成患者人身损害的事故。

根据对患者人身造成损害的程度，医疗事故分为四级：一级医疗事故为造成患者死亡、重度残疾的医疗事故；二级医疗事故为造成患者中度残疾、器官组织损伤等严重功能障碍的医疗事故；三级医疗事故为造成患者轻度残疾、器官组织损伤等一般功能障碍的医疗事故；四级医疗事故为造成患者明显人身损害的其他后果的医疗事故。

（三）医疗损害的概念

根据《侵权责任法》的规定，医疗损害是指因医疗机构及其医务人员的过错或缺陷医疗产品，对就医患者造成的身体上或精神上的损害。

过错是指因故意或过失而损害他人利益的违法行为。故意是指行为人预见自己行为的损害后果，仍然希望其发生或放任该后果发生的主观心理状态。过失是指行为人对受害者应负注意义务的疏忽或懈怠。

缺陷是指产品存在可能危及人体健康和人身财产安全的不合理危险。产品有保障人体健康和人身财产安全的国家标准、行业标准，缺陷是指产品不符合该标准。

（四）医疗损害与医疗事故

医疗损害与医疗事故既有联系，也有区别。

1. 医疗损害与医疗事故的联系

医疗损害包含医疗事故，两者存在许多相同之处：二者均发生在诊疗活动中；二者都给患者造成了损害；二者的责任人的行为与损害后果之间都存在因果关系。

2. 医疗损害与医疗事故的区别

医疗损害与医疗事故之间有明显区别：

第一，法律来源不同。医疗事故的概念来源于《医疗事故处理办法》及《医疗事故处理条例》，更侧重于卫生行政等主管部门的行政管理和相关人员的行政责任；医疗损害的概念来源于《侵权责任法》，侧重于医患双方当事人之间民事责任方面的内容。

第二，责任人不同。医疗事故的责任人只能是医疗机构及其医务人员，而医疗损害的责任人除了医疗机构外，还可以是药品、消毒药剂、医疗器械生产者或者血液提供机构等。

第三，造成的损害后果不同。医疗事故造成的是人身损害，而医疗损害造成的除了人身损害外，还包括人格权利、财产权等其他损害。而且，就人身损害的程度而言，医疗事故重于一般的医疗损害。

第四，损害责任的类型不同。医疗事故主要是指因医疗技术而造成的损害，而医疗损害除了医疗技术损害责任外，还包括医疗伦理损害责任、医疗产品损害责任、医疗管理损害责任等。

第五，责任人过错形式不同。医疗事故只有过失一种形式，而医疗损害包括了故意和过失两种形式。

二、医疗纠纷处理的立法

对医疗纠纷进行专门立法始于医疗事故。1987年6月29日，国务院颁布了《医疗事故处理办法》。《医疗事故处理办法》将医疗事故分为责任事故和技术事故。责任事故是指医务人员因违反规章制度、诊疗护理常规等失职行为所致的事故；技术事故是指医务人员因技术过失所致的事故。根据给患者直接造成损害的程度的不同，《医疗事故处理办法》将医疗事故分为三级，并规定由县级以上地方人民政府按行政区划成立医疗事故技术鉴定委员会，由卫生行政部门负责，对医疗事故争议进行技术鉴定。对确定为医疗事故的由医疗机构给予一次性经济补偿。1988年5月，为解决各地在贯彻执行《医疗事故处理办法》过程中有待明确的问题，卫生部颁布了《关于〈医疗事故处理办法〉若干问题的说明》。

为适应医疗事故争议处理的新形势和新要求，2002年2月20日，国务院通过了《医疗事故处理条例》，并于同年9月1日实施。《医疗事故处理条例》对《医疗事故处理办法》进行了重大修改，取消了医疗事故的分类，扩大了事故的范围，将医疗事故由三级修改为四级；将医疗事故技术鉴定组织由卫生行政部门调整为医学会；对确定的医疗事故由补偿改为赔偿；对医疗机构加大了处罚力度；为患者设立了知情权、病历复印权等12项权利，对患者及家属实质性参与医疗事故争议的处理做了制度性安排。

此后，卫生部和国家中医药管理局又相继配套颁布了《医疗事故技术鉴定暂行办法》《医疗事故技术鉴定专家库学科专业组名录（试行）》《医疗事故分级标准（试行）》《医疗事故争议中尸检机构及专业技术人员资格认定办法》《医疗机构病历管理规定》《病历书写基本规范》《重大医疗过失行为和医疗事故报告制度的规定》等部门规章或行业规范，构建了以《医疗事故处理条例》为主干的关于医疗事故争议处理的法律系统。

2003年1月6日，最高人民法院《关于参照〈医疗事故处理条例〉审理医疗纠纷民事案件的通知》规定："《医疗事故处理条例》施行后发生的医疗事故引起的医疗赔偿纠纷，诉到法院的，参照《医疗事故处理条例》的有关规定办理；因医疗事故以外的原因引起的其他医疗赔偿纠纷，适用《中华人民共和国民法通则》的规定。"同年，《最高人民法院关于审理人身损害赔偿案件适用法律若干问题的解释》规定了人身损害的赔偿项目和计算方法，与《医疗事故处理条例》规定的医疗事故赔偿项目和计算方法不一致。

医疗纠纷处理中存在的法律适用、赔偿、鉴定二元化问题损害了我国法制的统一性和严肃性，加剧了医患矛盾。2009年12月26日，第十一届全国人民代表大会常务委员会第十二次会议审议通过《侵权责任法》，自2010年7月1日起施行。该法第七章以专章的形式对医疗损害责任进行了规定，包括医疗损害责任的归责原则、患者知情同意权、医疗过错认定、医疗侵权责任分类、医疗损害责任豁免事由等方面的内容，从而统一了医疗纠纷民事责任的法律适用及赔偿问题。

《侵权责任法》颁布实施以前,特别是《最高人民法院关于审理人身损害赔偿案件适用法律若干问题的解释》出台前,《医疗事故处理条例》以"特别法"的优势地位在医疗事故处理方面一直是优先适用的,《医疗事故处理条例》设定的医疗事故技术鉴定也一直优先于司法鉴定。但是《立法法》规定:"法律的效力高于行政法规、地方性法规、规章。"因此,《医疗事故处理条例》的规定与《侵权责任法》不一致的,应以《侵权责任法》为准,而与《侵权责任法》不相矛盾的地方,主要是有关医疗事故行政监督及预防处置的内容,仍然继续有效。

为正确审理医疗损害责任纠纷案件,依法维护当事人的合法权益,推动构建和谐医患关系,促进卫生健康事业发展,根据《侵权责任法》《民事诉讼法》等法律规定,结合审判实践,2017年12月13日最高人民法院发布《关于审理医疗损害责任纠纷案件适用法律若干问题的解释》,对医疗损害纠纷案件审理中的一些疑难问题进行了明确规定。

为了预防和妥善处理医疗纠纷,保护医患双方的合法权益,维护医疗秩序,保障医疗安全,国务院于2018年7月31日颁布《医疗纠纷预防和处理条例》,同年10月1日施行。《医疗纠纷预防和处理条例》突出了医疗纠纷预防的作用,规范了医疗损害鉴定,要求充分发挥人民调解的作用,明确了医疗纠纷处理途径和程序,并明确规定,对诊疗活动中医疗事故的行政调查处理,依照《医疗事故处理条例》的相关规定执行。这就意味着《医疗事故处理条例》与《医疗纠纷预防和处理条例》并存,《医疗事故处理条例》中关于医疗事故认定及行政处理的内容仍然有效,而与《医疗纠纷预防和处理条例》重复的预防与处理的内容,应该适用《医疗纠纷预防和处理条例》。

2019年12月28日颁布的《基本医疗卫生与健康促进法》明确规定国家建立医疗纠纷预防和处理机制,妥善处理医疗纠纷,维护医疗秩序。

第二节 医疗损害责任

一、医疗损害责任的概念及构成要件

医疗损害责任,是指医疗机构及医务人员在诊疗活动中因过错,或者在法律规定的情况下,无论有无过错,造成患者人身损害或者其他损害,应当承担的以损害赔偿为主要方式的侵权责任。

作为一种特殊的民事侵权责任,医疗损害责任的构成要件主要包括以下几个方面:

1. 特殊主体要件

医疗损害的行为人必须具有特殊身份,即主要是医疗机构及其医务人员,但医疗机构是赔偿义务人,直接对患者承担责任,而不是由其医务人员承担责任。在医疗产品损害的情形下,医疗产品的生产者及销售者可以成为医疗损害责任的主体。

2. 损害后果要件

医方违反其注意义务的过错行为给患者造成客观的人身及财产的损害后果。

3. 违法行为要件

医疗机构及其医务人员在诊疗活动中有违反医疗卫生管理法律、行政法规、部门规章和诊疗规范、常规的行为，也包括违反医疗卫生单位内部制定的具体操作规程。

4. 因果关系要件

医方的违法行为与患者人身损害后果之间具有因果关系。

5. 主观过错要件

一般而言，行为人主观上必须要有过错。医方在医疗活动中承担高度注意义务，确定医方是否有过错应当以其是否尽到与当时医疗水平相应的诊疗注意义务等为标准；在司法实践中，一般需要通过鉴定予以确定。当时的医疗水平一般是指当时的临床实践水平，而非医学理论水平或医学研究水平。

二、医疗损害责任的类型

按照《侵权责任法》的规定，可将医疗损害责任分为以下四种类型：

1. 医疗技术损害责任

医疗技术损害责任是指医疗机构及医务人员进行病情检验、诊断、治疗方法的选择，治疗措施的执行，病情发展过程的追踪，以及术后照护等医疗行为，存在不符合当时医疗水平的过失，造成患者损害，医疗机构所应当承担的侵权赔偿责任。这是医疗损害责任的最基本类型。

2. 医疗伦理损害责任

医疗伦理损害责任是指医疗机构及医务人员从事医疗活动时，违背职业良知和医疗伦理的要求，违背医疗机构和医务人员的告知或保密义务，造成患者人身损害以及其他合法权益损害，应承担的侵权赔偿责任。

比较典型的医疗伦理损害责任一般表现为违反告知义务的损害责任和违反保密义务的损害责任。《侵权责任法》规定了违反告知义务的损害责任，即未依法向患者说明病情和医疗措施，未及时向患者说明医疗风险、替代医疗方案等情况并取得其同意。此外，该法还规定了违反保密义务的损害责任，即泄露患者隐私或者未经患者同意公开其病历资料，给患者造成损害的责任。

3. 医疗产品损害责任

医疗产品损害责任是指医疗机构在医疗过程中使用有缺陷的药品、消毒药剂、医疗器械以及不合格血液等医疗产品，造成患者人身损害的，医疗机构或者医疗产品生产者所应承担的损害赔偿责任。判断医疗产品是否存在缺陷，应当以《产品质量法》的规定为基本标准。在医疗产品损害责任中，医疗机构成为一方责任人，与缺陷医疗产品的生产者承担连带责任。

4. 医疗管理损害责任

医疗管理损害责任是指医疗机构和医务人员违背医疗管理规范和医疗管理职责的要求，具有医疗管理过错，造成患者人身损害、财产损害的，应承担的侵权赔偿责任。如违反管理职责、医务人员擅离职守、违反安全保障义务等。

三、医疗损害责任的归责原则

医疗损害责任的归责原则是指确定医疗机构或其他责任人承担医疗损害赔偿责任的一般准则。《侵权责任法》依据不同情况，确定了医疗损害侵权责任以过错责任原则为主，以无过错责任原则为补充的归责原则体系。

（一）过错责任原则

过错责任原则是指以过错判断行为人对其造成的损害应否承担侵权责任的归责原则。根据《侵权责任法》的规定，医疗损害责任的一般归责原则是过错责任原则，医疗机构因过错侵害患者民事权益，应当承担侵权责任。医疗技术损害、医疗伦理损害、医疗管理损害即适用该原则。

（二）无过错责任原则

无过错责任原则，是指没有过错造成他人损害的，依法律规定应由与造成损害原因有关的人承担民事责任的原则。无过错责任是一种严格责任，因此，只有在法律有明文规定的情况下，才能适用。

《侵权责任法》第59条规定："因药品、消毒药剂、医疗器械的缺陷，或者输入不合格的血液造成患者损害的，患者可以向生产者或者血液提供机构请求赔偿，也可以向医疗机构请求赔偿。患者向医疗机构请求赔偿的，医疗机构赔偿后，有权向负有责任的生产者或者血液提供机构追偿。"换言之，无论医疗机构或者医疗产品的生产者、销售者是否具有过错，都应当承担侵权责任。医疗机构和医疗产品的生产者、销售者或者血液提供机构主张不承担责任的，应当对医疗产品不存在缺陷或者血液合格等抗辩事由承担举证责任。

（三）推定过错原则

《侵权责任法》第58条规定：患者有损害，因下列情形之一的，推定医疗机构有过错：①违反法律、行政法规、规章以及其他有关诊疗规范的规定；②隐匿或者拒绝提供与纠纷有关的病历资料；③伪造、篡改或者销毁病历资料。医疗机构及其医务人员存在上述行为，即推定医疗机构存在过错，医疗机构不能证明自己没有过错的，应当承担侵权责任。患者依法向人民法院申请医疗机构提交由其保管的与纠纷有关的病历资料等，医疗机构未在人民法院指定期限内提交的，人民法院可以依照《侵权责任法》第 58 条第 2 项规定推定医疗机构有过错，但是因不可抗力等客观原因无法提交的除外。

《侵权责任法》规定的"医疗过错推定"与《民事诉讼证据规则》中规定的"医疗举证责任倒置"有很大的不同。"医疗举证责任倒置"是从"损害"直接推定"医疗过错"，患方只要证明损害是由医疗行为造成的即可，医方就必须证明医疗无过错，否则就要承担败诉的责任；而"医疗过错推定"，患方首先要证明损害后果存在，其次证明医方存在《侵权责任法》第 58 条规定的 3 种情形之一，才推定医方存在医疗过错，然后由医方提出证据证明医疗行为无过错。虽然"医疗过错推定"依然适用举证责任倒置，但在一定程度上实现了有条件的过错推定，既缓和了患者医疗举证能力不足的缺陷，也一定程度上平衡了医患双方的利益。

四、医疗损害责任的免责事由

免责事由是指免除或减轻行为人责任的事由。医疗损害责任的免责事由，是指被告针对原告的诉讼请求而提出的，证明原告所主张的医疗侵权事由不成立或者不完全成立的事实。医疗损害责任免责事由的举证责任由医方承担。

（一）特殊免责事由

医疗损害责任的特殊免责事由是指仅适用于医疗机构对抗患者或家属提出的医疗损害责任的抗辩事由，《侵权责任法》以列举的方式规定了三种特殊免责情形。

1. 患者不配合诊疗

患者或者其近亲属不配合医疗机构进行符合诊疗规范的诊疗，医疗机构不承担赔偿责任。

治疗疾病，需要医患之间的协力配合。实践中，以下情形应视为患者或者其近亲属不配合医疗机构进行符合诊疗规范的诊疗：因患者原因延误诊疗；不按医嘱服药或私自服药；隐瞒病史，不真实反映病症；不接受医护人员的合理治疗措施；违背医嘱过早地增加活动；术后过早进餐，私自外出等。由于患者的这些原因导致的不良后果，医疗机构不承担责任，但医疗机构及其医务人员确有过错的，应当承担相应的赔偿责任。

2. 紧急医疗救治

医务人员在抢救生命垂危的患者等紧急情况下已经尽到合理诊疗义务的，医疗机构不承担赔偿责任。抢救生命垂危患者的紧急情况下，不要求医务人员具有与平常一样的注意义务。这里应对"紧急情况"做广义的理解，它不单指患者的生命垂危，还包括其他紧急情况下已经尽到合理诊疗义务的行为，例如不及时施救患者会造成重度残疾等。《中华人民共和国民法总则》（以下简称《民法总则》）规定，因自愿实施紧急救助行为造成受助人损害的，救助人不承担民事责任。那么医务人员在院外实施无因管理的医疗救助行为造成患者损害的，若无重大过失，也不承担民事责任。

3. 医疗水平限制

医方尽到了与当时的医疗水平相应的诊疗义务，但该疾病限于当时的医疗水平难以诊疗的，医疗机构不承担赔偿责任。衡量当时的医疗水平主要考虑两方面因素：一是以医疗行为发生当时的医疗水平为标准；二是执业医疗机构所在地区、医疗机构资质和医务人员资质等方面的因素。

（二）一般免责事由

医疗损害责任作为一种侵权责任，同样适用《侵权责任法》规定的其他免责事由，即一般免责事由。

1. 患者故意

损害是因受害人故意造成的，行为人不承担责任。受害人故意，是指受害人明知自己的行为会造成其自身的损害结果，却希望或放任这种结果的发生。在临床实践中，患者故意最典型的表现形式是患者在医疗机构内自杀。如果医疗机构对于患者的自杀不存在过错，完全是患者自己选择的结果，医疗机构不承担责任。

2. 第三人过错

第三人过错是指除医患双方之外的第三人，对患方损害的发生或扩大具有过错，第三人应当承担侵权责任，第三人的过错可以作为行为人减轻或免除民事责任的抗辩事由。管理人或者组织者未尽到安全保障义务的，承担相应的补充责任。

3. 不可抗力

因不可抗力造成他人损害的，不承担责任；法律另有规定的，依照其规定。不可抗力是指不能预见、不能避免并不能克服的客观情况，包括自然原因（如地震、台风、海啸）和社会原因（如武装冲突、战争等）。在医疗损害责任中，不可抗力也是侵权的一般免责事由，在损害完全是由不可抗力引起的情况下，表明被告的行为与损害结果之间无因果关系，且没有过错，因此应免除责任。

4. 正当防卫

正当防卫是指行为人为了保护自己或他人的合法权益，对于正在进行的不法侵害采取的不超过必要限度的防卫措施。因正当防卫造成损害的，不承担责任。但正当防卫超过必要的限度，造成不应有的损害的，正当防卫人应当承担相应的责任。在医疗损害责任中，如果是基于正当防卫造成的损害，不需要承担民事责任。

5. 紧急避险

紧急避险是指为了使本人或者第三人的人身或财产权利、公共利益免遭正在发生的、实际存在的危险而不得已采取的一种加害于他人人身或财产的行为。因紧急避险造成损害的，由引起险情发生的人承担责任。如果危险是由自然原因引起的，紧急避险人不承担责任，可以给予适当补偿。紧急避险采取措施不当或者超过必要的限度，造成不应有的损害的，紧急避险人应当承担适当的责任。

五、医疗损害的赔偿

赔偿是承担医疗损害责任的最主要形式,它是一种对过错行为所造成损失的经济上的弥补,也是对侵权行为承担法律责任的形式,具有惩罚性。

(一)赔偿原则

确定医疗损害赔偿数额,应当综合考虑医疗过错行为在医疗损害后果中的责任程度,医疗损害后果与患者原有疾病状况之间的关系,医疗发展水平,医疗风险状况等因素。

(二)赔偿项目

《最高人民法院关于审理人身损害赔偿案件适用法律若干问题的解释》规定,受害人遭受人身损害获得赔偿的范围包括医疗费、误工费、护理费、交通费、住宿费、住院伙食补助费、必要的营养费、残疾赔偿金、残疾辅助器具费、被扶养人生活费、康复费、后续治疗费、精神损害赔偿金、残废赔偿金、交通费、丧葬费等费用,并且对每一种费用的计算标准都进行了规定。

《侵权责任法》规定,侵害他人造成人身损害的,应当赔偿医疗费、护理费、交通费等为治疗和康复支出的合理费用,以及因误工减少的收入。造成残疾的,还应当赔偿残疾生活辅助器具费和残疾赔偿金。造成死亡的,还应当赔偿丧葬费和死亡赔偿金。侵害他人人身权益,造成他人严重精神损害的,被侵权人可以请求精神损害赔偿。《侵权责任法》虽然取消了被扶养人生活费的赔偿项目,但依据《关于适用〈中华人民共和国侵权责任法〉若干问题的通知》的规定:"人民法院适用侵权责任法审理民事纠纷案件,如受害人有被扶养人的,应当依据《最高人民法院关于审理人身损害赔偿案件适用法律若干问题的解释》第28条的规定,将被扶养人生活费计入残疾赔偿金或死亡赔偿金。"

《最高人民法院关于审理医疗损害责任纠纷案件适用法律若干问题的解释》规定,被侵权人同时起诉两个以上医疗机构承担赔偿责任,人民法院经审理,受诉法院所在地的医疗机构依法不承担赔偿责任,其他医疗机构承担赔偿责任的,残疾赔偿金、死亡赔偿金的计算,按下列情形分别处理:①一个医疗机构承担责任的,按照该医疗机构所在地的赔偿标准执行;②两个以上医疗机构均承担责任的,可以按照其中赔偿标准较高的医疗机构所在地标准执行。医疗产品的生产者、销售者明知医疗产品存在缺陷仍然生产、销售,造成患者死亡或者健康严重损害,被侵权人请求生产者、销售者赔偿损失及2倍以下惩罚性赔偿的,人民法院应予支持。

(三)赔付方式

《医疗事故处理条例》规定医疗事故赔偿费用实行一次性结算。根据《最高人民法院关于审理人身损害赔偿案件适用法律若干问题的解释》，一次性支付的对象为物质赔偿费用与精神损害抚慰金，而且特别指出一审法庭辩论终结前已经发生的费用、死亡赔偿金以及精神损害抚慰金，应当一次性给付。如果赔偿义务人一次性支付确有困难的，可以分期支付。

第三节 医疗纠纷中的鉴定

一、医疗损害鉴定

医疗损害鉴定是指在解决医疗损害赔偿纠纷的过程中，鉴定人受人民法院、行政主管部门、当事人或代理人的指派或委托，运用专门的知识和技能，依法对医患双方所争议的某些专门性问题作出鉴别和意见的活动。

《侵权责任法》对医疗损害鉴定没有作出具体的规定，目前在处理医疗损害争议时，对于诊疗行为引起的医疗损害的鉴定，仍然存在着二元化的司法鉴定体制。目前从事医疗损害鉴定的机构主要有三类：①中华医学会及各级医学会；②司法鉴定机构；③依法具有检验资格的检验机构。医学会主要进行医疗事故的鉴定，现在也可以进行医疗损害鉴定，称为"医疗损害责任技术鉴定"；法医鉴定机构根据司法行政部门授权的业务范围对医疗行为是否存在过错进行的鉴定，称为"医疗过错司法鉴定"；检验机构进行产品缺陷、不合格产品、血液、药品等的质量鉴定。

2010年7月1日《侵权责任法》实施以前，医疗损害民事诉讼中的司法鉴定因人民法院委托的鉴定机构不同，其鉴定名称也不同。《医疗事故处理条例》规定各级医学会负责"医疗事故技术鉴定"，司法鉴定机构则依法开展"医疗过错司法鉴定"。为了正确适用《侵权责任法》，最高人民法院于2010年6月30日发布的《关于适用〈侵权责任法〉若干问题的通知》规定：人民法院适用《侵权责任法》审理民事纠纷案件，根据当事人的申请或者依职权决定进行鉴定的，统一称为医疗损害鉴定。

但是，对于人民法院委托医学会进行的鉴定，2010年6月28日卫生部发布的《卫生部关于做好〈侵权责任法〉贯彻实施工作的通知》又规定为"医疗损害责任技术鉴定"。

《医疗纠纷预防和处理条例》第34条规定，医疗纠纷人民调解委员会调解医疗纠纷，需要进行医疗损害鉴定以明确责任的，由医患双方共同委托医学会或者司法鉴定机构进行鉴定，也可以经医患双方同意，由医疗纠纷人民调解委员会委托鉴定。

二、医疗事故技术鉴定

医疗事故技术鉴定是医学会组织有关临床医学专家和法医学专家组成的鉴定组依照医疗卫生管理法律、行政法规、部门规章和诊疗护理规范及其常规，运用医学科学原理和专业知识，独立进行医疗事故技术鉴定，对医疗事故进行鉴别和判断，为处理医疗事故提供医学依据的活动。

医学会组织的医疗事故技术鉴定的组织方式与一般的法医类鉴定有很大区别，它是根据《医疗事故处理条例》《医疗事故技术鉴定暂行办法》《医疗事故技术鉴定专家库学科专业组名录》来组织鉴定活动的。医疗损害责任技术鉴定分级参照《医疗事故分级标准（试行）》执行。

而按照《医疗纠纷预防和处理条例》的规定，医学会或者司法鉴定机构可以接受委托从事医疗损害鉴定。

（一）鉴定组织

医疗事故技术鉴定，由医学会组织专家鉴定组进行。设区的市级地方医学会和省、自治区、直辖市直接管辖的县（市）地方医学会负责组织首次医疗损害责任技术鉴定工作。省、自治区、直辖市地方医学会负责组织再次鉴定工作。必要时，中华医学会可以组织疑难、复杂并在全国有重大影响的医疗损害争议的技术鉴定工作。

（二）鉴定专家库

医学会的鉴定人员主要是由各临床医学专业的专家组成，涉及死因、伤残等级鉴定时，应当有法医参加。关于医学会鉴定专家的资质，相关法规和卫生部的部门规章有严格的条件限制。《医疗事故处理条例》规定医学会应当建立专家库。专家库由具备下列条件的医疗卫生专业技术人员组成：①有良好的业务素质和执业品德；②受聘于医疗卫生机构或者医学教学、科研机构并担任相应专业高级技术职务3年以上。有良好的业务素质和执业品德并具备高级技术任职资格的法医可以受聘进入专家库。医学会依照规定聘请医疗卫生专业技术人员和法医进入专家库，可以不受行政区域的限制。符合规定条件的医疗卫生专业技术人员和法医有义务进入专家库，并承担医疗损害责任技术鉴定工作。

（三）鉴定的启动

医疗损害责任技术鉴定程序的启动方式主要有两种：一是卫生行政部门移交鉴定；二是双方当事人共同委托。

卫生行政部门接到医疗机构关于重大医疗过失行为的报告或者医疗事故争议当事人要求处理医疗事故争议的申请后，对需要进行医疗事故技术鉴定的，应当交由负责医疗事故技术鉴定工作的医学会组织鉴定；医患双方协商解决医疗事故争议，需要进行医疗事故技术鉴定的，由双方当事人共同委托负责医疗事故技术鉴定工作的医学会组织鉴定。

当事人对首次医疗损害责任技术鉴定意见不服的，可以自收到首次鉴定意见之日起15日内向医疗机构所在地卫生行政部门提出再次鉴定的申请。

（四）鉴定的程序

1. 提交材料

医学会应当自受理鉴定之日起5日内通知医疗事故争议双方当事人提交进行鉴定所需的材料。当事人应当自收到医学会的通知之日起10日内提交有关材料、书面陈述及答辩。

医疗机构提交的有关材料包括：①住院患者的病程记录、死亡病例讨论记录、疑难病例讨论记录、会诊意见、上级医师查房记录等病历资料原件；②住院患者的住院志、体温单、医嘱单、化验单（检验报告）、医学影像检查资料、特殊检查同意书、手术同意书、手术及麻醉记录单、病理资料、护理记录等病历资料原件；③抢救急危患者，在规定时间内补记的病历资料原件；④封存保留的输液、注射用物品和血液、药物等实物，或者依法具有检验资格的检验机构对这些物品、实物作出的检验报告；⑤与鉴定有关的其他材料。在医疗机构建有病历档案的门诊、急诊患者，其病历资料由医疗机构提供；没有在医疗机构建立病历档案的，由患者提供。

医疗机构无正当理由未依照规定如实提供相关材料，导致鉴定不能进行的，应当承担责任。

2. 专家鉴定组

医患双方在医学会主持下从专家库中随机抽取参加鉴定的相关专业的专家。在特殊情况下，医学会根据鉴定工作的需要，可以组织医患双方在其他医学会建立的专家库中随机抽取相关专业的专家参加鉴定或者函件咨询。

专家鉴定组人数为单数，涉及的主要学科的专家一般不得少于鉴定组成员的二分之一；涉及死因、伤残等级鉴定的，应当从专家库中随机抽取法医参加专家鉴定组。

专家鉴定组成员有下列情形之一的，应当回避，当事人也可以以口头或者书面的方式申请其回避：①是医疗事故争议当事人或者当事人的近亲属的；②与医疗事故争议有利害关系的；③与医疗事故争议当事人有其他关系，可能影响公正鉴定的。

3. 鉴定意见

专家鉴定组应当认真审查双方当事人提交的材料，听取双方当事人的陈述及答辩并进行核实。当事人任何一方不予配合，影响鉴定的，由不予配合的一方承担责任。专家鉴定组应当在事实清楚、证据确凿的基础上，综合分析患者的病情和个体差异，作出鉴定意见，并制作医疗损害责任技术鉴定书；专家鉴定组进行鉴定，实行合议制，鉴定意见以专家鉴定组成员的过半数通过。应当如实记载鉴定过程。

医疗损害责任技术鉴定书包括的主要内容：①双方当事人的基本情况及要求；②当事人提交的材料和负责组织医疗损害责任技术鉴定工作的医学会的调查材料；③对鉴定过程的说明；④医疗行为是否违反医疗卫生管理法律、行政法规、部门规章和诊疗护理规范及其常规；⑤医疗过失行为与人身损害后果之间是否存在因果关系；⑥医疗过失行为在医疗事故损害后果中的责任程度；⑦医疗事故等级；⑧对医疗损害患者的医疗护理医学建议。

三、医疗过错司法鉴定

医疗过错司法鉴定是指人民法院在受理医疗损害赔偿民事诉讼案件中,依职权或应医患任何一方当事人的请求,委托具有法定鉴定资质的机构对患方所诉医疗损害结果与医方过错有无因果关系等专门性问题进行分析、判断并提供鉴定意见的活动。

医疗过错司法鉴定按照《全国人民代表大会常务委员会关于司法鉴定管理问题的决定》及《司法鉴定程序通则》的规定来进行鉴定活动。《全国人民代表大会常务委员会关于司法鉴定管理问题的决定》规定,国家对从事法医类鉴定的鉴定人和鉴定机构实行登记管理制度。

(一)司法鉴定制度

司法鉴定实行鉴定人负责制度。司法鉴定人应当依法独立、客观、公正地进行鉴定,对自己作出的鉴定意见负责,并在鉴定书上签名或者盖章。多人参加的鉴定,对鉴定意见有不同意见的,应当注明。司法鉴定人不得违反规定会见诉讼当事人及其委托的人。

在诉讼中,当事人对鉴定意见有异议的,经人民法院依法通知,鉴定人应当出庭作证。司法鉴定人本人或者其近亲属与诉讼当事人、鉴定事项涉及的案件有利害关系,可能影响其独立、客观、公正进行鉴定的,应当回避。

鉴定人和鉴定机构从事司法鉴定业务,应当遵守法律、法规,遵守职业道德和职业纪律,尊重科学,遵守技术操作规范。

(二)医疗过错司法鉴定的委托

人民法院根据当事人的申请或者依职权决定进行医疗损害鉴定的,可以委托司法鉴定机构进行医疗损害责任的过错鉴定。医患双方当事人也可以共同委托司法鉴定机构进行鉴定。

司法鉴定机构接受委托后,由司法鉴定机构指定司法鉴定人,或者由委托人申请并经司法鉴定机构同意的司法鉴定人完成委托事项。

(三)医疗过错司法鉴定内容

当事人有权对以下内容申请鉴定:①医疗机构的诊疗行为有无过错;②医疗机构是否尽到告知义务;③医疗机构是否违反诊疗规范实施不必要的检查;④医疗过错行为与损害结果之间是否存在因果关系;⑤医疗过错行为在损害结果中的责任程度;⑥人体损伤残疾程度;⑦其他专门性问题。

(四)补充鉴定与重新鉴定

同一司法鉴定事项由两名以上司法鉴定人进行,第一司法鉴定人对鉴定意见承担主要责任,其他司法鉴定人承担次要责任。鉴定意见出来后,任何一方当事人对初次鉴定意见不服的，可以申请补充鉴定、重新鉴定，但要符合一定条件，比如要求补充鉴定的必须是：①原委托鉴定事项有遗漏的；②委托人就原委托鉴定事项提供新的鉴定材料的；③其他需要补充鉴定的情形。

重新鉴定，则要满足以下条件：①原司法鉴定人不具有从事委托鉴定事项执业资格的；②原司法鉴定机构超出登记的业务范围组织鉴定的；③原司法鉴定人应当回避没有回避的；④办案机关认为需要重新鉴定的；⑤法律规定的其他情形。

四、医疗事故技术鉴定与医疗过错司法鉴定的比较

1. 启动程序不同

医疗事故技术鉴定可通过行政鉴定（由卫生行政部门委托）、自行鉴定（由双方当事人共同委托）两种方式启动鉴定程序；医疗过错司法鉴定一般应双方当事人申请或者法院依职权启动。

2. 鉴定人员的组成不同

医疗事故技术鉴定的鉴定人员主要是医学专家；医疗过错司法鉴定是由司法鉴定机构组织具备司法鉴定人资格的医学专家（包括法医）主持鉴定，同时特邀或者聘请临床医学专家参加鉴定。

3. 鉴定的组织者不同

医疗事故技术鉴定由医学会负责组织鉴定；医疗过错司法鉴定由司法鉴定机构组织鉴定。

4. 鉴定体制不同

医疗事故技术鉴定实行首次鉴定、再次鉴定两级鉴定制度；医疗过错司法鉴定只有一级鉴定，如果对鉴定意见有异议，可以申请补充鉴定或者重新鉴定。

5. 鉴定内容不同

医疗事故技术鉴定是对是否构成医疗事故或者医疗损害进行鉴定；医疗过错司法鉴定是对死因及过错参与度进行鉴定。

五、构建统一的医疗损害鉴定制度

上述医疗损害二元化鉴定体制的长期存在，增加了医疗法律风险争议案件处理的难度与分歧，也影响了公众对此类问题处理的心态，所以构建统一的医疗损害鉴定体制势在必行，《医疗纠纷预防和处理条例》规定了协调统一的医疗损害鉴定管理机制。

（一）鉴定体制

《医疗纠纷预防和处理条例》规定医学会或者司法鉴定机构可以接受委托从事医疗损害鉴定；建立统一的医疗损害鉴定专家库；医疗损害鉴定的具体管理办法由国务院卫生、司法、行政部门共同制定。

（二）鉴定专家库

临床医学专业性极强，分科复杂、多元。为了满足专业性极强的医疗损害鉴定，必然要建立起涵盖临床医学各分支专业、亚专业的专家库，供遴选医疗损害鉴定专家之用。《医疗纠纷预防和处理条例》规定，医疗损害鉴定专家库由设区的市级以上人民政府卫生、司法行政部门共同设立。专家库应当包含医学、法学、法医学等领域的专家。聘请专家进入专家库，不受行政区域的限制。这样有利于保证鉴定人的专业性及鉴定的公正性。

（三）同行评议原则

《医疗纠纷预防和处理条例》第34条明确规定，医学会或者司法鉴定机构接受委托从事医疗损害鉴定，应当由鉴定事项所涉及专业的临床医学、法医学等专业人员进行鉴定。《医疗纠纷预防和处理条例》对临床医学和法医学作出了明确区分，指出了临床医学问题需要听取同行临床专家的意见，厘清了医疗损害鉴定与临床法医学鉴定（或称法医临床学）的关系。这项规定也与《最高人民法院关于审理医疗损害责任纠纷案件适用法律若干问题的解释》的规定相一致。同时，《医疗纠纷预防和处理条例》对咨询专家的选取也作出了规定：不论是人民调解还是行政调解，需要咨询专家时，也可以从同一专家库中选取专家，即医疗纠纷案件处理中涉及专门性问题的咨询也坚持了同行评议的原则。

鉴定费预先向医患双方收取，最终按照责任比例承担。

（四）鉴定意见

医学会、司法鉴定机构作出的医疗损害鉴定意见应当载明并详细论述下列内容：①是否存在医疗损害以及损害程度；②是否存在医疗过错；③医疗过错与医疗损害是否存在因果关系；④医疗过错在医疗损害中的责任程度。

医学会或者司法鉴定机构开展医疗损害鉴定，应当执行规定的标准和程序，尊重科学，恪守职业道德，对出具的医疗损害鉴定意见负责，不得出具虚假鉴定意见。

（五）回避制度

咨询专家、鉴定人员有下列情形之一的，应当回避，当事人也可以以口头或者书面形式申请其回避：①是医疗纠纷当事人或者当事人的近亲属；②与医疗纠纷有利害关系；③与医疗纠纷当事人有其他关系，可能影响医疗纠纷公正处理。

六、医疗损害专门性问题鉴定

医疗损害中患者死亡，医患双方不能确定死因或者对死因有异议的；涉及伤残的，要对伤残程度进行评定的；涉及体内外毒（药）物、毒品及代谢物定性、定量分析的，要进行毒物鉴定的；都可以通过法医学鉴定查明情况。

医疗损害中涉及病历资料的真实性，病历的修改，对输液、输血、注射、药物等引起不良后果的现场实物的争议，医疗器械、产品、药品、药液、血液等质量性的专门性问题，需要委托的鉴定，被称为医疗损害专门性问题鉴定。医疗损害专门性问题鉴定由具有检验资格的检验机构进行。

七、鉴定意见内容的统一与质证

《最高人民法院关于审理医疗损害责任纠纷案件适用法律若干问题的解释》对医疗损害鉴定的鉴定人、鉴定事项、鉴定意见书的内容及鉴定意见的质证进行了明确规定，对解决医疗损害鉴定中的一些分歧起到了引导作用。

（一）鉴定人与鉴定委托书

当事人申请医疗损害鉴定的，由双方当事人协商确定鉴定人。当事人就鉴定人无法达成一致意见，人民法院提出确定鉴定人的方法，当事人同意的，按照该方法确定；当事人不同意的，由人民法院指定。鉴定人应当从具备相应鉴定能力、符合鉴定要求的专家中确定。

委托进行医疗损害责任鉴定，要有委托鉴定书。委托鉴定书应当有明确的鉴定事项和鉴定要求。鉴定人应当按照委托鉴定事项和要求进行鉴定。鉴定要求包括鉴定人的资质、鉴定人的组成、鉴定程序、鉴定意见、鉴定期限等。

（二）鉴定事项

当事人依法申请对医疗损害责任纠纷中的专门性问题进行鉴定的，人民法院应予准许。当事人未申请鉴定，人民法院认为专门性问题如过错、因果关系需要鉴定的，应当依职权委托鉴定。当事人申请医疗损害鉴定的，由双方当事人协商确定鉴定人。下列专门性问题可以作为申请医疗损害鉴定的事项：

（1）实施的诊疗行为有无过错；
（2）诊疗行为与损害后果之间是否存在因果关系以及原因力大小；
（3）医疗机构是否尽到了说明义务以及取得患者或者患者近亲属书面同意的义务；
（4）医疗产品是否有缺陷，该缺陷与损害后果之间是否存在因果关系以及原因力的大小；
（5）患者损伤残疾程度；
（6）患者的护理期、休息期、营养费；
（7）其他专门性问题。

对医疗机构及其医务人员的过错，应当依据法律、行政法规、规章以及其他有关诊疗规范进行认定,可以综合考虑患者病情的紧急程度、患者个体差异、当地的医疗水平、医疗机构与医务人员资质等因素。

(三) 鉴定意见的内容

鉴定意见可以按照导致患者损害的全部原因、主要原因、同等原因、次要原因、轻微原因或者与患者损害无因果关系,表述诊疗行为或者医疗产品等造成患者损害的原因力大小。

(四) 鉴定意见的质证

1. 鉴定意见应当接受质证

当事人申请鉴定人出庭作证,经人民法院审查同意,或者人民法院认为鉴定人有必要出庭的,应当通知鉴定人出庭作证。双方当事人同意鉴定人通过书面说明、视听传输技术或者视听资料等方式作证的,可以准许鉴定人不出庭。

鉴定人因健康原因、自然灾害等不可抗力或者其他正当理由不能按期出庭的,可以延期开庭;经人民法院许可,也可以通过书面说明、视听传输技术或者视听资料等方式作证。

无前款规定理由,鉴定人拒绝出庭作证,当事人对鉴定意见又不认可的,对该鉴定意见不予采信。

2. 专门知识人的意见

当事人申请通知1~2名具有医学专门知识的人出庭,对鉴定意见或者案件的其他专门性事实问题提出意见,人民法院准许的,应当通知具有医学专门知识的人出庭。

前款规定的具有医学专门知识的人提出的意见,视为当事人的陈述,经质证可以作为认定案件事实的根据。

第四节 医疗纠纷的预防和处理

一、医疗纠纷的预防

(一) 社会预防制度

(1) 国家建立医疗质量安全管理体系,深化医药卫生体制改革,规范诊疗活动,改善医疗服务,提高医疗质量,预防、减少医疗纠纷。

(2) 在诊疗活动中,医患双方应当互相尊重,维护自身权益应当遵守有关法律、法规的规定。患者应当遵守医疗秩序和医疗机构有关就诊、治疗、检查的规定,如实提供与病情有关的信息,配合医务人员开展诊疗活动。

(3) 县级以上人民政府应当加强对医疗纠纷预防和处理工作的领导、协调,将其纳入社会治安综合治理体系，建立部门分工协作机制，督促相关部门依法履行职责。

（4）卫生主管部门负责指导、监督医疗机构做好医疗纠纷的预防和处理工作，引导医患双方依法解决医疗纠纷。司法行政部门负责指导医疗纠纷人民调解工作。公安机关依法维护医疗机构治安秩序，查处、打击侵害患者和医务人员合法权益以及扰乱医疗秩序等违法犯罪行为。财政、民政、保险监督管理等部门和机构按照各自职责做好医疗纠纷预防和处理的有关工作。

（5）国家建立、完善医疗风险分担机制，发挥保险机制在医疗纠纷处理中的第三方赔付和医疗风险社会化分担的作用，鼓励医疗机构参加医疗责任保险，鼓励患者参加医疗意外保险。

（6）新闻媒体应当加强医疗卫生法律、法规和医疗卫生常识的宣传，引导公众理性对待医疗风险；报道医疗纠纷，应当遵守有关法律、法规的规定，恪守职业道德，做到真实、客观、公正。

（7）各级人民政府应当加强健康促进与教育工作，普及健康科学知识，提高公众对疾病治疗等医学科学知识的认知水平。

（二）医疗机构的预防制度

（1）医疗机构及其医务人员在诊疗活动中应当以患者为中心，加强人文关怀，严格遵守医疗卫生法律、法规、规章和诊疗规范、诊疗常规，恪守职业道德。

医疗机构应当对其医务人员进行医疗卫生法律、法规、规章和诊疗规范、常规的培训，并加强职业道德教育。

（2）医疗机构应当制定并实施医疗质量安全管理制度，设置医疗服务质量监控部门或者配备专（兼）职人员，加强诊疗活动的规范化管理，优化服务流程，提高服务水平。

医疗机构应当加强医疗风险管理，完善医疗风险的识别、评估和防控措施，定期检查措施落实情况，及时消除隐患。

（3）医疗机构应当按照国务院卫生主管部门制定的医疗技术临床应用管理规定，开展与其技术能力相适应的医疗技术服务，保障临床应用安全，降低医疗风险；采用医疗新技术的，应当开展技术评估和伦理审查，确保其安全有效、符合伦理。

（4）医疗机构应当依照有关法律、法规的规定，严格执行药品、医疗器械、消毒药剂、血液等的进货查验、保管等制度。禁止使用无合格证明文件、过期等不合格的药品、医疗器械、消毒药剂、血液等。

（5）医务人员在诊疗活动中应当向患者说明病情和医疗措施。需要实施手术或特殊检查、特殊治疗的，医务人员应当及时向患者说明医疗风险、替代医疗方案等情况，并取得其书面同意；在患者处于昏迷等无法自主作出决定的状态或者病情不宜向患者说明等情形下，应当向患者的近亲属说明，并取得其书面同意。

紧急情况下不能取得患者或者其近亲属意见的，经医疗机构负责人或者授权的负责人批准，可以立即实施相应的医疗措施。

（6）开展手术、特殊检查、特殊治疗等具有较高医疗风险的诊疗活动，医疗机构应当提前预备应对方案，主动防范突发风险。

（7）医疗机构及其医务人员应当按照国务院卫生主管部门的规定，填写并妥善保管病历资料。

任何单位和个人不得篡改、伪造、隐匿、毁灭或者抢夺病历资料。患者有权查阅、复印全部病历资料。

（8）医疗机构应当建立健全医患沟通机制，对患者在诊疗过程中提出的咨询、意见和建议，应当耐心解释、说明，并按照规定进行处理；对患者就诊疗行为提出的疑问，应当及时予以核实、自查，并指定有关人员与患者或者其近亲属沟通，如实说明情况。

医疗机构应当建立健全投诉接待制度，设置统一的投诉管理部门或者配备专（兼）职人员，在医疗机构显著位置公布医疗纠纷解决途径、程序和联系方式等，方便患者投诉或者咨询。

二、发生医疗纠纷后的告知

发生医疗纠纷，医疗机构应当告知患者或者其近亲属下列事项：①解决医疗纠纷的合法途径；②有关病历资料、现场实物封存和启封的规定；③有关病历资料查阅、复制的规定。

患者死亡的，还应当告知其近亲属有关尸检的规定。

三、病历资料和现场实物封存制度

（一）病历资料的书写

病历资料是判定医疗纠纷责任的重要依据。医疗机构及其医务人员应当按照《病历书写基本规范》《中医病历书写基本规范》《电子病历基本规范（试行）》《中医电子病历基本规范（试行）》填写并妥善保管病历资料。因紧急抢救未能及时填写病历的，医务人员应当在抢救结束后6小时内据实补记，并加以注明。

（二）病历资料的复印

患者有权查阅、复制其门诊病历、住院志、体温单、医嘱单、化验单（检验报告）、医学影像检查资料、特殊检查同意书、手术同意书、手术及麻醉记录、病理资料、护理记录、医疗费用以及国务院卫生主管部门规定的其他属于病历的全部资料。

患者要求复制病历资料的，医疗机构应当提供复制服务，并在复制的病历资料上加盖证明印记。复制病历资料时，应当有患者或者其近亲属在场。医疗机构应患者的要求为其复制病历资料，可以收取工本费，收费标准应当公开。

患者死亡的，其近亲属可以依照《医疗纠纷预防和处理条例》的规定，查阅、复制病历资料。

（三）病历资料和现场实物封存

1. 病历资料封存

发生医疗纠纷需要封存、启封病历资料的，应当在医患双方在场的情况下进行。封存的病历资料可以是原件，也可以是复制件，由医疗机构保管。病历尚未完成需要封存的，对已完成病历先行封存；病历按照规定完成后，再对后续完成部分进行封存。医疗机构应当对封存的病历开列封存清单，由医患双方签字或者盖章，各执一份。

任何单位和个人不得篡改、伪造、隐匿、毁灭或者抢夺病历资料。

病历资料封存后医疗纠纷已经解决，或者患者在病历资料封存满3年未再提出解决医疗纠纷要求的，医疗机构可以自行启封。

2. 实物封存

疑似输液、输血、注射、用药等引起不良后果的，医患双方应当共同对现场实物进行封存、启封，封存的现场实物由医疗机构保管。需要检验的，应当由双方共同委托具有法定检验资格的检验机构进行检验；双方无法共同委托的，由医疗机构所在地县级人民政府卫生主管部门指定。

疑似输血引起不良后果，需要对血液进行封存保留的，医疗机构应当通知提供该血液的血站派员到场。

现场实物封存后医疗纠纷已经解决，或者患者在现场实物封存满3年未再提出解决医疗纠纷要求的，医疗机构可以自行启封。

四、尸检及尸体处理制度

患者死亡，医患双方对死因有异议的，应当在患者死亡后48小时内进行尸检；具备尸体冻存条件的，可以延长至7日。尸检应当经死者近亲属同意并签字，拒绝签字的，视为死者近亲属不同意进行尸检。不同意或者拖延尸检，超过规定时间，影响对死因判定的，由不同意或者拖延的一方承担责任。

尸检应当由按照国家有关规定取得相应资格的机构和专业技术人员进行。

医患双方可以委派代表观察尸检过程。

患者在医疗机构内死亡的，尸体应当立即移放太平间或者指定的场所，死者尸体存放时间一般不得超过14日。逾期不处理的尸体，由医疗机构向所在地县级人民政府卫生主管部门和公安机关报告后，按照规定处理。

五、医疗纠纷的处理途径

《医疗纠纷预防和处理条例》规定，发生医疗纠纷，医患双方可以通过下列途径解决：①双方自愿协商；②申请人民调解；③申请行政调解；④向人民法院提起诉讼；⑤法律、法规规定的其他途径。医疗纠纷人民调解委员会及其人民调解员、卫生主管部门及其工作人员应当对医患双方的个人隐私等事项予以保密。未经医患双方同意，医疗纠纷人民调解委员会、卫生主管部门不得公开进行调解，也不得公开调解协议的内容。

发生重大医疗纠纷的，医疗机构应当按照规定向所在地县级以上地方人民政府卫生主管部门报告。卫生主管部门接到报告后，应当及时了解掌握情况，引导医患双方通过合法途径解决纠纷。

医患双方应当依法维护医疗秩序。任何单位和个人不得实施危害患者和医务人员人身安全、扰乱医疗秩序的行为。

医疗纠纷中发生涉嫌违反治安管理行为或者犯罪行为的，医疗机构应当立即向所在地公安机关报案。公安机关应当及时采取措施，依法处置，维护医疗秩序。

（一）协商解决

发生医疗纠纷，医患双方可以协商解决，自愿达成协议解决争议。协商解决可以促进医患双方的交流，减少对立情绪，易于解决问题，达成协议后也容易得到履行，还可减少不必要的行政处理和诉讼程序，以节约财力、人力、物力。

医患双方选择协商解决医疗纠纷的，应当在专门场所协商，不得影响正常医疗秩序。医患双方人数较多的，应当推举代表进行协商，每方代表人数不超过5人。

协商解决医疗纠纷应当坚持自愿、合法、平等的原则，尊重当事人的权利，尊重客观事实。医患双方应当文明、理性表达意见和要求，不得有违法行为。

协商确定赔付金额应当以事实为依据，防止畸高或者畸低。对分歧较大或者索赔数额较高的医疗纠纷，鼓励医患双方通过人民调解的途径解决。

医患双方经协商达成一致的，应当签署书面和解协议书。

（二）人民调解委员会协调解决

发生医疗纠纷，医患双方不愿意协商或者协商不成的，当事人可以向医疗纠纷人民调解委员会申请调解解决。

1. 启动

申请医疗纠纷人民调解的，由医患双方共同向医疗纠纷人民调解委员会提出申请；一方申请调解的，医疗纠纷人民调解委员会在征得另一方同意后进行调解。

申请人可以以书面或者口头形式申请调解。书面申请的，申请书应当载明申请人的基本情况、申请调解的争议事项和理由等；口头申请的，医疗纠纷人民调解员应当当场记录申请人的基本情况、申请调解的争议事项和理由等，并经申请人签字确认。

医疗纠纷人民调解委员会获悉医疗机构内发生重大医疗纠纷，可以主动开展工作，引导医患双方申请调解。

当事人已经向人民法院提起诉讼并且已被受理，或者已经申请卫生主管部门调解并且已被受理的，医疗纠纷人民调解委员会不予受理；已经受理的，终止调解。

2. 医疗纠纷人民调解委员会

设立医疗纠纷人民调解委员会，应当遵守《中华人民共和国人民调解法》的规定，并符合本地区实际需要。医疗纠纷人民调解委员会应当自设立之日起30个工作日内向所在地县级以上地方人民政府司法行政部门备案。

医疗纠纷人民调解委员会应当根据具体情况，聘任一定数量的具有医学、法学等专业知识且热心调解工作的人员担任专（兼）职医疗纠纷人民调解员。

医疗纠纷人民调解委员会调解医疗纠纷，不得收取费用。医疗纠纷人民调解工作所需经费按照国务院财政、司法行政部门的有关规定执行。

3. 专家咨询与医疗损害鉴定

医疗纠纷人民调解委员会调解医疗纠纷时，可以根据需要咨询专家，并可以从《医疗纠纷预防和处理条例》第35条规定的医疗损害鉴定专家库中选取专家。

医疗纠纷人民调解委员会调解医疗纠纷，需要进行医疗损害鉴定以明确责任的，由医患双方共同委托医学会或者司法鉴定机构进行鉴定，也可以经医患双方同意，由医疗纠纷人民调解委员会委托鉴定。

4. 调解周期

医疗纠纷人民调解委员会应当自受理之日起30个工作日内完成调解。需要鉴定的，鉴定时间不计入调解期限。因特殊情况需要延长调解期限的，医疗纠纷人民调解委员会和医患双方可以约定延长调解期限。超过调解期限未达成调解协议的，视为调解不成。

5. 调解意见

医患双方经人民调解达成一致的，医疗纠纷人民调解委员会应当制作调解协议书。调解协议书经医患双方签字或者盖章，人民调解员签字并加盖医疗纠纷人民调解委员会印章后生效。

达成调解协议的，医疗纠纷人民调解委员会应当告知医患双方可以依法向人民法院申请司法确认。

（三）行政调解解决

发生医疗纠纷，医患双方不愿意协商或者协商不成的，当事人可以向卫生行政部门提出调解申请。

1. 启动

医患双方申请医疗纠纷行政调解的，由医患双方共同向医疗纠纷发生地县级人民政府卫生主管部门提出申请；或一方提出申请但另一方同意的，卫生行政部门也可以接受申请。

2. 调解周期

卫生主管部门应当自收到申请之日起 5 个工作日内作出是否受理的决定。当事人已经向人民法院提起诉讼并且已被受理，或者已经申请医疗纠纷人民调解委员会调解并且已被受理的，卫生主管部门不予受理；已经受理的，终止调解。

卫生主管部门应当自受理之日起 30 个工作日内完成调解。需要鉴定的，鉴定时间不计入调解期限。超过调解期限未达成调解协议的，视为调解不成。

3. 鉴定

卫生主管部门调解医疗纠纷需要进行专家咨询的，可以从《医疗纠纷预防和处理条例》规定的医疗损害鉴定专家库中抽取专家；医患双方认为需要进行医疗损害鉴定以明确责任的，参照《医疗纠纷预防和处理条例》第 34 条的规定即由医患双方共同委托医学会或者司法鉴定机构进行鉴定，也可以经医患双方同意，由卫生主管部门委托鉴定。

医患双方经卫生主管部门调解达成一致的，应当签署调解协议书。

（四）诉讼解决

发生医疗纠纷，当事人协商、调解不成的，可以依法向人民法院提起诉讼。当事人也可以直接向人民法院提起诉讼。诉讼是解决医疗事故等医疗损害赔偿争议的最终途径。

第五节 法律责任

一、行政责任

（一）卫生行政部门及其工作人员的法律责任

《医疗纠纷预防和处理条例》规定，县级以上人民政府卫生主管部门和其他有关部门及其工作人员在医疗纠纷预防和处理工作中，不履行职责或者滥用职权、玩忽职守、徇私舞弊的，由上级人民政府卫生等有关部门或者监察机关责令改正；依法对直接负责的主管人员和其他直接责任人员给予处分。

（二）医疗机构及医务人员的法律责任

《医疗纠纷预防和处理条例》规定，医疗机构篡改、伪造、隐匿、毁灭病历资料的，对直接负责的主管人员和其他直接责任人员，由县级以上人民政府卫生主管部门给予或者责令给予降低岗位等级或者撤职的处分，对有关医务人员责令暂停 6 个月以上 1 年以下执业活动；造成严重后果的，对直接负责的主管人员和其他直接责任人员给予或者责令给予开除的处分，对有关医务人员，由原发证部门吊销执业证书。

医疗机构将未通过技术评估和伦理审查的医疗新技术应用于临床的，由县级以上人民政府卫生主管部门没收违法所得，并处5万元以上10万元以下罚款，对直接负责的主管人员和其他直接责任人员给予或者责令给予降低岗位等级或者撤职的处分，对有关医务人员责令暂停6个月以上1年以下执业活动；情节严重的，对直接负责的主管人员和其他直接责任人员给予或者责令给予开除的处分，对有关医务人员，由原发证部门吊销执业证书。

医疗机构及其医务人员有下列情形之一的，由县级以上人民政府卫生主管部门责令改正，给予警告，并处1万元以上5万元以下罚款；情节严重的，对直接负责的主管人员和其他直接责任人员给予或者责令给予降低岗位等级或者撤职的处分，对有关医务人员可以责令暂停1个月以上6个月以下执业活动：

（1）未按规定制定和实施医疗质量安全管理制度；
（2）未按规定告知患者病情、医疗措施、医疗风险、替代医疗方案等；
（3）开展具有较高医疗风险的诊疗活动，未提前预备应对方案防范突发风险；
（4）未按规定填写、保管病历资料，或者未按规定补记抢救病历；
（5）拒绝为患者提供查阅、复制病历资料服务；
（6）未建立投诉接待制度，未设置统一投诉管理部门或者配备专（兼）职人员；
（7）未按规定封存、保管、启封病历资料和现场实物；
（8）未按规定向卫生主管部门报告重大医疗纠纷；
（9）其他未履行《医疗纠纷预防和处理条例》规定义务的情形。

（三）其他相关机构的法律责任

医学会、司法鉴定机构出具虚假医疗损害鉴定意见的，由县级以上人民政府卫生、司法行政部门依据职责没收违法所得，并处5万元以上10万元以下罚款，对医学会、司法鉴定机构有关鉴定人员责令暂停3个月以上1年以下医疗损害鉴定业务，对直接负责的主管人员和其他直接责任人员给予或者责令给予降低岗位等级或者撤职的处分；情节严重的，该医学会、司法鉴定机构和有关鉴定人员5年内不得从事医疗损害鉴定业务或者撤销登记，对直接负责的主管人员和其他直接责任人员给予或者责令给予开除的处分。

尸检机构出具虚假尸检报告的，由县级以上人民政府卫生、司法行政部门依据职责没收违法所得，并处5万元以上10万元以下罚款，对该尸检机构和有关尸检专业技术人员责令暂停3个月以上1年以下尸检业务，对直接负责的主管人员和其他直接责任人员给予或者责令给予降低岗位等级或者撤职的处分；情节严重的，撤销该尸检机构和有关尸检专业技术人员的尸检资格，对直接负责的主管人员和其他直接责任人员给予或者责令给予开除的处分。

医疗纠纷人民调解员有下列行为之一的，由医疗纠纷人民调解委员会给予批评教育、责令改正；情节严重的，依法予以解聘：①偏袒一方当事人；②侮辱当事人；③索取、收受财物或者牟取其他不正当利益；④泄露医患双方个人隐私等事项。

新闻媒体编造、散布虚假医疗纠纷信息的,由有关主管部门依法给予处罚;给公民、法人或者其他组织的合法权益造成损害的,依法承担消除影响、恢复名誉、赔偿损失、赔礼道歉等民事责任。

(四) 扰乱医疗秩序的法律责任

医患双方在医疗纠纷处理中,构成违反治安管理行为的,由公安机关依法给予治安管理处罚。

二、民事责任

《侵权责任法》规定,患者在诊疗活动中受到损害,医疗机构及其医务人员有过错的,由医疗机构承担赔偿责任。

《侵权责任法》规定,医疗机构及其医务人员的合法权益受法律保护。干扰医疗秩序,妨害医务人员工作、生活的,应当依法承担法律责任。

《医疗纠纷预防和处理条例》规定,发生医疗纠纷,需要赔偿的,赔付金额依照法律的规定确定。医患双方在医疗纠纷处理中,造成人身、财产或者其他损害的,依法承担民事责任。

三、刑事责任

(1) 医疗事故罪。医务人员由于严重不负责任,造成就诊人死亡或者严重损害就诊人身体健康的,处3年以下有期徒刑或者拘役。

(2) 聚众扰乱社会秩序罪。在医疗机构聚众扰乱社会秩序,情节严重,致使工作、生产、营业和教学、科研、医疗无法进行,造成严重损失的,对首要分子,处3年以上7年以下有期徒刑;对其他积极参加的,处3年以下有期徒刑、拘役、管制或者剥夺政治权利。

(3) 受贿罪、滥用职权罪、玩忽职守罪。卫生行政部门的工作人员在处理医疗事故过程中,利用职务上的便利收受他人财物或者其他利益,滥用职权,玩忽职守,或者发现违法行为不予查处,造成严重后果的,依照《刑法》关于受贿罪、滥用职权罪、玩忽职守罪或者其他有关罪的规定,依法追究刑事责任。

复习思考题

1. 医疗纠纷的概念及其特点是什么?
2. 医疗损害与医疗事故有哪些联系与区别?
3. 医疗损害责任的概念及构成要件是什么?

4. 试述医疗损害责任的归责原则及其发展沿革。

5. 医疗损害责任的免责事由有哪些？

6. 医疗机构该如何防范医疗纠纷？

 案例思考题

案例一

某男，53 岁，因呕吐、腹泻一天入住医院。体格检查除脱水表现外，未发现其他阳性体征，接诊钱医生再三追问病史，患者均否认检查前进食特殊食物以及共同进食者有共同症状，因此初步诊断为急性胃肠炎，对症处理后，病人病情略有好转，患者要求带药回家，医生嘱咐患者病情变化及时复诊，患者返回家后，另外 3 人因相同症状前来就诊，将使用假贝母的情况告诉了医生，医生及时进行了洗胃等处理，但最先就诊的患者因中毒太深抢救无效死亡。

案例讨论

用医疗损害责任构成要件理论分析上述案例。

案例二

2012 年 1 月 1 日，产妇陈某在福建长乐市医院顺产 7 小时后死亡。次日，长乐市公安局以涉嫌"医疗事故罪"对此立案。福建省、福州市两级医学会在未对产妇进行尸检的情况下，认为医方对病情认识不足，抢救措施不力，与患者的死亡存在因果关系，该案件被认定为一级甲等医疗事故。2013 年 1 月，李某某被吊销医师执业资格，开除党籍。当年 9 月，长乐市公安局以犯罪嫌疑人李某某等三人涉嫌医疗事故罪，向长乐市人民检察院移送起诉。2017 年 12 月 4 日，福州市仓山区人民法院作出一审判决，判处李某某犯医疗事故罪，免予刑事处罚。一审宣判后，李某某不服，提出上诉。2019 年 6 月 26 日该案二审开庭，宣布择期宣判。

案例讨论

1. 李某某医师的行为是否构成医疗事故罪？为什么？
2. 请用我国刑法学的犯罪构成理论进行分析。

（湖北中医药大学　赵敏）

第二十章 妇幼卫生与计划生育法律制度

第一节 妇幼卫生法律制度

一、概述

妇幼卫生是指根据妇女、儿童的生理特点，运用医学科学技术，对妇女、儿童进行经常性的预防保健工作，并采取有效措施控制妇女、儿童疾病，不断提高妇女、儿童的身心健康水平。

母婴保健法是指调整在保障母亲和婴儿健康、提高出生人口素质活动中产生的各种社会关系的法律规范的总称。

二、母婴保健管理立法

我国政府十分重视妇女和儿童的健康。《宪法》第49条规定了"婚姻、家庭、母亲和儿童受国家的保护"。《婚姻法》《妇女权益保障法》《未成年人保护法》《母婴保健法》等法律，《中华人民共和国母婴保健法实施办法》（以下简称《母婴保健法实施办法》）、《女职工劳动保护特别规定》等行政法规，《禁止非医学需要的胎儿性别鉴定和选择性别人工终止妊娠的规定》《托儿所幼儿园卫生保健管理办法》等规章，对保护妇女和儿童的健康都作了规定，推动和保障了妇幼卫生保健事业的发展。这些法律、法规和规章基本形成了我国的妇幼卫生法律体系。

1995年施行的《母婴保健法》是我国第一部保护妇女和婴儿健康的法律。为了更好地贯彻实施《母婴保健法》，2001年国务院发布了《母婴保健法实施办法》。2009年第十一届全国人民代表大会常务委员会第十次会议通过了《全国人民代表大会常务委员会关于修改部分法律的决定》，其中包括对《母婴保健法》进行的修正。2017年全国人民代表大会常务委员会对《母婴保健法》进行了第二次修正。2017年10月17日国务院对《母婴保健法实施办法》进行了修正。

2019年12月28日全国人民代表大会常务委员会通过的《基本医疗卫生与健康促进法》规定：国家发展妇幼保健事业，建立健全妇幼健康服务体系，为妇女、儿童提供保健及常见病防治服务，保障妇女、儿童健康。国家采取措施，为公民提供婚前保健、孕产期保健等服务，促进生殖健康，预防出生缺陷。

三、母婴保健机构的法律规定

（一）母婴保健服务机构

母婴保健服务机构是指各级妇幼保健院以及经卫生行政部门批准并登记注册的医疗机构。省、自治区、直辖市人民政府卫生行政部门指定的医疗保健机构负责本行政区域内母婴保健监测和技术指导。

（二）母婴保健工作人员

从事婚前检查、遗传病诊断、产前诊断、实施结扎和终止妊娠手术的人员，必须符合《母婴保健专项技术服务标准》，并经考核合格，取得母婴保健技术考核合格证书。县级人民政府卫生行政部门还应当加强对家庭接生人员的培训、技术指导和监督管理。

（三）母婴保健监督管理制度

国家卫生行政部门主管全国母婴保健工作，其他相关部门在各自职责范围内，配合卫生行政部门做好母婴保健工作。县级以上卫生行政部门负责管理本辖区内母婴保健工作，并实施监督管理。

四、婚前保健和孕产期保健的法律规定

（一）婚前保健

1. 婚前保健服务的内容

医疗保健机构应当为公民提供婚前保健服务。婚前保健服务包括：①婚前卫生指导；②婚前卫生咨询；③婚前医学检查。婚前医学检查的疾病范围：①严重遗传病；②指定传染病；③有关精神病。

《婚姻登记条例》规定，婚前医学检查采取自愿婚检的形式。

2. 医学意见

医疗保健机构应向接受检查的当事人出具婚前医学检查证明，并对有关人员进行医学指导。

（二）孕产期保健

孕产期保健是指医疗保健机构为育龄妇女提供孕前、孕时、产时、产后的保健指导和服务。

1. 产前诊断

产前诊断是指对胎儿进行先天性缺陷和遗传性疾病的诊断，包括相应筛查。产前诊断技术项目包括遗传咨询、医学影像、生化免疫、细胞遗传和分子遗传等。医疗保健机构和

医务人员不得实施任何非医疗目的的产前诊断技术。

2. 婴幼儿保健

医疗保健机构为产妇提供科学育儿、合理营养、母乳喂养指导，为住院分娩的产妇提供必要的母乳喂养条件，不得向孕产妇和婴儿家庭宣传、推荐母乳代用品。医疗保健机构应当按照规定进行新生儿访视，建立儿童保健手册（卡），定期对其进行健康检查，并按照规定的程序和项目对婴儿进行预防接种，逐步开展新生儿疾病筛查、婴儿多发病和常见病防治等医疗保健服务。

3. 医学意见

医疗保健机构对患严重疾病或者接触致畸物质、妊娠可能危及孕妇生命安全或者可能严重影响孕妇健康和胎儿正常发育的，应当予以医学指导。医师发现或者怀疑患严重遗传性疾病的育龄夫妇，应当提出医学意见。育龄夫妇应当根据医师的医学意见采取相应的措施。经产前检查，医师发现或者怀疑胎儿异常的，应当对孕妇进行产前诊断。

4. 终止妊娠或者结扎手术

实施终止妊娠或者结扎手术，须经本人同意，并签署意见；本人无行为能力的，应征得代理人的同意，并签署意见。依法实行终止妊娠或结扎手术的，由医疗机构提供免费服务。

5. 新生儿出生医学证明

新生儿出生医学证明是依据《母婴保健法》出具的、证明婴儿出生状态、血亲关系以及申报国籍、户籍取得公民身份的法定医学证明。医疗保健机构和从事家庭接生的人员应当按照国家卫生行政部门的规定，出具统一制发的新生儿出生医学证明，不得跨省使用或借用。

6. 严禁采用技术手段对胎儿进行性别鉴定

《母婴保健法》规定，严禁采用技术手段对胎儿进行性别鉴定。2016年国家卫生和计划生育委员会、国家工商行政管理总局、国家食品药品监督管理总局联合发布了《禁止非医学需要的胎儿性别鉴定和选择性别人工终止妊娠的规定》。该规定指出禁止任何单位或者个人实施非医学需要的胎儿性别鉴定和选择性别人工终止妊娠。实施医学需要的胎儿性别鉴定，应当由医疗卫生机构组织3名以上具有临床经验和医学遗传学知识，并具有副主任医师以上的专业技术职称的专家集体审核。经诊断，确需人工终止妊娠的，应当出具医学诊断报告，并由医疗卫生机构通报当地县级卫生行政部门。违法发布非医学需要的胎儿性别鉴定或者非医学需要的选择性别人工终止妊娠广告的，由工商行政管理部门依据《中华人民共和国广告法》等相关法律、法规进行处罚。

五、母婴保健医学技术鉴定

母婴保健医学技术鉴定是指接受母婴保健服务的公民或提供母婴保健服务的医疗保健机构，对婚前医学检查、遗传病诊断和产前诊断结果或医学技术鉴定结论有异议的所进行的医学技术鉴定。

(一)鉴定组织

县级以上地方人民政府可以设立医学技术鉴定组织,负责对婚前医学检查、遗传病诊断和产前诊断结果有异议的进行医学技术鉴定。省级医学技术鉴定委员会的医学技术鉴定结论为最终鉴定结论。

(二)医学技术鉴定人员

医学技术鉴定人员必须具有临床经验和医学遗传知识并具有主治医师以上的专业技术职务。医学技术鉴定组织的组成人员,由卫生行政部门提名,由同级人民政府聘任。凡与当事人有利害关系、可能影响鉴定公正的人员,应当回避。

六、法律责任

(一)行政责任

未取得国家颁布的有关合格证书,有下列行为之一的,县级以上地方人民政府卫生行政部门应当予以制止,并可根据情节给予行政处罚:①从事婚前医学检查、遗传病诊断或者医学技术鉴定的;②施行终止妊娠手术的;③出具法律规定的有关医学证明的。同时,违法出具的医学证明视为无效。

(二)民事责任

取得相应合格证书而从事母婴保健的工作人员,在诊疗护理中,违反母婴保健法律、法规和部门规章及医疗护理规范、常规,过失造成就诊人员人身损害的,应当根据有关规定承担民事责任。

(三)刑事责任

《母婴保健法》规定,未取得国家颁发的有关合格证书,施行终止妊娠手术或者采取其他方法终止妊娠,致人死亡、残疾、丧失或者基本丧失劳动能力的,依照《刑法》有关规定追究刑事责任。我国《刑法》规定的相关犯罪主要有医疗事故罪、非法行医罪(如非法进行终止妊娠手术等)。

第二节 人口与计划生育法律制度

一、概述

人口与计划生育法是综合治理人口,推行计划生育管理和计划生育服务技术,调整人口与经济、社会、资源、环境的协调发展活动中产生的各种社会关系的法律规范的总称。

2001年通过的《中华人民共和国人口与计划生育法》(以下简称《人口与计划生育法》)，标志着我国人口与计划生育法制建设进入了一个新阶段，为进一步做好人口与计划生育工作，为计划生育事业长期、稳定、健康发展提供了重要保证。

2013年《中共中央关于全面深化改革若干重大问题的决定》指出，单独夫妇可以生育二胎，即夫妻双方其中一方为独生子女且他们生育的第一胎不是多胞胎，可以生育二胎。2016年施行的《全国人民代表大会常务委员会关于修改〈中华人民共和国人口与计划生育法〉的决定》明确在全国统一实施两孩政策，提倡一对夫妇生育两个子女。

二、生育权利和义务

《人口与计划生育法》规定了我国的基本生育政策，并授权各省制定具体的生育政策，同时规定了公民实行计划生育的权利和义务。

（一）公民的生育权利

（1）公民有生育的权利，也有不生育的权利。

（2）公民有依照国家的计划生育法律规定自由而负责任地决定生育子女的时间、数量和间隔的权利。

（3）公民有获得计划生育信息、手段和教育、知情选择的权利。

（4）公民有健康与安全保障的权利。同时，我国在计划生育过程中还十分重视帮助不孕症患者，运用辅助生殖技术帮助他们实现生儿育女的愿望。

（5）公民有获得帮助、补偿、奖励的权利。

（二）公民的生育义务

（1）公民有依法实行计划生育的义务。

（2）公民有依法采取避孕节育措施的义务。

（3）公民有协助人民政府开展人口与计划生育工作的义务。

三、流动人口计划生育管理

国务院2009年发布的《流动人口计划生育工作条例》所称的流动人口是指到异地从事务工、经商等活动的人口，以工作、生活为目的异地居住的成年育龄人员，但不包括因出差、就医、上学、旅游、探亲、访友等事宜异地居住、预期将返回户籍所在地居住的人员，也不包括在直辖市、设区的市行政区域内区与区之间异地居住的人员。

(一)领导机构和各部门职责

流动人口计划生育工作由流动人口户籍所在地和现居住地的人民政府共同负责,以现居住地人民政府为主,户籍所在地人民政府予以配合。

(二)流动人口计划生育权利和义务

1. 流动人口计划生育权利

(1)免费参加有关人口与计划生育法律知识和生殖健康知识普及活动;

(2)依法免费获得避孕药具,免费享受国家规定的其他基本项目的计划生育技术服务;

(3)晚婚晚育或者在现居住地施行计划生育手术的,按照现居住地省、自治区、直辖市或者较大的市的规定享受休假等;

(4)实行计划生育的,按照流动人口现居住地省、自治区、直辖市或者较大的市的规定,在生产、经营等方面获得支持、优惠,在社会救济等方面享受优先照顾。

2. 流动人口计划生育义务

(1)育龄夫妻应当自觉落实计划生育避孕节育措施,接受户籍所在地和现居住地人民政府的计划生育管理;

(2)流动人口中的成年育龄妇女在离开户籍所在地前,应当凭本人居民身份证到户籍所在地的乡(镇)人民政府或者街道办事处办理婚育证明;已婚的,办理婚育证明还应当出示结婚证;

(3)成年育龄妇女应当自到达现居住地之日起30日内提交婚育证明。

四、计划生育技术服务

《计划生育技术服务管理条例》规定,计划生育技术服务实行国家指导与个人自愿相结合原则。计划生育技术服务的主要内容包括计划生育技术指导和咨询及临床医疗服务。

五、法律责任

(一)行政责任

(1)有下列行为之一的,由计划生育行政部门或者卫生行政部门依据职权给予行政处罚:①非法为他人施行计划生育手术的;②利用超声技术和其他技术手段为他人进行非医学需要的胎儿性别鉴定或者选择性别的人工终止妊娠的;③进行假医学鉴定、出具假计划生育证明的;④伪造、变造、买卖计划生育证明。

(2)国家机关工作人员在计划生育工作中,有下列行为之一,尚不构成犯罪的,依法给予行政处分:①侵犯公民人身权、财产权和其他合法权益的;②滥用职权、玩忽职守、徇私舞弊的;③索取、收受贿赂的;④截留、克扣、挪用、贪污计划生育经费或者社会抚养费的;⑤虚报、瞒报、伪造、篡改或者拒报人口与计划生育统计数据的。

(3)相关部门和组织违反人口计划生育法律、法规,不履行协助计划生育管理义务的,由有关地方人民政府责令改正,并给予通报批评;对直接负责的主管人员和其他直接责任人员依法给予行政处分。

(4)按照规定缴纳社会抚养费的人员是国家工作人员的,应当依法给予行政处分;其他人员还应当由其所在单位或者组织给予纪律处分。

(5)拒绝、阻碍计划生育行政部门及其工作人员依法执行公务的,由计划生育行政部门给予批评教育并予以制止;构成违反治安管理行为的,依法给予治安管理处罚。

(二)民事责任

计划生育技术服务人员违章操作或者延误抢救、诊治,造成严重后果的,依照有关法律和行政法规的规定承担相应的法律责任。

(三)刑事责任

有下列行为之一的,构成犯罪的,依法追究刑事责任:①非法为他人施行计划生育手术的;②利用超声技术和其他技术手段为他人进行非医学需要的胎儿性别鉴定或者选择性别的人工终止妊娠的;③进行假医学鉴定、出具假计划生育证明的;④伪造、变造、买卖计划生育证明;⑤国家机关工作人员在计划生育工作中,有滥用职权、玩忽职守、徇私舞弊的;索取、收受贿赂的;截留、克扣、挪用、贪污计划生育经费或者社会抚养费的;虚报、瞒报、伪造、篡改或者拒报人口与计划生育统计数据的;⑥拒绝、阻碍计划生育行政部门及其工作人员依法执行公务的。

我国《刑法》规定的相关犯罪主要有医疗事故罪,非法行医罪(非法进行节育复通手术、假节育手术或者摘取宫内节育器等),受贿罪,渎职罪,玩忽职守罪等。

第三节 疫苗管理法律制度

一、概述

疫苗是指为了预防、控制疾病的发生、流行,用于人体免疫接种的预防性生物制品,包括免疫规划疫苗和非免疫规划疫苗。

疫苗接种是预防控制传染病发生、流行的重要、有效手段之一,也是预防控制传染病最基础、最核心的工作。2005年国务院通过《疫苗流通和预防接种管理条例》,对疫苗流通、疫苗接种、保障措施、预防接种异常反应处理等作出了明确规定。2016年国务院通过了《国务院关于修改〈疫苗流通和预防接种管理条例〉的决定》。为了加强疫苗管理，保证疫苗质量和供应，规范预防接种，促进疫苗行业发展，保障公众健康，维护公共卫生安全，2019年6月29日第十三届全国人民代表大会常务委员会第十一次会议通过了《疫苗管理法》，该法自2019年12月1日起施行。2019年12月28日颁布的《基本医疗卫生与健康促进法》明确规定国家实行预防接种制度，加强免疫规划工作。居民有依法接种免疫规划疫苗的权利和义务。政府向居民免费提供免疫规划疫苗。

国家坚持疫苗产品的战略性和公益性，对疫苗实行最严格的管理制度。

二、疫苗生产、流通制度

国家实行疫苗全程电子追溯制度。国务院药品监督管理部门会同国务院卫生健康主管部门制定统一的疫苗追溯标准和规范，建立全国疫苗电子追溯协同平台，整合疫苗生产、流通和预防接种全过程信息，实现疫苗可追溯。

（一）疫苗研制

国家根据疾病流行情况、人群免疫状况等因素，制定相关研制规划，安排必要资金，支持多联多价等新型疫苗的研制。国家组织疫苗上市许可持有人、科研单位、医疗卫生机构联合攻关，研制疾病预防、控制急需的疫苗。

（二）疫苗注册

在中国境内上市的疫苗应当经国务院药品监督管理部门批准，取得药品注册证书；申请疫苗注册，应当提供真实、充分、可靠的数据、资料和样品。

（三）疫苗生产

国家对疫苗生产实行严格准入制度。从事疫苗生产活动，应当经省级以上人民政府药品监督管理部门批准，取得药品生产许可证。除符合《药品管理法》规定的从事药品生产活动的条件外，还应当具备适度规模和足够的产能储备；具有保证生物安全的制度、设施、设备以及符合疾病预防、控制的需要。

（四）批签发制度

国家实行疫苗批签发制度。每批疫苗销售前或者进口时，应当经国务院药品监督管理部门指定的批签发机构按照相关技术要求进行审核、检验。符合要求的，发给批签发证明；不符合要求的，发给不予批签发通知书。

（五）疫苗流通

国家免疫规划疫苗由国务院卫生健康主管部门会同国务院财政部门等组织集中招标或

者统一谈判，形成并公布中标价格或者成交价格，各省、自治区、直辖市实行统一采购。国家免疫规划疫苗以外的其他免疫规划疫苗、非免疫规划疫苗由各省、自治区、直辖市通过省级公共资源交易平台组织采购。疾病预防控制机构、接种单位、疫苗上市许可持有人、疫苗配送单位应当遵守疫苗储存、运输管理规范，保证疫苗质量。

（六）疫苗上市后管理

疫苗上市许可持有人应当建立健全疫苗全生命周期质量管理体系，制定并实施疫苗上市后风险管理计划，开展疫苗上市后研究，对疫苗的安全性、有效性和质量可控性进行进一步确证。

三、预防接种制度

国务院卫生健康主管部门制定国家免疫规划；国家免疫规划疫苗种类由国务院卫生健康主管部门会同国务院财政部门拟订，报国务院批准后公布。国务院卫生健康主管部门建立国家免疫规划专家咨询委员会，并会同国务院财政部门建立国家免疫规划疫苗种类动态调整机制。省、自治区、直辖市人民政府在执行国家免疫规划时，可以根据本行政区域疾病预防、控制需要，增加免疫规划疫苗种类，报国务院卫生健康主管部门备案并公布。

国务院卫生健康主管部门制定、公布预防接种工作规范，强化预防接种规范化管理；制定、公布国家免疫规划疫苗的免疫程序和非免疫规划疫苗的使用指导原则。省、自治区、直辖市人民政府卫生健康主管部门应当结合本行政区域实际情况制定接种方案，并报国务院卫生健康主管部门备案。

四、接种单位的管理制度

接种单位是实施预防接种的重要环节。接种单位应取得医疗机构执业许可证，具有经过县级人民政府卫生健康主管部门组织的预防接种专业培训并考核合格的医师、护士或者乡村医生，以及符合疫苗储存、运输管理规范的冷藏设施、设备和冷藏保管制度。

县级以上地方人民政府卫生健康主管部门指定符合条件的医疗机构承担责任区域内免疫规划疫苗接种工作。接种单位应当加强内部管理，开展预防接种工作应当遵守预防接种工作规范、免疫程序、疫苗使用指导原则和接种方案。

医疗卫生人员实施接种，应当告知受种者或者其监护人所接种疫苗的品种、作用、禁忌、不良反应以及现场留观等注意事项，询问受种者的健康状况以及是否有接种禁忌等情况，并如实记录告知和询问情况。受种者或者其监护人应当如实提供受种者的健康状况和接种禁忌等情况。有接种禁忌不能接种的，医疗卫生人员应当向受种者或者其监护人提出医学建议，并如实记录相关情况。

五、儿童预防接种证制度

国家对儿童实行预防接种证制度。县级以上人民政府及其有关部门应当保障适龄儿童接种免疫规划疫苗。在儿童出生后一个月内，其监护人应当到儿童居住地承担预防接种工作的接种单位或者出生医院为其办理预防接种证。接种单位或者出生医院不得拒绝办理。监护人应当妥善保管预防接种证。预防接种实行居住地管理，儿童离开原居住地期间，由现居住地承担预防接种工作的接种单位负责对其实施接种。疾病预防控制机构应当为托幼机构、学校查验预防接种证等提供技术指导。

六、预防接种异常反应的处理

国家实行疫苗安全信息统一公布制度。疫苗安全风险警示信息、重大疫苗安全事故及其调查处理信息和国务院确定需要统一公布的其他疫苗安全信息，由国务院药品监督管理部门会同有关部门公布。全国预防接种异常反应报告情况，由国务院卫生健康主管部门会同国务院药品监督管理部门统一公布。

（一）预防接种异常反应的概念

预防接种异常反应是指合格的疫苗在实施规范接种过程中或者实施规范接种后造成受种者机体组织器官、功能损害，相关各方均无过错的药品不良反应。不属于预防接种异常反应的情形有：

（1）因疫苗本身特性引起的接种后一般反应；
（2）因疫苗质量不合格给受种者造成的损害；
（3）因接种单位违反预防接种工作规范、免疫程序、疫苗使用指导原则、接种方案给受种者造成的损害；
（4）受种者在接种时正处于某种疾病的潜伏期或者前驱期，接种后偶合发病；
（5）受种者有疫苗说明书规定的接种禁忌，在接种前受种者或者其监护人未如实提供受种者的健康状况和接种禁忌等情况，接种后受种者原有疾病急性复发或者病情加重；
（6）因心理因素发生的个体或者群体的心因性反应。

（二）预防接种异常反应的处理

国家加强预防接种异常反应监测。接种单位、医疗机构等发现疑似预防接种异常反应的，应当按照规定向疾病预防控制机构报告。对疑似预防接种异常反应，疾病预防控制机构应当按照规定及时报告，组织调查、诊断，并将调查、诊断结论告知受种者或者其监护人。对调查、诊断结论有争议的，可以根据国务院卫生健康主管部门制定的鉴定办法申请鉴定。因预防接种导致受种者死亡、严重残疾，或者群体性疑似预防接种异常反应等对社会有重大影响的疑似预防接种异常反应，由设区的市级以上人民政府卫生健康主管部门、药品监督管理部门按照各自职责组织调查、处理。

（三）预防接种异常反应的补偿

国家实行预防接种异常反应补偿制度。预防接种异常反应补偿应当及时、便民、合理。实施接种过程中或者实施接种后出现受种者死亡、严重残疾、器官组织损伤等损害，属于预防接种异常反应或者不能排除的，应当给予补偿。补偿范围实行目录管理，并根据实际情况进行动态调整。接种免疫规划疫苗所需的补偿费用，由省、自治区、直辖市人民政府财政部门在预防接种经费中安排；接种非免疫规划疫苗所需的补偿费用，由相关疫苗上市许可持有人承担。国家鼓励通过商业保险等多种形式对预防接种异常反应受种者予以补偿。

七、监督管理

药品监督管理部门、卫生健康主管部门按照各自职责对疫苗研制、生产、流通和预防接种全过程进行监督管理，监督疫苗上市许可持有人、疾病预防控制机构、接种单位等依法履行义务。国家建设中央和省级两级职业化、专业化药品检查员队伍，加强对疫苗的监督检查。

国务院药品监督管理部门会同国务院卫生健康主管部门等建立疫苗质量、预防接种等信息共享机制。疫苗上市许可持有人应当建立信息公开制度，按照规定在其网站上及时公开疫苗产品信息、说明书和标签、药品相关质量管理规范执行情况、批签发情况、召回情况、接受检查和处罚情况以及投保疫苗责任强制保险情况等信息。任何单位和个人有权依法了解疫苗信息，对疫苗监督管理工作提出意见、建议。

八、保障措施

国家将疫苗纳入战略物资储备，实行中央和省级两级储备。各级财政安排用于预防接种的经费应当专款专用，任何单位和个人不得挪用、挤占。县级以上人民政府应当将疫苗安全工作、购买免疫规划疫苗和预防接种工作以及信息化建设等所需经费纳入本级政府预算，保证免疫规划制度的实施。

传染病暴发、流行时，相关疫苗上市许可持有人应当及时生产和供应预防、控制传染病的疫苗。交通运输单位应当优先运输预防、控制传染病的疫苗。县级以上人民政府及其有关部门应当做好组织、协调、保障工作。

国家实行疫苗责任强制保险制度。疫苗上市许可持有人应当按照规定投保疫苗责任强制保险。因疫苗质量问题造成受种者损害的，保险公司在承保的责任限额内予以赔付。

九、法律责任

(一) 行政责任

(1) 生产、销售的疫苗属于假药的,由省级以上人民政府药品监督管理部门没收违法所得和违法生产、销售疫苗有关的物品,责令停产、停业整顿,吊销药品注册证书,直至吊销药品生产许可证等,并处违法生产、销售疫苗货值金额15倍以上50倍以下的罚款,货值金额不足50万元的,按50万元计算。

生产、销售的疫苗属于劣药的,由省级以上人民政府药品监督管理部门没收违法所得和违法生产、销售疫苗有关的物品,责令停产、停业整顿,并处违法生产、销售疫苗货值金额10倍以上30倍以下的罚款,货值金额不足50万元的,按50万元计算;情节严重的,吊销药品注册证书,直至吊销药品生产许可证等。

生产、销售的疫苗属于假药,或者生产、销售的疫苗属于劣药且情节严重的,由省级以上人民政府药品监督管理部门对法定代表人、主要负责人、直接负责的主管人员和关键岗位人员以及其他责任人员,没收违法行为发生期间自本单位所获收入,并处所获收入1倍以上10倍以下的罚款,终身禁止从事药品生产经营活动,由公安机关处5日以上15日以下拘留。

(2) 有下列情形之一的,由省级以上人民政府药品监督管理部门没收违法所得和违法生产、销售的疫苗以及专门用于违法生产疫苗的原料、辅料、包装材料、设备等物品,责令停产、停业整顿,并处违法生产、销售疫苗货值金额15倍以上50倍以下的罚款,货值金额不足50万元的,按50万元计算;情节严重的,吊销药品相关批准证明文件,直至吊销药品生产许可证等,对法定代表人、主要负责人、直接负责的主管人员和关键岗位人员以及其他责任人员,没收违法行为发生期间自本单位所获收入,并处所获收入50%以上10倍以下的罚款,10年内直至终身禁止从事药品生产经营活动,由公安机关处5日以上15日以下拘留:①申请疫苗临床试验、注册、批签发提供虚假数据、资料、样品或者有其他欺骗行为;②编造生产、检验记录或者更改产品批号;③疾病预防控制机构以外的单位或者个人向接种单位供应疫苗;④委托生产疫苗未经批准;⑤生产工艺、生产场地、关键设备等发生变更按照规定应当经批准而未经批准;⑥更新疫苗说明书、标签按照规定应当经核准而未经核准。

疫苗上市许可持有人或者其他单位违反药品相关质量管理规范的,由县级以上人民政府药品监督管理部门责令改正,给予警告;拒不改正的,处20万元以上50万元以下的罚款;情节严重的,处50万元以上300万元以下的罚款,责令停产、停业整顿,直至吊销药品相关批准证明文件、药品生产许可证等,对法定代表人、主要负责人、直接负责的主管人员和关键岗位人员以及其他责任人员,没收违法行为发生期间自本单位所获收入,并处所获收入 50% 以上 5 倍以下的罚款，10 年内直至终身禁止从事药品生产经营活动。

（3）疫苗上市许可持有人有下列情形之一的，由省级以上人民政府药品监督管理部门责令改正，给予警告；拒不改正的，处 20 万元以上 50 万元以下的罚款；情节严重的，责令停产、停业整顿，并处 50 万元以上 200 万元以下的罚款：①未按照规定建立疫苗电子追溯系统；②法定代表人、主要负责人和生产管理负责人、质量管理负责人、质量受权人等关键岗位人员不符合规定条件或者未按照规定对其进行培训、考核；③未按照规定报告或者备案；④未按照规定开展上市后研究，或者未按照规定设立机构、配备人员主动收集、跟踪分析疑似预防接种异常反应；⑤未按照规定投保疫苗责任强制保险；⑥未按照规定建立信息公开制度。

（4）批签发机构有下列情形之一的，由国务院药品监督管理部门责令改正，给予警告，对主要负责人、直接负责的主管人员和其他直接责任人员依法给予警告直至降级处分：①未按照规定进行审核和检验；②未及时公布上市疫苗批签发结果；③未按照规定进行核实；④发现疫苗存在重大质量风险未按照规定报告。

批签发机构未按照规定发给批签发证明或者不予批签发通知书的，由国务院药品监督管理部门责令改正，给予警告，对主要负责人、直接负责的主管人员和其他直接责任人员依法给予降级或者撤职处分；情节严重的，对主要负责人、直接负责的主管人员和其他直接责任人员依法给予开除处分。

（5）疾病预防控制机构、接种单位、疫苗上市许可持有人、疫苗配送单位违反疫苗储存、运输管理规范有关冷链储存、运输要求的，由县级以上人民政府药品监督管理部门责令改正，给予警告，对违法储存、运输的疫苗予以销毁，没收违法所得；拒不改正的，对接种单位、疫苗上市许可持有人、疫苗配送单位处 20 万元以上 100 万元以下的罚款；情节严重的，对接种单位、疫苗上市许可持有人、疫苗配送单位处违法储存、运输疫苗货值金额 10 倍以上 30 倍以下的罚款，货值金额不足 10 万元的，按 10 万元计算，责令疫苗上市许可持有人、疫苗配送单位停产停业整顿，直至吊销药品相关批准证明文件、药品生产许可证等，对疫苗上市许可持有人、疫苗配送单位的法定代表人、主要负责人、直接负责的主管人员和关键岗位人员以及其他责任人员依照《疫苗管理法》第 82 条规定给予处罚。

疾病预防控制机构、接种单位有前款规定违法行为的，由县级以上人民政府卫生健康主管部门对主要负责人、直接负责的主管人员和其他直接责任人员依法给予警告直至撤职处分，责令负有责任的医疗卫生人员暂停 1 年以上 18 个月以下执业活动；造成严重后果的，对主要负责人、直接负责的主管人员和其他直接责任人员依法给予开除处分，并可以吊销接种单位的接种资格，由原发证部门吊销负有责任的医疗卫生人员的执业证书。

（6）未经县级以上地方人民政府卫生健康主管部门指定擅自从事免疫规划疫苗接种工作、从事非免疫规划疫苗接种工作不符合条件或者未备案的，由县级以上人民政府卫生健康主管部门责令改正，给予警告，没收违法所得和违法持有的疫苗，责令停业整顿，并处 10 万元以上 100 万元以下的罚款，对主要负责人、直接负责的主管人员和其他直接责任人员依法给予处分。

疾病预防控制机构、接种单位以外的单位或者个人擅自进行群体性预防接种的，由县级以上人民政府卫生健康主管部门责令改正，没收违法所得和违法持有的疫苗，并处违法持有的疫苗货值金额10倍以上30倍以下的罚款，货值金额不足5万元的，按5万元计算。

（7）监护人未依法保证适龄儿童按时接种免疫规划疫苗的，由县级人民政府卫生健康主管部门批评教育，责令改正。

托幼机构、学校在儿童入托、入学时未按照规定查验预防接种证，或者发现未按照规定接种的儿童后未向接种单位报告的，由县级以上地方人民政府教育行政部门责令改正，给予警告，对主要负责人、直接负责的主管人员和其他直接责任人员依法给予处分。

（8）编造、散布虚假疫苗安全信息，或者在接种单位寻衅滋事，构成违反治安管理行为的，由公安机关依法给予治安管理处罚。

报纸、期刊、广播、电视、互联网站等传播媒介编造、散布虚假疫苗安全信息的，由有关部门依法给予处罚，对主要负责人、直接负责的主管人员和其他直接责任人员依法给予处分。

（9）县级以上地方人民政府在疫苗监督管理工作中履行职责不力，对直接负责的主管人员和其他直接责任人员依法给予降级或者撤职处分；情节严重的，依法给予开除处分；造成严重后果的，其主要负责人应当引咎辞职。

（10）药品监督管理部门、卫生健康主管部门等部门在疫苗监督管理工作中有下列情形之一的，对直接负责的主管人员和其他直接责任人员依法给予降级或者撤职处分；情节严重的，依法给予开除处分；造成严重后果的，其主要负责人应当引咎辞职：①未履行监督检查职责，或者发现违法行为不及时查处；②擅自进行群体性预防接种；③瞒报、谎报、缓报、漏报疫苗安全事件；④干扰、阻碍对疫苗违法行为或者疫苗安全事件的调查；⑤泄露举报人的信息；⑥接到疑似预防接种异常反应相关报告，未按照规定组织调查、处理；⑦其他未履行疫苗监督管理职责的行为，造成严重不良影响或者重大损失。

（二）民事责任

（1）因疫苗质量问题造成受种者损害的，疫苗上市许可持有人应当依法承担赔偿责任。

（2）疾病预防控制机构、接种单位因违反预防接种工作规范、免疫程序、疫苗使用指导原则、接种方案，造成受种者损害的，应当依法承担赔偿责任。

（三）刑事责任

单位和个人违反疫苗管理法律规定，构成犯罪的，依法从重追究刑事责任。

复习思考题

1. 婚前医学检查的疾病范围包括哪些疾病？

2. 如何理解公民的生育权利和生育义务的关系？

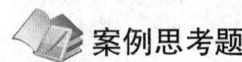 **案例思考题**

陈某（女）曾于 2016 年 12 月 31 日在某精神病专科医院入院治疗。入院诊断为精神分裂症（偏执型）。2017 年 1 月 22 日出院。出院医嘱：长期服药；药品交专人保管；不适随诊，建议继续住院治疗。2017 年 2 月 9 日，邓某（男）经他人介绍与陈某相识，相识 4 天后，在给付了陈某家 1 万元彩礼后并在陈某之母的陪同下到县民政局申领了结婚证。结婚后邓某才发现陈某的精神有问题，无法与人进行正常的交流。2017 年 5 月 23 日，陈某在县人民医院做 B 超检查，超声提示：宫内妊娠，单活胎；超声估测孕周约 16 周。2017 年 6 月，陈某因精神恍惚再次被送往精神病院治疗。邓某认为陈某及其父母在婚前隐瞒精神病史，请求法院判决婚姻无效且归还彩礼。

案例讨论

根据相关法律分析邓某与陈某的婚姻是否有效。

（南京医科大学　任元鹏）

第二十一章 互联网医疗法律制度

第一节 互联网医疗概述

一、互联网医疗的概念和类型

(一) 互联网医疗的概念

互联网医疗是指通过互联网手段开展的医疗活动,是"互联网+"行动战略在医药健康领域的具体体现。互联网医疗活动有助于扭转医药资源的地域分配失衡,有助于实现分级诊疗,助力医药领域的效率提升,方便群众求医问药。

互联网医疗有广义、狭义之分:从广义上说,互联网医疗是指所有通过互联网媒介实现的医药健康活动,既包括核心医药活动,如疾病诊断、处方开具、药物调剂配送等,也包括非核心医药活动,如预约挂号、医保结算、健康咨询、医学教育与科普等;从狭义上说,互联网医疗仅指核心医药活动。本书采用狭义说。

(二) 互联网医疗的类型

互联网医疗包括多种类型,其内涵、外延各不相同,互联网介入程度亦不同,如远程医疗、互联网诊疗、互联网医院、互联网药品经营、健康医疗大数据等。

二、互联网医疗的特征

(一) 医疗服务网络化

"互联网+医疗"为现代医疗服务搭建了智能高效的网络化平台,实现了患者与医务人员的无缝对接和实时互动及反馈,极大地提高了医院的服务管理水平,使患者足不出户就可以享受到网上挂号、咨询、会诊等服务,为患者提供了极大的便利。

(二) 医疗信息数字化

数字化医疗是将互联网信息技术应用于整个医疗过程的一种新型的现代化医疗方式。医疗过程相关信息数字化是借助互联网及计算机技术提升医院服务和管理水平的重要举措。随着网络信息技术的发展和数字化医疗设备的大量出现,病人可以通过最少的流程完成病情诊断,其病历信息、病案记录、健康信息、电子处方单、医药费线上支付,甚至三维或四维医学影像以及远程会诊信息等全部以数据的形式，通过医院的数据库记录、存储、处理、传输和呈现，大大提高了病情诊断的精确性，减少了不必要的烦琐劳动，提高了医院的工作效率，使病人得到了优质便捷的医疗服务。

（三）可穿戴医疗设备普及化

近年来，市场上的电子产品，尤其是可穿戴设备正逐渐进入人们的日常生活，其中医疗健康领域尤为明显。数字化可穿戴医疗设备的普及与应用，在实时监测人体健康情况、提醒病人病理数据指标、弥补病人缺失的某些功能、缓解不适、促进健康养生、自动处理病人突发状况等方面，发挥着不可替代的重要作用。

三、互联网医疗的立法现状

互联网医疗正在全国各地蓬勃发展。随着各项互联网新技术、5G 技术、人工智能的快速发展及其与医疗的深度融合，互联网医疗实践发展很快，各种新生事物层出不穷，立法也必须予以规制或引导。近年来，互联网医疗领域的立法活动相当频繁。

2016 年 6 月，国务院发布了《关于促进和规范健康医疗大数据应用发展的指导意见》，明确了医疗大数据事业的发展目标和实施策略。2018 年 9 月，国家卫生健康委员会正式颁布了《国家健康医疗大数据标准、安全和服务管理办法（试行）》，开始有针对性地破除医疗大数据事业发展中的障碍。

2017 年 11 月，国家食品药品监督管理总局发布了《互联网药品信息服务管理办法》（2017 年修正）。

2018 年 3 月，《医疗器械网络销售监督管理办法》正式实施，明确了医疗器械网络销售的范围和监管原则。

2018 年 4 月，国务院发布了《关于促进"互联网＋医疗健康"发展的意见》，从宏观上明确了互联网医疗各领域的发展目标和发展策略，包括互联网医院、人工智能医疗、互联网药品供应保障服务等。

2018 年 9 月，国家卫生健康委员会正式发布了《远程医疗服务管理规范（试行）》《互联网诊疗管理办法（试行）》《互联网医院管理办法（试行）》三个部门规章，全面规范了远程医疗、互联网诊疗和互联网医院三种互联网医疗形式。

四、互联网医疗的法律规制

（一）强化医疗质量监管

质量和安全始终是互联网医疗的核心要义。互联网医疗须贯彻"线上线下一致监管"的原则，线上医疗活动的资质条件不得低于线下医疗活动；对风险尚难管控、发展尚未成熟的互联网医疗细分领域进行严格限制或者禁止；推行在线知情同意程序，防范和化解医疗风险；明确监管底线，最大限度地减少准入限制，同时，加强事中、事后监管。

（二）明确责任分担机制

根据不同的互联网医疗形式确定不同的责任主体和分担机制，有助于强化各方注意义务，降低风险。互联网医院、互联网诊疗和远程医疗监管的法律架构有较大差别，而且互联网医院、互联网诊疗和远程医疗还可以进一步细分为不同的类型，这也会影响法律责任的分担。下文将予以详述。

（三）运用互联网科技加强监管，确保留痕、可追溯

互联网医疗必须确保行为留痕、可追溯，增强威慑力。例如，《关于促进和规范健康医疗大数据应用发展的指导意见》明确规定，"互联网＋医疗健康"服务产生的数据应当全程留痕，可查询，可追溯，满足行业监管需求；《医疗器械网络销售监督管理办法》规定，医疗器械网络销售的交易记录，应当保存至医疗器械有效期满后 2 年；无有效期的，保存时间不得少于 5 年；植入类医疗器械的销售信息应当永久保存。相关记录应当真实、完整、可追溯。

第二节　互联网医院

一、互联网医院的概念和类型

（一）互联网医院的概念

"互联网医院"的提法最早出现在国务院 2018 年 4 月发布的《促进"互联网＋医疗健康"发展的意见》中："允许依托医疗机构发展互联网医院。"不过该文件并未对互联网医院的概念进行明确界定。国家卫生健康委员会 2018 年 9 月发布的《互联网医院管理办法（试行）》对互联网医院的类型作了界定，即"互联网医院包括作为实体医疗机构第二名称的互联网医院，以及依托实体医疗机构独立设置的互联网医院"，但也未明确界定互联网医院的概念。互联网医院是新生事物，是互联网医疗的一种特定形式，有其特定内涵。

笔者认为，互联网医院是指依托于实体医疗机构、通过网络直接面向患者提供医疗服务的一种互联网医疗形式。

（二）互联网医院的类型

根据《互联网医院管理办法（试行）》的规定，互联网医院包括两类：

第一类是作为实体医疗机构第二名称的互联网医院，这类互联网医院由实体医疗机构

主导，可由实体医疗机构单独设置或与第三方合作共同设置。"实体医疗机构自行或者与第三方机构合作搭建信息平台，使用在本机构和其他医疗机构注册的医师开展互联网诊疗活动的，应当申请将互联网医院作为第二名称。"实体医疗机构独立申请互联网医院作为第二名称，医院名称应当包括"本机构名称+互联网医院"，例如，广东省第二人民医院互联网医院；实体医疗机构与第三方机构合作申请互联网医院作为第二名称，医院名称应当包括"本机构名称+合作方识别名称+互联网医院"，例如，河北燕达医院和北京春雨天下软件有限公司旗下春雨医生网站（互联网公司）合作申请的燕达春雨互联网医院。

第二类为依托实体医疗机构独立设置的互联网医院，一般由互联网公司或其他第三方机构主导，此时，医院名称应当包括"申请设置方识别名称+互联网医院"，例如，杭州联科美讯生物医药技术有限公司旗下丁香园网站（互联网公司）主导设置的丁香互联网医院。

二、互联网医院的特征

互联网医院非常特殊，是互联网医疗的高级形式，互联网医院有以下特征：

（1）必须依托于一个实体医疗机构，这是《互联网医院管理办法（试行）》的基本精神，也是底线；

（2）医疗机构或者医生通过网络直接面向患者提供服务；

（3）具体提供医疗服务的医师不限于所依托实体医疗机构的注册医师；

（4）服务范围仅包括部分常见病、慢性病的复诊（不可进行初诊）和家庭医生签约服务，但有例外，"若患者在实体医疗机构就诊，由接诊的医师通过互联网医院邀请其他医师进行会诊时，会诊医师可以出具诊断意见并开具处方"，此时，并不限于常见病、慢性病的复诊；

（5）医师可在前述服务范围内在线开具处方（需电子签名），经药师审核调剂后，可委托第三方配送。

三、互联网医院的设置要求

根据《互联网医院管理办法（试行）》的规定，互联网医院的设置有如下要求：

（1）在业务范围方面，互联网医院开展的诊疗科目不得超出所依托实体医疗机构的诊疗科目范围；互联网医院根据开展业务的内容设置相应临床科室，并与所依托实体医疗机构的临床科室保持一致；

（2）在人员配置方面，互联网医院提供诊疗服务的医师，应当依法取得相应的执业资质，在依托的实体医疗机构或其他医疗机构注册，具有3年以上独立临床工作经验；互联网医院开设的临床科室，其对应的实体医疗机构临床科室至少有1名正高级、1名副高级职称的执业医师注册在本机构（可多点执业）；须有专人负责互联网医院的医疗质量、医疗安全、电子病历的管理，提供互联网医院信息系统维护等技术服务，确保互联网医院系统稳定运行；原则上有专职药师负责在线处方审核工作；

（3）在房屋和设施、设备配置方面，互联网医院运行的服务器、存放服务器的机房、开展互联网医院业务的音视频通信系统、高速率和高可靠性的网络接入、宽带网络供应商、数据访问控制信息系统的建立、远程医疗的功能以及信息系统实施的安全等级等指标都应达到法定标准。

四、互联网医院的法律责任分担

首先应当明确的是，取得医疗机构执业许可证的互联网医院，具有独立法人地位，理应自担其责，但是，互联网医院有不同类型，差别较大，牵涉多方主体，尤其应考虑对患者的保护，因此互联网医院的法律责任分担机制主要分为以下情形：

（1）实体医疗机构单独设置的作为第二名称的互联网医院，发生医疗争议时，由互联网医院自担责任；

（2）实体医疗机构与第三方合作设置的作为第二名称的互联网医院，以及第三方单独设置的互联网医院，发生医疗争议时，由互联网医院及所依托的实体医疗机构共同承担责任。此外，应当指出，合作各方（包括在互联网医院上执业的医师）的内部责任划分，应依其所签订的合作协议确定。

第三节 互联网诊疗

一、互联网诊疗概述

根据国家卫生健康委员会和国家中医药管理局2018年发布的《互联网诊疗管理办法（试行）》的规定，互联网诊疗是指医疗机构利用在本机构注册的医师，通过互联网等信息技术开展部分常见病、慢性病复诊和"互联网+"家庭医生签约服务。

互联网诊疗主要具有以下特征：

（1）医疗机构或医师直接面向患者提供医疗服务，但不得对首诊患者进行互联网诊疗；

（2）具体提供医疗服务的医师限于本医疗机构注册的医师；

（3）服务范围仅包括部分常见病、慢性病的复诊（不可进行初诊）和家庭医生签约服务；

（4）医师可在前述服务范围内在线开具处方（需电子签名），经药师审核调剂后，可委托第三方配送；

（5）医疗机构可自行或与第三方合作建立互联网诊疗服务系统。

由上可知，互联网诊疗是网络化程度较互联网医院更低的互联网医疗形式，互联网诊疗本质上是传统实体医疗机构部分服务的线上化，它通过互联网技术拓宽和延展医疗服务的时间和空间。互联网诊疗和互联网医院在服务对象、范围和方式等方面非常相似，二者的区别主要在于提供在线服务的医师范围不同，前者仅限于在本医疗机构注册的医师，后者则不受此限制。

互联网诊疗是互联网医疗的另一种法定形式。国家对互联网诊疗活动实行准入管理。医疗机构开展互联网诊疗活动按照属地化管理的原则，由县级及以上地方卫生健康行政部门进行监督管理。新申请设置的医疗机构拟开展互联网诊疗活动，应当在设置申请书注明，并在设置可行性研究报告中写明开展互联网诊疗活动的有关情况。如果与第三方机构合作建立互联网诊疗服务信息系统，应当提交合作协议。互联网诊疗活动应当由取得医疗机构执业许可证的医疗机构提供。医疗机构开展互联网诊疗活动时，不得开具麻醉药品、精神药品等特殊管理药品的处方。为低龄儿童（6岁以下）开具互联网儿童用药处方时，应当确认患儿有监护人和相关专业医师陪伴。

二、互联网诊疗活动的设置要求

根据《互联网诊疗管理办法（试行）》的规定，开展互联网诊疗活动应具备以下条件：

（1）在业务范围方面，医疗机构所开展的互联网诊疗活动应与其诊疗科目相一致，未经卫生健康行政部门核准的诊疗科目，医疗机构不得开展相应的互联网诊疗活动；

（2）在人员配置方面，开展互联网诊疗活动的医师应当依法取得相应执业资质，具有3年以上独立临床工作经验，且在本医疗机构注册；原则上应有专职药师进行在线处方审核；

（3）在设施、设备方面，开展互联网诊疗活动的医疗机构应具备满足互联网技术要求的设备、设施、信息系统、技术人员以及信息安全系统，并实施第三级信息安全等级保护。

三、互联网诊疗的法律责任分担

如前所述，互联网诊疗只是从时间和空间上拓宽了实体医疗机构的服务范围，并未超出实体医疗机构的主体资格范围。根据《互联网诊疗管理办法（试行）》第2条的规定，申请开展互联网诊疗服务的实体医疗机构，经审核合格后，只需在其医疗机构执业许可证副本服务方式中增加"互联网诊疗"即可。因此，若因提供互联网诊疗服务而引发损害，理应由提供该服务的实体医疗机构承担责任。

第四节 远程医疗

一、远程医疗的概念和类型

（一）远程医疗的概念

远程医疗是指利用通信、计算机及网络技术等信息化技术远距离传送诊疗服务的一种医疗活动。

（二）远程医疗的类型

远程医疗的常见类型包括远程会诊、远程诊断、远程监护等。

1. 远程会诊

远程会诊是指医疗机构之间通过网络进行会诊，受邀方提供诊断、治疗意见，邀请方明确诊断、治疗方案。

2. 远程诊断

远程诊断是指邀请方和受邀方建立对口支援或者形成医疗联合体等合作关系，由邀请方实施医学影像技术、病理切片、心电图、超声等辅助检查，由受邀的上级医疗机构进行诊断，具体流程由邀请方和受邀方通过协议明确。

3. 远程监护

远程监护是指医护人员与患者之间通过互联网远程监护系统实现实时无障碍交流，使医疗信息及时呈现在医生和护士面前，提高监护效率的一种医疗模式。

国务院在2013年9月28日发布的《关于促进健康服务业发展的若干意见》中提出，"以面向基层、偏远和欠发达地区的远程影像诊断、远程会诊、远程监护指导、远程手术指导、远程教育等为主要内容，发展远程医疗"。

国家卫生和计划生育委员会在2014年8月21日发布的《关于推进医疗机构远程医疗服务的意见》中将远程医疗服务界定为，"利用通讯、计算机及网络技术等信息化技术远距离传送诊疗服务，远程医疗服务项目具体包括远程病理诊断、远程医学影像（含影像、超声、核医学、心电图、肌电图、脑电图等）诊断、远程监护、远程会诊、远程门诊、远程病例讨论及省级以上卫生行政部门规定的其他项目"。

国家卫生健康委员会于2018年9月发布的《远程医疗服务管理规范（试行）》中指出，远程医疗是指医疗机构之间使用本机构注册的医务人员，利用互联网等信息技术开展远程会诊和远程诊断，远程医疗仅包括远程会诊和远程诊断。

二、远程医疗的特征

远程医疗作为互联网医疗三种形式之一，与互联网诊疗和互联网医院相比，有以下特征：

（1）合作限于医疗机构之间，包括邀请方和受邀方，医疗机构和医生并不直接与患者发生联系；

（2）具体提供医疗服务的医生限于本医疗机构注册的医务人员；

（3）医疗机构之间通过远程进行会诊，受邀方提供诊断、治疗意见，邀请方明确诊断、治疗方案，有最终决定权；在对口支援和医联体等合作前提下，邀请方实施辅助检查，受邀方（一般是上级医疗机构）进行诊断。

三、远程医疗的准入条件

实施远程医疗服务应具备以下条件:

(一)医疗机构应具备的条件

(1)经卫生行政部门(含中医药主管部门)批准;
(2)有与所开展远程医疗服务相应的诊疗科目;
(3)有在本机构注册、符合远程医疗服务要求的专业技术人员;
(4)有完善的远程医疗服务管理制度以及医疗质量与医疗安全、信息化技术保障措施。

(二)配备的人员应符合的条件

(1)邀请方与受邀方应当根据患者病情安排相应医务人员参与远程医疗服务,其中,邀请方至少有1名执业医师(可多点执业)陪同患者,若邀请方为基层医疗卫生机构,可以由执业助理医师或乡村医生陪同患者;受邀方至少有1名具有相应诊疗服务能力、独立开展临床工作3年以上的执业医师(可多点执业)为患者提供远程医疗服务;根据患者病情,可提供远程多学科联合诊疗服务;
(2)有专职人员负责仪器、设备、设施、信息系统的定期检测、登记、维护、改造、升级工作,符合远程医疗相关卫生信息标准和信息安全的规定,保障远程医疗服务信息系统(硬件和软件)处于正常运行状态,满足医疗机构开展远程医疗服务的需要。

(三)设备、设施应符合的条件

(1)远程医疗信息系统应当满足图像、声音、文字以及诊疗所需其他医疗信息的安全、实时传输,图像清晰,数据准确,符合《远程医疗信息系统建设技术指南》要求,满足临床诊疗要求;
(2)重要设备和网络应当有不间断电源;
(3)远程医疗服务网络应当至少有2家网络供应商提供的网络,保障远程医疗服务信息传输通畅,有条件的可以建设远程医疗专网。

四、远程医疗服务的流程要求

进行远程医疗需履行特定程序,明确各方权利、义务,管控风险。

(一)签订合作协议

医疗机构间直接或通过第三方平台开展远程医疗服务,要签订远程医疗合作协议,约定合作目的、合作条件、合作内容、远程医疗流程、各方责任、权利、义务和医疗损害风险以及责任分担等事项。协议可以电子文件形式签订。

（二）知情同意

知情同意是提供医疗服务必不可少的流程，在网络环境下尤其重要。邀请方应当根据患者的病情和意愿组织远程医疗服务，并向患者说明远程医疗服务内容、费用等情况，征得患者书面同意，签署远程医疗服务知情同意书。不宜向患者说明病情的，应当征得其监护人或者近亲属书面同意。

（三）远程会诊的流程

邀请方提出邀请，邀请至少应当包括邀请事由、目的、时间安排、患者相关病历摘要及拟邀请医师的专业和技术职务、任职资格等；受邀方接受邀请的，须告知邀请方做好相关准备工作；不接受邀请的，及时告知邀请方并说明理由；第三方平台参与匹配的，还要同时将是否接受邀请告知第三方平台运营方；受邀方应及时将诊疗意见告知邀请方，并出具由相关医师签名的诊疗意见报告；邀请方则根据患者临床资料，参考受邀方的诊疗意见，决定诊断与治疗方案。

（四）远程诊断的流程

前提是双方已建立对口支援、医疗联合体等合作关系，由邀请方进行辅助检查，受邀方进行诊断。

（五）妥善保存资料

邀请方和受邀方要按照病历书写及保管有关规定共同完成病历资料，原件由邀请方和受邀方分别归档保存。远程医疗服务相关文书可通过传真、扫描文件及电子签名的电子文件等方式发送。

五、远程医疗的法律责任分担

根据《远程医疗服务管理规范（试行）》第 5 条的规定，当因远程医疗发生医疗争议时，患者应向邀请方所在地卫生行政部门提出处理申请。具体责任分担主要包括两种情形：

（1）在远程会诊情形下，由享有最终决定权的邀请方承担相应法律责任，受邀方仅提供会诊咨询服务，不承担责任；

（2）在远程诊断情形下，由邀请方和受邀方共同承担相应的法律责任，辅助检查和诊断为完整医疗行为的前后阶段，缺一不可，共同对最终的治疗效果产生影响，共同担责也更有利于保护患者。

第五节　互联网药品

一、互联网药品的概念

互联网药品有广义和狭义之分：从广义上说，互联网药品是指通过互联网进行的与药品相关的一切活动，包括药品的研发、生产、销售、使用、配送、监测、不良反应报告等；从狭义上说，互联网药品主要是指药品的互联网销售及与之直接相关的活动，如药品销售、在线调剂、委托配送等。在无特别说明的情况下，本书采用狭义概念。

二、互联网药品交易服务的类型

根据《互联网药品交易服务审批暂行规定》，互联网药品交易服务是指通过互联网提供药品（包括医疗器械、直接接触药品的包装材料和容器）交易服务的电子商务活动。

根据《互联网药品交易服务审批暂行规定》，我国允许三种类型的互联网药品交易服务：

（一）为专业机构之间的交易提供第三方平台服务

即为药品生产企业、药品经营企业和医疗机构之间的互联网药品交易提供第三方平台服务。此类服务商只能为前述专业机构间的交易提供服务，不得为个人消费者提供服务；不得参与药品生产、经营；不得与行政机关、医疗机构和药品生产经营企业存在隶属关系、产权关系和其他经济利益关系。此类服务商获颁的互联网药品交易服务资格证书被称作 A 证。

（二）为本企业与其他企业之间的交易提供服务

即药品生产企业、药品批发企业通过自身网站与本企业成员之外的其他企业进行互联网药品交易，并提供服务。此类服务商只能在网上交易本企业生产或者经营的药品，不得利用自身网站提供其他互联网交易服务。这也是一种面向专业机构的交易服务，只不过服务商本身即参与药品的生产或经营，且为交易的一方。此类服务商获颁的互联网药品交易服务资格证书被称作 B 证，主要面向药品批发交易。

（三）以个人消费者为对象的交易服务

即为个人消费者直接销售药品提供的服务，这既包括自建电商平台向个人消费者销售药品，也包括借助第三方平台向个人消费者销售药品。此类服务商只能是依法设立的药品零售连锁企业，不包括单体药店和非药品零售企业；不得向其他企业或医疗机构销售药品；只能在网上销售本企业经营的非处方药，不得销售处方药和其他企业经营的非处方药。此类服务商要有执业药师负责网上实时咨询，指导消费者合理用药，且具有与上网交易品种相适应的药品配送系统，其获颁的互联网药品交易服务资格证书被称作 C 证。

三、互联网药品的立法沿革和现状

（一）立法沿革

互联网药品销售活动经历了一个逐步放开的过程。1999 年出台的《处方药与非处方药流通管理暂行规定》禁止通过互联网销售药品，无论是处方药还是非处方药。随着互联网的发展和普及，国家食品药品监督管理局开始在北京、上海、广东、福建四省市试点非处方药网上销售。2004 年和 2005 年，《互联网药品信息服务管理办法》和《互联网药品交易服务审批暂行规定》相继颁布，符合法定条件和类型并经验收合格的企业可获批互联网售药资质，但网络零售仅限于非处方药。京卫药业旗下的"药房网"（2005 年上线）是我国第一家获批（C 证）的网上零售药店。

（二）立法现状

《互联网药品交易服务审批暂行规定》仍然是我国当下规制互联网药品销售活动的主要法律文件，虽然该文件在很多方面已经不合时宜。为推进"互联网+"的宏观战略，鼓励医药电商的发展，2017 年 1 月，国务院取消了医药电商中 B 证和 C 证的审批，这意味着 B 类、C 类服务商只需备案即可进入互联网售药市场。有人已开始讨论处方药网络零售问题。国家卫生健康委员会 2018 年 9 月颁布实施的《互联网医院管理办法（试行）》《互联网诊疗管理办法（试行）》等明确规定，在部分常见病、慢性病复诊的情况下，医师通过互联网诊疗、互联网医院等在线开具的电子处方，经药师审核后，医疗机构、药品经营企业可委托符合条件的第三方机构配送，这事实上已成为网络零售处方药的例外情形。

四、互联网药品的法律规制

互联网药品法律规制的主线始终是风险管控，在确保安全的前提下，逐步放开。

（一）售药主体和经营范围的适当限制

就售药主体而言，我国当下仅允许药品生产企业、药品批发企业和药品零售连锁企业通过互联网售卖药品，而且，向个人消费者直接售药的主体只能是药品零售连锁企业。立法者可能认为，当下仅药品零售连锁企业有能力保证线上消费者获得和线下同等的安全保障。就经营范围而言，以专业机构为服务对象的互联网药品交易可以包括处方药，但直接面向消费者的药品零售仅限于非处方药。

（二）线上、线下一致监管

即线上、线下销售药品须遵循共同的药品经营相关法律、法规，应同等对待，一致监管。具体来说，线上销售药品必须有线下实体店为依托，必须获得营业执照、药品经营许可证、药品经营质量管理规范认证证书等必要资质，自建电商或搭建第三方平台，还需获得互联网药品信息服务资格证；药品配送需由具体出售方自行负责，配送活动须符合《药品经营质量管理规范》，鼓励"网订店取、网订店送"等。线上、线下一致监管是管控药品流通风险的重要制度支撑。

（三）对第三方平台的审查义务

第三方药品交易服务平台不但自身应具备相应的资质条件，还负有广泛的审查和风险管控义务，主要包括：对入驻企业进行资质审查，确保信息真实且及时更新；对平台上发布的药品信息进行检查，对交易行为进行监督；对入驻企业选择的药品递送企业进行监督；完整、安全保存数据，协助药品监督执法；建立并严格执行药品不良反应（事件）处置机制等。第三方平台为最接近交易、最有能力及时进行处置的主体，对其课以更重的审查监督义务，有助于进一步管控风险。

第六节　健康医疗大数据

一、健康医疗大数据的概念

国务院 2015 年发布的《促进大数据行动纲要》规定，"大数据是以容量大、类型多、存取速度快、应用价值高为主要特征的数据集合，正快速发展为对数量巨大、来源分散、格式多样的数据进行采集、存储和关联分析，从中发现新知识、创造新价值、提升新能力的新一代信息技术和服务业态。"大数据具有 4V 特性，即巨量性（volume）、时效性（velocity）、多样性（variety）和真实性（veracity）。

健康医疗大数据是大数据的一种。健康医疗大数据是指在疾病防治、健康管理等过程中产生的与健康医疗相关的数据。此概念是国家卫生健康委员会在 2018 年 9 月发布的《国家健康医疗大数据标准、安全和服务管理办法（试行）》中提出的。健康医疗大数据形式和来源非常广泛，包括医学文献、电子健康档案、电子病历、电子处方、临床记录、检验结果、医保记录、医疗网站和 APP 的信息搜集及存储、社群媒体的聊天留言记录等。健康医疗大数据是国家的基础性战略资源，是未来的"新石油"。

二、健康医疗大数据的特征

（一）私密性和敏感性

和其他类型的大数据不同，医疗大数据涉及个人最私密、最敏感的信息。例如，个人电子健康档案囊括了个人的疾病史，对个人具有重大影响；个人基因信息可以全面集中反映个体的生物遗传信息，从理论上说，掌握基因信息就可以全面、深入、准确地预测个体的生理、心理发展趋势等。

（二）关涉公共利益

医疗大数据涉及公共利益，其分析运用往往与疾病的研究和诊治、药物开发、公共卫生治理、群体健康维护等相关。医疗大数据分析已经带来了巨大的社会效益，如美国通过对其医疗大数据的分析每年可产生3000亿美元的价值，减少8%的医疗保健支出。各国均十分重视通过医疗大数据的运用增进公共利益，如美国、英国、法国、德国、意大利、加拿大、日本、俄罗斯八国于2013年6月共同签署了《数据开放宪章》，并将医疗健康作为重点和优先开放领域。

（三）易于泄露

健康医疗大数据通常以电子介质存储，在网络环境下，保护较为困难，容易遭受各种攻击。有统计表明，2017年仅在美国出现的重大医疗信息泄露事件就有15次，保守估计，共有约300万名病人的信息被泄露。而在我国，这一问题同样十分严重。例如，2017年9月13日，《法制日报》报道了一家医院的服务信息系统遭到黑客入侵，被泄露的公民信息达7亿多条，8000多万条公民信息被贩卖。

三、健康医疗大数据的实践及立法现状

（一）实践现状

健康医疗大数据为各国所重视，并已进行了较为广泛的应用开发。根据麦肯锡2011年的大数据分析报告，大数据分析在医药领域的应用有5类15种模式，主要包括临床应用（如临床决策辅助、远程医疗、精准医疗等）、保险给付与价格制订、创新药物和医疗器械的研发、开发新商业模式及公共卫生等。我国医疗大数据产业发展迅猛，目前全国已有超过20个省市申请了医疗健康大数据中心及产业园，医疗健康行业大数据占国内大数据市场规模约20%。医疗数据价值挖掘公司如雨后春笋，遍布全国。

（二）立法现状

国务院于 2015 年 8 月 31 日向全社会印发了《促进大数据发展行动纲要》，其中，明确提出要推进我国医疗健康服务大数据事业的发展，建设数据强国。国务院办公厅据此于 2016 年 6 月专门制定了《关于促进和规范健康医疗大数据应用发展的指导意见》，从指导思想、基本原则、发展目标、重点任务和重大工程、组织实施等方面提出了全面、切实、可行的方案。为进一步落实医疗大数据的发展战略，国家卫生健康委员会于 2018 年 9 月正式发布了《国家健康医疗大数据标准、安全和服务管理办法（试行）》，明确了医疗大数据的标准化及互联互通方案、安全保障措施及服务管理机制等。不过，这只是部门规章，效力等级较低。讨论已久的《个人信息保护法》仍未出台。

有关医疗数据的规范还散见于《网络安全法》（如"第四章 网络信息安全"）、《侵权责任法》（如第 62 条规定的侵犯患者隐私权的民事责任）、《医疗机构病例管理规定》（2013 年版）、《医疗纠纷预防和处理条例》等法律文件之中。我国亟须完善医疗数据立法，提高立法层级，以更好地规范和引导医疗大数据事业的发展。

四、健康医疗大数据的法律规制

（一）分类、分级管理

健康医疗大数据范围较广，不同类型的健康数据差别很大，有必要分类规制，以促进数据价值的挖掘。

例如，医疗数据可分为去识别化医疗数据和可识别化医疗数据。去识别化医疗数据又称匿名化数据、去连接数据，是指和个人身份信息失去连接、无法识别出特定个人的医疗数据；可识别化医疗数据是指和个人身份信息相连、可识别出特定个人的医疗数据。一般认为，去识别化数据无害于个人隐私，无须进行专门保护，各国多将其排除于医疗数据法的保护范围之外，医疗数据保护立法的规制重点为可识别医疗数据。再如，医疗数据可分为特殊敏感的医疗数据和一般医疗数据，前者主要是指个人基因数据、性生活数据、心理诊疗记录等具有特殊敏感性的数据，这类医疗数据涉及个人最重要的隐私，一旦泄露将极大地影响个人生活，因而需特殊保护。中国台湾地区有关个人资料保护的规定将基因、性生活数据等列为特别保护对象，原则上禁止搜集、处理和利用。此外，医疗数据还可区分为侵袭性医疗数据和非侵袭性医疗数据、为公共利益而搜集利用的医疗数据和为非公共利益而搜集利用的医疗数据等，对不同类别的医疗数据，应予以分级、分类管理。

（二）加强医疗数据标准化生产、存储，奠定互联互通基础

医疗数据存储形式欠缺标准化，信息孤岛现象普遍存在，这是当下医疗大数据事业发

展的重大制约因素。《国家健康医疗大数据标准、安全和服务管理办法（试行）》规定，国家卫生健康委员会负责统筹规划、组织制定全国健康医疗大数据标准，并建立数据标准化产品生产和采购的激励约束机制，积极推进健康医疗大数据测评工作，并根据评估情况及时修订或废止相关标准。医疗数据的标准化工作是当前法律规制的重要着力点。

（三）强化安全管理，管控风险

安全管理是确保医疗数据规范、持续利用的重要保障，需在数据采集、存储、挖掘、应用、运营、传输等各环节予以强化。《国家健康医疗大数据标准、安全和服务管理办法（试行）》明确规定了"一把手"责任制。责任单位"一把手"全面负责本单位管理的数据的安全；责任单位应采取数据分类、重要数据备份、加密认证等措施保障健康医疗大数据的安全；责任单位应按照国家网络安全等级保护制度要求，构建可信的网络安全环境；责任单位应严格规范不同等级用户的数据接入和使用权限，建立严格的电子实名认证和数据访问控制制度，规范数据接入、使用和销毁过程的痕迹管理，确保数据访问行为可管、可控及服务管理全程留痕、可查询、可追溯。

（四）协调数据利用和隐私保护间的关系

知情同意原则是个人自主权的体现，是医疗领域最重要的隐私保护方式，贯穿于医疗活动的各环节、各领域。在医疗信息的搜集、利用领域，亦应通过知情同意原则保护个人隐私。严格贯彻知情同意原则可能会妨碍医疗数据的利用，如一一征求患者同意并获得授权，既不现实，也会过度增加数据搜集和利用的成本。因此，应当有效协调数据利用和隐私保护间的关系，如可以更加灵活多元地解释、运用知情同意原则，构建替代性、补充性保护机制（建立完善的内部数据安全体系、设置严密的物理空间和技术保障机制等），适当放松前端的数据使用授权要求。

复习思考题

1. 我国互联网医疗活动包括哪些类型？各具什么特征？
2. 我国对互联网零售药品有何主体资格限制？是否可通过互联网零售处方药？
3. 为何要对健康医疗大数据进行分类分级管理？

案例思考题

在斯坦伯格诉CVS连锁药店一案中，原告是处方药购买者，被告是连锁药店，原告向被告购买某一处方药，被告将原告的处方资料去识别化，贩卖给了数据分析公司。原告遂诉至法院。法院审理后认为，患者的处方资料已进行去识别化处理，将个人姓名、生日及社会安全号码等删除，仅保留治疗病史、开具的药物种类、分量及日期、诊断结果及医师姓名，无法识别出病人身份，并不属于医疗数据法的保护范围，故予以驳回。

案例讨论

1. 健康医疗大数据应如何进行分类？我国现行法律是如何规定的？
2. 如何判定医疗数据已进行了去识别化处理？
3. 搜集、利用可识别医疗数据应具备何种程序？

（北京中医药大学　李润生，上海交通大学　于佳佳）

第二十二章 人体医学研究法律制度

第一节 人体医学研究概述

一、人体医学研究的概念

人体医学研究，又称为涉及人的生物医学研究，是指采用现代物理学、化学、生物学、中医药学和心理学等方法对人的生理、心理、行为、病理现象、疾病病因和发病机制，以及疾病的预防、诊断、治疗和康复进行研究，将医学新技术或者医疗新产品在人体上进行试验研究，或者采用流行病学、社会学、心理学等方法收集、记录、使用、报告或者储存有关人的样本、医疗记录、行为等科学研究资料的活动。

历史上，医学研究往往被看作是临床治疗的组成部分。但是，随着医学的发展，有人类受试者参加的医学研究规模日益扩大，无论是人类受试者承担的风险，还是整个社会获得的收益都在不断扩大，并呈现出不同于临床医疗的特点。在医学研究中，研究者关注的主要是如何获得"可普遍化的知识"，进而确立各种医学理论，研究可能不会为受试者带来直接的诊断、治疗或预防利益，或者只能带来不确定的诊断、治疗或预防利益。由于医学研究充满风险且难以预测，因而可能给受试者的生命和健康造成不可预知的伤害。在医学研究中，必然产生如何保护受试者权益的特殊问题，在法律规制上不得不与常规医疗进行区分。

根据不同的标准，人体医学研究可以分为若干类型：

（1）根据人体医学研究是否同时具有治疗目的，可以将其分为治疗性研究（therapeutic research）和非治疗性研究（non-therapeutic research）。这种区分首先由1964年《赫尔辛基宣言》提出，虽然受到很多批评，但历经多次修订后，《赫尔辛基宣言》仍然保留了治疗性研究的特别规则。这一分类对我国人体医学研究法律制度具有重要影响。

（2）根据受试对象的不同，可以将其分为对健康受试者的研究和对病人的研究。一般而言，临床试验第一阶段（phase I）主要以健康志愿者为受试对象。

（3）根据研究方法的不同，可以将其分为随机对照研究和非随机对照研究。目前公认的最科学的研究程序是双盲的大样本随机对照试验（randomized controlled trial，RCT），但如果同时在治疗性研究中设计安慰剂对照组，服用安慰剂的受试者相当于未接受任何治疗，因而受到《赫尔辛基宣言》的严格限制。

（4）根据受试者意愿的不同，可以将其分为自愿研究与非自愿研究。在非自愿研究中，根据影响意志的因素不同，又可进一步分为欺骗性研究和强迫性研究，无论何种非自愿研究，都为法律所禁止。

二、人体医学研究的当事人

人体医学研究的法律关系比较复杂，涉及医疗机构及其研究人员、发起人、作为受试对象的自然人及其所在的社会群体等多方主体，但其中最基本的还是医疗机构及其研究人员、发起人和受试者之间的法律关系。

（一）医疗机构及其研究人员

医疗机构及其研究人员负责具体实施人体医学研究并对研究的质量及受试者安全和权益负责。为了保证实施人体医学研究的医疗机构具备必要的资质条件，我国对承担药物临床试验的研究机构实施资格认定制度，只有经过国家药品监管部门会同国家卫生行政部门认定的药品临床试验基地，才具备承担药品和医疗器械等临床试验的资格。同时，根据《药物临床试验质量管理规范》（Good Clinical Practice of Pharmaceutical Product，GCP）等规定，研究人员必须具备与研究项目相匹配的专业特长、资格和能力。

（二）发起人

发起人是发起一项人体医学研究，并对该研究进行组织、管理、资助、监查和稽查的单位、机构或者组织。在药品和医疗器械临床试验中，一般称为"申办者"。发起人可以是政府组织，或者是从事医疗科技研发的单位或院校，也可以是医药企业等。在人体医学研究中，发起人应当按照国家有关规定向监管部门递交临床试验的申请，但也可以书面委托合同研究组织（Contract Research Organization，CRO）执行临床试验中的某些工作和任务。

（三）受试者

受试者是参与人体医学研究，并以其自身在研究过程中的生理或者心理反应作为评估研究假设的依据的自然人。受试者既可以是健康的志愿者，也可以是病人。由于大多数研究都具有风险，在人体医学研究中，对受试者的权益、安全和健康的考虑必须高于对科学和社会利益的考虑。

三、人体医学研究的立法

19世纪以来，随着近代以实验为基础的医学科学的确立，人体医学研究发展迅速，但与之相关的法律约束机制却一直没有形成。第二次世界大战期间，德国纳粹分子和日本"731"部队进行了灭绝人性的人体实验。作为对这些暴行的反思，第二次世界大战以后，相关国际组织及各国政府相继加强了对人体医学研究的法律规范工作。1947年，纽伦堡军事法庭宣布了后来被称之为《纽伦堡法典》的关于人体试验的十项原则，开创了人体医学研究立法的先河。1964年，世界医学会发表了《赫尔辛基宣言》，这份重要文献长期以来一直被看作是人体医学研究伦理的基石。虽然从性质上看，《赫尔辛基宣言》并非法律，但它已被许多国家的立法所援引或者直接吸收为附件，已有国家开始承认《赫尔辛基宣言》所确立的知情同意等规则具有国际习惯法的地位。

目前，各国对于人体医学研究的立法主要有两种模式：第一种模式是以立法机关制定的法律进行规范，其代表是荷兰。1998年，荷兰制定了专门的《人体生物医学研究法》，并于次年公布了关于人体医学研究强制保险的法令。第二种模式是以行政部门制定的规章进行规范，其代表是美国。1991年，美国农业部、能源部、卫生与公众服务部等15个部门联合发布了《人类受试者保护联邦政策》，由于这些联邦机构制定的规章制度非常相似，因而合在一起又常被称作共同规则。

我国关于人体医学研究的规定散见于1998年制定的《执业医师法》、2019年修订的《药品管理法》和2018年修订的《精神卫生法》等法律之中；同时，国家药品监管部门先后制定了《药物临床试验质量管理规范》（GCP，1999年制定，2003年修订）和《医疗器械临床试验质量管理规范》（2016年制定），明确人体医学研究必须符合《赫尔辛基宣言》，即公正、尊重人格、力求使受试者最大程度受益和尽可能避免伤害。2016年，国家卫生行政部门修订《涉及人的生物医学研究伦理审查办法》，对人体医学研究领域的伦理审查问题进行系统规范。

第二节　知情同意与伦理审查

由于人体医学研究的风险性以及研究者与受试者之间高度的信息不对称，在研究过程中必须对受试者的个人权益给予充分的保障，并确保试验的科学性和可靠性。而知情同意（informed consent）和伦理审查（ethical review）则是现代卫生法律制度保障受试者权益的主要措施。

一、知情同意

知情同意，是指向受试者告知一项人体医学研究各方面的情况后，由受试者自愿确认其同意参加该项研究的过程。知情同意以签名和注明日期的知情同意书作为文件证明。作为调整人体医学研究的基本规则，知情同意起源于对纳粹德国惨绝人寰的人体实验的反思，1947年发布的《纽伦堡法典》的第1条即"受试者的自愿同意是绝对必要的"。在我国现行法中，《执业医师法》第26条规定，医师进行实验性临床医疗时应当经医院批准并征得患者本人或者其家属同意，同时《药物临床试验质量管理规范》《医疗器械临床试验质量管理规范》都强调医疗机构及其研究人员必须充分告知受试者试验风险，并确保受试者在获得适当理解的基础上自愿参与研究。知情同意包含以下要素：

1. 信息的告知

在人体医学研究中，研究者应当向受试者提供充分的信息，这是受试者自主作出是否参与研究的理性决策的前提。一般说来，为了获得真正意义上的知情同意，在人体医学研究中，向受试者告知的信息范围应当大于临床医疗中向病人披露的信息，尤其是当受试者同时也是患者时，医生应该完全告诉病人医疗中的哪一部分与研究有关，并且绝对不能因为病人拒绝参与研究而影响医患关系。比如，按照我国《药物临床试验质量管理规范》的要求，研究者或其指定的代表必须向受试者说明有关临床试验的详细情况：①受试者有参加、拒绝参加和随时退出试验的权利；②对受试者隐私的保护；③试验的性质、目的、过程与期限，预期可能的受益和风险；④受试者对有关的信息资料享有知情权；⑤如发生与试验相关的损害时，受试者可以获得治疗和相应的补偿。

2. 适当的理解

有效的知情同意要求研究者确保受试者对相关的信息具有适当的理解。在可能的情况下，研究者应当通过口头或者书面测试等方式评估被告知的信息是否已经被受试者理解。因此，研究者不能仅以知情同意书的签署来证明其已经对受试者尽到了告知义务，研究者必须根据受试者的具体情况进行一些个别化的、易于理解的、有用的、适当的说明。

3. 同意的能力

受试者必须具备给予知情同意的能力，这是理解信息并作出自主抉择的前提。如果受试者欠缺这种能力则为无行为能力人，必须由其代理人来给予同意。在研究实践中，欠缺同意能力的主要是心智尚未成熟的儿童和精神障碍患者：①对于儿童受试者，按照我国《药物临床试验质量管理规范》的要求，必须征得其法定监护人的知情同意并签署知情同意书，当儿童能作出同意参加研究的决定时，还必须征得其本人同意。我国GCP同时采用"代理人同意模式"和"双重同意模式"，但由于对儿童参与试验的种类未作限定，儿童仍然可能陷入风险极大而收益甚微的研究项目之中。②禁止医疗机构对精神障碍患者实施与治疗其精神障碍无关的实验性临床医疗，仅允许精神障碍患者参加与其治疗有关的实验性临床医疗。

4. 自愿的同意

受试者的同意必须是自由的、自愿的，未受到强制、胁迫、欺骗或者研究者的不正当影响。在判断受试者给予的某一同意是否出于自愿时，应当注意区分不合法的强制性因素和单纯的影响或者压力，那些基于家庭的需要、法律的义务、道德的认知或者正当的说服等方面的影响或压力作出的决定一般应当被认为是自愿的。但是，一些特定的研究环境，比如监狱等，可能会引发有关同意的自愿性问题，应当采取严格措施保护受试者的选择自由。

5. 更新与豁免

在研究过程中，如果研究条件、研究内容或者研究程序发生了改变，或者研究者获得了可能影响受试者继续参与研究的研究结果和文献资料，必须及时向受试者通报，并再次寻求受试者的知情同意。研究者要利用过去用于诊断、治疗的有身份标识的样本进行研究，再次使用生物样本数据库中有身份标识的人体生物学样本或者相关临床病史资料进行研究的，也应再次获取受试者签署的知情同意书。

在紧急情况下，无法取得受试者本人及其代理人的知情同意，如果临床上缺乏已被证实有效的治疗方法，而相关的研究有望挽救生命，恢复健康，或减轻病痛，我国GCP仍然允许将其作为受试者，但需在试验方案和有关文件中清楚说明接受这些受试者的方法，并事先取得伦理委员会同意。

二、伦理审查

伦理审查是指由不同学科的专家组成独立的伦理审查委员会，对研究方案的科学性和伦理上的可接受性进行审查，确保受试者的安全、健康和权益受到保护。知情同意能否得到落实，也有赖于伦理审查机制的健全和完善。2010年，国家药品监管部门制定《药物临床试验伦理审查工作指导原则》，对药物临床试验伦理审查中的关键环节提出了明确要求和规定，包括但不限于伦理委员会的操作规程、药物临床试验主要伦理问题的审查要点等。2016年，国家卫生行政部门修订《涉及人的生物医学研究伦理审查办法》，该办法明确规定，医疗卫生机构未设立伦理委员会的，不得开展涉及人的生物医学研究工作。

1. 伦理审查的组织

西方国家的伦理审查一般有两种组织模式：一是以美国为代表的机构内审查模式，即在研究机构内设立机构审查委员会（Institutional Review Board，IRB）；二是以荷兰、瑞典等为代表的机构外审查模式，即在研究机构之外，设置区域性的伦理审查委员会。区域性的伦理审查委员会一般由政府设立，包括中央和地方两级，当事人如果不服地方伦理审查机构的审查决定，可以向中央伦理审查机构提起上诉。

在我国，设立了三个层级的审查机构：在国家卫生行政部门成立国家医学伦理专家委员会，在国家中医药管理部门成立国家中医药伦理专家委员会；在省级卫生行政部门成立省级医学伦理专家委员会；在各个医疗卫生机构成立机构伦理委员会。根据《涉及人的生物医学研究伦理审查办法》，各医疗卫生机构应当在伦理委员会设立之日起3个月内向本机构的执业登记机关备案，并在医学研究登记备案信息系统登记。医疗卫生机构伦理委员会设主任委员一人，副主任委员若干名，由伦理委员会委员协商推举产生。委员任期5年，可以连任，从生物医学领域和伦理学、法学、社会学等领域的专家和非本机构的社会人士中遴选产生，人数不得少于7人，并且应当有不同性别的委员。但是，对药物临床试验，《药物临床试验伦理审查工作指导原则》仅要求伦理委员会人数不得少于5人（要求性别均衡）；同时，伦理委员会成立后应及时向国家药品监管部门和所在地省级药品监管部门备案。

由于中央和省级医学伦理专家委员会不负责日常研究项目的伦理审查，常规的伦理审查由开展人体医学研究的机构设立的伦理委员会具体负责，我国目前伦理审查的组织主要还是美国式的机构内审查模式。但是，对风险较大或者比较特殊的涉及人的生物医学研究伦理审查项目，《涉及人的生物医学研究伦理审查办法》第28条也规定，伦理委员会可以根据需要申请省级医学伦理专家委员会协助提供咨询意见。

2. 伦理审查的范围

伦理审查委员会对研究项目的审查一般包括科学和伦理两个方面。目前，我国国内设立的机构伦理委员会的工作更多地集中在伦理方面的审核上。比如，根据《涉及人的生物医学研究伦理审查办法》第20条，伦理委员会应重点审查以下内容：

（1）研究者的资格、经验、技术能力等是否符合试验要求；

（2）研究方案是否科学，并符合伦理原则的要求；中医药项目研究方案的审查，还应当考虑其传统实践经验；

（3）受试者可能遭受的风险与研究预期的受益相比是否在合理范围之内；

（4）知情同意书提供的有关信息是否完整易懂，获得知情同意的过程是否合规恰当；

（5）是否有对受试者个人信息及相关资料的保密措施；

（6）受试者的纳入和排除标准是否恰当、公平；

（7）是否向受试者明确告知其应当享有的权益，包括在研究过程中可以随时无理由退出且不受歧视的权利等；

（8）受试者参加研究的合理支出是否得到了合理补偿；受试者参加研究受到损害时，给予的治疗和赔偿是否合理、合法；

（9）是否有具备资格或者经培训的研究者负责获取受试者的知情同意，并随时接受受试者有关安全问题的咨询；

（10）对受试者在研究中可能承受的风险是否有预防和应对措施；

（11）研究是否涉及利益冲突；

（12）研究是否存在社会舆论风险。

对已批准实施的研究项目，伦理委员会还应当指定2名以上的委员进行跟踪审查。跟踪审查的内容包括：是否按照已通过伦理审查的研究方案进行试验；研究过程中是否擅自变更项目研究内容；是否发生严重不良反应或者不良事件；是否需要暂停或者提前终止研究项目等。

3. 伦理审查的程序

伦理审查一般遵照"申请—审查—决定"的程序进行。需要进行伦理审查的研究项目负责人应向伦理委员会提出申请，并提交伦理审查申请表、研究或者相关技术应用方案和受试者知情同意书等材料。伦理委员会接到申请后，应当及时组织委员对研究项目的科学性和伦理性进行审查。伦理审查应当通过会议审查方式进行。但是，对已批准研究项目的研究方案作较小修改且不影响研究的风险受益比的研究项目和研究风险不大于最小风险的研究项目，可以申请简易审查程序，由伦理委员会主任委员或者由其指定的一个或几个委员进行审查。在此基础上，伦理委员会应当对审查的研究项目作出批准、不批准、修改后批准、修改后再审、暂停或者终止研究等决定，并说明理由。伦理委员会作出决定，应当得到伦理委员会全体委员的二分之一以上同意。但是，对药物临床试验，根据《药物临床试验伦理审查工作指导原则》的要求，以超过到会委员半数意见作为伦理委员会审查决定,但审查会议的最少到会委员应超过全体委员半数且绝对数不得少于五人。

4. 伦理审查的监管

在美国,由联邦政府资助或者发起的研究项目的伦理审查工作主要由卫生和公众服务部下属的人体研究保护办公室负责监管,不过由于人员、资源等方面的制约,监督的重点主要集中在程序方面。在我国,涉及人的生物医学研究伦理审查工作的日常监督管理由县级以上地方卫生行政部门负责,全国范围的检查和督导分别由国家卫生行政部门和国家中医药管理部门负责;同时,各省级医学伦理专家委员会应对其区域范围内医疗卫生机构伦理委员会进行检查和评估。虽然监管权限已经明确,但由于对监管程序的启动方式、调查程序和处理方式等都没有作出明确规定,实施效果并不理想。

第三节 药物临床试验管理

一、药物临床试验的概念

药物临床试验是指任何在人体(病人或健康志愿者)进行的药物系统性研究,以证实或揭示试验药物的作用、不良反应及其吸收、分布、代谢和排泄情况,进而确定试验药物的疗效与安全性。

药物临床试验可以分为Ⅰ、Ⅱ、Ⅲ、Ⅳ期。Ⅰ期临床试验是初步的临床药理学及人体安全性评价试验;Ⅱ期临床试验是治疗作用初步评价阶段,研究设计可以采用多种形式;Ⅲ期临床试验是治疗作用确证阶段的试验,为药物注册申请的审查提供充分的依据,因而应采用具有足够样本量的随机盲法对照试验;Ⅳ期临床试验则是新药上市后应用研究阶段的试验。

由于药物临床试验往往伴随着高度危险和不确定性,因而需要特别的法律规制,我国颁布了专门的《药物临床试验质量管理规范》。该规范设定了我国药物临床试验的设计、组织、实施、监察、稽查、记录、分析和报告的规范标准,使我国药物临床试验规范基本达到了国际新药研发的标准。

二、药物临床试验的监管

药物是一种特殊的商品,其研制过程除须尊重受试者的知情同意权并将试验方案报机构伦理委员会审批外,一般还须取得国家的行政许可。比如,美国1962年修订的《药事法》确定了新药研究申请许可制(Investigational New Drug Application, IND)。

根据《药品管理法》,研制新药,必须按照国务院药品监督管理部门的规定如实报送研制方法、质量指标、药理及毒理试验结果等有关资料和样品,经国务院药品监督管理部门批准后,方可进行临床试验。

三、药物临床试验相关人员的职责

高质量的药物临床试验需要研究者(investigator)、申办者(sponsor)和监查员(monitor)等关系人各负其责,协同实施。根据我国《药物临床试验质量管理规范》的相关规定,药物临床试验相关人员的职责如下所述:

(一)研究者职责

研究者是具体实施临床试验并对临床试验的质量及受试者安全和权益负责的研究人员。为了保障药物试验过程规范、科学并合乎伦理,研究者必须具有实施临床试验的专业特长、资格和能力,经过资格审查并承担以下职责:

(1)在临床试验开始前,研究者应当与申办者共同协商制定试验方案并报伦理委员会审批。

(2)在临床试验过程中,研究者负责作出与临床试验相关的医疗决定,并保证受试者在试验期间出现不良事件时得到适当的治疗。

(3)临床试验完成后,研究者必须写出总结报告,签名并注明日期后送申办者。在整个临床试验中,研究者都不得向受试者收取试验用药所需的费用。

(二)申办者职责

申办者是发起一项临床试验,并对该试验的启动、管理、财务和监查负责的公司、机构或组织。

为发起一项试验,申办者应当依法向国家药品监管部门递交临床试验的申请,也可委托合同研究组织执行临床试验中的某些工作和任务。其具体职责如下:

(1)临床试验开始前,申办者应当与研究者共同设计临床试验方案,并提供有关试验药物。在进行人体研究时,申办者向研究者提供临床与非临床研究资料或研究者手册以及易于识别、正确编码并贴有特殊标签的试验药物、标准品、对照药品或安慰剂,并且保证质量。

(2)在临床试验过程中,申办者可以组织不直接涉及试验的人员对试验的实施、数据的记录和分析是否与试验方案、标准操作规程以及药物临床试验相关法规要求相符等进行稽查(audit)。一旦发生严重不良事件,申办者应与研究者迅速研究,采取必要的措施保证受试者的安全和权益。

(3)临床试验完成后,由申办者向国家药品监管部门递交试验总结报告。此外,申办者应当提供试验经费,并为参加临床试验的受试者提供保险,为试验中受损害或死亡的受试者承担治疗的费用及相应的经济补偿。

（三）监查员职责

监查员是由申办者任命并对申办者负责的具备相关知识的人员，其任务是监查和报告试验的进展情况和核实数据。监查员是申办者与研究者之间的主要联系人，其人数及访视的次数取决于临床试验的复杂程度和参与试验的医疗机构的数目。

监查员职责包括：

（1）在试验前确认试验承担单位已具备适当的条件，包括人员配备与培训情况，实验室设备齐全、运转良好，具备各种与试验有关的检查条件，估计有足够数量的受试者，参与研究的人员熟悉试验方案的要求。

（2）在试验过程中监查研究者执行试验方案的情况，确认在试验前取得所有受试者的知情同意书，了解受试者的入选率及试验的进展状况，确认入选的受试者合格。

（3）确认所有数据的记录与报告正确完整，所有病例报告表填写正确，并与原始资料一致。所有错误或遗漏均已改正或注明，经研究者签名并注明日期。对每一受试者的剂量改变、治疗变更、合并用药、间发疾病、失访、检查遗漏等情况均应确认并记录。核实入选受试者的退出与失访是否已在病例报告表中予以说明。

（4）确认所有不良事件均记录在案，在规定时间内对严重不良事件作出报告并记录在案。

（5）核实试验用药品是否按照有关法规进行供应、储藏、分发、收回，并做好相应的记录。

（6）协助研究者进行必要的通知及申请事宜，向申办者报告试验数据和结果。

（7）应如实清晰地记录研究者未能做到的随访、未进行的试验、未做的检查，以及是否对错误、遗漏作出纠正。

（8）每次访视后作一书面报告并递送申办者，报告应说明监查日期、时间、监查员姓名、监查中的发现等。

四、药物临床试验的记录与报告

根据我国 GCP 的要求，在药物临床试验中，病历作为临床试验的原始文件，应完整保存。试验中的任何观察、检查结果均应及时、准确、完整、规范、真实地记录于病历和正确地填写在病例报告表中，不得随意更改。临床试验中各种实验室数据均应记录或将原始报告复印件粘贴在病例报告表上，对显著偏离或在临床可接受范围以外的数据须加以核实。但为保护受试者隐私，病例报告表上不应出现受试者的姓名，研究者应按受试者的代码确认其身份并记录。临床试验总结报告的内容应与试验方案要求一致。研究者应当保存临床试验资料至临床试验终止后 5 年，而申办者应当保存至试验药物被批准上市后 5 年。

第四节 医疗器械临床试验管理

一、医疗器械临床试验的概念

医疗器械临床试验是指在经资质认定的医疗器械临床试验机构中，对拟申请注册的医疗器械在正常使用条件下的安全性和有效性进行确认或者验证的过程。为了加强对医疗器械临床试验的管理，维护受试者的权益，保证临床试验过程规范，结果真实、科学、可靠和可追溯，我国于2016年颁布了《医疗器械临床试验质量管理规范》。该规范明确了医疗器械临床试验申办者、临床试验机构及研究者和监管部门等各方职责，突出了伦理审查和知情同意的重要性，并特别强调临床试验过程中的风险控制。

二、医疗器械临床试验的监管

目前，医疗器械临床试验不再区分临床试用和临床验证，但未在境内外批准上市的新产品，安全性以及性能尚未经医学证实的，为了充分保护受试者权益，在临床试验方案设计时应当先进行小样本可行性试验，待初步确认其安全性后，再根据统计学要求确定样本量，开展后续临床试验。

国家对医疗器械临床试验实施备案管理，在临床试验开始前，申办者应当向所在地省级药品监管部门备案。但是，具有较高风险且需要采取特别措施严格控制、管理以保证其安全、有效的医疗器械，在临床试验开始前，应当经国家药品监管部门批准。

三、医疗器械临床试验相关人员的职责

与药物临床试验不同的是，医疗器械临床试验应当在两个或者两个以上医疗器械临床试验机构中进行。根据《医疗器械临床试验质量管理规范》，在临床试验中，申办者主要负责发起、申请、组织、监查临床试验，并对临床试验的真实性、可靠性负责。伦理委员会应当按照伦理准则和临床试验管理有关规定，按照工作程序履行审查职责并监督试验的实施。临床试验机构和研究者应当按照临床试验方案、有关协议及临床试验相关规定实施临床试验，出现不良事件应当及时报告并采取适当治疗措施。

第五节 医疗技术临床试验管理

一、医疗技术临床试验的概念

医疗技术临床试验是指医疗机构依据医学伦理与法律对人体施行新的医疗技术的试验

性研究，是对疾病的诊断和治疗措施的试验性应用。

在我国，由于医疗技术临床试验管理法律制度建设长期滞后，一些医疗机构及其医务人员出于利益冲动，将本来属于试验性的医疗技术大量应用于临床医疗，并给受试的患者造成了严重的伤害。比如，此前已被国家卫生行政部门叫停的"脑外科手术戒毒""肖氏反射弧"手术等。相对于药物和医疗器械的临床试验，医疗技术临床试验管理法律制度亟待健全和完善。

二、医疗技术临床试验许可

国家建立医疗技术临床应用负面清单管理制度。按照《医疗技术临床应用管理办法》的规定，安全性、有效性不确切或者未经临床研究论证的医疗新技术，医疗机构不得开展临床应用。因此，涉及医疗新技术的试验性应用，必须按照临床研究管理的相关规定执行，以更好地保护受试者权益。此外，在一些单项的技术管理规范中，对医疗技术临床试验还有事先取得许可的要求。比如，根据《人体器官移植技术临床应用管理暂行规定》，医疗机构及其医务人员开展试验性人体器官移植必须进行技术论证，并按照有关规定取得批准。

三、医疗技术临床试验管理

由于医疗技术的研究与疾病的治疗往往同步进行，医疗技术临床试验通常属于"临床试验性检查或者治疗"的范畴，而根据我国《医疗机构管理条例实施细则》的释义，"临床试验性检查和治疗"属于患者享有知情同意权的"特殊检查、特殊治疗"，因此在医疗技术的临床试验中，研究者有义务保障受试者的知情同意权，尤其应当向患者明确告知即将开始的研究和常规医疗之间的差异，避免患者产生所谓的"治疗性误解"。同时，任何探索性的医疗技术临床试验都应当事先通过机构伦理委员会的审查，伦理委员会应着重审查探索性医疗技术的风险收益比是否在合理范围之内。

与药物临床试验相同，在医疗技术临床试验过程中，研究者也不得向患者收取费用。比如，根据《人体器官移植技术临床应用管理暂行规定》，试验性人体器官移植不得向患者收取任何费用。

第六节 法律责任

人体医学研究法律责任是指行为人因违反国家有关人体医学研究的法律规定而承担的不利后果,包括行政责任、民事责任和刑事责任三种形式。虽然我国已针对人体医学研究制定了一系列质量管理规范,但总体上看,现行法关于法律责任的规定,尤其是关于民事责任的规定明显不足。

一、行政责任

现行法关于人体医学研究的行政责任散见于《执业医师法》《精神卫生法》《药品管理法》《医疗器械监督管理条例》等法律、法规中。

(1) 医师在执业活动中,违反《执业医师法》的规定,进行实验性临床医疗未经医院批准并征得患者本人或者其家属同意,由县级以上卫生行政部门给予警告或者责令暂停6个月以上1年以下执业活动;情节严重的,吊销其执业证书。

(2) 医疗机构及其工作人员违反《精神卫生法》相关规定对精神障碍患者实施实验性临床医疗的,由县级以上卫生行政部门责令改正,对直接负责的主管人员和其他直接责任人员依法给予或者责令给予降低岗位等级或者撤职的处分;对有关医务人员,暂停6个月以上1年以下执业活动;情节严重的,给予或者责令给予开除的处分,并吊销有关医务人员的执业证书。

(3) 药物非临床安全性评价研究机构、药物临床试验机构未按照《药品管理法》规定实施《药物非临床研究质量管理规范》《药物临床试验质量管理规范》的,给予警告,责令限期改正;逾期不改正的,责令停产、停业整顿,并处5000元以上2万元以下的罚款;情节严重的,吊销药物临床试验机构的资格。药品监督管理部门违反《药品管理法》规定,对不具备临床试验条件而批准进行临床试验的,由其上级主管机关或者监察机关责令收回违法发给的证书、撤销药品批准证明文件,对直接负责的主管人员和其他直接责任人员依法给予行政处分。

(4) 违反《医疗器械监督管理条例》规定开展医疗器械临床试验的,由县级以上药品监管部门责令改正或者立即停止临床试验,可以处5万元以下罚款;造成严重后果的,依法对直接负责的主管人员和其他直接责任人员给予降级、撤职或者开除的处分;该机构5年内不得开展相关专业医疗器械临床试验。医疗器械临床试验机构出具虚假报告的,由县级以上药品监管部门处5万元以上10万元以下罚款;有违法所得的,没收违法所得;对直接负责的主管人员和其他直接责任人员,依法给予撤职或者开除的处分;该机构10年内不得开展相关专业医疗器械临床试验。

二、民事责任

与常规医疗不同，当受试者的生命和健康在人体医学研究中受到伤害时，受试者享有的补偿请求权并不以责任主体的过错为要件，申办者应通过保险等社会化机制在更大范围内分担相关费用。《药物临床实验质量管理规范》规定，申办者应为参加临床试验的受试者提供保险，为发生与试验相关的损害或死亡的受试者承担治疗费用并提供相应的经济补偿。《医疗器械临床试验质量管理规范》也要求建立类似机制。当然，在研究实践中，预定的保险机制尚未普遍建立起来。此外，在人体医学研究中，如研究者未尽告知义务，因此受到伤害的受试者还可以向申办者主张侵害知情同意权的法律责任。

三、刑事责任

目前我国现行《刑法》并未针对法律禁止的人体医学研究行为设立非法人体试验罪，原则上只有当违反人体医学研究的行为，具体侵害到公民个人的人身权利时，才能追究违法者的刑事法律责任。比如，如果医务人员在研究过程中严重不负责任造成受试者身体健康受到严重损害的，可以依照《刑法》医疗事故罪的规定论处；如果医务人员无视受试者的反对，强行实施人体试验，造成受试者死亡或者重伤的，可以依照《刑法》过失致人死亡罪或者过失致人重伤罪论处。在药物临床试验中，如果药物非临床研究机构、药物临床试验机构、合同研究组织的工作人员，故意提供虚假的药物非临床研究报告、药物临床试验报告及相关材料的，可以依法认定构成故意提供虚假证明文件罪。

复习思考题

1. 规范的受试者知情同意应当包括哪些要素？认定研究者侵害受试者知情同意权的三个要件是什么？
2. 我国伦理审查的组织模式是什么？
3. 在药物临床试验中，研究者、申办者和监查员的职责分别是什么？
4. 医疗器械临床试验、医疗技术临床试验与药物临床试验在管理上有什么区别？

案例思考题

2008年5月20日至6月23日，"黄金大米"试验在湖南省衡南县某小学实施。该试验旨在研究"金水稻"（一种转基因水稻，俗称"黄金大米"）中的类胡萝卜素在儿童体内的吸收效率和转化成维生素A的效率。5月22日，课题组召开学生家长和监护人知情通报会，但没有向受试者家长和监护人说明试验将使用转基因的"黄金大米"。现场未发放完整的知情同意书,仅发放了知情同意书的最后一页,学生家长或监护人在该页上签了字,而该页上没有提及"黄金大米",更未告知食用的是"转基因水稻"。虽然该项研究的地点最初并不在湖南,但项目负责人并未就项目现场的变更再次申请伦理审查。在试验中,受试者被随机分为3组,其中1组25名儿童于6月2日午餐每人食用了60克"黄金大米"米饭,其余时间和其他组儿童均食用当地采购的食品。

案例讨论

1. "黄金大米"试验在知情同意方面存在哪些问题?
2. 此案例暴露了我国伦理审查方面的哪些缺陷?
3. 在人体医学研究中,应当如何保护受试儿童的权益?

(四川大学 张洪松)

第二十三章 与医学新技术相关的法律制度

第一节 人工生殖

一、人工生殖概述

（一）人工生殖技术的概念

人工生殖技术即人类辅助生殖技术（assisted reproductive technology，ART），是指运用医学技术和方法对配子、合子、胚胎进行人工操作，以达到受孕目的的技术，分为人工授精和体外受精-胚胎移植技术及其各种衍生技术。

（二）人工生殖的种类

1. 人工（体内）授精

人工（体内）授精（artificial insemination，AI）是指用人工方法收集精子并直接注入女性生殖道内，以期受孕成功的一种技术。按精液来源不同分为三种：第一种是夫精人工授精，又称同源人工授精（artificial insemination by husband，AIH），指医师收集丈夫的精子并以人工方式将其注入妻子体内使其受孕分娩；第二种是供精人工授精，又称异源人工授精（artificial insemination by donor，AID），指精子非来源于丈夫而是来源于不知名的募捐者；第三种是混合人工授精，指医师收集丈夫和不知名的募捐者的精子，以人工方式注入妻子体内使其受孕分娩的方式。

人工授精的先决条件是女方的生育功能正常，主要针对丈夫无法射精，或丈夫精子过少，无法以自然方式使妻子的卵子受精等男性不育问题。

2. 人工体外受精

人工体外受精（in vitro fertilization，IVF），又称为试管婴儿技术，是指用人工方法从妇女卵巢取出卵子，并使卵子和精子在试管内培养基中结合形成胚胎，然后再植入子宫继续妊娠的一种生育技术，用这种技术生育的婴儿称为"试管婴儿"。

体外受精比人工授精更多地替代了自然生殖的过程，是一种复杂的医学技术。具体可分为：①采用丈夫的精子和妻子的卵子在体外受精；②采用妻子的卵子和第三人提供的精子在体外受精；③采用丈夫的精子和第三人提供的卵子在体外受精；④采用第三人提供的精子和第三人提供的卵子在体外受精。

该项技术主要解决妇女因输卵管问题造成的不孕不育。

3. 代孕（surrogacy）

严格来说，代孕并非一种独立的人工生殖技术，指一名女性代替另一名女性怀孕生子，为生理上不能或者不适宜怀孕的妇女提供的人工生殖。

根据代孕者和委托人与孩子的基因关系区分，代孕可以分为三类：①借腹代孕，即精子、卵子来自夫妻双方，代孕母亲仅提供自己的子宫孕育胚胎；②借卵代孕，即精子来自丈夫，卵子由代孕者提供，经体外受精后，由代孕者怀孕生育；③捐胚代孕，即代孕母亲使用捐赠的精子、卵子形成胚胎，进行孕育，代孕者和委托者都与孩子没有基因关系。

4. 克隆（clone）

克隆是指生物通过细胞分裂形成基因型完全一致的后代种群，又称为无性生殖。主要有治疗性克隆（therapeutic cloning）和生殖性克隆（reproductive cloning）两种。前者是指把患者的体细胞移植到去核卵母细胞中形成重组胚，把重组胚体外培养到囊胚，然后从囊胚内分离出胚胎干细胞（embryonic stem cell，简称ES细胞），获得的ES细胞使之定向分化为所需的特定细胞类型，用于替代疗法。这种方法的最终目的是用于干细胞治疗，而非得到克隆个体。后者开始的步骤与前者完全相同，将人类的体细胞植入去核卵细胞内，经人工方式将其培养成胚胎后，移植到妇女子宫内怀孕、生殖，它是以产生新个体为目的的克隆。这项技术彻底改变了通过精子与卵子的结合而缔造生命的方式，目的是产生一个独立生存的个体。

二、人工生殖引起的法律问题

人工生殖技术的应用给人类带来了福音，也给人类带来了许多社会伦理问题和法律问题。

（一）人工（体内）授精的法律问题

1. 同源人工授精的法律问题

（1）同源人工授精中亲子关系的认定问题。同源人工授精父母子女关系的确立通常分为以下两种情形：

第一，在婚姻关系存续期间，夫妻双方均同意进行同源人工授精，由于精子和卵子来自夫妻双方，受孕出生的子女法律地位比较明确，无论从遗传学、生物学还是社会学的角度，他们都是夫妻双方共同的子女，该子女被当然地认定为婚生子女。

第二，在婚姻关系存续期间，妻子在丈夫不知情或未经丈夫一方的同意而擅自进行同源授精所生的子女，其法律地位如何认定，各国立法尚无明确规定，同时理论界也有两种争议观点：一种观点认为该子女为婚生子女，以保障子女的合法权益；另一种观点认为该子女是婚生子女，但丈夫在一定期限内享有否认权和认领权。

（2）妻子能否使用亡夫的冷冻精液的问题。由于精子冷冻技术的产生，从技术上看，妻子可以在丈夫死后利用丈夫冷冻的精子进行人工授精，由此引发丈夫死后生殖的相关问题。但法律上是否应该允许？如果允许，用这种方式所生育子女的法律地位如何？各国立法和判例也各不相同。主流观点认为：如果丈夫生前允许妻子在其死后利用冷冻的精子进行人工授精并且这种意愿是自己真实意愿的表达，则丈夫为该子女法律上的父亲。

2. 异源人工授精的法律问题

随着 AID 的广泛应用，各国判例、法律也在不断发生变化，另外由于使用该方法所生子女与生母之夫不存在自然血缘关系，也会引发一系列法律问题。

（1）异源人工授精中亲子关系的认定问题。各国法律对此问题反应不一。从发展趋势看，多数国家倾向于主张夫妻合意的 AID 子女应推定为婚生子女，孩子与生母之夫的关系视为亲生父子关系；妻子进行 AID，如果丈夫不知情或未曾同意，在一定期间内，他对孩子有否认权。

（2）AID 的匿名供精人与 AID 子女的关系问题。随着 AID 广泛应用，已经发生多起 AID 子女寻找生父和供精者认领 AID 子女的案例。从尊重和保护 AID 子女知情权角度来看，AID 子女有权利知道其生物学父亲是谁，有权知道自己的出生背景，但是这涉及 AID 夫妇要求供精者匿名（保密）的权利。而匿名为子女与供精者之间设置了不可逾越的障碍，由此产生了保护供精者匿名权和 AID 子女"寻根"愿望（利益）的冲突。

（3）单身女性的 AID 生育权问题。单身妇女，包括未婚女子、丧偶女性、女同性恋者及其他女独身主义者，是否享有 AID 生育权？对此，法律和伦理学界有争论。在中国，自 2003 年开始，学界对单身女性的生育权进行了激烈的探讨。目前，大多数国家如法国、瑞典、德国等都只允许在婚姻关系内进行 AID。少数国家学者认为，如果她们能够为孩子提供良好的成长环境，妇女有自由选择婚姻和生育的权利。

（二）人工体外受精的法律问题

1. 人工体外受精亲子关系的认定问题

因配子来源和妊娠场所的不同，造成试管婴儿有多个母亲、多个父亲的复杂状况，如果说 AID 提出"谁是父亲"的问题，那么 IVF 的问题就扩大为"谁是试管婴儿的父母"。

（1）使用妻卵的体外受精，具体又分两种情况：

一是使用妻卵的同源体外受精，从遗传物质的来源上看，精子和卵子来源于夫妻双方，因此，所生的子女为该不孕夫妇的婚生子女。

二是使用妻卵的异源体外受精。将妻子的卵子和捐赠者的精子在体外受精，形成胚胎后再移植到妻子子宫孕育分娩。这种情况下的亲子关系认定，多数国家倾向于认定，经过夫妻合意所生育的子女为婚生子女，所生育的子女与生母之夫的关系视为亲生父子关系；如果丈夫不知情或未曾同意，在一定期间内，他对孩子有否认权。

（2）使用捐卵的体外受精，具体又分两种情况：

一是捐卵用于同源体外受精，将捐赠者的卵子和丈夫的精子在体外受精，形成胚胎后再移植到妻子子宫孕育分娩。在这种情况下，不孕夫妇之夫为该子女的父亲。这类试管婴儿涉及两个母亲：遗传学母亲（供卵者）和生身之母（分娩者）。应当认定谁是该子女的合法母亲呢？一般认为不孕夫妇中的妻子为母亲。

二是捐卵用于异源体外受精，将捐赠者的卵子和捐赠者的精子在体外受精，形成胚胎后再移植到妻子子宫孕育分娩，所生子女与不孕夫妇不存在任何血缘联系，不孕夫妇之妻只担任孕育分娩者的角色。美国加利福尼亚州上诉法院在 1998 年的布查卡（Buzzanca）案中判定该对希望成为父母的不孕夫妇为法律上的父母。

2. 受精卵和胚胎管理的法律问题

由于遗传物质可以在体外储存，胚胎冷藏技术的发展为体外受精的临床应用拓展了空间，这就使遗传物质的捐赠、买卖、试验、移植、进出口成为可能，由此引发如何确定胚胎和受精卵的法律地位及相关的一系列法律问题。

（1）受精卵和胚胎法律地位。即受精卵和胚胎是不是人？是否享有继承权？销毁或丢弃多余的胚胎是否构成杀人？对此，有两种截然不同的意见：一种意见认为其是人，因此应尊重他们，不应把他们作为工具、手段来使用；另一种意见认为其不是人，它们不具备人一样的法律地位。

（2）胚胎学研究的法律问题。胚胎研究意义重大，但是它也可能给人类带来灾难。各国对此认识不同，因而有不同的立法。美国有 22 个州的法律禁止胚胎研究。德国因希特勒时代曾开展过人体胚胎实验，故对此问题特别敏感，它所颁布的《胚胎保护法》也是世界上禁止胚胎研究最严厉的法规。澳大利亚的维多利亚州也颁发了类似法令，禁止研究人胚胎和克隆相同的人，禁止活检胚胎（活检是活体组织检查的简称，也称为外科病理学检查），也禁止繁殖人与动物的混血儿。英国的《人类受精与胚胎法案》则是一个折中法案：允许研究 14 天以前的胚胎，禁止研究 14 天后的胚胎，即从法律层面认为 14 天后的胚胎是有生命的人。2003 年 12 月 24 日，中国科学技术部、卫生部联合颁布了《人胚胎干细胞研究伦理指导原则》，对人胚胎干细胞研究的行为规范作了规定。

（3）生殖细胞、冷冻胚胎的保存与销毁问题。生殖细胞、胚胎的保存期限事关人类的尊卑秩序和伦理关系，对其保存和销毁应该作出规定。中国台湾地区 2007 年有关人工生殖的规定将其分为四种情况。中国大陆目前没有对生殖细胞和胚胎的保存和销毁作出规定。

（三）代孕的法律问题

1. 代孕合同的效力

有的学者认为，代孕合同内容属于违反公序良俗行为中的危害家庭关系行为类型，该法律行为无效；有的学者认为在满足相应条件的前提下应当认可其效力。

2. 代孕子女法律地位

在代孕行为下，传统的婚姻家庭体系被打破，必须重新思考通过代孕出生的子女及其父母的法律地位以及相应产生的民事法律关系。

3. 代孕母亲的法律地位

代孕不同于传统的生殖方式,其涉及的当事人不仅仅是传统意义上的父母双方,通过代孕分娩的婴儿最多可能拥有遗传母亲、代孕母亲及委托母亲三位不同的母亲。代孕母亲的法律地位尚无定论。

(四)克隆的法律问题

克隆人将会导致以下几个方面的法律问题:

1. 冲击人的主体地位

克隆人会对人的主体地位造成冲击,导致人沦为工具,从而无法实现对其人格尊严的保护。克隆人在很多情况下不被看作是目的,而是一种补偿工具,这是对人类尊严的挑战。

2. 挑战现有家庭关系

克隆人会使法律关系产生混乱。克隆人与细胞核的供体关系十分模糊,到底是亲子关系还是兄弟姐妹关系?另外,具有同样遗传特征的两个人,到底如何从法律上加以确定和区分?

3. 影响传统家庭职能

克隆人将改变传统的家庭职能,挑战家庭伦理关系。克隆人的出现将导致传统婚姻家庭中的重要职能——自然生育变得可有可无,而且界定新的家庭人伦关系将会变得无比困难。

联合国大会反对克隆人国际公约特设委员会于2002年2月25日在纽约联合国总部举行首次会议,就《禁止生殖性克隆人国际公约》展开辩论。中国政府坚决反对生殖性克隆。以治疗和预防疾病为目的的人类干细胞研究是有益的,应该予以鼓励和支持,但是各种关于克隆技术的研究和应用都必须遵循国际上公认的生命伦理原则,并使其在严格审查和有效监控的条件下有序发展。

三、人工生殖的立法

(一)我国人工生殖立法状况

为了制止一些单位滥用人工生殖技术,1989年卫生部颁布的《关于严禁用医疗技术鉴定胎儿性别和滥用人工授精技术的紧急通知》规定,除用于科学研究外,其他医疗保健机构一律不得开展人工授精。1991年7月8日,最高人民法院颁布《关于夫妻离婚后人工授精所生子女的法律地位如何确定的复函》。2001年2月20日,卫生部颁布了《人类辅助生殖技术管理办法》《人类精子库管理办法》两部规章。2001年5月14日,卫生部又发布了《人类辅助生殖技术规范》《人类精子库基本标准》《人类精子库技术规范》《实施人类辅助生殖技术的伦理原则》等规范性文件,2003年6月27日,卫生部将其修订为《人类辅助生殖技术规范》《人类精子库基本标准和技术规范》《人类辅助生殖技术和人类精子库伦理原则》。2003年12月24日，科学技术部、卫生部联合颁布了《人胚胎干细胞研究伦理指导原则》。2006年2月7日，卫生部颁布了《人类辅助生殖技术与人类精子库校验实施细则》《人类辅助生殖技术及人类精子库培训基地认可标准及管理规定》。为贯彻落实《人类辅助生殖技术管理办法》《人类精子库管理办法》，严格执行相关规范和标准，规范辅助生殖技术行政审批行为，2015年4月13日，国家卫生和计划生育委员会颁布《关于规范人类辅助生殖技术与人类精子库审批的补充规定》。

（二）我国人工生殖立法的主要内容

1.《人类辅助生殖技术管理办法》的主要内容

（1）明确了《人类辅助生殖技术管理办法》的立法目的。制定《人体辅助生殖技术管理办法》是为了保证人类辅助生殖技术安全、有效和健康发展，规范人类辅助生殖技术的应用和管理，保障人民健康。

人类辅助生殖技术的应用应当在经过批准的医疗机构中进行，以医疗为目的，并符合国家计划生育政策、伦理原则和有关法律规定。禁止以任何形式买卖配子、合子、胚胎。避免生殖细胞的商业化经营，即只允许捐赠的精子、卵子在人工生殖中使用。医疗机构和医务人员不得实施任何形式的代孕技术。

（2）明确了卫生行政部门为主管机关。国务院卫生行政部门主管全国人工生殖技术的监督管理工作，县级以上卫生行政部门负责本行政区域内人工生殖技术的日常监督管理。

（3）明确了实施人工生殖的单位资质及审批制度。开展人类辅助生殖技术的医疗机构应当符合下列条件：①具有与开展人类辅助生殖技术相适应的卫生专业技术人员及其他专业技术人员；②具有与开展人类辅助生殖技术相适应的技术和设备；③设立医学伦理委员会；④符合《人类辅助生殖技术规范》的要求。

申请开展夫精人工授精技术的医疗机构由省级卫生行政部门审批；申请开展供精人工授精和体外受精-胚胎移植技术及其衍生技术的医疗机构，由省级卫生行政部门提出初审意见，由国务院卫生行政部门审批。

（4）明确了人类辅助生殖技术的实施条件。人类辅助生殖技术必须在经过批准并进行登记的医疗机构中实施。实施人类辅助生殖技术应当符合《人类辅助生殖技术规范》的要求，遵循知情同意原则，并签署知情同意书。涉及伦理问题的，应当提交医学伦理委员会讨论。医疗机构应当与国务院卫生行政部门批准的人类精子库签订供精协议；严禁私自采精；应当索取精子检验合格证明。医疗机构应当为当事人保密，不得泄露有关信息。实施人类辅助生殖技术的医疗机构不得进行性别选择，法律、法规另有规定的除外。医疗机构应当建立健全技术档案管理制度。供精人工授精医疗行为相关的医疗技术档案和法律文书应当永久保存。

（5）规定了开展人工生殖技术的医疗机构违规行为的处罚措施。

（6）对人类辅助生殖技术、人工授精、体外受精-胚胎移植技术等名词进行了定义。

2.《人类精子库管理办法》的主要内容

（1）明确了《人类精子库管理办法》的立法目的。制定《人类精子库管理办法》是为了规范人类精子库管理，保证人类辅助生殖技术安全、有效应用和健康发展，保障人民健康。人类精子库是指以治疗不育症和预防遗传病等为目的，利用超低温冷冻技术，采集、检测、保存和提供精子的机构。人类精子库必须设置在医疗机构内。精子的采集和提供应当遵守当事人自愿和符合社会伦理的原则。任何单位和个人不得以营利为目的进行精子的采集与提供活动。

（2）明确了卫生行政部门为主管机关。国务院卫生行政部门主管全国人类精子库的监督管理审批工作，县级卫生行政部门负责本行政区域内人类精子库的日常监督管理。

（3）明确了精子库的设置条件和审批程序。申请设置人类精子库的医疗单位应当符合下列条件：①具有医疗机构执业许可证；②设立医学伦理委员会；③具有与采集、检测、保存和提供精子相适应的卫生专业技术人员；④具有与采集、检测、保存和提供精子相适应的技术和仪器设备；⑤具有对供精者进行筛查的技术能力；⑥应当符合《人类精子库基本标准》。

（4）明确了精子捐赠者的条件和捐赠精子的限制。精子的采集和提供应当在经过审批的医疗机构中进行，严格遵守《人类精子库技术规范》和各项技术操作规程。供精者应当是年龄限制在22~45岁之间的健康男性，且不得采集有下列情况之一的人员的精液：①有遗传病家族史或者患遗传性疾病者；②精神病患者；③传染病患者或者病原携带者；④长期接触放射线和有害物质者；⑤精液检查不合格者；⑥其他严重器质性疾病患者。

供精者只能在1个精子库中供精。精子库采集精子后，应当进行检验和筛查。严禁精子库向医疗机构提供新鲜精子，严禁精子库向未经批准开展人工生殖技术的医疗机构提供精子。一个供精者的精子最多只能提供给5名妇女受孕。

（5）明确了人类精子库的义务。人类精子库工作人员应当向供精者说明精子的用途、保存方式以及可能带来的社会问题，并与供精者签署知情同意书，建立供精者档案，对供精者的详细资料和精子情况进行计算机管理并永久保存。未经供精者和受精者同意不得泄露有关信息。

（6）规定了设置人类精子库的医疗机构违规行为的处罚措施。

3.《人类辅助生殖技术规范》的主要内容

《人类辅助生殖技术规范》是卫生部颁布的针对体外受精-胚胎移植技术和人工授精技术的实施规范，其内容主要有：

（1）明确了体外受精-胚胎移植及其衍生技术规范，明确该技术目前主要包括体外受精-胚胎移植、配子或合子输卵管内移植、卵胞浆内单精子显微注射、胚胎冻融、植入前胚胎遗传学诊断等，并规定了其基本要求、管理、适应证与禁忌证和质量标准。

（2）明确了人工授精技术规范，规定了人工授精技术的基本要求、管理、适应证与禁忌证和技术程序与质量控制等方面的内容。

（3）规定了实施技术人员的行为准则。实施技术人员应遵守下列要求：①必须严格遵守国家人口和计划生育法律、法规；②必须严格遵守知情同意、知情选择的自愿原则；③必须尊重患者隐私权；④禁止无医学指征的性别选择；⑤禁止实施代孕技术；⑥禁止实施胚胎赠送；⑦禁止实施以治疗不育为目的的人卵胞浆移植及核移植技术；⑧禁止人类与异种配子的杂交；禁止人类体内移植异种配子、合子和胚胎；禁止异种体内移植人类配子、合子和胚胎；⑨禁止以生殖为目的对人类配子、合子和胚胎进行的基因操作；⑩禁止实施近亲间的精子和卵子结合；⑪在同一治疗周期中，配子和合子必须来自同一男性和同一女性；⑫禁止在患者不知情和不自愿的情况下，将配子、合子和胚胎转送他人或进行科学研究；⑬禁止给不符合国家人口和计划生育法规和条例规定的夫妇和单身妇女实施人类辅助生殖技术；⑭禁止开展人类嵌合体胚胎试验研究；⑮禁止克隆人。

第二节 变性手术

一、变性手术概述

变性手术具有高侵袭性、高风险性及后果的不可逆性，既涉及医学治疗的问题，也涉及法律问题，必须对其进行法律规制。

（一）易性症概述

一般情况下，有两种方法判断人的社会性别：生物学方法和心理学方法。生物学方法通常根据染色体、性腺和生殖器三个因素判定性别，即生理性别的确定方法；心理学方法根据一个人的心理或意愿来确定本人的性别，即心理性别的判定方法。易性症（transsexualism）属于性心理身份或性别身份识别障碍，是指从心理上否定自己的性别，认为自己的性别与外生殖器的性别相反，要求变换生理的性别特征。易性症患者尽管清楚地知道自己的生物学性别，但却在心理上渴望改变自己的生物学性别。

目前，对易性症的治疗比较困难，主要采用药物和心理治疗，但效果并不理想，每年有很多人因受易性症困扰而自杀。在此情况下，国外大部分专家认为通过变性手术进行性别重建，使易性症患者获得异性性别身份的认可，在一定程度上能使患者的心理得到平衡，使他们重新以新的面貌回归社会。

（二）变性手术的概念和种类

变性手术（sex change operation），是指通过整形外科手段（组织移植和器官再造）使易性症患者的生理性别与其心理性别相符，即切除其原有的性器官并重建新性别的体表性器官和第二性征。其标志手术是阴道再造术、阴茎再造术，同时进行表形重塑，如喉结整形、乳房整形等，以符合自我性别再认定。术后患者原来自觉性别与生物学性别之间的矛盾缓解，心理得到平衡，性功能恢复正常，可以结婚组成家庭，但无生育能力。

自 1931 年实施世界首例变性手术后，全球已经有 1 万多人变性。新加坡曾在 20 世纪 70、80 年代收治大批变性手术患者，成为世界领先的变性中心。我国开展变性手术始于 1980 年左右，截至 2010 年，我国大约有 40 万人要求进行变性手术，至今已有 1000 多人进行了手术。目前北京、上海等地的变性手术水平已居世界领先地位。

（三）变性手术的立法比较

在亚洲一部分国家的刑事法律中，明确规定了残害正常器官要负刑事责任，违者要判 3~4 年的有期徒刑，其罪名是残害正常器官罪。在阿根廷、葡萄牙等国家，法律禁止实施变性手术，即使患者同意，该同意也被认为是患者的病态表现，属于无效的意思表示，医生如果进行变性手术将被判处人身伤害罪。

在荷兰、丹麦、意大利、新加坡、比利时、加拿大、英国和瑞典等国家，如果全面的医疗评价表明该外科手术具有积极的治疗意义，并且该手术被认真而适当地实施，就被认为是合法的。在变性手术合法的国家或地区，不少国家（如瑞典、德国、意大利、荷兰及土耳其等）制定了专门法来规范变性手术，涉及内容包括手术最低年龄、国籍、亲属法中的身份关系等。此外，也有通过行政命令（如挪威、奥地利及丹麦等）或司法机关判决许可（如卢森堡、西班牙、比利时、波兰、葡萄牙及瑞士）等方式来进行规范的。还有些国家没有明文禁止变性手术，但也没有法律对变性手术进行规范，医学实践中按照通常的医学标准实施。

对于变性手术的法律效力，综合起来看，大致有三种做法：一是无论是否手术，法律上都不承认性别的变更，如泰国；二是做了手术就可改变性别，如中国；三是不做手术也可改变性别，如英国。

二、变性手术引起的法律问题

（一）婚前变性手术后的结婚问题

《婚姻法》明确规定婚姻自由原则和异性婚姻制度。只要不存在禁止结婚的情形，具备结婚必要条件的变性人同样享有结婚的权利，但是这种婚姻毕竟不同于一般的自然人之间的婚姻。手术变性者结婚需要注意以下问题：

首先，手术变性者有向拟与其结婚者告知变性身份的义务。手术变性的技术缺陷会直接影响将来配偶的利益，如变性者的生殖问题、健康问题、性能力（尤其是女变男人造阴茎的缺陷）问题等。因此，有必要发布新的司法解释或修改《婚姻法》，对变性人结婚增加告知义务，如未履行告知义务，无过错的一方有权撤销该婚姻。

其次，手术变性者应当在有资格的医院进行婚前体检，以确定其身心是否适宜结婚，并向双方当事人作出能否结婚的医学建议，供当事人慎重考虑。

（二）婚内变性手术后的婚姻关系维系问题

婚内变性的尴尬在于它与我国目前的法律是相抵触的，面临无法被法律承认和保护的窘境。因为根据《婚姻法》的规定，我国不承认同性婚姻。2009年国务院卫生行政部门制定的《变性手术技术管理规范（试行）》在"手术前患者必须满足的条件"中规定"未在婚姻状态"。

学术界对婚后变性是否导致婚姻关系的终止存在争议。一种观点认为我国婚姻立法、文化传统和伦理道德都不承认同性婚姻，婚后变性手术使得婚姻当事人双方变为同性，失去婚姻的属性与法理基础，婚姻关系应当自然终止，不需履行离婚的法定程序。另一种观点认为，在变性人婚姻关系的解除方面，应该以意思自治原则为要义，尊重双方当事人的真实意愿。如果双方自愿解除婚姻关系，理所当然属于协议离婚范畴；如果双方自愿维持婚姻关系，法律不应强求变性人与配偶解除婚姻关系。

我国民政部办公厅民办函〔2002〕127号《关于婚姻当事人一方变性后如何解除婚姻关系问题的答复》，就个案对已婚者变性后如何解除婚姻关系的程序问题提出了具体指导性意见：变性人在变性前的结婚登记合法有效，变性后双方解除婚姻关系可以参照协议离婚处理，向婚姻登记机关申请撤销婚姻关系；如果双方对财产问题没有争议，登记机关可以参照协议离婚处理，离婚的效力自婚姻关系解除之日起算；双方因财产分割发生争议起诉至人民法院的，人民法院在解除当事人婚姻关系的同时一并解决财产问题。多数学者认为，该规定具有合理性。

（三）变性手术后的父母子女关系问题

1. 变性手术前已存在的子女问题

易性症患者已经结婚并育有子女的，夫妻可以用离婚的方式解除变性手术前的身份关系。总体来看，即便是父母亲当中任何一方成为变性人，这种由血缘决定的父母和子女的关系仍然可得以存续而不会解除。其中涉及的主要问题是双方对子女的监护问题和在确定子女由一方抚养后，另一方的探望权问题。关于这些基于血缘产生的身份权利，原则上不因性别的改变而改变，除非有证据证明易性的父或母对子女产生不利的影响或伤害子女，才可通过法律途径剥夺其法定的监护权和探望权。

2. 变性手术后可否拥有子女的问题

如前所述，变性人婚后面临着不能生育的问题。变性手术后的夫妻有权选择不生育子女，但如果变性后的夫妻想要子女，就会出现收养子女或人工助孕的问题。

（1）在收养子女方面。按照《中华人民共和国收养法》第6条的规定，收养人应当同时具备下列条件：①无子女；②有抚养教育被收养人的能力；③未患有在医学上认为不应当收养子女的疾病；④年满30周岁。所以变性人能否收养子女取决于其是否符合条件。

（2）在人工助孕方面。变性手术后的夫妻是否可以进行人工生殖是一个值得探讨的问题。

①助孕方式的选择。变性手术虽然可以改变性功能，但从生理学以及解剖学角度看不可能改变他们的生殖功能。男性变性者不可能孕育后代，女性变性者也产生不出精子，所以，变性人希望生育后代的愿望只能通过辅助生殖技术来实现。不同类型的变性人需要不同的助孕技术，一些情况下，甚至需要联合应用2~3种助孕技术。

②实施助孕的必要条件。首先，必须符合国家的法律、法规。中国没有针对变性人实施助孕的特别立法，但我国已承认变性人的新性别，变性人选择助孕，首先必须符合国家的计划生育政策与法律、法规。其次，助孕技术应仅限于女变男的变性人。基于我国禁止代孕与胚胎捐赠的现实，现有的助孕技术还无法帮助男变女的变性人。男性变性者要想获得自己的后代，必须借卵、借子宫，技术复杂，伦理问题多，更建议收养。再次，要求变性人身心健康。变性人配偶助孕时，医疗机构除进行普通不孕夫妇必需的检查外，为了保护后代，还必须接受精神、身体以及生活稳定性等方面的评估，生殖医学伦理委员会可适当介入，帮助医疗机构作出决定。

（四）变性手术后的隐私权问题

由于变性手术的特殊性，大多数人还不能以平等、尊重的态度来面对这一特殊群体，为了尊重其人格，减轻其生存压力，建议健全隐私制度。一方面，对实施手术的医院加强管理；另一方面，变性人备案登记制使公安机关掌握大量变性人情况，应严格登记查询制度，防止变性人信息被非法使用。

三、我国变性手术的立法现状

（一）变性手术的医疗标准

我国2009年11月13日以前没有法律禁止变性手术，也没有法律对变性手术进行规制。但是，实践操作从20世纪80年代就开始了，医院根据一些相关证明（症状诊断、家庭成员的认可等）决定是否手术。为贯彻落实《医疗技术临床应用管理办法》，做好变性手术技术审核和临床应用管理，保障医疗质量和医疗安全，国家卫生和计划生育委员会于2017年2月14日发布了《性别重置技术管理规范（2017版）》。其主要内容如下：

1. 医疗机构基本要求

（1）医疗机构开展性别重置技术应当与其功能、任务和技术能力相适应。

（2）有卫生行政部门核准登记的整形外科、泌尿外科和妇产科诊疗科目。有独立建制的麻醉科、重症医学科和输血科等辅助科室。

（3）设有管理规范的由医学、法学、伦理学等领域专家组成的伦理委员会。

（4）该医疗机构必须要有整形外科。①开展整形外科临床诊疗工作10年以上，床位不少于30张。能够独立完成整形外科各类手术（包括器官再造和组织移植手术），每年完成的整形外科手术不少于1000例。②病房设施便于保护性别重置手术对象隐私和进行心理治疗等。

（5）有至少2名具备性别重置技术临床应用能力的本医疗机构注册医师，有经过性别重置技术相关知识和技能培训并考核合格的其他专业技术人员。

（6）具备手术显微镜、血管探测仪等开展显微外科手术的相应设备。

2. 人员基本要求

（1）开展性别重置技术的医师。①取得医师执业证书，执业范围为外科专业的本医疗机构注册医师。②有10年以上整形外科专业领域临床诊疗工作经验，取得副主任医师以上专业技术职务任职资格5年以上。③独立完成生殖器再造术不少于10例（开展女变男性别重置技术的需独立完成阴茎再造术不少于5例）。④经过省级卫生行政部门相关培训，具备开展性别重置技术的能力。

（2）其他相关卫生专业技术人员。经过性别重置技术相关专业系统培训，满足开展性别重置技术临床应用所需的相关条件。

3. 技术管理基本要求

（1）严格遵守性别重置技术操作规范和诊疗指南，严格掌握性别重置技术的适应证和禁忌证。

（2）外生殖器的切除、成形及女变男乳房切除是性别重置技术的主体手术。

（3）实施主体手术前，手术对象应当提供如下材料并纳入病历：①当地公安部门出具的手术对象无在案犯罪记录证明。②由精神科或心理科医师开具的易性症诊断证明。③手术对象本人要求手术的书面报告并进行公证。④手术对象提供已告知直系亲属拟行性别重置手术的相关证明。

（4）手术前手术对象应当满足以下条件：①对性别重置的要求至少持续5年以上，且无反复过程；②术前接受心理、精神治疗1年以上且无效；③未在婚姻状态；④年龄大于20岁，具备完全民事行为能力；⑤无手术禁忌证。

（5）实施性别重置手术前，应当由手术者向手术对象充分告知手术目的、手术风险、手术后的后续治疗、注意事项、可能发生的并发症及预防措施、性别重置手术的后果，并签署知情同意书。

（6）医院管理。①实施性别重置手术前须经过医院伦理委员会同意，获准后方可施行。②建立病例信息数据库，完成每例次性别重置手术的一期手术后，应当按要求保存并及时上报相关病例数据信息。③切除组织送病理检查。④完成符合转换性别后的外生殖器重建手术后，医院为手术对象出具有关诊疗证明，以便手术对象办理相关法律手续。⑤医疗机构及其医务人员应当尊重手术对象隐私权。

（7）开展性别重置技术的医疗机构应建立健全性别重置手术后随访制度，按规定进行随访、记录。

（8）医疗机构和医师按照规定定期接受性别重置技术临床应用能力评估，包括手术成功率、严重并发症、死亡病例、医疗事故发生情况、术后患者管理、患者生存质量、随访情况和病历质量等。

（二）变性手术后身份的法律确认

我国目前对变性人身份的法律确认没有立法，《中华人民共和国居民身份证法》和《中华人民共和国户口登记条例》没有涉及这个问题。在中国首例变性登记的案例中，2000年公安部曾对四川省公安厅作出答复："自愿做变性手术是公民的个人权利，相应户籍等证件更换由当地公安部门直接办理"。河南省是明确变性后可变更户口的第一个省份。2002年11月5日，河南省公安厅、卫生厅联合发文，对所辖市的公安、卫生部门对公民实施变性手术后如何申请变更户口登记性别项目作了具体的程序性规定。

《变性手术技术管理规范（试行）》规定："变性手术后，医院为患者出具有关诊疗证明，以便患者办理相关法律手续。"但变性人遵循何种相关法律手续在全国范围内仍然属于法律空白。

第三节 基 因 工 程

一、基因工程概述

（一）基因的概念

"基因"一词起源于1909年丹麦遗传学家约翰逊所著的《科学遗传学要义》一书。基因是指位于脱氧核糖核酸（DNA）上编码多肽序列的碱基排列片段，是具有特定生理功能的DNA序列，是控制生物性状的基本遗传单位，是遗传信息传递、表达、性状分化发育的依据。基因具有多方面的重要价值，其密码一旦被破译，便可被广泛应用于农牧业、食品工业、医药卫生、遗传鉴定等领域，并会产生巨大的经济效应和社会效应。

（二）基因工程的概念

基因工程又称遗传工程、基因技术或者基因工程技术，是指按照人们的意愿，应用DNA重组技术，在基因水平上改变生物遗传性，创造新生物物种，通过工程化为人类提供有用产品及服务的技术。基因工程可帮助人们认识基因、了解基因，造福全人类。而基因则是基因工程的基点，是生物体内决定生物遗传特性的一个重要单位。

（三）基因工程的发展

基因工程诞生于20世纪70年代，它是一项定向改变生物遗传特性的新技术。1972年，美国斯坦福大学保罗·伯格（Paul Berg）构建了世界上第一个重组DNA分子，并因此荣获1980年度诺贝尔化学奖。1973年，S.科恩（S. Cohen）等首次通过质粒将外源DNA成功地转化到大肠杆菌中并转录出相应的 mRNA。该实验的成功是基因工程发展史上的一个里程碑，它不仅说明质粒分子可以作为基因的载体，将外源 DNA 导入宿主细胞，还说明了真核生物的基因可以转移到原核细胞中，并实现其功能表达，同时还建立了质粒-大肠杆菌这样一个基因模式，开创了基因工程的先河。在此后的40多年，基因工程取得了惊人的发展，许多成果已走出实验室，并逐步产业化、商业化，被广泛应用于农业、工业、医药、卫生、环境保护、食品等领域。以基因工程为代表的现代生物技术已成为与信息技术、新材料技术、空间技术等并列的高新技术之一，应用于医药卫生领域的基因工程技术主要有基因诊断、基因治疗等。

（四）基因工程在医学领域的应用

1. 基因工程药物

胰岛素、干扰素、人造血液、白细胞介素、乙型肝炎疫苗等通过基因工程实现了工业化生产，为人类防治相应疾病，提高人类的健康水平发挥了重大作用。

2. 基因诊断

基因诊断也称 DNA 诊断、DNA 探针技术或基因探针技术，它是通过直接探查基因的存在和缺陷来对人体的状态和疾病作出判断。最早的基因诊断是1976年凯恩等人借助 DNA 分子杂交方法首次成功进行的地中海贫血产前诊断。经过40多年的发展，基因诊断目前已广泛应用于许多疾病（特别是遗传病）的诊断，如基因诊断可以通过流行病学的大量筛查、分析和统计，对迟发遗传病进行预测；用小型 DNA 探针进行 DNA 指纹鉴定可协助分析犯罪证据等。

3. 基因治疗

基因治疗是指改变人体活细胞遗传物质的一种医学治疗方法，即通过基因诊断方法发现异常基因后，用正常的基因替代异常的基因，以达到治疗的目的。基因治疗一般分为体细胞基因治疗、生殖细胞基因治疗、增强基因工程和优生基因工程。1980年，基因治疗首次应用于人体。1989年5月22日，世界上首项获批的临床基因标记试验开始进行。1990年9月14日，首项获批的人类基因治疗方案正式实施。随后基因治疗作为治疗人类疾病的全新方法，得到了医学界、产业界和政府的高度重视。

4. 基因编辑

基因编辑技术是指在基因组水平上对目的基因序列甚至是单个核苷酸进行替换、切除、增加或插入外源 DNA 序列的基因工程技术，CRISPR/Cas9 系统的诞生使基因定位、精准修改成为现实。这一技术可以精确定位基因组的某一位点，在特定位点上剪断目标 DNA 片段并插入、替换或者去除基因片段。基因编辑可用于以治疗疾病为目的的基因增强；也有不以治疗疾病为目的的基因增强，如增高、改变肤色、提高智力、增强肌肉力量等。

二、基因工程引起的法律问题

（一）基因工程药物的法律问题

首先，基因工程药物的研发、生产和使用过程中都存在风险、安全问题。这种风险一旦转化为现实，将会对全人类或环境造成危害，因此需要提高基因工程药物风险管理水平及安全检测水平。其次，现有的法律规范缺乏可操作性。我国2003年公布的《人类辅助生殖技术规范》禁止开展人类嵌合体胚胎试验研究和克隆人。但这一规定太笼统，缺少研究人员的行为规范和具体义务，关于医务人员在何种情况下使用基因工程药物，按照什么标准和原则使用，缺少规范性的操作规程，缺少违反相应法律、法规如何承担法律责任的规定等。

（二）基因诊断的法律问题

基因诊断产生了许多法律问题，如病人的基因图谱泄露导致其面临就业、教育、保险、婚姻的风险，甚至因此遭受冷落和歧视，因此，医生有为诊断出遗传病的病人保密的义务，但医生为病人保密，是否损害了病人配偶或未来子女的利益？若医生泄密，影响了病人的婚姻、就业、保险，应负何责？正是基于这些理由，美国一些议员向国会提出了《人类基因组隐私法》法案，旨在保护人的隐私权，维护人的平等、尊严，法案强调了"非医疗急救和司法判案需要，遗传资料不得泄露"的内容。

（三）基因治疗的法律问题

由于基因的复杂性，基因治疗会改变人类的遗传物质，有可能产生不可预知的严重后果。一般认为，体细胞基因治疗只涉及患者个体，而生殖细胞基因治疗则对人类未来产生影响。在法律方面将引发以下问题：人是否可以改变人？人的尊严何在？人体基因是否可以买卖？所以目前许多国家对基因治疗采取非常慎重的态度，同时考虑从法律角度对此作出调整规范和控制。

（四）基因编辑的法律问题

基因编辑存在一系列的法律问题：首先，基于基因增强的基因编辑是对人类平等的破坏。基因编辑技术的不当利用，会加剧全球社会的差距，加剧人与人之间的不平等，导致基因歧视和社会冲突。其次，利用基因编辑技术改造后代基因的同时，会侵犯后代的自我决定权。再次，利用基因编辑技术对人类生殖细胞进行编辑的法律正当性受到质疑。最后，对基因编辑技术导致的损害责任如何认定也有疑问。

三、基因工程的立法

(一) 国外基因工程立法简介

基因工程技术应用与人类的生活、生命健康紧密相关，它打破了不同物种之间的界限，可以定向地创造出生物新品种或新物种，通过转基因改良农作物品种产生的转基因食品与人类自身的营养和健康相关。因此，基因工程技术的研究和应用的安全性及伦理道德、法律问题，一直受到人们的关注。

如何科学合理地应用法律来规范、保护并促进基因技术的发展，同时又能有效地防止基因技术对人类自身产生不利影响，已经成为一个现实和迫切需要解决的问题。1976 年 6 月 23 日，美国公布了世界上第一部实验室基因工程应用法规——《重组 DNA 实验准则》。此后，意大利、澳大利亚、巴西、墨西哥等国家以美国法规为蓝本陆续起草或制订了相应的法规。1986 年，随着基因工程产业化及基因疗法研究的进展，美国制订了工业化基因工程应用的法规和《基因疗法实验准则》，这些法规比较科学和系统地规定了操作规范、安全事项和管理措施。英国 1989 年颁布了《遗传操作规则》，1992 年颁布了《遗传改良生物控制使用规则》；德国 1980 年颁布了《基因技术法》；1997 年联合国教科文组织通过了《世界人类基因组与人权宣言》，规定了基因研究应当遵循的基本原则。这些法规对于保护人权、防止基因技术的滥用具有重大指导意义。

(二) 我国基因工程的立法

20 世纪 70 年代后期以来，我国的基因工程技术发展较快，国内一些地区和单位陆续开展基因工程研究，取得了一定的进展。在党中央和国务院批准实施的高技术研究发展纲要中，以基因工程为核心的生物技术被列在首要的位置上。由于我国生物技术立法工作相对滞后，仅在《专利法》《环境保护法》等法律中涉及一些生物技术的法律问题。

为促进我国基因工程技术良性健康发展，加强基因工程工作的安全管理，保障公众的健康，防止环境污染、维护生态平衡，国家科学技术委员会于 1993 年 12 月 24 日发布了《基因工程安全管理办法》，就其法律适用范围、安全等级和安全性评价、申报和审批、安全控制措施以及法律责任等方面作了规定。1993 年卫生部制订了《人的体细胞治疗及基因治疗临床研究质控要点》，强调要在基因治疗临床试验前进行安全性论证、有效性评价和免疫学评价，同时注意社会伦理影响。为了解决食品安全问题，国家于 1996 年还颁布了《农业生物基因工程安全管理实施办法》。为了加强人类遗传资源的管理，1998 年国务院颁布了《人类遗传资源管理暂行办法》，2003 年科学技术部、卫生部联合颁布了《人胚胎干细胞研究伦理指导原则》。2012 年国务院发布的《生物产业发展规划》指出，要大力发展基因治疗等新技术。2016 年 12 月实施的《涉及人的生物医学研究伦理审查办法》，是针对我国快速发展的基因技术所出台的相应的法规，但是《涉及人的生物医学研究伦理审查办法》的内容仅仅属于研究范围，缺少调整临床应用、基因治疗、基因增强等问题的内容。2019年5月28日公布的《中华人民共和国人类遗传资源管理条例》（以下简称《人类遗传资源管理条例》），规定在采集、保藏、利用、对外提供我国人类遗传资源时必须遵守《人类遗传资源管理条例》。遵守《人类遗传资源管理条例》，对有效保护和合理利用我国人类遗传资源，维护公众健康、国家安全和社会公共利益具有重大的意义。

第四节　器官移植

一、器官移植概述

自1954年美国外科医生穆雷（Murray）成功地完成了世界上首例肾移植手术以来，人体器官移植已经成为治疗疾病的有效措施，挽救了无数患者的生命。

（一）器官和器官移植的概念

医学上的器官是指由多种组织构成的能行使特定功能的结构单位。2007年的《人体器官移植条例》没有明确规定器官的概念，而是规定人体细胞的移植和角膜、骨髓等人体组织的移植不在《人体器官移植条例》调整范围之内。

器官移植，是指在必要且紧急的情况下，为了使病人的器官恢复正常的生理功能以达到抢救其生命的目的，依据法律规定和当事人的意愿将健康器官移植于病人身体的医疗行为。

（二）器官移植的分类

1. 异种移植和同种移植

根据人体器官捐赠的来源分类，器官移植可分为异种移植和同种移植。异种移植是指器官捐赠者和器官接受者分属不同物种之间的器官移植，又称为"跨种移植"。目前异种移植面临着两个严重的问题，即免疫排斥和跨物种感染。这种器官移植技术只获得小规模的应用，在一些国家已经被禁止使用。同种移植是指器官捐赠者和器官接受者属于同一物种的器官移植。在人体器官移植中，即把人体器官移植到病人体内。临床开展的人体器官移植多属此类，世界范围内的器官移植法律都是以同种器官移植为其允许和规范对象的。

2. 自体移植和异体移植

在同种器官移植中，根据供移植的器官是否来自自身，可将器官移植分为自体器官移植和异体器官移植。自体移植是指器官捐赠者和器官接受者为同一个体的器官移植，即将病人的人体器官的全部或部分取出，并把它移植到该个体的相同或不同部位。异体移植是指器官捐赠者和器官接受者分属不同个体的器官移植，即把活体或尸体的器官移植到另一个人身上。世界各国的人体器官移植法律都是以同种异体器官移植为其调整对象的。

3. 活体器官移植、尸体器官移植和人造器官移植

根据同种异体器官移植中器官来源途径的不同，可分为活体器官移植、尸体器官移植和人造器官移植。活体器官移植是指供移植的器官来源于存活的个体；尸体器官移植是指供移植的器官来源于死者的遗体；人造器官移植中，人造器官是指暂时或永久性地替代身体某些器官主要功能的人工装置，如人工肺、人工心脏、人造肾等。另外，克隆人体器官也是器官来源发展的一个重要方向，但目前技术还非常不成熟。

（三）器官移植的现状

从 1978 年环孢素应用于器官移植以来，器官移植已经成为治疗脏器衰竭的主要手段。目前人体内除了神经系统以外的所有器官和组织都可以移植，尤以肾移植的应用最为广泛，存活率也较高。自 20 世纪 70 年代末期以来，我国许多地区都已开展了器官移植。国际上所有类型的器官、组织移植在我国都能够实施，在肾移植数量及成功率方面，中国达到或接近国际先进水平。

二、器官移植的法律问题

器官移植在给人类带来福祉的同时，也给各个国家和地区原有的伦理道德、法律制度造成了很大冲击。

（一）器官来源方面的法律问题

器官来源方面最重要的问题是供体器官不足，这在中国表现得尤为突出。器官的来源一般有自愿捐献、推定同意、克隆器官、人造器官和商品化等途径。另外，器官来源有活体和尸体之分。

1. 活体器官捐献的法律问题

活体供体是从活的供体身上摘取某一成双器官中的一个或某一器官的一部分。除血液和骨髓移植供体可通过机体的代偿得到补充恢复外，供体器官被摘除后是不能再生的，自身健康将在一定程度上受到损伤。在选择活体供体时，应考虑如何维护供体利益的问题。

活体器官的捐献有患者的亲属和非亲属自愿捐献者两种。当一个患者生命危在旦夕时，首先可考虑在其亲属中挑选合适的、自愿捐献器官的供体。其次也可考虑在非亲属社会成员中寻找自愿捐献者，但必须确认捐献者没有诸如经济、政治等其他因素的干扰。尽管现有的法律框架是"自愿捐献"，但多半是在迫不得已的情况下为挽救亲人采取这一做法，所以自愿捐献的人群是相当有限的。

2. 尸体器官捐献的法律问题

尸体器官移植涉及死囚器官的问题。1984 年，我国最高人民法院、最高人民检察院、公安部、司法部、卫生部、民政部颁布了《关于利用死刑罪犯尸体或尸体器官的暂行规定》，规定以下几种情况可供利用：无人收殓或家属拒绝收殓；罪犯自愿将尸体交医疗单位使用（需签名）；经家属同意的。但死囚器官捐献问题一直受到国际社会质疑。从2015年1月1日起，中国全面停止使用死囚器官作为移植供体来源。

3. 推定同意的法律问题

推定同意，是指法律规定公民在生前未作出不愿意捐献器官的意思表示，都可被认为是自愿的器官捐献者。推定同意原则是针对既未表示同意，又未表示反对捐献器官的人提出的。推定同意中包括两种情况：

一是医师推定同意。这实际上是由政府授权给医务人员执行，只要死者生前未表示过反对，医师就可以推定其同意摘取其器官，不考虑亲属的意见。法国、匈牙利、奥地利、瑞士、丹麦、新加坡等国采取了这种做法。采用这种方式的好处是，既能大大增加可用于移植的器官数量，又可避免因征求家属意见延误时间而影响器官移植的质量。但由于这种规定易导致权力滥用，因而难以被一些国家的公众接受，也难以被一些国家法律认可。

二是亲属推定同意。这种情形要求医师与死者亲属交涉，在明确亲属无反对意见、同意捐献时才可用于移植。罗马尼亚、芬兰、希腊、挪威、瑞典等国的法律采用了这种形式，其优点是可以避免死者亲属提起诉讼。

在我国，当前还尚未形成"推定同意"的规定，现阶段主要是确保近亲属在捐献过程中的意见得到充分表达。如《人体器官移植条例》第8条第2款规定："公民生前未表示不同意捐献其人体器官的，该公民死亡后，其配偶、成年子女、父母可以以书面形式共同表示同意捐献该公民人体器官的意愿。"

4. 有关器官移植的犯罪行为

我国器官移植的供需矛盾突出，一些急需接受器官移植的患者为了得到可供摘取的器官，往往不惜高价购买器官。某些不法分子往往会以侵犯他人的生命和健康为代价，通过欺诈、强迫等各种手段来强制摘取或偷取他人的身体器官进行贩卖，还会引发故意伤害罪、故意杀人罪、拐卖妇女儿童罪以及盗窃、侮辱尸体罪等犯罪，从而使其社会危害性远远超出人体器官买卖这一行为本身。

（二）移植器官的商品化问题

单纯从解决移植器官数量不足的问题来说，器官商品化确实可以吸引一些人提供器官来源以缓解器官紧缺的矛盾，但由此引发的伦理、法律问题令人望而却步。首先，器官质量难以保证，受体往往难以了解所购买器官是否安全和健康，如供体是否有遗传病等。其次，会导致不同人在生死面前表现出极度不平等，严重损害人类尊严。再次，这种需求可能会刺激犯罪集团为了暴利而采用犯罪的手段获取器官。正因为上述原因，即使商品经济最发达的美国1984年也颁布了《全国器官移植法》，认定器官买卖为非法行为。1989年5月世界卫生组织呼吁制定有关人体器官交易的全球禁令，敦促其成员国制定限制器官买卖的法律。

（三）器官分配方面的法律问题

人体器官是一种稀有的卫生资源，是不可能按需分配的。医生在进行器官分配时就面临难题，即可供移植的器官和技术总是有限的，那么谁应先接受移植手术？这是如何选择病人的问题。分配标准一直是伦理学界和法学界讨论的问题。医学伦理学界从理论上提出五个原则：余年寿命原则、回顾性原则、前瞻性原则、家庭角色原则和科研价值原则。

三、器官移植的立法

（一）国外立法情况简介

20世纪80年代世界上许多国家和地区对器官移植进行立法，主要采取统一立法模式和单一器官立法模式。

1. 统一立法模式

主要以美国为代表，主张对器官捐献与器官移植进行统一立法。1968年，由美国律师协会等组织提议，美国统一州法委员会通过了《统一解剖捐献法案》；1984年，美国又通过了法律效力更高的《全国器官移植法》。欧洲、澳大利亚以及北美其他国家深受美国立法的影响，英国于1989年通过《人体器官移植法》。统一立法的主要优势在于：集器官移植相关法律于一身，摒弃了单一器官立法的局限性，有利于供体器官的收集。

2. 单一器官立法模式

单一器官立法模式是一种循序渐进的立法方法，为多器官移植立法铺平道路，但最终仍然要实现器官捐赠与移植的统一立法，如日本等国采用此种模式。

（二）我国器官移植的立法

我国器官移植立法发展有两个比较明显的特点：一是地方立法先行；二是中国香港特别行政区、澳门特别行政区、台湾地区制定有关规定较早。

1987年6月19日，中国台湾地区率先制定了专门规范人体器官捐献的相关规定，1987年9月、1988年3月又先后颁布了与脑死亡判定、人体器官移植相关的规定，较好地规范了与器官移植有关的医事行为。中国香港特别行政区于1995年颁布了《人体器官移植条例》，并于1999年进行了修订。中国澳门特别行政区则于1996年5月23日颁布了《规范人体器官及组织之捐献、摘取及移植》以及有关捐献记录的法律。

我国上海市于2001年3月1日施行《上海市遗体捐献条例》，这是中国大陆第一部与器官移植有关的地方立法，对遗体捐献的一些最基本问题作出了规定，在许多方面都具有开创性意义。2006年7月，卫生部制定了《人体器官移植技术临床应用管理暂行规定》，这是有关器官移植的第一次全国性立法，以部门规章的形式出现。2007年3月21日，国务院通过了《人体器官移植条例》，这是我国在总结地方性立法实践经验之后形成的第一部全国性的人体器官移植行政法规。2007年,《医疗机构和医师人体器官移植执业资格认定审核标准和审核程序》开始实施,对实施人体器官移植手术的医疗机构和医务人员施行资格准入制度。为了更好地贯彻落实《人体器官移植条例》,规范活体器官移植,保证医疗质量和安全,2009年12月28日,卫生部发布了《关于规范活体器官移植的若干规定》。为了规范人体器官分配,积极稳妥地推进我国人体器官捐献试点工作,卫生部于2010年制定了《中国人体器官分配与共享基本原则和肝脏与肾脏移植核心政策》(卫医管发〔2010〕113号),并开发了中国肝脏、肾脏分配与共享计算机系统,以实现公平、公正、公开地分配器官的目的。

针对严重的器官犯罪现象,2011年2月25日全国人民代表大会常务委员会通过的《刑法修正案(八)》在《刑法》第234条故意伤害罪之后增设组织他人出卖人体器官;未经本人同意摘取其器官,或者摘取不满18周岁的人的器官,或者强迫、欺骗他人捐献器官的;违背本人生前意愿摘取其尸体器官,或者本人生前未表示同意,违反国家规定,违背其近亲属意愿摘取其尸体器官的等六类人体器官犯罪行为。

为保障人体器官捐献工作顺利开展,不断完善科学、高效、公平、公正、公开的人体捐献器官获取与分配工作体系,结合我国国情,2013年8月,国家卫生和计划生育委员会印发了《人体捐献器官获取与分配管理规定(试行)》。2018年7月12日,国家卫生健康委员会发布了《中国人体器官分配与共享基本原则和核心政策》。

四、《人体器官移植条例》的主要内容

(一)准入制度

(1)医疗机构从事人体器官移植,应当有与从事人体器官移植相适应的执业医师和其他医务人员、设备、设施;有由医学、法学、伦理学等方面专家组成的人体器官移植技术临床应用与伦理委员会;有完善的人体器官移植质量监控管理制度等。

(2)开展人体器官移植的医疗机构应当依照《医疗机构管理条例》的规定,申请办理人体器官移植诊疗科目登记。省级卫生主管部门进行人体器官移植诊疗科目登记,应当考虑本行政区域人体器官移植的医疗需求和合法的人体器官来源情况。

(二)人体器官的捐献制度

1. 遵循自愿、无偿的原则

公民享有捐献或者不捐献其人体器官的权利;任何组织或者个人不得强迫、欺骗或者利诱他人捐献人体器官。

2. 捐献者应当具有完全民事行为能力

捐献人体器官的公民应当具有完全民事行为能力,应当有书面形式的捐献意愿,对已

经表示捐献其人体器官的意愿,有权予以撤销。公民生前表示不同意捐献其人体器官的,任何组织或者个人不得捐献、摘取该公民的人体器官;公民生前未表示不同意捐献其人体器官的,该公民死亡后,其配偶、成年子女、父母可以书面形式共同表示同意捐献该公民人体器官的意愿。

3. 未成年人器官捐献

任何组织或者个人不得摘取未满18周岁公民的活体器官用于移植。

4. 活体器官捐献

活体器官的接受人限于活体器官捐献人的配偶、直系血亲或者三代以内旁系血亲,或者有证据证明与活体器官捐献人存在因帮扶等形成亲情关系的人员。

(三)人体器官的移植制度

(1)医疗机构及其医务人员从事人体器官移植,应当遵守伦理原则和人体器官移植技术管理规范。

(2)实施人体器官移植手术的医疗机构及其医务人员应当对人体器官捐献人进行医学检查,对接受人因人体器官移植感染疾病的风险进行评估,并采取措施,降低风险。

(3)在摘取活体器官前或者尸体器官捐献人死亡前,负责人体器官移植的执业医师应当向所在医疗机构的人体器官移植技术临床应用与伦理委员会提出摘取人体器官审查申请。人体器官移植技术临床应用与伦理委员会不同意摘取人体器官的,医疗机构不得作出摘取人体器官的决定,医务人员不得摘取人体器官。

(4)摘取尸体器官,应当在依法判定尸体器官捐献人死亡后进行。从事人体器官移植的医务人员不得参与捐献人的死亡判定。从事人体器官移植的医疗机构及其医务人员应当尊重死者的尊严;对摘取器官完毕的尸体,应当进行符合伦理原则的医学处理,除用于移植的器官外,应当恢复尸体原貌。

(5)申请人体器官移植手术患者的排序,应当符合医疗需要,遵循公平、公正和公开的原则。

(6)从事人体器官移植的医务人员应当对人体器官捐献人、接受人和申请人体器官移植手术的患者的个人资料保密。

五、《中国人体器官分配与共享基本原则和核心政策》的主要内容

(一)中国人体器官分配与共享的基本原则

明确人体器官分配与共享总体要求;明确人体器官分配与共享的层级和移植医院职责;明确人体器官分配与共享的目的:降低等待者死亡率,提高移植受者的术后生存率,保证公平性;定期对人体器官分配与共享政策进行评估和适当修订;强调器官必须通过中国人体器官分配与共享计算机系统进行分配与共享。

(二)肝脏、肾脏、心脏、肺脏分配与共享的核心政策

1. 肝脏移植

影响肝脏移植等待者匹配名单排序的主要因素包括：医疗紧急度评分、地理因素、年龄因素、血型匹配、等待时间。其中，医疗紧急度评分包括超紧急状态评分、终末期肝病模型/小儿终末期肝病模型评分和终末期肝病模型/小儿终末期肝病模型特例评分。在同等条件下，器官捐献者家属及亲体间活体肝脏捐献者优先。

2. 肾脏移植

影响肾脏移植等待者匹配名单排序的主要因素包括：等待者评分、地理因素和血型匹配。其中，等待者评分由等待时间得分、等待者致敏度、人类白细胞抗原配型匹配度、儿童等待者优先权组成。在同等条件下，器官捐献者家属及活体肾脏捐献者优先。

3. 心脏移植

影响心脏移植等待者匹配名单排序的主要因素包括：医疗紧急度评分、地理因素、年龄因素、血型匹配、等待时间、捐献者接受原则、心脏分配特例情况和心肺联合移植。在同等条件下，器官捐献者家属优先。

4. 肺脏移植

影响肺脏移植等待者匹配名单排序的主要因素包括：等待者评分、地理因素、年龄因素、血型匹配、等待时间、捐献者接受原则和心肺联合移植。在同等条件下，器官捐献者家属优先。

第五节 脑 死 亡

一、脑死亡概述

(一)传统的死亡标准

心跳、呼吸停止是长期以来人们沿用的死亡观念。美国《布莱克法律词典》和英国《牛津法律大词典》都认为，死亡的最主要标准是心跳、脉搏、呼吸的停止。我国出版的《辞海》也将心跳和呼吸的停止作为死亡的主要标准。医学临床上也是以心跳停止、呼吸停止、血压消失、瞳孔散大和对光反射消失作为宣布临床死亡的依据。

(二)脑死亡标准

随着医学技术的发展，人们对死亡的理解有了改变。1968年由哈佛大学医学院提出的脑死亡标准可以概括为：①不可逆的深度昏迷，病人完全丧失对外部刺激和内部需要的所有感受能力。②自主运动包括自主呼吸运动停止，呼吸机关闭3分钟而无自主呼吸。

③一切反射消失，脑干反射消失，瞳孔散大，瞳孔对光反射、角膜反射、眼运动反射等均消失。④脑电沉默，即脑电图平直记录20分钟。1973年，第八届国际脑波及临床神经生理学大会提出了脑死亡的定义，即"脑死亡是包括小脑、脑干直至第一颈髓的全脑功能的不可逆的丧失"。

（三）确定脑死亡标准的意义

1. 有利于开展器官移植

器官移植技术的发展，需要大量的新鲜组织脏器以拯救那些因某一器官患有严重疾病、损伤或者衰竭的病人。脑死亡标准的确立为一大批新鲜供体的摘取提供了合法条件，医生可以根据移植的需要，从容地做好各项移植准备工作后，适时摘取供体器官，从而提高器官移植的成功率。

2. 有利于医疗资源的合理利用

现代医疗行为的目的并不是盲目地延长毫无价值的生物学意义上的生命，更不是延长人类痛苦的死亡过程。确定脑死亡标准，可以适时终止对脑死亡者的医疗措施，缩短死者的死亡过程，减少因无效抢救而造成的巨大浪费，把有限的医疗卫生资源用于那些需要治疗而又能够达到预期效果的病人身上，在减轻社会负担的同时也减轻脑死亡者亲属的精神和经济负担。

3. 有利于科学地确定死亡，维护生命尊严

对一些因服毒、溺水或冻死的患者，特别是服用中枢神经抑制剂的假死者，将心跳、呼吸停止作为死亡的标准，很难鉴别假死状态，往往放弃抢救时机。脑死亡标准的确立，为真死与假死的鉴别提出了科学依据，从而更好地维护人的生命尊严，更好地尊重人的生命价值。

4. 有利于法律的正确实施

死亡对于法律的适用具有绝对重要的意义。主要体现在：死亡决定杀人罪的成立，民事权利能力的终止，继承的开始，婚姻关系的消灭，保险金、赔偿金的取得，刑事责任的免除以及诸如合伙、代理等民事法律关系的变更和终止。随着医学科学技术的不断进步，传统的死亡标准已日益显现出局限性，脑死亡标准的确立可以更加科学、准确地判断一个人的死亡时间，有利于正确适用法律，公平合理地处理案件。

二、脑死亡的立法

（一）国外脑死亡的立法

从国外脑死亡立法情况来看，主要分为以下三种情况：

（1）国家制定有关脑死亡的法律，直接以立法形式承认脑死亡为死亡的依据，如美国、芬兰、加拿大、阿根廷、瑞典、澳大利亚、奥地利、希腊、意大利、英国、法国、西班牙等国家。

（2）国家虽然没有制定正式的法律条文承认脑死亡，但在临床实践中已承认脑死亡，并以之作为宣布死亡的依据。例如比利时、德国、印度、爱尔兰、荷兰、新西兰、南非、瑞士、韩国、泰国等国家。

（3）脑死亡的概念为医学界所接受，但由于缺乏法律对脑死亡的承认，临床上医生也不敢推行脑死亡标准。

为了保证和提高脑死亡诊断的准确性，防止偏差，有的国家法律规定，脑死亡诊断应由两名内科医师作出，且同器官移植无关联。也有的国家法律规定，脑死亡的确定，应由两名医师独立进行检查，得出相同的结论，或需要经上级医师核准；必要时，还需神经内科、神经外科、麻醉科以及脑电图专家会诊，无异议时，方可确定脑死亡。

（二）我国脑死亡的立法及思考

我国目前尚未制定统一的、正式的脑死亡标准。20世纪70年代，我国开始了脑死亡判定的理论研讨与临床实践。2003年《中华医学杂志》等主要医学学术期刊刊登了卫生部脑死亡判定标准起草小组制订的《脑死亡判定标准（成人）（征求意见稿）》和《脑死亡判定技术规范（成人）（征求意见稿）》。2012年3月，国家卫生和计划生育委员会批准首都医科大学宣武医院作为国家卫生和计划生育委员会脑损伤质控评价中心。该中心对上述2个文件进行了修改与完善，发布了新的《脑死亡认定标准与技术规范（成人质控版）》（2013年）和《脑死亡认定标准与技术规范（儿童质控版）》（2014年）。但这仅仅是技术规范而非法律规范。借鉴外国脑死亡立法经验和中国香港特别行政区、台湾地区制定脑死亡相关规定的经验，我国在脑死亡立法上应考虑以下问题：

1. 两种死亡定义和死亡标准并存

根据我国国情，确立脑死亡定义与标准和传统死亡定义与标准同时并存的制度。这样就可因人而异、因地而异，既能防止因脑死亡误诊可能造成的对有抢救价值的病人延误抢救，又可以使医生正确运用脑死亡标准对那些脑功能全部丧失处于不可逆状态的病人及时宣布死亡。作为一种过渡，当医疗条件和水平达到一定程度时，即可采用脑死亡标准。

2. 制订严格的脑死亡诊断标准

借鉴美国哈佛大学医学院特设委员会1968年提出的脑死亡标准，结合我国医疗实践，制订严格的脑死亡诊断标准，具体内容包括：①脑死亡判定的先决条件；②临床诊断；③确认试验；④脑死亡观察时间。立法赋予该诊断标准以法律效力，使之成为临床医生必须遵守的行为规范。

卫生部《脑死亡法》起草小组制订的脑死亡诊断标准将脑死亡概念界定为：脑死亡是包括脑干在内的全部功能丧失的不可逆转的状态。其具体条件包括：①先决条件：排除各种原因的可逆性昏迷。②临床诊断：深昏迷，脑干反射全部消失，无自主呼吸（靠呼吸机维持，呼吸暂停试验阳性），以上条件必须全部具备。③确认试验：脑电图平直，经颅脑多普勒超声呈脑死亡图形,体感诱发电位 P14 以上波形消失,此 3 项中必须有 1 项阳性。④脑死亡观察时间:首次确诊后,观察 12 小时无变化方可确认为脑死亡。

3. 建立科学严格的脑死亡管理制度

脑死亡立法应规定哪些医疗机构及执业医师有权作出脑死亡诊断,应按照什么程序进行,使用哪些测试手段等,以防止医生的草率诊断或虚假诊断。其主要内容应包括:脑死亡诊断医疗机构及诊断医师的资格(如三级以上医疗机构及中级以上医师方可行使);参与脑死亡诊断的人员构成(如诊断医师不得少于两人);诊断脑死亡的医疗机构必须具备的设备条件;运用脑死亡标准作出脑死亡诊断的合理程序;脑死亡诊断书的签发程序;伦理委员会的设置及组成等。

4. 建立患者合法权益监督保护制度

在运用脑死亡标准时,患者的合法权益会不会受到侵害,也是立法要考虑的问题。按照民法的规定,缺乏自我意识的患者应当视为无民事行为能力人,其民事权利应当由其监护人负责监督和保护,因此,在脑死亡立法中应当赋予患者家属一定的权利。例如,何时关掉患者呼吸机等仪器,何时放弃抢救治疗,患者家属应享有知情权和同意权等。

5. 法律责任

脑死亡立法应当明确规定违反脑死亡法律、法规者所应当承担的法律后果。对不符合脑死亡标准的患者,由于医师的过错导致医疗事故的,应追究责任医师的民事责任或者行政责任;构成犯罪的,依法追究刑事责任。

第六节 安 乐 死

一、安乐死概述

(一)安乐死的概念

"安乐死"原意是无痛苦地死亡。现代意义上的安乐死指为结束不治之症患者的痛苦,采取医学方法对人的死亡过程进行调节,使死亡状态安乐化,以维护患者死亡时的尊严。

(二)安乐死的分类

现行对安乐死最常见的分类方法是根据安乐死实施中的"作为"和"不作为",将其分为主动安乐死和被动安乐死。

1. 主动安乐死

主动安乐死也称积极安乐死,是指医务人员或其他人在无法挽救病人生命的情况下采取措施主动结束病人的生命或加速病人死亡的过程。根据病人的意愿和执行者的不同,主动安乐死又可分为自愿-自己执行的主动安乐死、自愿-他人执行的主动安乐死、非自愿-他人执行的主动安乐死三种。由于该方法用直接的方式使危重病人提前死亡，较难为人们接受。目前，世界上承认主动安乐死合法的国家只有少数几个。

2. 被动安乐死

被动安乐死也称消极安乐死，是指终止维持病人生命的一切治疗措施，任其自然死亡。实施被动安乐死主要基于：受医学技术发展的限制，医疗措施对很多疾病的晚期都无能为力的时候，要让病人依据自己的意愿自然、舒适、有尊严地离开人世。一般来说，被动安乐死较容易被人们接受。从世界各国立法看，法律所承认的大多是被动安乐死。

二、安乐死法律地位的争论

安乐死的实践古已有之，早在史前时代，古游牧部落在迁徙时，常常把病人、老人留下让其安静地死亡。在古罗马和古希腊，允许病人结束自己的生命，并可请外人助死。17世纪，弗兰西斯·培根在他的著作中多次提到"无痛苦致死术"。1938年，查尔斯·波特在美国组建"自愿安乐死合法化协会"，开近代安乐死之先河。此后，欧美许多国家都有人积极倡导安乐死，安乐死发展成为一项新的人权运动。由于德国纳粹的介入，以安乐死的名义屠杀了数百万无辜的人，使安乐死声名狼藉。至20世纪六七十年代，随着医学生物技术的发展，人道主义思潮在西方发展和深化，传统的生命价值观受到很大冲击，安乐死逐渐成为医学界、法学界、伦理学界以及公众关注的热点。

目前，世界各国对于安乐死存在两种态度。支持者看重生命存在的内容、方式，重视安乐死的"利"，认为安乐死可以减轻病危病人的痛苦，当病人感到极度痛苦时安乐地死亡比痛苦地生存更人道，既可以减轻病人家属沉重的精神痛苦和经济负担，又能为社会节省有限的医药资源，使之发挥更大的作用。支持者们提倡医学的根本任务是提高人的生命质量，在基本实现优生的前提下，医学也必须实现人的"优死"。反对者则认为安乐死不仅与医生的职责相冲突，而且容易被滥用，成为病人配偶、子女等亲属为了减轻自己负担或为分割遗产等其他原因变相杀人的借口。由于安乐死的实施必须借助亲属和医生的帮助才能完成，这就涉及对亲属和医生行为动机的考察问题，对立法提出了更高的要求。经过近半个世纪的争论，时至今日，赞成安乐死的人越来越多，呼声越来越高。尽管如此，对于安乐死是否要制订法律予以保护，绝大多数国家持审慎态度。20世纪70年代以来，安乐死先后在一些国家和地区合法化，在立法上有一定进展。1976年美国、英国、日本、荷兰等国在东京召开了第一届国际安乐死会议，并签署了关于安乐死的《东京宣言》，要求尊重"生的意志"和"尊严的死"的权利。1980年，成立了"国际死亡权利协会联合会"。1993年2月9日，荷兰议会通过《安乐死法案》，允许医生在严格的条件下，可以对病人实施安乐死，这是迄今为止在安乐死方面最为自由开放的举措。

三、安乐死的立法

（一）国外的安乐死立法

1. 荷兰

荷兰是世界上第一个就安乐死问题立法的国家。1968 年安乐死成为荷兰社会开始关注的问题，1988 年荷兰皇家药物管理局在一份报告中阐述了安乐死的标准。2000 年 11 月 28 日，荷兰议会下议院以多数票通过了关于"没有希望治愈的病人有权要求结束自己生命"的《安乐死法案》。2001 年 4 月 10 日，荷兰议会上议院正式通过《安乐死法案》。荷兰成为世界上第一个安乐死合法化的国家。该法案将荷兰长期以来的安乐死判例加以条文化、规范化、法律化。其具体要求如下：第一，病人必须在意识清醒的状态下自愿接受安乐死并多次提出相关请求，医生必须与病人建立密切关系，以判断病人的请求是否出于自愿或深思熟虑。第二，根据目前的医学经验，病人所患疾病必须是无法治愈的，而且病人所遭受的痛苦和折磨是无法忍受的，医生和病人必须就每一种可能的治疗手段进行讨论，只要存在可供选择的某种治疗方案，就说明病人存在治愈的可能性。第三，主治医生必须与另一名医生进行磋商以获取意见，而另一名医生则应该就病人的病情等情况写出书面意见。第四，医生必须按照司法部规定的"医学上合适的方式"对病人实施安乐死，并在实施后向当地政府报告。

2. 美国

1994 年，美国俄勒冈州通过一项法令，医生可以为那些只有半年存活期的绝症病人提供他们要求的致死药物。条件是患者经医学证明生命即将结束，存活的期限应该不到 6 个月，病人主动提出安乐死的要求，且保证病人提出上述要求的真实性，最终病人必须自行服用这种药物。同时，该法律严格禁止在家属或朋友的帮助下自杀，也就是严格禁止协助自杀，并且禁止医生使用针剂或者一氧化碳的手法实施安乐死，积极的安乐死仍然被视为故意杀人罪。俄勒冈州通过法案后，其法律的实施与执行曾经遇到过困难，但由于多数民众的支持仍然保留了下来。尽管安乐死在整个美国没有得到承认，但是已经有越来越多的州效仿俄勒冈州制定关于安乐死的法案。

3. 瑞士

在瑞士，由医生直接实施的积极安乐死是不允许的。但是，2000 年 10 月 26 日，瑞士苏黎世市政府通过决定，自 2001 年 1 月 1 日起允许为养老院中自行选择以"安乐死"方式结束生命的老人提供协助。医生可以给自愿结束生命的重病患者开出药品。当然，这些药物对病人来说都是致命的，然后，病人自己服药死亡。这在法学上讲其实是他人协助自杀，但在这种特殊情况下却是合法的。

4. 澳大利亚

1995 年 5 月 25 日，澳大利亚北部地区议会通过了《晚期病人权利法》，并于 1996 年 7 月 1 日生效，但由于反对势力十分强大，效果不佳。1996 年 12 月，联邦众议院以压倒多数通过终止这部安乐死法的提案，1997年3月澳大利亚联邦参议院经过辩论，推翻《晚期病人权利法》。

5. 日本

日本通过法院判例给安乐死以有条件的认可，并逐渐形成了日本安乐死判例法。1962年12月22日，日本名古屋高级法院在其判决的安乐死案例中，提出积极的安乐死合法化应该符合六个必要条件，后成为日本判断安乐死是否合法的标准：

（1）根据现代医学知识和技术判断，病人已患不治之症且死亡已经迫近；

（2）病人剧烈痛苦，且令人惨不忍睹；

（3）实行安乐死的唯一目的是为了减轻病人死亡前的痛苦；

（4）如果病人神志清醒，并能表达自己的意志，则需要本人的真诚委托或同意；

（5）原则上由医生执行；

（6）实行的方法在伦理上被认为是正当的。

上述条件全部具备，夺去病人生命的行为属于日本《刑法》规定的"正当行为"，为消除病人肉体痛苦而不得已侵害其生命的行为，可被认为相当于日本《刑法》规定的"紧急避难行为"。

（二）我国安乐死的立法思考

我国关于安乐死的讨论始于20世纪80年代，现行的法律未对安乐死加以认可。然而安乐死案件却多次出现。在发生纠纷无相关法律调整的情况下，部分全国人民代表大会代表先后数次提出议案，建议制定《安乐死法》。由于安乐死是一种具有特殊意义的死亡类型，它既是一个复杂的医学、法学问题，也是一个极为敏感的社会、伦理问题。因此，全国人民代表大会法制工作委员会及卫生部经过反复研究后认为，目前我国制定安乐死法规的条件尚不成熟，但可以促请有关部门积极研究这一课题，为安乐死立法做准备。安乐死立法应当注意以下问题：

1. 安乐死的条件

适用安乐死必须符合以下条件：①自愿请求，即病人要有安乐死的真实意愿，并亲自主动提出安乐死的要求；②严重痛苦，即病情导致病人肉体上、精神上无法抑制的严重痛苦；③濒临死亡；④施行方法正当，即执行安乐死的技术与方法必须是科学的、文明的、人道的。

2. 安乐死的程序

（1）申请。公民申请安乐死应当由本人以书面形式主动提出，并附有身患绝症的医疗证明。特殊情况下，口头（包括录音）申请者必须由两名无利害关系的证人出具书面证明。

（2）受理。安乐死的受理机关必须是符合安乐死施行条件的医疗机构。县级以上的医疗单位应当设立安乐科，负责对安乐死申请的审查和批准。对不符合安乐死条件的申请者，审查单位应当在法定期限内以书面形式告知，并说明理由。对符合条件的申请者，应当批准申请，并经公证机关公证后，安排实施。

（3）执行。安乐死申请经批准并公证后，病人所在医院应当按照批准的时间和地点指定医生执行安乐死。执行前，病人撤回申请或者表示反悔的，应当立即停止执行。

3. 法律责任

违反安乐死规定的行为主要有：①对不符合安乐死条件的病人施行安乐死；②擅自执行安乐死；③审查人员不认真履行审查职责，造成重大医疗事故的；④医务人员用不人道的方法对病人实行安乐死的；⑤医务人员在执业活动中，泄露患者的隐私的。责任人应承担相应的民事责任或者行政责任，构成犯罪的依法承担刑事责任。

复习思考题

1. 我国有关人工生殖技术的立法规定主要有哪些？
2. 我国有关变性手术的立法规定主要有哪些？
3. 基因技术应用立法主要有哪些？
4. 我国有关器官移植的立法规定主要有哪些？
5. 确立脑死亡标准的意义是什么？
6. 安乐死分为哪几类？

案例思考题

案例一

沈某夫妇都是独生子女，婚后多年未育，遂在某医院接受辅助生殖治疗。该医院提取双方的生殖细胞于体外培育了四枚受精卵。两人于接受冷冻胚胎移植手术的前一天晚上死于车祸。四位失独老人多次与医院交涉，想要取回这四枚冷冻胚胎，但都遭到医院的拒绝。无奈之下，沈某父母以自己的亲家为被告起诉至法院，请求将冷冻胚胎的处置权判给他们。法院认为，冷冻胚胎基因物质提供者均已死亡，沈某夫妇通过人类辅助生殖治疗达到生育的目的已确定无法实现，所以沈某夫妇对于辅助生殖治疗过程中遗留的冷冻胚胎所享有的权利不能被继承，因此，该法院一审判决驳回原告的诉讼请求。原告不服，提起上诉，二审法院作出终审判决，撤销一审判决，将储存于医院的四枚冷冻胚胎判由沈某夫妇的父母即四位失独老人共同监管和处置。

案例讨论

1. 人类体外冷冻胚胎的法律地位如何？
2. 本案两审法院的判决为什么不同？

案例二

1986年，陕西汉中王某为肝癌晚期的母亲夏某申请"安乐死"，主治医生蒲某同意王某的请求，为他母亲注射了100毫克的复方冬眠灵。后王某和蒲某被陕西汉中人民检察院以故意杀人罪提起公诉。1991年4月6日，汉中市人民法院作出一审判决："被告人王某在其母夏某病危难愈的情况下，再三请求主治医生蒲某为其母注射药物，让其无痛苦地死去，其行为显属剥夺其母生命权利的故意行为，但情节显著轻微，危害不大，不构成犯罪。被告人蒲某在王某的再三请求下，向夏某注射促使其死亡的药物，对夏某的死亡起了一定的促进作用，其行为已属剥夺公民生命权利的故意行为，但情节显著轻微，危害不大，不构成犯罪。依照《刑法》第10条，宣告蒲某、王某二人无罪。"一审判决后，汉中市人民检察院对一审判决提起抗诉；蒲某和王某则对一审判决认定其行为属于违法行为不服，提起上诉。汉中地区中级人民法院于1992年3月25日二审裁定：驳回汉中市人民检察院的抗诉和蒲某、王某的上诉；维持汉中市人民法院刑事判决。

案例讨论
1. 在本案中，安乐死能否阻却被告行为的违法性？
2. 安乐死立法应从哪些方面加以规定？

（山东工商学院　汪丽青）

参 考 文 献

［1］ 张静，赵敏. 卫生法学［M］. 北京：清华大学出版社，2014.
［2］ 国家卫生和计划生育委员会. 2015年中国卫生和计划生育统计年鉴［M］. 北京：中国协和医科大学出版社，2015.
［3］ 汪建荣. 卫生法［M］. 4版. 北京：人民卫生出版社，2016.
［4］ 刘鑫. 医事法学［M］. 2版. 中国人民大学出版社，2015.
［5］ 达庆东，田侃. 卫生法学纲要［M］. 4版. 上海：复旦大学出版社，2011.
［6］ 吴崇其，张静. 卫生法学［M］. 2版. 北京：法律出版社，2010.
［7］ 孙东东. 卫生法学［M］. 2版. 北京：高等教育出版社，2011.
［8］ 黎东生. 卫生法学［M］. 北京：人民卫生出版社，2013.
［9］ 陈瑶，景浩. 卫生法学［M］. 北京：中国中医药出版社，2015.
［10］ 赵敏，何振. 卫生法学概论［M］. 武汉：华中科技大学出版社，2016.
［11］ 杨芳，杨才宽. 卫生法学［M］. 2版. 合肥：中国科学技术大学出版社，2013.
［12］ 张云德. 卫生法学［M］. 兰州：兰州大学出版社，2017.
［13］ 最高人民法院侵权责任法研究小组.《中华人民共和国侵权责任法》条文理解与适用［M］. 北京：人民法院出版社，2010.
［14］ 刘炫麟. 乡村医生医疗损害赔偿责任司法认定研究［J］. 法律适用，2017（6）：63-69.
［15］ 刘炫麟. 农村医疗卫生法治问题研究［M］. 北京：中国政法大学出版社，2016.
［16］ 张明楷. 刑法学［M］. 5版. 北京：法律出版社，2016.
［17］ 杨立新. 侵权责任法［M］. 北京：北京大学出版社，2014.
［18］ 张文显. 法理学［M］. 4版. 高等教育出版社，2011.
［19］ 宋大涵，王国强，袁曙宏，等. 中华人民共和国中医药法释义［M］. 北京：中国民主法制出版社，2017.
［20］ 信春鹰. 中华人民共和国职业病防治法释义［M］. 北京：法律出版社，2012.
［21］ 卞耀武. 中华人民共和国职业病防治法释义［M］. 北京：法律出版社，2002.
［22］ 黄乐平. 职业病防治法实务精解［M］. 北京：法律出版社，2012.
［23］ 蒋海洪. 最新《医疗器械监督管理条例》研究与解读［M］. 北京：中国法制出版社，2014.
［24］ 蒋海洪. 医疗器械法规汇编与案例精析［M］. 北京：中国法制出版社，2016.
［25］ 蒋海洪. 医疗器械监管法规［M］. 上海：上海财经大学出版社，2015.
［26］ 刘炫麟. 互联网医药法律问题研究［M］. 北京：中国政法大学出版社，2017.
［27］ 芮晓武，李世锋，宫晓冬. 互联网医疗蓝皮书：中国互联网健康医疗发展报告2017［M］. 北京：社会科学文献出版社，2017.
［28］ 孙雯艺，赵衡. 互联网医疗大变局［M］. 北京：机械工业出版社，2015.
［29］ 姜柏生，万建华，王炜. 医事法学［M］. 4版. 南京：东南大学出版社，2014.

[30] 秦卫东，郝长付. 放射诊疗安全防护与放射卫生监督［M］. 郑州：郑州大学出版社，2015.

[31] 李嗣生，朱新义. 预防医学［M］. 郑州：河南科学技术出版社，2013.

[32] 石悦，王安富. 卫生法学［M］. 北京：科学出版社，2016.

[33] 石超明，何振. 卫生法学［M］. 2版. 武汉：武汉大学出版社，2014.

[34] 姜虹. 卫生法学［M］. 北京：北京大学医学出版社，2013.

[36] HUANG C, WANG Y, LI X, et al. Clinical features of patients infected with 2019 novel coronavirus in Wuhan, China [J/OL]. Lancet, 2020, 395 (10223): 497-506 [2020-01-28]. https://www.thelancet.com/journals/lancet/article/PIIS0140-6736 (20) 30183-5/fulltext.

[36] 中国疾病预防控制中心新型冠状病毒肺炎应急响应机制流行病学组. 新型冠状病毒肺炎流行病学特征分析［J/OL］. 中华流行病学杂志，2020，41（2）：145-151［2020-02-17］. http://html.rhhz.net/zhlxbx/004.htm.

附录一 2018年与卫生法相关的主要国家管理机构名称变革情况说明

中国共产党第十九届中央委员会第三次全体会议通过了《深化党和国家机构改革方案》。将国家卫生和计划生育委员会、国务院深化医药卫生体制改革领导小组办公室、全国老龄工作委员会办公室的职责，工业和信息化部的牵头《烟草控制框架公约》履约工作职责，国家安全生产监督管理总局的职业安全健康监督管理职责整合，组建国家卫生健康委员会，作为国务院组成部门。

保留全国老龄工作委员会，日常工作由国家卫生健康委员会承担。民政部代管的中国老龄协会改由国家卫生健康委员会代管。国家中医药管理局由国家卫生健康委员会管理。

不再保留国家卫生和计划生育委员会。不再设立国务院深化医药卫生体制改革领导小组办公室。

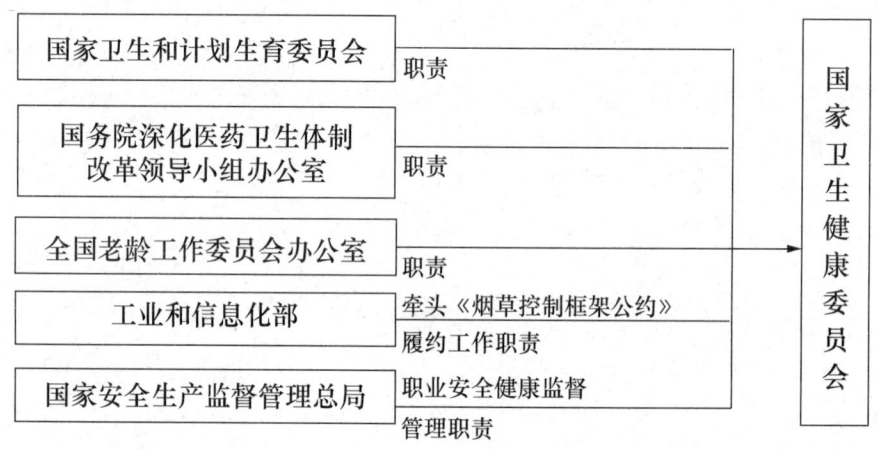

将国家工商行政管理总局的职责、国家质量监督检验检疫总局的职责、国家食品药品监督管理总局的职责、国家发展和改革委员会的价格监督检查与反垄断执法职责、商务部的经营者集中反垄断执法以及国务院反垄断委员会办公室等职责整合，组建国家市场监督管理总局，作为国务院直属机构。同时，组建国家药品监督管理局，由国家市场监督管理总局管理。

将国家质量监督检验检疫总局的出入境检验检疫管理职责和队伍划入海关总署。

保留国务院食品安全委员会、国务院反垄断委员会，具体工作由国家市场监督管理总局承担。

国家认证认可监督管理委员会、国家标准化管理委员会职责划入国家市场监督管理总局，对外保留牌子。

不再保留国家工商行政管理总局、国家质量监督检验检疫总局、国家食品药品监督管理总局。

附录一 2018年与卫生法相关的主要国家管理机构名称变革情况说明

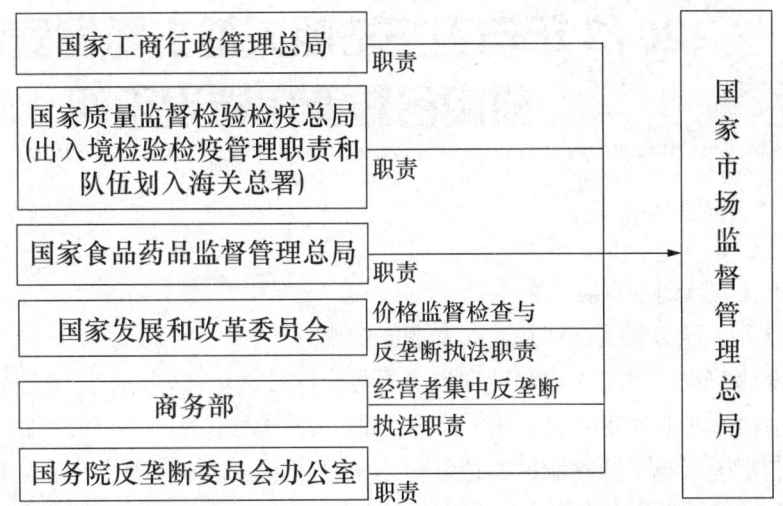

商务部的经营者集中反垄断执法职责整合至国家市场监督管理总局,商务部的对外援助工作有关职责整合至国家国际发展合作署,商务部的组织实施国家战略和应急储备物资收储以及日常管理职责整合至国家粮食和物资储备局。

教育部无变化。

住房和城乡建设部的城乡规划管理职责整合至自然资源部,住房和城乡建设部的自然保护区、风景名胜区、自然遗产、地质公园等管理职责整合至国家林业和草原局。

将环境保护部的职责,国家发展和改革委员会的应对气候变化和减排职责,国土资源部的监督防止地下水污染职责,水利部的编制水功能区划、排污口设置管理、流域水环境保护职责,农业部的监督指导农业面源污染治理职责,国家海洋局的海洋环境保护职责,国务院南水北调工程建设委员会办公室的南水北调工程项目区环境保护职责整合,组建生态环境部,作为国务院组成部门。生态环境部对外保留国家核安全局牌子。

不再保留环境保护部。

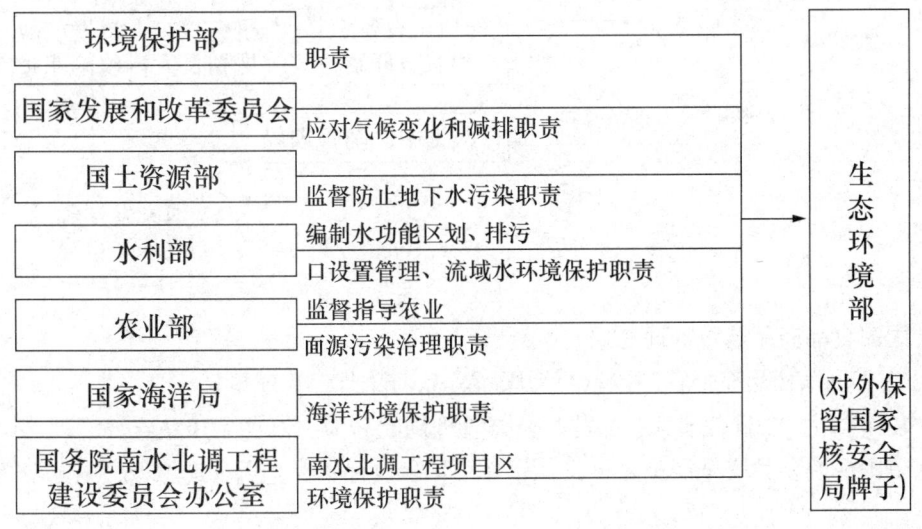

附录二　2013年与卫生法相关的主要国家管理机构名称变革情况说明

1. 国家卫生和计划生育委员会

2013年3月，国务院实施机构改革和职能转变方案。

将卫生部的职责、国家人口和计划生育委员会的计划生育管理和服务职责进行整合，组建国家卫生和计划生育委员会。其主要职责是，统筹规划医疗卫生和计划生育服务资源配置，组织制定国家基本药物制度，拟订计划生育政策，监督管理公共卫生和医疗服务，负责计划生育管理和服务工作等。

将国家人口和计划生育委员会的研究拟订人口发展战略、规划及人口政策职责划入国家发展和改革委员会。

国家中医药管理局由国家卫生和计划生育委员会管理。

不再保留卫生部、国家人口和计划生育委员会。

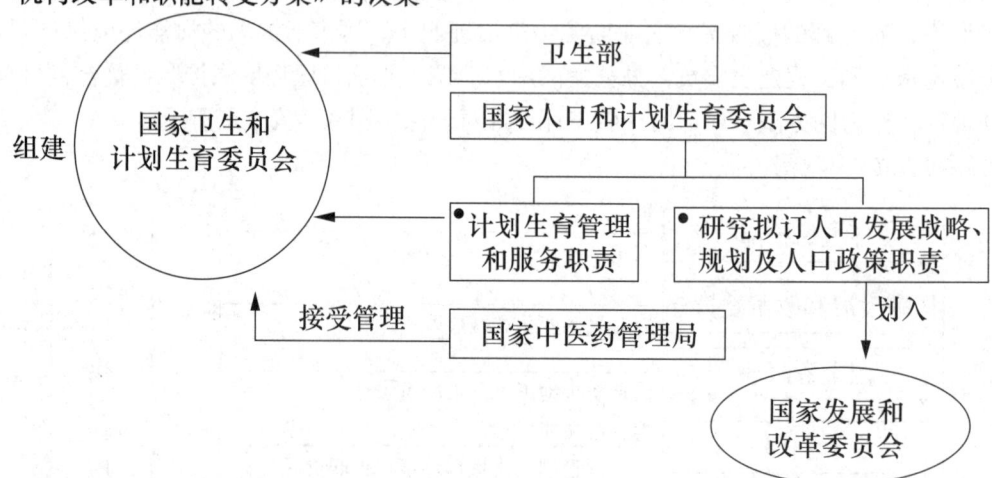

组建国家卫生和计划生育委员会

根据第十二届全国人民代表大会第一次会议审议的《国务院关于提请审议国务院机构改革和职能转变方案》的议案

2. 国家食品药品监督管理总局

2003年国家药品监督管理局重组为国家食品药品监督管理局。

2013年3月22日，国家食品药品监督管理局改名为国家食品药品监督管理总局。

保留国务院食品安全委员会，具体工作由国家食品药品监督管理总局承担。国家食品药品监督管理总局加挂国务院食品安全委员会办公室牌子。

新组建的国家卫生和计划生育委员会负责食品安全风险评估和食品安全标准制定。农业部负责农产品质量安全监督管理。将商务部的生猪定点屠宰监督管理职责划入农业部。

不再保留国家食品药品监督管理局和单设的国务院食品安全委员会办公室。

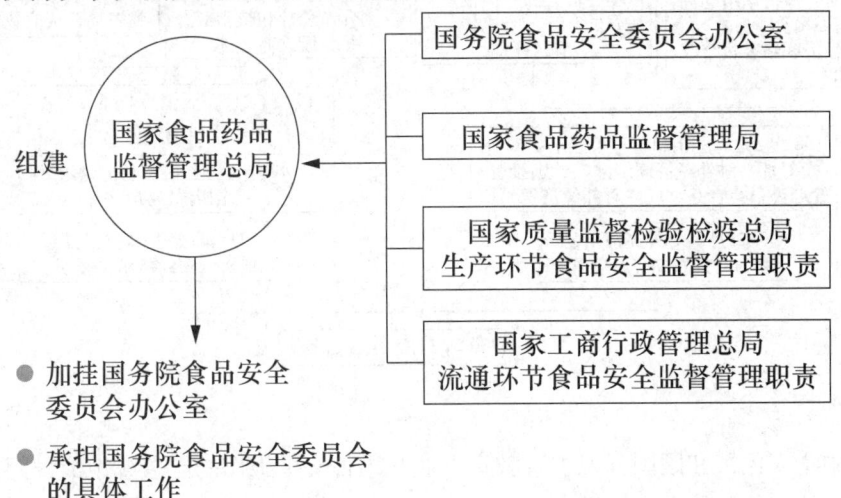

3. 国家中医药管理局

国家中医药管理局是政府管理中医药行业的国家机构，隶属于国家卫生和计划生育委员会。

国家中医药管理局是1988年由中华人民共和国国务院批准成立的，由卫生部归口管理，将中药（包括中药材、中药饮片、中成药）生产经营行业管理的职能从国家医药管理局划归国家中医药管理局。

4. 国家质量监督与检验检疫总局

1998年3月，根据国务院机构改革方案，由国家进出口商品检验局（简称商检局）、农业部动植物检疫局（简称动植局）和卫生部卫生检疫局（简称卫检局）合并组建成国家出入境检验检疫局。

国家出入境检验检疫局与国家质量技术监督局合并成国家质量监督与检验检疫总局，简称"质检总局"。

5. 商务部

2003年3月5日举行的第十届全国人民代表大会第一次会议决定，把国家经济贸易委员会内负责贸易的部门和对外经济贸易合作部合并成商务部，由其统一负责国内外经贸事务。

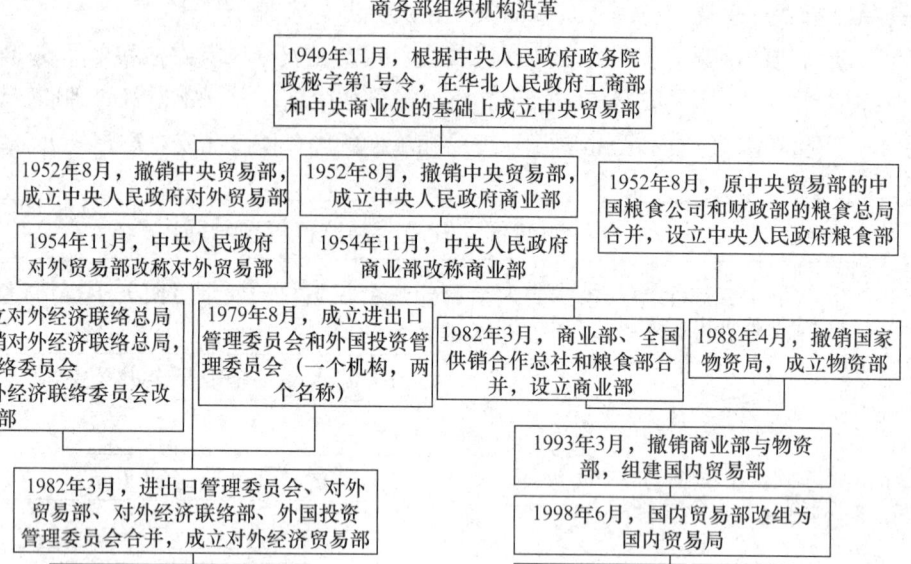

商务部组织机构沿革

6. 教育部

教育部是中华人民共和国国务院主管教育事业和语言文字工作的国务院组成部门。

1949年10月，中华人民共和国成立后，成立政务院文化教育委员会、教育部；高等教育部是国家在1952年11月增设的一个主管中国高等教育的国务院组成部门，1966年7月23日，高等教育部和教育部合并。1970年6月，中共中央决定撤销教育部，成立国务院科教组。1975年1月，第四届全国人民代表大会决定恢复教育部。1985年6月18日，第六届全国人民代表大会第十一次常务委员会决定撤销教育部，设立国家教育委员会。1998年3月，第九届全国人民代表大会第一次会议通过《关于国务院机构改革的决定》，将国家教育委员会更名为教育部，相应省、市、县教育委员会更名为教育厅（省）、教育局（市、州、县）。

7. 住房和城乡建设部

从新中国成立初到1970年，国家设立中华人民共和国建筑工程部，隶属于国务院，主管建筑工程等工作，各省市设建筑工程局，归建筑工程部领导。

1970年6月22日，中共中央批准《关于国务院各部门设立党的核心小组和革命委员会的请示报告》，决定将国家建委、建筑工程部、建筑材料工业部、中共中央基建政治部合并，成立国家基本建设革命委员会。

1988年5月第七届全国人民代表大会第七次会议通过《关于国务院机构改革方案的决定》，设立建设部，将国家计委施工管理局等一些部门划归建设部。

2008年3月15日，根据第十一届全国人民代表大会第一次会议通过的《国务院机构改革方案》,将建设部更名为住房和城乡建设部。

8. 环境保护部

2008年3月,根据第十一届全国人民代表大会第一次会议批准的《国务院机构改革方案》和《国务院关于机构设置的通知》(国发〔2008〕11号),设立环境保护部,将国家环境保护总局的职责划入环境保护部。

环境保护部为国务院组成部门。环境保护部负责拟订并实施环境保护规划、政策和标准,组织编制环境功能区划,监督管理环境污染防治工作,协调解决重大环境保护问题。

编后说明

在本教材第 1 版、第 2 版的编写过程中，我们发现随着国家有关机构名称的变更，相关的法律规定与现实中具体的实施机构也发生了变化。教材编写者注意到这一问题，经过多次协商，考虑到当时的实际情况，在本教材中，我们尊重原法律、法规的规定，采用制定机构的原名称，并用附录说明"与卫生法相关的主要管理机构名称变革情况"，以便读者对照应用与理解。

本教材附录分两部分：附录一体现的是 2018 年 3 月党和国家机构改革方案，反映国家卫生健康委员会等与卫生法相关的主要管理机构名称变革情况；附录二体现的是 2013 年 3 月国务院机构改革和职能转变方案，反映国家卫生和计划生育委员会等与卫生法相关的主要管理机构名称变革情况。